普通高等教育“十一五”国家级规划教材
21世纪高等职业教育信息技术类规划教材
21 Shiji Gaodeng Zhiye Jiaoyu Xinxi Jishulei Guihua Jiaocai

网络营销与策划

（第2版）

WANG LUO YING XIAO YU CE HUA

陈孟建 徐金华 沈美莉 刘放 编著

人 民 邮 电 出 版 社
北 京

图书在版编目（CIP）数据

网络营销与策划 / 陈孟建等编著. -- 2版. -- 北京
：人民邮电出版社，2012.3（2018.9重印）
21世纪高等职业教育信息技术类规划教材
ISBN 978-7-115-26197-7

Ⅰ．①网… Ⅱ．①陈… Ⅲ．①网络营销－营销策划－高等职业教育－教材 Ⅳ．①F713.36

中国版本图书馆CIP数据核字(2011)第189433号

内容提要

本书是普通高等教育“十一五”国家级规划教材，每章内容由理论知识、实训和习题三部分组成。本书收集的内容和案例都是目前较为流行的，特别是移动营销是当前网络营销技术中最为先进的一种营销方式，本书专门有一章为此作介绍。本书在编写手段上采取理论知识与实际案例相结合，由浅入深、循序渐进、易看懂、易操作，易被广大读者所接受。

本书内容包括：网络营销概述、网络营销的理论、网络市场调研与策划、网络营销战略分析与策划、网络营销的信息搜索策略、E-mail 营销策略、网络广告及效果测评、企业网站规划与推广、移动营销等。

本书可作为高职高专院校电子商务、物流及其相关专业的教材，也适合具有中等以上文化程度的读者自学之用。

◆ 编　著　陈孟建　徐金华　沈美莉　刘　放
责任编辑　王　平
◆ 人民邮电出版社出版发行　北京市丰台区成寿寺路 11 号
邮编　100164　电子邮件　315@ptpress.com.cn
网址　http://www.ptpress.com.cn
北京九州迅驰传媒文化有限公司印刷
◆ 开本：787×1092　1/16
印张：18　2012 年 3 月第 2 版
字数：462 千字　2018 年 9 月北京第 12 次印刷

ISBN 978-7-115-26197-7

定价：33.50 元

读者服务热线：(010) 81055256　印装质量热线：(010) 81055316
反盗版热线：(010) 81055315

第 2 版前言

本书第 1 版于 2007 年出版，至今已近四年了，四年来经全国各地广大读者的使用，受到了好评，在这期间也收到了不少读者的来信，在多位教师、读者以及出版社提出宝贵意见和建议之下，我们特此对本书第 1 版进行了修订。

电子商务的发展日新月异，对网络营销提出了更新、更高、更全面的要求，特别是近几年涌现出许多新思维、新思想、新技术，为了使广大学生能适应网络营销与策划的需要，我们在本次修订工作中做了以下几个方面的调整。

（1）系统地修改和完善了原书中第 1 章、第 2 章、第 5 章、第 7 章、第 8 章和第 9 章的内容。

（2）增加了第 7 章中的网络广告新思维、第 8 章中的企业网站规划、第 9 章中的博客营销的内容。

（3）删除了原书第 8 章中的企业网站建设的内容。

（4）原书中的第 3 章、第 4 章和第 6 章的内容基本保持不变。

（5）对原书中的某些案例也做了相应的调整。

总之，我们尽量保持原书的固有风格，既能方便学生的学习，又能方便教师的教学，希望能够给广大读者带来更大的帮助。

本书由浙江经贸职业技术学院陈孟建，浙江工商大学徐金华和沈美莉，刘放等共同编写。在编写过程中，得到了陈奕婷、李锋之、刘逸平、邹玉金、徐慧剑、袁志刚等专家、教授的帮助，在此表示衷心的感谢！

由于编者水平有限，加之时间仓促，书中难免还存在错误和不妥之处，恳请读者批评指正。

编　者

2011 年 8 月于杭州

第 1 版前言

网络营销与策划是一门实践性、应用性极强的学科。随着我国市场经济活动的高速发展和国际网络经济的到来，迫切要求企业具备网络营销知识与技能，并能通过信息网络手段取得全球化经营的成功。

本书将从战略的角度论述关于网络营销的各种决策，如何将企业传统营销和网络营销结合起来，制定公司的网络计划和决策；如何实施互联网计划，去体现企业的战略思想；如何进行产品开发、产品宣传；如何去分析、解决网络问题。本书的主要任务是讲授市场营销与网络营销、网络营销的理论框架、网络市场调研与策划、网络营销战略分析与策划、网络营销的信息搜索策略、E-mail 营销策略、网络广告及效果测评、企业网站建设和推广、移动营销等内容。

本书作者在多年教学经验基础上，并根据学生的认知规律精心组织了本书内容，并通过大量有现实意义的案例，深入浅出地介绍了网络营销的理论和策略。本书循序渐进，知识结构及深度合理，非常适合高职高专、成人继续教育及自学人员使用。

本书内容包括：市场营销与网络营销、网络营销的理论框架、网络市场调研与策划、网络营销战略分析与策划、网络营销的信息搜索策略、E-mail 营销策略、网络广告及效果测评、企业网站建设和推广、移到营销等内容。

本书的编写特色是：

1. 自始至终贯穿两条主线，即网络营销的学科主线和案例主线，其中网络营销的学科主线是我们编写的主线，案例主线是学生学习的主线。

2. 在写作上有别于传统教科书，突出高职高专院校的特点，突出操作性、技能性，强调案例教学、实训教学。

3. 在编写方法上，采用理论知识、案例分析、课后练习相结合。通过每章的案例分析让学生增强分析问题和解决问题的能力。

4. 本书不仅介绍了具有实用价值的传统网络营销方法，也有很多最新的网络营销思想和营销手段，如 E-mail 营销策略、移动营销策略。本书将网络营销看作企业营销战略的一个组成部分，提出了要用全面的观点综合评价网络营销效果，网络营销的意义在于企业整体效益最大化。

本书是由浙江工商大学教师沈美莉、浙江经贸职业技术学院教师陈孟建、徐慧剑共同编著的，同时也得到了陈奕婷、李锋之、邹玉金、熊传光、傅俊、刘逸平、张寅利等专家、教授们的帮助，在此，表示衷心地感谢！

由于写作时间的仓促和作者水平有限，书中不当之处在所难免，敬请读者批评指正

编　者

2007 年 5 月

目录

第 1 章　网络营销概述……1

1.1　网络营销的概念……1
1.1.1　网络营销产生的原因……1
1.1.2　网络营销的定义……3
1.1.3　网络营销的特点……5
1.1.4　网络营销的职能……7
1.2　网络营销的核心思想……9
1.2.1　网络营销核心思想内容……9
1.2.2　网络经营环境……9
1.2.3　网络经营关系……12
1.3　网络营销的市场……13
1.3.1　网络营销客户群体细分……13
1.3.2　网络营销市场概述……14
1.3.3　网络营销与传统营销……15
1.4　沃尔玛网络营销策略案例……17
实训　体验网上购物……18
习题……20

第 2 章　网络营销的理论……21

2.1　从 4P 到 4V 理论……21
2.1.1　网络营销的理论框架……21
2.1.2　网络营销的战略……22
2.1.3　以满足市场需求为目标的 4P 理论……23
2.1.4　以追求顾客满意为目标的 4C 理论……24
2.1.5　以建立顾客忠诚为目标的 4R 理论……25
2.1.6　新经济时代的 4V 营销组合理论……25
2.2　网络营销环境……26
2.2.1　营销环境的含义……26
2.2.2　营销环境的特征……26
2.2.3　政治法律环境……27
2.2.4　经济环境……28
2.2.5　科技教育与社会环境……30
2.2.6　微观环境……31
2.3　中国出口商的网络营销务实之道案例……33
实训　网上问卷调查资料准备……35
习题……38

第 3 章　网络市场调研与策划……41

3.1　网络市场调研概述……41
3.1.1　网络市场调研的含义……41
3.1.2　网络市场调研的要求……42
3.1.3　网络市场调研的内容……45
3.1.4　网络市场调研存在的问题……49
3.2　网络市场调研策划……52
3.2.1　网络市场调研步骤……52
3.2.2　网络市场直接调研方法……54
3.2.3　网络市场间接调研方法……55
3.2.4　网络调研样本的选择……57
3.3　网络市场调研实例……60
3.3.1　在线问卷调查设计步骤……60
3.3.2　在线问卷调查中的注意事项……61
3.3.3　在线问卷调查技术……62
3.3.4　问卷设计的一般程序和方法……66
3.3.5　网络问卷调查的优缺点……68
3.3.6　网络市场问卷调查实例……70
3.4　亚马逊的营销策略案例……75
实训　网上问卷调查设计……78
习题……80

第 4 章　网络营销战略分析与策划……82

4.1　网络营销战略分析……82
4.1.1　网络营销战略目标与内容……83
4.1.2　从 4P 到 4C 的营销战略分析……86
4.1.3　营销战略规划与实施……88
4.1.4　产业网络营销战略分析……89
4.1.5　网络营销的心理优势……91
4.2　网络营销策略新思维……93
4.2.1　第一层次网络营销策略……93

4.2.2 第二层次网络营销策略 ······ 95
4.2.3 第三层次网络营销策略 ······ 99
4.3 网络营销战略策划 ······ 104
4.3.1 网络营销的关系策略 ······ 104
4.3.2 网络营销的价格竞争策略 ······ 106
4.3.3 网络营销的非价格竞争策略 ······ 107
4.3.4 网络营销的知识营销策略 ······ 109
4.4 麦德龙的营销策略案例 ······ 110
实训 网络营销计划书 ······ 112
习题 ······ 114

第5章 网络营销的信息搜索策略 ······ 117

5.1 网上信息搜索概述 ······ 117
5.1.1 网上信息获取的一般方法 ······ 117
5.1.2 网上信息搜索的常用方法 ······ 118
5.1.3 网上信息搜索的技巧 ······ 119
5.2 搜索引擎介绍 ······ 120
5.2.1 搜索引擎的分类 ······ 120
5.2.2 搜索引擎的工作原理 ······ 121
5.2.3 搜索引擎的主要性能评价指标 ··· 122
5.2.4 国内外主要搜索引擎的介绍 ······ 123
5.3 搜索引擎营销 ······ 126
5.3.1 搜索引擎营销概述 ······ 126
5.3.2 关键词与搜索引擎营销 ······ 127
5.3.3 搜索引擎登记与竞价排名 ······ 132
5.3.4 搜索引擎优化 ······ 135
5.4 美国亚马逊书店营销案例 ······ 139
实训 搜索引擎的使用 ······ 142
习题 ······ 144

第6章 E-mail营销策略 ······ 146

6.1 E-mail营销概述 ······ 146
6.1.1 E-mail营销的基本概念 ······ 146
6.1.2 E-mail营销基本方法 ······ 148
6.1.3 E-mail营销的优势 ······ 150
6.1.4 E-mail营销的注意事项 ······ 150
6.2 许可E-mail营销 ······ 151
6.2.1 许可E-mail营销的发展现状 ······ 151
6.2.2 许可E-mail营销常用的几种模式 ······ 152
6.2.3 许可E-mail营销的步骤和注意事项 ······ 153
6.2.4 许可E-mail营销的常见问题 ······ 155
6.2.5 邮件列表营销 ······ 157
6.3 病毒性营销 ······ 160
6.3.1 病毒性营销的含义 ······ 160
6.3.2 病毒性营销的优点 ······ 160
6.3.3 病毒性营销的步骤和基本方法 ······ 161
6.3.4 实施病毒性营销的误区 ······ 162
6.4 新江南旅游公司的电子邮件营销案例 ······ 162
实训 企业营销邮件的发送 ······ 163
习题 ······ 168

第7章 网络广告及效果测评 ······ 169

7.1 网络广告概述 ······ 169
7.1.1 网络广告概况 ······ 169
7.1.2 网络广告定义和特点 ······ 171
7.1.3 网络广告的类型 ······ 172
7.1.4 网络广告与传统广告 ······ 179
7.2 网络广告新思维 ······ 186
7.2.1 窄告的概念 ······ 186
7.2.2 定向广告的概念 ······ 187
7.2.3 行为定向广告的概念 ······ 188
7.2.4 广告新思维应用（定向营销）··· 189
7.3 网络广告发布 ······ 191
7.3.1 网络广告预算 ······ 191
7.3.2 在线广告的定价模式 ······ 193
7.3.3 网络广告发布 ······ 194
7.3.4 网络广告效果评估 ······ 196
7.3.5 网络广告的发展趋势 ······ 198
7.4 戴尔电脑公司的营销策略案例 ······ 200
实训 网络广告发布与策划 ······ 203
习题 ······ 204

第8章 企业网站规划与推广 ······ 206

8.1 企业网站规划初步 ······ 206
8.1.1 网站规划原则 ······ 206
8.1.2 网站规划内容 ······ 209
8.1.3 网站规划资源 ······ 211
8.1.4 网站建设工作流程 ······ 215
8.1.5 网站开发方式选择 ······ 218
8.2 企业域名及域名注册 ······ 219
8.2.1 域名概念 ······ 219

8.2.2 域名结构 …… 220
8.2.3 我国域名体系结构 …… 223
8.2.4 企业域名注册 …… 225
8.3 网站栏目规划 …… 227
8.3.1 网站栏目规划概述 …… 227
8.3.2 逻辑组织模型 …… 229
8.3.3 网站物理结构规划 …… 230
8.3.4 网站逻辑结构规划 …… 232
8.4 网站总体设计 …… 233
8.4.1 网站总体设计原则 …… 233
8.4.2 网站的 CI 设计 …… 234
8.4.3 网站的布局设计 …… 238
8.5 企业网站的管理和推广 …… 240
8.5.1 成功网站的基本要素 …… 240
8.5.2 企业网站的管理与维护 …… 242
8.5.3 企业网站的推广 …… 243
8.6 美国国家半导体公司网站推广案例 …… 246
实训 企业网站的策划书 …… 249
习题 …… 251

第 9 章 移动营销 …… 253

9.1 移动商务概述 …… 253
9.1.1 移动商务的定义 …… 253
9.1.2 移动商务的实现技术 …… 254
9.1.3 移动商务的主要商务模式 …… 255
9.2 移动营销概述 …… 258
9.2.1 移动营销的定义 …… 258
9.2.2 开展移动营销的步骤 …… 258
9.2.3 移动营销的发展 …… 259
9.3 短信营销 …… 260
9.3.1 短信营销概述 …… 260
9.3.2 短信营销的特点 …… 260
9.3.3 短信网址营销 …… 260
9.4 无线广告营销 …… 264
9.4.1 无线广告概述 …… 264
9.4.2 无线广告的定义 …… 264
9.4.3 无线广告的特点 …… 265
9.4.4 无线广告的标准 …… 266
9.5 博客与博客营销 …… 267
9.5.1 博客概述 …… 267
9.5.2 博客分类 …… 268
9.5.3 微博概述 …… 270
9.5.4 博客营销 …… 270
9.6 立邦物流信息系统短信营销案例 …… 273
实训 移动梦网的基本使用 …… 275
习题 …… 278

参考文献 …… 280

第1章 网络营销概述

网络营销是在市场营销中用 Internet 替代报刊、邮件、电话、电视等中介媒体，其实质是利用 Internet 对产品的售前、售中和售后各环节进行跟踪服务。它自始至终贯穿于企业经营全过程，包括寻找新客户、服务老客户，是企业以现代营销理论为基础，利用 Internet 技术和功能，最大限度地满足客户需求，以达到开拓市场、增加盈利为目标的经营过程。它是直接市场营销的最新形式，包括 Internet 客户、市场调查、客户分析、产品开发、销售策略、反馈信息等环节。本章主要从市场营销出发，介绍网络营销的基本概念、网络营销与传统营销的区别、网络营销的特征、网络营销的发展等内容。

学习目标

- 掌握网络营销的概念
- 掌握网络营销的定义和特点
- 掌握网络营销的职能
- 理解网络营销的理论基础
- 理解网络营销的市场

1.1 网络营销的概念

1.1.1 网络营销产生的原因

网络营销的产生是科技发展、消费者价值观变革的商业竞争等综合因素所促成的，网络营销的产生是有其技术基础、观念基础和现实基础的。

1. 网络营销产生的技术基础

现代电子技术和通信技术的应用与发展是网络营销产生的技术基础。现在正走进计算机发展的第四个阶段：网络时代（Network Age）。第一个阶段是主机（Mainframe）时期；第二个阶段是微型计算机（Minicomputer）时期，第三个阶段是个人计算机（Personal Computer）时期。

1969 年 11 月 21 日，6 名科学家在加利福尼亚大学洛杉矶分校的计算机实验室，将一台计算机与千里之外的斯坦福研究所的另一台计算机连通，这不只是连通了两台计算机，而是宣告了网络时代的到来，"Internet" 一词也变得时髦起来。

国际互联网（Internet）是一种集通信技术、计算机技术为一体的网络系统。简单地说，Internet 就是众多计算机及其网络，通过电话线、光缆、通信卫星等连接而成的一个计算机网。它将入网的不同类型的网络和不同机型的计算机互连起来，构成一个整体，从而实现了网上资源的共享和网络信息的共享。Internet 是目前计算机之间进行信息交换和资源共享的最佳方式。

早期的 Internet 主要用于军事，随着 WWW 技术的应用，推动了 Internet 的商业化进程，自 20 世纪 90 年代以来更呈现指数性发展的趋势，每年都有几百万个新的站点加入。现在连入 Internet 的国家和地区已超过 170 个，与之相连的站点也由最初的几千个增加到 9 000 多万个。据有关资料表明，2006 年年底我国网民人数已经达到了 1.37 亿人。

2. 网络营销产生的观念基础

消费者价值观的变革是网络营销产生的观念基础。满足消费者需求，无论在何时何地，都是一个企业的经营核心。随着 Internet 的用途由学术研究向商业应用的逐步转变，世界各地企业纷纷上网为消费者提供各种类型的信息服务，并把抢占这一科技制高点视为获取未来竞争优势的重要途径。

当今企业正面临前所未有的激烈竞争，市场正由卖方市场向买方市场演变，消费者将面对更为纷繁复杂的商品和品牌选择，这一变化使当代消费者心理与以往相比呈现出一种新的特点和趋势。网络营销的产生则适应了消费者新的价值观，主要表现在以下几方面。

（1）个性消费的回归。消费者以个人心理愿望为基础挑选和购买商品或服务，心理上的认同感是作出购买决策的先决条件，以商品供应千姿百态为基础的单独享有成为社会时尚。

（2）消费主动性的增强。由于商品生产的日益细化和专业化，消费者购买的风险感随选择的增多而上升。消费者会主动通过各种途径获取与商品有关的信息，并进行分析比较，以减少购买失误的可能。

（3）对购物方便性的追求。由于现代人工作负担较重，消费者希望购物方便，时间和精力支出尽量节省，特别是对某些品牌的消费品已经形成固定偏好的消费者，这一需要尤为重要。

（4）对购物乐趣的追求。现代人的生活丰富多彩，购物活动不仅是消费需要，也是心理需要，很多消费者以购物为生活内容，从中获得享受。

（5）价格仍然是影响购买的重要因素。虽然现代市场营销倾向于以各种策略来削减消费者对价格的敏感度，避免恶性价格竞争，但价格始终对消费者产生重要的影响。只要价格削减的幅度超过消费者的心理预期，就难免会影响消费者既定的购物原则。

以上这些消费者观念的改变，是使人们普遍接受网络营销的重要基础。

3. 网络营销产生的现实基础

网络营销产生的现实基础是市场竞争的激烈。随着市场竞争的日益激烈化，为了在竞争中占优势，各个企业不断地推出各种营销手段来吸引顾客，但市场竞争已不再仅仅依靠浅层次的营销手段就能取胜，而需要经营者寻找变革，以尽可能降低成本，缩短运作周期，增加企业盈利。

而开展网络营销，可以节约大量昂贵的店面租金，可以减少库存商品资金占用，可以方便采集客户信息，使经营规模不受场地限制，这些都可以使企业经营成本和费用降低。运作周期缩短，从根本上增强企业的竞争优势，增加盈利。

4. 网络营销能提高消费者的购物效率

现代化的生活节奏已使消费者户外购物的时间越来越有限。而网络营销给人们描绘了一个诱人的场景，使购物的过程不再是一种沉重的负担，甚至有时还是一种休闲、一种娱乐。让我们看一看网络营销是怎样简化消费者的购买过程的。

（1）售前。向消费者提供丰富生动的产品信息及相关资料，如质量认证、专家品评等。网络的界面清晰、友善，便于操作执行。消费者通过比较后，就可作出购买决定。

（2）售中。消费者只要坐在家中即可逛虚拟商店，用电子货币结算等，省去了许多麻烦。在网上，一切都变得那么简单。

（3）售后。在使用产品的过程中，如果消费者发现问题，可以随时与厂家联系，获得及时的技术支持和服务。

总之，网络营销能简化消费者的购物环节，节省消费者的时间和精力，满足消费者对购物方便性的需求。

5. 网络营销能满足偏价型消费者的需求

网络营销能为企业节省巨额的促销和流通费用，从而使企业的产品成本和价格降低成为可能。而消费者则可在全球范围内寻找最优惠的价格，甚至可绕过中间商直接订货，从而获得低价。

消费者迫切需要新的快速方便的购物方式和服务。这种价值观的变革，呼唤着网络营销的产生。网络营销也在一定程度上可以满足消费者的这种需求。通过网络购物，消费者便可“闭门家中坐，货从网上来”。

6. 网络营销能够提高营销效率

想想看，只要轻轻一点鼠标，任何一个商人都可以与一个拥有无数潜在用户的惊人的市场联系在一起，这是多么诱人的景象！网络营销所绘制的正是这样一幅蓝图。网络营销具有任何一种传统营销方式所不可比拟的优势，商家面对的是全球的市场，全球的用户，使传统营销在地域和空间上得到了极大的顺延和拓展，真正是“坐地日行八万里”，这大大地提高了营销的效率。

另外，Internet 是集声音、图像、文字于一体的互动的多媒体介质，网络营销基于 Internet，可以整合传统的各种单一的营销模式，对公司和产品进行全方位、立体式的宣传，起到事半功倍的效果。

综上所述，网络营销的产生与发展是科技进步、人们消费观念变化、商业竞争的日益激烈等综合因素所促成的。

（1）现代通信技术和网络技术的应用与发展是网络营销产生的技术基础。

（2）网络时代消费者需求观念的改变为网络营销的产生奠定了市场基础。

（3）日益激烈的商业竞争是网络营销产生的现实基础。

总之，网络营销的产生有其深厚的环境与现实基础，是多种因素综合作用的结果。

1.1.2 网络营销的定义

1. 网络营销的核心思想

网络营销的核心思想就是“营造良好的网上经营环境”。所谓网上经营环境，是指企业内部和外部与开展网上经营活动相关的环境，包括企业网站本身、顾客、网络服务商、合作伙伴、供应商、销售商、相关行业的网络环境等，网络营销的开展就是与这些环境建立关系的过程，这些关系处理好了，网络营销也就卓有成效了。

网络营销是企业整体营销战略的一个组成部分，是为实现企业总体经营目标所进行的，以 Internet 为基本手段营造网上经营环境的各种活动。可见，网络营销不是孤立的，在很多情况下，网络营销是传统营销理论在 Internet 环境中的应用和发展，网络营销是 Internet 时代市场营销中必不可少的内容。网络营销的手段也不仅限于网上，而是注重网上网下相结合，网上营销与网下营销是一个相辅相成，互相促进的营销体系。

从网络营销发展的实际情况来看，对于现阶段网络营销的核心思想，可以进一步简单解释为：通过合理利用 Internet 资源（如网络营销工具、方法等），实现网络营销信息的有效传递，为营造有利于企业发展的经营环境奠定基础。

直到现在，对于网络营销的认识，一些学者或网络营销从业人员的研究和理解也不尽相同，往往侧重某些不同的方面：有些人偏重网站本身的技术实现手段；有些人注重网站的推广技巧；也有些人将网络营销等同于电子商务；甚至还有为数不少的企业管理人员将建设一个网站作为网络营销的目标。

其实这也不足为奇，网络营销毕竟是一个崭新的领域，还需要一定时期的摸索和实践。而且，在 Internet 发展的不同阶段，网络营销的内容和手段也有所不同。在 1998 年之前，一些网络营销从业人员和研究人员将网络营销仅仅理解为网站推广，其核心内容是企业网站设计的优化以及搜索引擎注册和排名。当时具有一定代表性的观点认为，只要可以将网址登录到雅虎网站（www.yahoo.com）并保持排名比较靠前（根据雅虎网站所列目录的排名或者关键字搜索的结果），网络营销的任务就算基本完成，如果可以排名在第一屏幕甚至前五名，那么就意味着网络营销已经取得了成功。在当时网上信息还不很丰富的时候，雅虎作为第一门户网站，是大多数上网者查找信息的必用工具，能够在雅虎上占据一席之地，被用户发现的机会的确很大。但是，随着网页数量爆炸式的增长，据研究，即使功能最强的搜索引擎也只能检索到全部网页的大约 14%，尽管搜索引擎仍是最基本的网络营销手段，但是仅仅依赖搜索引擎来推广网站显然已经无法取得令人满意的效果，于是网站推广方法也得以扩展。另外，由于网站推广的目的更多的在于吸引新的用户，随着用户数量的增加和获得新用户难度的加大，针对维持和加强现有用户关系的网络营销手段应运而生，因此，许可 E-mail 营销、邮件列表等方法在现代的网络营销中占据了重要位置。主要依赖搜索引擎来进行网站推广的时代可称为传统网络营销阶段。

需要说明的是，网络营销的内涵和手段都在不断发展演变中，上述关于网络营销的核心思想也只能适用于一定的时期，随着时间的推移，这种理解可能显得不够全面，或者不能够反映新时期的实际状况，网络营销的思想也将进一步发生演变。

2. 网络营销的定义

网络营销（On-line Marketing 或 Cybermarketing）全称是网络直复营销，属于直复营销的一种形式，是企业营销实践与现代通信技术、计算机网络技术相结合的产物，是指企业以电子信息技术为基础，以计算机网络为媒介和手段而进行的各种营销活动（包括网络调研、网络新产品开发、网络促销、网络分销、网络服务等）的总称。

网络营销根据其实现的方式有广义和狭义之分，广义的网络营销指企业利用一切计算机网络，包括 Intranet（企业内部网）、EDI（行业系统专线网）及 Internet（国际互联网）进行的营销活动。

也就是说，通过 Internet 营销替代了传统的报刊、邮件、电话、电视等中介媒体，利用 Internet 对产品的售前、售中、售后各环节进行跟踪服务，自始至终贯穿在企业经营全过程，寻找新客户、服务老客户，最大限度地满足客户需求，以达到开拓市场、增加盈利为目标的经营过程。它是直接市场营销的最新形式，贯穿于企业开展网上经营的整个过程，包括信息发布、信息收集，到开展网上交易为主的电子商务阶段，网络营销一直都是一项重要内容。

而狭义的网络营销专指 Internet 营销。Internet 是全球最大的计算机网络系统。

1.1.3　网络营销的特点

1. 网络营销一般特点

网络营销具有以下几个特点。

（1）虚拟性。网络营销以 Internet 为背景，本身依附于虚拟空间，业务的全过程在一种“虚拟”的网络环境中进行，网络营销是在没有实物和现场环境的气氛下进行的一种商业活动。

（2）全天候性。网络营销的虚拟性突破了传统工业化社会时空界限以及企业经营活动范围的束缚，以全天候的形式为消费者提供服务。

（3）高信息性。网络营销要向接受者输出更加丰富的信息，使产品更加真实可信、更具亲和力，必须向消费者提供高质量、多数量的商务信息。

（4）国际性。网络营销是全球化的营销，网络延伸到哪里，商务信息就会被传递到哪里，突破了地域的界限，不分人种、肤色、种族和习俗。

（5）互动性。网络营销与消费者之间的沟通表现为信息交流的互动性、产品交易的互动性及客户服务的互动性。

（6）技术性。网络营销的信息传递及服务都是通过强大的技术性支持来完成的，这些技术包括网络技术、计算机技术、通信技术、多媒体技术等。网络营销的成熟与否在很大程度上取决于其技术使用的范围和先进程度。

（7）针对性。网络营销的信息传递是针对用户的主动查询来进行的“一对一”式的信息传递，对其他上网者没有信息干扰。同时，它还针对服务对象的个性化要求来提供帮助。

（8）参与性。网络的互动性可以使顾客参与产品的设计、生产与宣传推广，参与服务和咨询以及对问题展开讨论等。

（9）低成本性。网络营销无店面租金成本，且能实现产品直销，能帮助企业减轻库存压力，实现零库存目标从而降低营销成本。

2. 网络营销理论特点

网络营销理论具有以下特点。

（1）电子时空观。建立在网络社会可变性、没有物理距离之上的时空观，即电子时空观，它反映我们生活和工作基础的信息需求。这种时空观，会使得我们在网络时代的工作和生活与传统时代截然不同，甚至出现冲突。但是我们必须学会去了解和适应它。

（2）全新的信息传播模式。在网络信息化的情况下，信息的传播和大众化传媒的工作模式都会有较大的变化。而商业信息的传播更是首当其冲。这些变化将主要表现在以下几个方面：

① 双向的信息传播模式；

② 推动互动的信息供需模式；

③ 多媒体信息传播模式。

（3）对市场性质的重新理解。在网络化时代，通过网络营销这种手段，产品的生产者会更多的直接面对消费者，原先的那种层层批转的中间商业机构的作用将逐渐淡化，这将引起市场性质的变化，这些变化主要表现在以下几个方面：

① 生产厂商和消费者的直接网上交易；

② 市场多样化、个性化和时事化；

③ 市场细分的彻底化；

④ 商品流通和交易方式的改变。

（4）消费者直接参与生产和商业流通循环。传统的商业流通循环是由生产者、商业机构和消费者三者组成的。其中商业机构在中间起着非常重要的作用。对生产者来说，所谓市场导向是通过商业机构的订货趋势来反映的。对消费者来说，所谓选择和挑选商品也是在商业机构所提供的商品范畴内有限地进行。生产者不能直接了解市场需求，消费者也不可能直接向生产者表达对产品的需求，因此，从理论上来讲，这种流通模式无论如何分析，总会存在一定的盲目性。而在未来的网络环境下，这种情况将会改变。

在网络营销中，生产者和消费者在网络的支持下直接构成商品流通循环，其结果是商业的部分作用逐步淡化，消费者参与企业营销的过程，市场的不确定因素减少，生产者更容易掌握市场对产品的实际需求。

3. 网络营销行为特点

网络营销行为具有以下特点。

（1）无形化。Internet 作为传播媒介已是不争的事实，其跨时空、覆盖全球、以多媒体形式双向传送信息和信息实时更新等特点，是其他媒体所无法比拟的。信息时代给传统市场营销带来了发展的契机，其无形化的特点尤其突出，主要表现在：

① 书写电子化、传递数据化；

② 经营规模不受场地限制；

③ 支付手段高度电子化。

（2）标准化。网络营销行为的标准性包括：

① 商品信息标准化；

② 商品交易标准化；

③ 市场建设的标准化；

④ 市场监督的标准化。

（3）低成本。网络营销给交易者双方所带来的经济利益上的好处是显而易见的，主要表现在：

① 没有店面租金成本；

② 没有商品库存压力；

③ 行销成本很低；

④ 结算成本很低。

要注意的是：网络营销的内涵和手段都在不断发展演变中，上述关于网络营销的定义和理解也只能适用于一定的时期，随着时间的推移，这种定义可能显得不够全面，或者不能够反映新时期的实际状况。因此，不要把网络营销理解为僵化的概念，也不要将本书中所介绍的网络营销方法作为固定的模式去照搬，需要在具体实践中根据本企业当时的状况灵活运用。

1.1.4 网络营销的职能

网络营销的职能包括以下 8 个方面的内容，即网络品牌、网站推广、信息发布、销售促进、销售渠道、顾客服务、顾客关系和网上调研。网络营销策略的制定和各种网络营销手段的实施都是以发挥这些职能为目的的。

1. 网络品牌

网络品牌是网络营销的重要任务之一，即如何在 Internet 上建立并推广自己企业的品牌。知名企业的网下品牌可以在网上得以延伸，一般企业则可以通过 Internet 加快树立企业的品牌形象，并提升企业的知名度。网络品牌建设是以企业电子商务网站建设为基础，通过一系列的推广措施，达到顾客和公众对企业的认知和认可。在一定程度上说，网络品牌的价值甚至高于通过网络获得的直接收益。

随着技术的进步和 Internet 的发展，不仅给品牌带来了新的生机和活力，而且推动和促进了品牌的拓展和扩散。实践证明，Internet 不仅拥有品牌、承认品牌，而且对于重塑品牌形象，提升品牌的核心竞争力，打造品牌资产，具有其他媒体不可替代的效果和作用。

2. 网站推广

网站推广是网络营销最基本的职能之一。所谓网站推广指的是企业在网上利用网络各种服务和功能，向新老顾客推广本企业的网址，以便让更多的人来访问该企业的网站，了解企业的各种信息，达到网络营销之目的。在几年前，甚至认为网络营销就是网站推广。相对于其他功能来说，网站推广显得更为迫切和重要，网站所有功能的发挥都要以一定的访问量为基础，所以，网站推广是网络营销的核心工作。

3. 信息发布

信息发布是网络营销的主要方法之一。网站是一种信息载体，通过网站可以发布各种信息资源，同时，信息发布也是网络营销的基本职能，所以也可以这样理解，无论哪种网络营销方式，结果都是将一定的信息传递给目标人群，包括新老顾客、媒体、合作伙伴、竞争者等。

网络营销可以将信息发布到全球任何一个地方，既可以实现信息的广覆盖，又可以形成地毯式的信息发布链；既可以创造信息的轰动效应，又可以发布隐含信息。信息的扩散范围、停留时间、表现形式、延伸效果、公关能力、穿透能力等都是最佳的。特别要提出的是，在网络营销中，网上信息发布以后，可以能动地进行跟踪，获得回复，可以进行回复后的再交流和再沟通。因此，信息发布的效果明显。

4. 销售促进

销售促进是网络营销的基本目的之一，大部分网络营销方法都与直接或间接促进销售有关，但促进销售并不限于促进网上销售，事实上，网络营销在很多情况下对于促进网下销售十分有价值。

销售促进是作为一种能刺激客户的实际需要相关联的，并激发客户使用某种产品和服务的兴趣的，非价格竞争的促销手段推出的，这在商业银行实行利率竞争和费用竞争有限度的条件下，具有特殊的作用和意义。一方面，可促进商业银行的交易机会，另一方面，可使客户接受全面、高质量的商业银行的服务，从而与商业银行建立长期的信用关系。

5. 销售渠道

销售渠道是网络营销的一个重要的场所之一。一个具备网上交易功能的企业网站本身就是一个网上交易场所，网上销售是企业销售渠道在网上的延伸，网上销售渠道建设也不限于网站本身，还包括建立在综合电子商务平台上的网上商店，以及与其他电子商务网站不同形式的合作等。

网络具有极强的进击力和穿透力，传统经济时代的经济壁垒、地区封锁、人为屏障、交通阻隔、资金限制、语言障碍、信息封闭等，都不能阻挡网络营销信息的传播和扩散。新技术的诱惑力，新产品的展示力，图文并茂和声像俱显的昭示力，网上路演的亲和力，地毯式发布和爆炸式增长的覆盖力，将整合为一种综合的信息进击能力，快速地打通封闭的坚冰，疏通种种渠道，打开进击的路线，实现和完成市场的开拓使命，这是任何其他手段都无法比拟的。

6. 顾客服务

顾客服务是网络营销效果的重要的手段之一。网络营销不是提供一般的服务功能，而是提供一种特色服务功能，服务的内涵和外延都得到了扩展和延伸。Internet 提供了更加方便的在线顾客服务手段，顾客不仅可以获得形式最简单的 FAQ（常见问题解答）、邮件列表、网络论坛（也称 BBS，电子公告牌）、聊天室等各种即时信息服务，还可以获取在线收听、收视、交款等选择性服务；无假日的紧急需要服务和信息跟踪、信息订制，直到智能化的信息转移、手机接听服务以及网上选购、送货到家的上门服务等。这种服务以服务之后的跟踪延伸，不仅极大地提高了顾客的满意度，使以顾客为中心的原则得以实现，而且客户成了商家的一种重要的战略资源。

7. 顾客关系

顾客关系是网络营销能否取得成效的必要条件之一，通过网站的交互、顾客信息反馈表、用户调查表、对顾客的承诺以及顾客的参与等方式，在为顾客服务的同时，也增进了顾客的情感关系。

在传统的经济模式下，由于认识不足或自身条件的局限，企业在管理客户资源方面存在着较为严重的缺陷。针对这种情况，在网络营销中，通过客户关系管理，将客户资源管理、销售管理、市场管理、服务管理、决策管理等融为一体，将原本疏于管理、各自为战的计划、销售、市场、售前和售后服务与业务统筹协调起来，既可跟踪订单，帮助企业有序地监控订单的执行过程，规范销售行为，了解新老客户的需求，提高客户资源的整体价值，又可以避免销售隔阂，帮助企业调整营销策略，收集、整理、分析客户反馈信息，全面提升企业的核心竞争能力。客户关系管理还具有强大的统计分析功能，可以提供“决策建议书”，以避免决策失误而造成的损失，为企业带来可观的经济效益。

8. 网上调研

网上调研是网络营销的主要职能之一。通过在线调查表或者电子邮件等方式，可以完成网上市场调研，相对传统市场调研，网上调研具有高效率、低成本的特点。

利用 Internet 进行市场调查是一种非常有效的方式，许多网站都设置在线调查表，用以收集用户反馈信息，在线调查常用于产品调查、消费者行为调查、顾客意见调查、品牌形象调查等方面，是获得第一手调研资料的有效工具。但是，在线调查也存在种种局限，尤其在企业网站访问量比较小、客户资料还不够丰富的情况下，获得的有效问卷数量较少，调查结果有时会出现较大的误差。尽可能提高在线调查结果的质量，是开展网上市场调研过程中每个环节都要考虑的问题。

综上所述，开展网络营销的意义就在于充分发挥各种职能，让网上经营的整体效益最大化，因此，仅仅由于某些方面效果欠佳就否认网络营销的作用是不合适的。网络营销的职能是通过各种网络营销方法来实现的，网络营销的各个职能之间并非相互独立的，同一个职能可能需要多种网络营销方法的共同作用，而同一种网络营销方法也可能适用于多个网络营销职能。

1.2 网络营销的核心思想

1.2.1 网络营销核心思想内容

网络营销的核心思想就是“营造网上经营环境”。所谓网上经营环境，是指企业内部和外部与开展网上经营活动相关的环境，包括网站本身、消费者、网络服务商、竞争对手、合作伙伴、供应商、销售商、相关行业的网络环境等，网络营销的开展就是与这些环境建立关系的过程，这些关系处理好了，网络营销也就卓有成效了。

网上经营环境的营造主要通过建立一个以营销为主要目的的网站，并以此为基础，通过一些具体策略对网站进行推广，从而建立并扩大与其他网站之间，以及与用户之间的关系，其主要目的是为企业提升品牌形象，增进顾客关系，改善顾客服务，开拓网上销售渠道并最终扩大销售。

网络营销是企业整体营销战略的一个组成部分，是为实现企业总体经营目标所进行的，以 Internet 为基本手段营造网上经营环境的各种活动。可见，网络营销不是孤立的，在很多情况下，网络营销是传统营销理论在 Internet 环境中的应用和发展，网络营销是 Internet 时代市场营销中必不可少的内容。网络营销的手段也不仅限于网上，而是注重网上网下相结合，网上营销与网下营销是一个相辅相成，互相促进的营销体系。

1.2.2 网络经营环境

1. 企业网站

所谓企业网站，就是企业以网络营销为目的，在 Internet 上进行网站建设和宣传的行为。许多公司都拥有自己的网站，利用网站来进行宣传、产品资讯发布、招聘等。企业网站就相当于一个企业的网络名片，不但对企业的形象是一个良好的宣传，同时可以辅助企业的销售，甚至可以通过网络直接帮助企业实现产品的销售。

在 Internet 的早期，网站还只能保存单纯的文本。经过几年的发展，新技术不断出现，图像、声音、动画、视频，甚至 3D 技术开始在网上流行起来，网站也慢慢地发展成我们现在看到的图文并茂的样子。通过动态网页技术，用户也可以与其他用户或者网站管理者进行直接的动态交流。

2. 网站建设

网站建设是涵盖企业定位考虑，从营销角度立意而进行一个建设网站的过程，其中包括了前期网站定位、确定网站主题、搜集材料、规划网站、选择合适的制作工具、制作网页、上传测试、推广宣传、维护更新等内容。网站建设包括充分利用网络资源、开展电子商务、与客户互动来往、建立企业形象、主动抢占先机和制作网上广告六大功能。

3. 消费者

从法律意义上讲，消费者应该是为个人的目的购买或使用商品和接受服务的社会成员，他应具备以下几个条件。

（1）消费者应当是公民为生活目的而进行的消费，如果消费的目的是用于生产，则不属于消费者范畴。

（2）消费者应当是商品或服务的受用者。

（3）消费的客体既包括商品，也包括服务。

（4）消费者主要是指个人消费，但也有例外，如我国《消费者权益保护法》并没有明确规定，消费者是指消费者个人，实质上就是即包括了消费者个人，也包括了单位或集体，只要是用于生活消费的，都属于消费者范畴。

4. 消费者权利

所谓消费者权利，是指消费者在消费领域中，即在购买、使用商品或者接受服务中所享有的权利。消费者的权利是保护消费者的权益的核心问题，作为一个消费者，如果不明白自己究竟应当享有什么权利，在实际生活中，就无法维护自己的权利。

根据1985年联合国大会通过的《保护消费者准则》的规定，消费者权利具体为：

（1）保护消费者的健康和安全不受危害；

（2）促进和保护消费者的经济利益；

（3）使消费者得到充分信息，使他们能够按照个人愿望和需要作出掌握情况的选择；

（4）接受消费者教育；

（5）提供有效的赔偿办法；

（6）有成立消费者组织及其他有关的团体或组织的自由等权利，要求各国政府保护消费者的权利。

目前，国际上公认的消费者权利主要有以下7项：①有权获得安全保障；②有权获得正确资料；③有权自由决定选择；④有权提出消费意见；⑤有权获得合理赔偿；⑥有权获得消费教育；⑦有权获得健康环境。

5. 网络服务商

网络的发展，催生了一个新兴的产业，那就是网络服务商。中国的网络服务商经历了一个从无到有、从小到大的发展过程，其间也曾有过激烈的角逐和竞争，他们为网络的发展提供着各种服务，并且在不断完善中发展壮大自己的经营实力。通常说的网络服务商是指ISP（Internet Service Provider），翻译为Internet服务提供商，即向广大用户综合提供Internet接入业务、信息业务和增值业务的电信运营商。ISP是经国家主管部门批准的正式运营企业，享受国家法律保护。中国的主要ISP有中国电信、中国网通、中国铁通、中国移动、中国联通，电信重组之后，中国网通并入中国联通，剔除中国联通CDMA，组成新联通；中国铁通并入中国移动组成新移动；中国联通CDMA并入中国电信组成新电信。

根据网络服务商提供的服务不同，ISP又可以细分为以下几种类型。

（1）物理网络运营者（Network Provider，NP）：为用户进入Internet进行信息交流提供物理基础——网络，多指各国的电信企业。

（2）接入服务者（Internet Access Provider，IAP）：通过租用电信企业的公用通信线路或者自己铺设的专用线路为用户提供接入服务。

（3）Web服务器、虚拟主机提供者、电子公告板、邮件新闻组、聊天室、网络会议室经营者：为用户在网络上的信息交流提供空间场所服务。

（4）技术支持服务者（Internet Presence Provider，IPP）：为专业用户提供链接、信息搜索工具、主页设计与维护、网站寄存与管理、BBS自动生成等技术服务。

（5）认证服务者和中介服务者：为参与网络交易各方的各种认证提供数字证书，使交易与支付各方彼此能够识别对方的身份。

6. 竞争对手

对于一个企业来说，广义的竞争者是来自于多方面的。企业与自己的顾客、供应商之间，都存在着某种意义上的竞争关系。狭义的竞争者是指那些与本企业提供的产品或服务相类似，并且所服务的目标顾客也相似的其他企业。竞争者的类型有愿望竞争者、普通竞争者、产品形式竞争者、品牌竞争者等。

当今企业处在一个超竞争的环境中，新的竞争对手不断的进入，行业内整合不断的加剧。在这样一个瞬息万变的市场环境中，谁能掌握市场的先机，谁能及时把握竞争对手的动态，谁就在竞争中掌握了主动，所以对竞争对手进行分析就显得尤其重要。竞争对手分析内容包括：确认企业的竞争者，判断竞争者的目标，确认竞争者的战略，评估竞争者的强弱，估计竞争者的反应，选择攻击或避开竞争者的方法等。

7. 供应商

供应商是指直接向零售商提供商品及相应服务的企业及其分支机构、个体工商户，包括制造商、经销商和其他中介商。供应商也称为“厂商”，即供应商品的个人或法人。一个门店的供应商以 500～700 家为宜。供应商过少则供应链受垄断，容易产生弊端；但供应商过多则采购量分散，采购价格没有优势，且订单处理程序复杂，流通费用过高。供应商可以是农民、生产基地、制造商、代理商、批发商（限一级）、进口商等，应避免太多中间环节的供应商，如二级批发商、经销商、皮包公司或亲友所开的公司。

8. 经销商

经销商是指将购入的产品以批发的形式通过自己拥有的分销渠道向零售商或批发商进行销售的独立或连锁的商业机构。经销的模式有：独家经销、非独家经销、直营制和直销制。通俗地说，经销商就是指拿着钱，从企业进货，他们买货不是自己用，而是转手卖出去，对于他们只是经过手，再销售而已，他们关注的是利差，而不是实际的价格。

经销商可以享有比直销商更为优惠的销售条件，但对每批次购货数量有一定要求。需要具备的资格是：具备合法的从业资格，可以从事相关产品的销售；可以通过 Internet 直接连接在线销售系统。

9. 经销商、代理商、分销商的区别

经销商、代理商、分销商是有区别的，它们之间的关系如下。

（1）代理商可以是代理单一品牌或多个品牌；分销商一定是代理众多品牌；经销商是个比较笼统的称谓，包括代理商，分销商还有单纯的贸易商（不从原厂拿货而是从其他渠道）。

（2）代理商是分销商也是经销商，但是分销商和经销商不一定是代理商。分销商和经销商没什么区别。

（3）分销是一个销售方式的概念。分销商是一个中转站，一个制造企业将产品委托中转站销售。代理商是受制造企业授权在一定区域时间终端等进行销售。经销商类似于贸易商，自由贸易。

（4）分销商广义上包括代理商和经销商；代理商与经销商的区别在于是否获得授权。

（5）从产品所有权上区分：经销商对产品有所有权；代理商一般没有所有权，只收取佣金；分销商一般只做渠道不做终端。

（6）分销商得到原厂授权，销售全线产品，代表厂家处理业务。经销商能够在原厂拿到货的贸易商，没有得到原厂授权，原厂也不会返利。代理商得到原厂授权，销售部分产品，原厂会返利。代理商在国外有的也叫分销商。

（7）经销商分为普通经销商和特约经销商。前者无限制，而后者则和大的代理商或厂家有某些在销售额、产品价格等方面的特别约定。分销商介于代理商和经销商之间。代理商是指某产品在销售过程中由生产厂家授权在某一区域有资格销售该产品的商家。它分为地区级、国家级、省市县级等，又分为独家代理、总代理、分级代理，所有代理商家都有相应的特权，代理级别低的原则上由高一级的代理商管理。

1.2.3 网络经营关系

随着 Internet 的发展，无论是经营者还是用户，对网络的诉求都正在从网络媒体诉求向网络社会诉求发展与深化。不断发展中的网络，其作为一种社会形态的存在与作用越来越突出，人们对它的需求也在变得日益广泛而深入。

在这样的背景下，网络经营的核心与基点也正在发生变化。“内容”的地位正在被动摇，而“关系”成为了新的着力点。

1. 人、产品、环境的关系

人、产品、环境三者之间，人是关键、产品是核心、环境是源头，社会必需凭借三者的平衡才会得以发展与创新。

（1）产品，是指企业根据消费者所给以的价值而提供相应的各方面的满足和需要的综合物。在过去的几十年中，环保技术在制造过程中的运用已取得了相当大的进步，如采用适当技术和清洁生产等。现在人们逐渐认识到设计对环保所起的重要作用，“绿色设计”成为关注的焦点。传统的产品设计理论与方法，是以产品为中心，从满足产品的需求和解决问题为出发点进行的，而无视后续的产品生产及使用过程中的资源消耗以及对环境的影响。现代的产品设计理论与方法，是以顾客为中心，从满足顾客的要求和解决问题为出发点进行的，提倡的是绿色设计，维护人类地球绿色环境的设计。绿色设计的目的是系统有序地探索人类产业发展与社会文明的关系，有效地避免高科技工业化社会与生态环境的冲突。

（2）环境，是指围绕人群的空间和作用于人类这一对象的所有外界影响与力量的总和。环境保护法所保护的环境与通常意义上所说的环境有所不同，它是有一定范围的，是能够通过法律手段来保护的环境。我国《环境保护法》第二条给环境所下的定义为：本法所称的环境，是指影响人类生存和发展的各种天然的和经过人工改造的自然因素的总体，包括大气、水、海洋、土地、矿藏、森林、草原、野生生物、自然遗迹、人文遗迹、自然保护区、风景名胜区、城市和乡村等。

人类的环境分为自然环境和社会环境。自然环境包括大气环境、水环境、生物环境、地质和土壤环境以及其他自然环境；社会环境包括居住环境、生产环境、交通环境、文化环境、和其他社会环境。简单通俗地讲，所谓环境，就是我们每个人在日常生活中面对的一切。我们面对的空间提供给我们呼吸所需要的空气，江河湖泊或地下水，成为可供我们饮用的淡水。

正确处理好人、产品和环境要素的相互关系，使各个对立因素在动态的发展中求得平衡，并将具有差异性、甚至矛盾性的因素互补融合，建构成一个有机的、谐调的整体，最大化地满足人们之于功能和情感的双重需求。

2. 企业与消费者关系

所谓企业与消费者关系是指企业与其产品和服务的现实的和潜在的消费者之间所结成的社会联系。消费者关系是现代企业公共关系的重要组成部分，其特定的含义是指企业与其产品和服务的现实的、潜在的消费者之间所结成的社会联系。它有着良好与不良两种状态。良好的消费者关系即企业以其符合消费者需要的优良行为，而与消费者结成的具有较大广度和深度的社会联系。其特征是企业与消费者联系广泛，相处友好，来往密切，关系融洽。不良的消费者关系则完全相反。毫无疑义，现代企业应当追求的是良好的消费者关系。

1.3 网络营销的市场

1.3.1 网络营销客户群体细分

网络营销的前提是利用网络，特别是利用 Internet 为主要手段进行的并为达到一定营销目标的营销活动。那么，对于网络营销的对象，首先是上网人群，他们有着各自的需求与爱好。如果通过网络营销满足了人们的需求，就会赢得越来越多的客户。将网络营销视为与人们建立关系的途径，他们越接近你，你们的关系就越加巩固。将这些客户由外至内可划分为全球人类、社区网民、网站新客、产品或服务的客户以及常客 5 个类别，如图 1-1 所示。

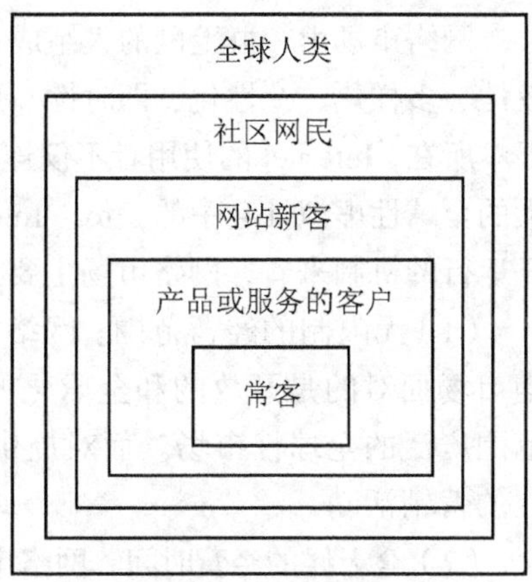

图 1-1　网络营销客户群体细分

（1）全球人类。这类客户指的是不论什么国家、什么民族、什么地域的人，只要是在网上冲浪的网民，都可成为企业的客户。他们普遍的心态是：我要找的东西究竟在哪里？对于他们你要尽可能将其注意力吸引到你企业的网站中来。

（2）社区网民。这类客户指的是已经成为某社区的网民。他们的普遍心态是：我希望能学到一些东西，并且找到一位言之有物的社区网友，可以经常交谈、取经，同时也很希望能找到一些与他有关的产品信息。对于他们，你要成为有帮助的信息源泉，从而吸引来访者，而不是一味地做强势宣传。

（3）网站新客。这类客户指的是偶尔进入了你的网站的网民。他们的普遍心态是：这里有一些非常有价值的信息，我可以收集一些商品及价格，但凭一纸订单，我能相信他吗？对于他们，就需要提供有价值的、容易寻找的信息，使其建立 Bookmark，并留下 E-mail 地址，让你的网站给他留下尽量深的印象。

（4）产品或服务的客户。这类客户指的是第一次填写订货单或联系单，即将成为你产品或服务的客户。他们的普遍心态是：我的订单能否兑现，最快多久能交货呢？我的信用卡会安全吗？这会不会是个皮包公司？对于他们，要设法使其消除顾虑，使他们对你的产品或服务产生一种安全感，并建立一种简洁、有效、使人信任的机制。

（5）常客。这类客户指的是经常光顾你的网站，并对产品或服务比较满意的客户，他们的普遍心态是：啊，好极了，我订的货今天到了，而且没用多长时间，下次买东西，我可知道去哪里了。对于常客，你要和他们建立一种友好的联系，提供增值服务，提供信息，争取使其成为你一生的客户，并由此而带来一些新客户。

1.3.2 网络营销市场概述

Internet 技术的发展使企业的市场营销进入了一个全新的发展阶段，1999 年—2001 年是中国电子商务由起步走向初步发展的阶段，从 2002 年开始中国的电子商务步入了快速发展的时期。中华人民共和国对外贸易经济合作部在 1996 年 2 月成立了国际贸易电子数据交换（Electronic Data Interchange，EDI）中心，也就是现在的中国国际电子商务中心（CIECC）。借助于中国电信公用网，中国国际电子商务中心实现了与联合国全球贸易网等国际商务网络的联结，并在全国 33 个城市开通了结点（联网点）。这种先进、高效的贸易方式很快吸引了国内外众多外贸与进出口企业的加入。从网络市场交易的主体来看，网络市场可以分为企业对消费者、企业对企业和国际性交易 3 种类型。随着 Internet 的迅速发展，网络营销将对传统的贸易方式形成巨大的冲击，并以其快捷、方便、高效率和高效益的显著优势成为 21 世纪国际、国内贸易的主要方式。网络营销将是每一个商家的必然选择。

1．网络营销市场的特点

网络市场由一群上网的人组成，它也被看成是一个不同分块的市场集合，它具有全球化、开放性、多样化、个性化、即时性、虚拟性等多种特征。其中虚拟性是网络市场区别于现实市场的根本所在，Internet 的使用者不仅连接数以百万计的计算机和数以亿计的文字和图像，而且还是巨大的全球性虚拟社会中的一员。Internet 上的网络市场将成为 21 世纪最有发展潜力的市场。从市场运行的机制来看，网络市场主要有以下几方面的特点。

（1）无限制的经营范围。网络技术的发展使市场的范围突破了区域和国界的限制。网络营销市场面对的是开放的和全球化的市场，从过去受地理位置限制的局部市场，一下子拓展到范围广泛的全球性市场。面对提供了无限商机的 Internet，企业可以积极加入进去，开展全球性的营销活动。

（2）全天候的经营时间。网络市场上的虚拟商店可以每天 24 小时全天候提供服务，一年 365 天持续营业，方便了消费者的购买，特别是对于平时工作繁忙、无暇购物的人来说有更大的吸引力。

（3）无店铺的经营方式。网络市场上的虚拟商店，只是将 Internet 作为媒体，而不需要店面、装饰、摆放的商品和服务人员。

（4）无库存的经营方式。网络市场的虚拟商店，可以在接到顾客订单后，再向制造的厂家订货，而无须将商品陈列出来供顾客选择，它只需在网页上开辟一个虚拟购物平台并打出货物菜单即可。特别是随着社会的发展，在网络市场上消费需求向个性化的趋势发展，那么就更无须进行商品的存储。这样一来，店家不会因为存货而增加成本，其售价一定比一般商店要低，有利于增加网络商家和网络市场的竞争力。

（5）低成本的竞争策略。因为普通商店在经营过程中需要支付店面租金、装饰费用、电费、营业税，以人员的管理费等，而网络市场上的虚拟商店只需支付自设网站及网页成本、软硬件费用、网络使用费，以及以后的维持费用，这样就大大降低了成本，增强了竞争能力。

（6）精简化的营销环节。网络技术的发展使消费者的个性化需求得到满足成为可能，消费者由原来的被动接收转变为主动参与，消费者可以自行查询所需产品的信息，还可以根据自己的需求下订单，参与产品的设计制造和更新换代，使企业的营销环节大为简化。

总之，由传统的实体化市场发展到网络市场是一种质的飞跃，网络市场具有传统市场所不具有的特点，而这些特点正是网络市场的优势所在。

2. 我国网络市场的现状

随着科学技术的发展和个人计算机的普及，我国网络市场的发展潜力很大。1997 年我国上网用户还仅为 67 万人，而到 2006 年年底就已达 1.37 亿人。

由于 Internet 的技术性要求高，所以上网用户一般学历层次较高。其结构为男性占 79%，女性占 21%，这与国外女性占 40%多相差很大；其中未婚占 63%，已婚占 37%，可见上网用户多为年轻、未婚，说明市场发展的潜力很大。目前，我国上网用户上网的主要目的还是把 Internet 当成一个信息工具，有 56.8%的用户利用 Internet 获得各方面的信息，这与国外 Internet 发展的初期非常相似。随着 Internet 商用的发展，许多用户会逐步把 Internet 作为一种购物的途径或者是进行其他商业活动的渠道。据调查，用户认为目前网上购物的主要障碍问题依次是：产品及服务质量不可靠占 34%；安全性无保障占 30%；没有方便的付款方式占 22%；价格不够诱人占 8%；送货耗时、渠道不畅占 6%。用户担心比较多的是网上购物中对产品无法直接了解而带来的失控感，以及对 Internet 渠道安全性问题有无保证等。

1.3.3 网络营销与传统营销

以下对网络营销与传统营销及其关系作介绍。

1. 传统营销概念

传统营销是企业经营和运作的一项重要内容，按照定义可描述为：传统的市场营销作为一种计划及执行活动，其过程包括一个产品、一项服务或一种思想的开发制作、定价、促销、流通等活动，其目的是由交换及交易的过程达到满足组织或个人的需求目标。

世界著名的美国市场营销专家菲利普·科普勒认为：传统的市场营销学是一门建立在经济科学、行为科学、现代管理理论基础上的应用科学。从历史上看，传统营销学是从西方经济学中分化出来的一门独立的学科，它建立在经济科学、行为科学、管理学等理论基础上，并且大量运用了这些学科的研究成果，然而，它本身不是一门经济科学，而只是一门经济方面的应用科学；是一门具有综合性、边缘性特点的应用科学；是一门研究经营的软科学。在某种意义上，它不仅是一门科学，而且是一门艺术。传统的市场营销虽然与上述诸学科以及社会学、心理学、数学等学科都有密切联系，但不能替代其他学科，也不应与其他学科的研究对象相混淆。

传统的市场营销学有其特定的研究对象，即研究企业市场营销活动过程的管理及其策略的运用，也就是研究企业如何根据消费者需求去进行企业市场营销过程的管理，实现潜在交换，扩大销售所进行的一切企业活动。其目的是使消费者需求得到满足，企业的经营目标得以实现，从而在激烈的市场竞争中求得企业生存和发展的一门新兴学科。

2. 传统营销学的基础理论

传统营销学的基础理论是与第二次世界大战以后新形势下产生的新的企业市场营销管理工作指导思想相关联的。它是 20 世纪 50 年代在“买方市场”条件下产生的，是以目标顾客的需要为中心的，认为企业不仅要善于发现和了解目标顾客的需要，而且要能比其竞争对手更好地满足目标顾客的需要，从而达到扩大销售、取得盈利，实现企业目标的目的。这种企业经营思想称为“市场营销观念”或营销哲学。

传统营销的理论是如何使企业“可控制的变数”即产品、价格、渠道、促销等，与外部“不控制的变数”相适应。同时，在市场营销观念指导下，提出企业市场营销战略和战术两个相互关联的部分，即目标市场和市场营销组合。目标市场是指企业为其服务，有颇为类似需要的顾客群，市场营销组合是企业为了满足其目标市场需要而加以综合运用和组合的上述的“可控制变数”。虽然如此，但它的抉择不仅要受企业本身的资源条件和企业目标的影响和制约，而且，还要受企业外部市场营销环境，尤其是“宏观环境”的影响和制约。宏观环境指的是那些给企业造成环境威胁和市场机会的主要社会力量，是企业“不可控制的变数”。

3. 传统营销与网络营销

网络营销是一个以信息技术服务为支撑的全球营销活动的动态过程。它不仅仅是通过网络进行的商品或劳务买卖活动，即网上销售，还涉及传统市场上的方方面面。从这个角度来看，网络营销是在一种虚拟环境中无接触的间接交易；而传统营销则是在一种现实状态中直接接触的交易。

两种营销活动形式各有优缺点，将两者配合使用，各取其优点，必能为企业节约大量的资源，提高效率，增强市场竞争力。

4. 网络营销与传统营销的相同点

网络营销与传统营销的相同点如下。

（1）都是企业的一种经营活动，它们所涉及的范围不仅限于商业性内容，还要扩展到产品制造之前的开发活动。在市场经济中，企业必须按市场需求组织生产，生产前按目标市场的需求确定产品内容，确定商标和广告策略、定价以及制定销售策略等。这些都是市场营销的重要工作。

接下来，把产品卖出去也并不是营销的结束，还需要确保消费者在消费过程中达到满意的要求，进一步，还需要通过反馈回来的信息指导企业新一轮的经营活动，如要了解消费者对产品的满意程度，消费者提出的进一步要求，消费者向社会传播信息的内容，竞争者的动向，企业信誉等，因此，应当从商品制造前到消费后的商品运动全过程来把握营销的内容。

（2）都需要通过组合发挥功能。它们并不是单靠某种手段去实现目标，而是要开展各种具体营销活动。现代企业的市场营销目标已不仅仅是某个目标，更重要的是要追求某种价值的实现，这目标已成为企业所要达到的境界。实现这样的目标要调动多种关系，而且要制定各种策略，最终才能实现预期的目标，按照这样的要求，搞好营销需要一种综合能力。

（3）都把满足消费者需求作为一切活动的出发点。提高对消费者的服务意识，特别是在销售商品后的服务意识增强了。

（4）两者对消费者需求的满足，不仅停留在实现需求上，而且还包括潜在需求。

5. 网络营销与传统营销的不同点

网络营销与传统营销的不同点具体表现在以下几点。

（1）传统营销风貌的改变。传统营销依赖层层严密的渠道，并以大量的人力和广告投入市场，这在网络时代将成为无负荷奢侈品。在未来，人员推销、市场调查、广告促销、经营代理等传统营销手法，将与网络相结合，并充分运用网上的各项资源，形成以最低成本投入，获得最大市场销售量的新型营销模式。

（2）冲击传统的营销渠道，中间商的作用产生了变化。由跨国公司所建立的传统的国际分销网络对小竞争者造成的进入障碍明显降低。对于目前直接通过 Internet 进行产品销售的生产商来说，其售后服务工作是由各分销商承担的，但随着他们代理销售利润的消失，分销商将很可能不再承担这些工作。

（3）促进营销策略的调整，定价、品牌、广告等策略都有所改进。定价策略将走向全球化的趋势；品牌实行全国化的管理；广告障碍消除。

（4）改变了许多传统观念，包括改变了传统的营销方式，再造了顾客群体的关系，转变了竞争的形态，重整了企业的组织，实现了跨国经营等。

1.4 沃尔玛网络营销策略案例

1. 背景资料

沃尔玛百货有限公司由美国零售业的传奇人物山姆·沃尔顿先生于 1962 年在阿肯色州成立。经过 40 多年的发展，沃尔玛百货有限公司已经成为美国最大的私人雇主和世界上最大的连锁零售商。目前，沃尔玛在全球开设了 6 600 多家商场，员工总数 180 多万人，分布在全球 14 个国家。每周光临沃尔玛的顾客达 1.75 亿人次。

沃尔玛 1996 年进入中国，在深圳开设了第一家沃尔玛购物广场和山姆会员商店，经过 11 年的发展，目前已经在包括深圳、东莞、昆明、大连、汕头、福州、沈阳、厦门、哈尔滨、长春、长沙、北京、南昌、济南、青岛、天津、南京、南宁、贵阳、武汉、太原、重庆、上海、晋江、玉溪、芜湖、潍坊、岳阳、烟台、金华、嘉兴、漳州、成都和无锡 34 个城市开设了 71 家商场，包括沃尔玛购物广场、山姆会员商店、沃尔玛社区店 3 种业态，其中沃尔玛购物广场 66 家、山姆会员商店 3 家，社区店 2 家。沃尔玛至今在华的总投资额达 17 亿元人民币，创造了超过 36 000 个就业机会。作为一个出色的企业，沃尔玛自进入中国就积极开展社区服务和慈善公益活动，10 年累计向各种慈善公益事业捐献了超过 2 550 万元的物品和资金。

2. 薄利多销稳步发展

沃尔玛商店在美国数量多，定位低，影响很广。美国各大城市的商业中心大都建在郊外，这里总是少不了沃尔玛的踪影。沃尔玛连锁店往往是占地一大片，标志十分醒目。出售的物品从家用杂货、男女服装、儿童玩具，到饮食、家具等，无所不包。虽然这些物品的质量难属上乘，但价格却非常便宜。给人的感觉是薄利多销，天天降价。沃尔玛认准的目标就是面向中低收入的大众阶层，经营低价位、多而全的商品。几十年来，沃尔玛薄利多销的经营战略一直没有改变。

沃尔玛之所以能够做到天天降价，就是因为它比竞争对手更节省开支。公司绕开中间商，直接从工厂进货。统一订购的商品送到配送中心后，配送中心根据每个分店的需求对商品就地筛选、重新打包。这种类似网络零售商“零库存”的做法使沃尔玛每年都可节省数百万美元的仓储费用。此外，沃尔玛还特别投入 4 亿美元巨资，委托休斯公司发射了一颗商用卫星，实现了全球联网，以先进的信息技术为其高效的配送系统提供保证。通过全球网络，沃尔玛总部可在 1 小时内对全球 4 000 多家分店每种商品的库存量、上架量和销售量全部盘点一遍。

3. 以人为本注重服务

准确的价格定位是沃尔玛成功的基础，而独特的企业文化则使沃尔玛有别于其他廉价商店。沃尔玛的创始人山姆·沃尔顿有句名言："请对顾客露出你的8颗牙。"在山姆看来，只有微笑到露出8颗牙的程度，才称得上是合格的"微笑服务"。山姆还教导员工："当顾客走到距离你10英尺的范围内时，你要温和地看着顾客的眼睛，鼓励他向你咨询和求助。"这一条被概括为"十英尺态度"，成为沃尔玛的员工准则。

还有沃尔玛企业文化中"不要把今天的工作拖到明天"、"永远提供超出顾客预期的服务"等规则，已写进了美国的营销教科书。另一家连锁超市集团卡玛特的创始人哈里·康宁汉说："山姆可以称得上是本世纪最伟大的企业家。他所建立起来的沃尔玛企业文化是一切成功的关键，没人能够比拟。"

4. 作风低调平易守财

作为世界最大的零售商，沃尔玛近10年来一直雄踞世界500强前10名之列。取得今日的成就，山姆·沃尔顿当居首功。但这位亿万富翁在退休之后，继续开着那辆旧货车，就连剃个头也要精打细算。据说，山姆常常光顾一个只要5美元的小理发店，还舍不得给一分钱小费。

俗话说，"有其父必有其子"，山姆这种低调的作风，儿子罗伯逊真是学到了家。罗伯逊自从继任沃尔玛董事长一职以来，继续住在毫不起眼的老房子中，在美国媒体的报道中很难听到有关罗伯逊生活的任何消息。有评论家说，有如此一对近乎"抠门儿"的父子把守，沃尔玛不发才怪！

5. 进军网络全球扩展

沃尔玛随时观注着世界经济的发展潮流。早在2004年沃尔玛已与一家网络公司合作建立了沃尔玛网站。沃尔玛网站曾一度在全球零售网站排名中沦落到第43位，甚至被有些人称为"电子商务领域的侏儒"，但沃尔玛并未因此退却，反而准备利用其实力雄厚的配送系统扩展网上业务。据美国媒体报道，最近沃尔玛总裁斯科特正与亚马逊网上书店创始人贝佐斯协商组建营销联盟，不管两家公司能否联手，都表明这个传统零售业巨人正期望其网上业务能够快速增长。

实训 体验网上购物

【实训目的】

通过网上购物的体验，进一步理解电子商务的内涵；能够分析电子商务的物流、资金流、信息流；会利用电子商务标准对B2C网站进行全面比较分析。

【实训要求】

1. 了解网上商店的结构特点。
2. 掌握网上购物的运作环节。
3. 体验网上购物的特点和问题。

【实训内容】

1. 进入相关的电子商务网站。
2. 熟悉电子商务网站的结构功能。
3. 查询和选择购买商品。
4. 注册成为新会员。

5. 网上支付结算货款。

6. 查询订货状态。

7. 会员信息修改。

8. 购物信息反馈。

9. 画出购物流程图。

【实训步骤】

1. 进入相关的电子商务网站，或在地址栏中输入 http://www.taobao.com，登录淘宝网。

2. 如果购手机就可以直接单击导航条，选择商品，可以直接在分类栏中进行查询，或者直接在宝贝栏中进行模糊查询或快速查询。

3. 单击“对比选中的宝贝”。

4. 选择价格最低的掌柜为“孤独石子”的手机，单击“立即购买”。

5. 如果你没有注册，则先注册，单击免费注册。

6. 激活邮件，注册成功后，确认购买信息。

7. 等待买家付款。

8. 付款给支付宝，确认到货，支付宝打款给卖家，完成交易。

【实训提醒】

选择卖家虽然主要比较价格，但还必须考虑信用指数、卖家所在地等因素。毕竟交易的安全还是最重要的。

【实训思考】

1. 请大家用框图描述淘宝网的交易流程。

2. 完成了本次实验后，大家是否对电子商务有了更深的了解呢？在此次交易中至少涉及了哪些交易对象？

3. 在交易中，你选择的是什么支付方式和配送方式？淘宝网提供了哪些支付方式和配送方式？

4. 你认为“支付宝”能让你完全安全吗？为什么？

5. 对照电子商务相关内容进行全面比较分析。

6. 自己寻找浏览 3 个典型“商务网”，谈谈其特色与存在的问题。

【实训报告】

1. 实验过程

目的要求：

实验内容：

实验步骤：

网上购物流程：

网上交易框图：

2. 实验结果

结果分析：

可以使用表格方式，可以使用图形方式，也可以使用文字方式。

3. 总结

通过实训，总结自己对网上购物掌握程度，分析出错原因，提出改进措施。

习题

一、填定题

1. 网络营销的产生是________发展、消费者________变革的________竞争等综合因素所促成的，网络营销的产生是有其________基础、________基础和________基础的。

2. 网络营销产生的观念基础是________的变革。满足________需求，无论在何时何地，都是一个________的经营核心。网络营销产生的现实基础是________。开展网络营销，可以节约________租金，可以减少________占用，可以方便________信息，使经营规模不受________限制，这些都可以使企业经营________和________降低。

3. 网络营销的核心思想就是________，所谓网上经营环境，是指企业内部和________与开展网上________相关的环境，包括企业网站本身、________、网络服务商________、供应商、________、________的网络环境等，网络营销的开展就是与这些环境建立________的过程。

4. 网络营销具有________、________、________、________、全天候性、________、________、________、________等特点。

5. 网络营销的职能有________、________、________、________、网站推广、________、________、________8大职能。

6. 客观________和________是现有市场营销理论赖以________和发展的根基。强大的________能力和________技术是________理论赖以形成和发展的根基。网络营销的理论基础包括________、________、________和软营销理论。

7. 网络营销中的客户可分为________、________、________、________和常客5个类别。其中常客是指________。

8. 网络市场由________的人组成，它也被看成是一个不同分块的________，它具有________、________、________、________、虚拟性等多种特征。网络市场主要有________、________、________、________、________、无库存的经营方式等特点。

9. 网络营销与传统营销的不同点是________、________、促进营销策略的调整、________等。

二、思考题

1. 请说出网络营销产生的原因。
2. 请说出网络营销核心思想的具体内容。
3. 请说出网络营销的特点。
4. 请说出网络营销的职能。

第2章 网络营销的理论

网络经济作为知识经济的一种重要的经济行为方式正受到社会各界的热切关注，而网络营销作为网络经济的一个重要组成部分，被誉为21世纪营销界最大的课题。Internet的发展给网络营销带来了机遇，也提出了新的要求。网络的某些特点对传统营销理论产生了影响和冲击，这是研究网络营销的出发点。网络提供即时双向互动的沟通，网上时空限制消失，网上信息充分共享，这些特点对传统营销管理产生了较大的影响和冲击。本章将介绍网络营销的理论框架和与之相关的知识。

学习目标

- 掌握网络营销的理论框架
- 掌握4P和4C理论
- 掌握网络营销环境的含义和特点
- 理解网络企业与传统企业的区别
- 掌握网络营销的具体内容

2.1 从4P到4V理论

2.1.1 网络营销的理论框架

网络营销的理论框架结构如图2-1所示。

从图2-1中可以看出，最里面的一层是“网络市场”，企业的各种工作都将围绕它进行，并以它为中心。在“网络市场”的外层是顾客、成本、方便、沟通等，它们是企业网络营销的战略。最外层是影响企业网络营销的因素，它们是企业的资源条件和目标、人口环境和素质、政治环境、社会和文化环境、政策法律及隐私、经济环境、Internet技术和数据库技术及其他各种网络技术、网络基本设施等。

网络的特征在营销中所起到的作用可以概括为使顾客这个角色在整个营销过程中的地位得到提高。网络互动的特性使顾客真正参与到整个营销过程中来成为可能；顾客不仅是参与的主动性增强，而且选择的主动性也得到加强，因为网络上信息丰富的特征使顾客的选择余地变得很大，在满足个性化消费需求的驱动之下，企业必须严格地执行以消费者需求为出发点，以满足消费者需求为归宿点的现代化市场营销思想，否则顾客就会选择其他企业的产品。这样，网络营销首先要求把顾客整合到整个营销过程中来，从他们的需求出发开始整个营销过程。不仅如此，在整个营销过程中要不断地与顾客交互，每一个营销决策都要从消费者出发而不是像传统营销理论那样主要从企业自身的角度出发。

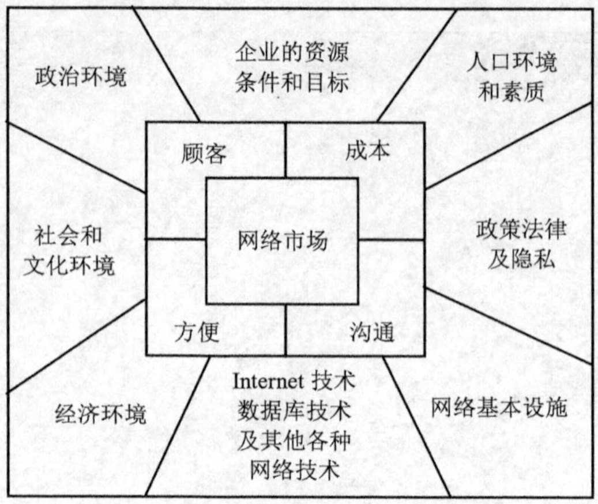

图 2-1　网络营销的理论框架结构图

2.1.2　网络营销的战略

1. 企业网络营销战略的特征

随着 Internet 及万维网的盛行，从市场运作的机制看，网络营销战略的基本特征如下。

（1）无店铺的经营方式。主要是在网上展开营销活动，是虚拟商店。它不需要店面、装潢、摆放的货品和服务人员等，它使用的媒体为互联网。

（2）无存货的经营形式。网上商店接到顾客订单后，再向厂家订货，而无须将商品陈列出来，只需在网页上打出货物菜单以供选择。

（3）无国界、无区域界限的经营范围。互联网创造了一个即时全球社区，它消除了同其他国家客户做生意的时间和地域障碍。

（4）无时间限制的全天候经营形式。虚拟商店不需要雇佣经营服务人员，经营的时间可以做到一天 24 小时，一年 365 天。

（5）双向互动的信息传播方式。互联网能够实现双向沟通，即信息的传播不再会保持目前的这种单向的传播模式，而是逐步演变为双向的信息需求和传播模式。在这种交互的双向传播模式下，信息源积极向信息需求者展现自己的信息产品的同时，信息需求者也在积极主动地向信息源索要自己所需的信息。

（6）成本低廉的竞争策略。网上商店的成本主要涉及自设网站成本、软硬件费用、网络使用费，以及以后的维持费用。它通常比普通商店经常性的成本要低得多，这是因为普通商店需要昂贵的店面租金、装潢费用、水电费、营业税，以及人事管理费用。

2. 企业网络营销战略的条件和环境

无论什么样的营销活动，都离不开两个基本因素，即营销环境和营销资源。因此，开展网络营销需要具备企业外部的基本环境和内部的基本条件。

网络营销的外部环境包括法律环境、政治环境、一定数量的上网企业和上网人口，以及互联网信息服务资源等，这些环境因素不是一个企业可以决定的，但却影响着企业网络营销的应用状况，企业的网络营销活动需要与外部环境相适应，并且从外部环境获得外部网络营销资源。

企业的内部条件即创造必要的网络营销资源，包括基本的上网条件、合适的专业人员、必要的营销预算等，在此基础上，可以根据企业的经营策略制订网络营销计划，包括企业网站建设与推广，建立和保持顾客关系，提供在线顾客服务，并进一步积累网络营销资源，从而最终实现提升企业品牌形象、提高竞争力、增加顾客忠诚度、增加收益的目的。

网络营销战略的实施是系统工程，首先应加强对规划执行情况的评估，判定是否充分发挥此战略的竞争优势和有无改进余地；其次是对执行规划时的问题应及时识别和加以改进；再次是对技术的评估和采用。网络营销的整体实施不是简单的某一个技术方面的问题或某一个网站建设的问题，它还需要从整个营销战略方面、营销部门管理和规划方面，以及营销策略制定和实施方面进行调整。

3. 企业网络营销战略的分析

企业战略是指企业为了适应未来环境的变化寻找长期生存和稳定发展的途径，并为实现这一途径优化配置企业资源，制定总体性和长远性的谋划与方略。企业的网络营销战略是以“网络市场”为中心的，围绕着“网络市场”周围的是“网络营销组合”，即网络营销战术。在网络营销观念指导下，企业网络营销管理工作都必须以网络市场为中心。

随着 Internet 的发展，从有形市场转向网络市场使企业的目标市场、顾客关系、企业组织、竞争形态、营销手段等发生了变化，企业既面临着新的挑战，也面临着无限的市场机会。企业必须制定相应的网络营销战略，提供比竞争者更有价值、更有效率的产品和服务，扩大市场营销规模，实现企业的战略目标。网络营销战略目标，就是确定开展网络营销后达到的预期目的，以及制定相应的步骤，组织有关部门和人员参与。网络营销目标一般考虑以下几个类型。

（1）销售型网络营销目标。指企业为拓宽网络销售，借助网上的交互性、直接性、实时性和全球性为顾客提供方便快捷的网上销售点。

（2）服务型网络营销目标。主要是为顾客提供网上联机服务，顾客通过网上服务人员可以远距离进行咨询和售后服务。

（3）品牌型网络营销目标。主要是在网上建立自己的品牌形象，加强与顾客的直接联系和沟通，建立顾客的品牌忠诚度，为企业的后续发展打下基础并配合企业现行营销目标的实现。

（4）提升型网络营销目标。主要是通过网络营销替代传统营销手段，全面降低营销费用，改进营销效率，改善营销管理和提高企业竞争力。

4. 企业的网络营销战略计划

企业制订网络营销战略计划（或称网络市场营销战略决策）必须全面考虑到企业的资源条件和企业目标、外部环境（企业的“不可控制的变数”），要善于使企业“可控制的变数”与外部“不可控制的变数”迅速相适应，这就是企业经营管理能否成功，企业能否生存和发展的关键。

5. 企业的网络营销战略目标

随着科学技术的迅速进步和发展，必然会涌现出越来越多的新科研成果、新技术、新产品。企业今后不能只是被动地适应顾客需求，而必须积极主动地创造或改变目标顾客的需求，只有这样，才能实现潜在交换，扩大销售。

2.1.3 以满足市场需求为目标的 4P 理论

1. 4P 理论概念

4P 的理论是指市场营销人员综合运用并优化组合多种可控因素，以实现其营销目标的活动的总称。这些可控因素归结为以下4种：产品（Product）、价格（Pdce）、渠道（Place）和促销（Promotion）。企业的营销活动就是以适当的产品、适当的价格、适当的渠道和适当的促销手段，将适当的产品和服务投放到特定市场的行为，这就是所谓的4P理论。

这一理论提出的时间是1950年，其背景是世界经济已经从“第二次世界大战”的创伤中恢复过来，资本主义国家经济进入了高速发展的战后“黄金阶段”，经济全球化处于起步阶段。消费者需求单一且比较旺盛。以数量满足为核心的包含数量、质量与结构的三重性短缺，基本上是一种典型的卖方市场。

2. 4P理论的缺陷

随着时间的推移，这一理论也暴露出自身的局限性。

（1）这一理论是以大工业经济时代为背景，成为工业企业开展营销的强大工具，这就在应用范围上受到局限。

（2）这一理论从企业的角度出发进行营销组合，忽视了顾客，对市场变化反应迟钝，容易导致“营销近视症”，在今天看来这是致命的“软肋”。

（3）这一理论较多的关注企业自身，忽视了竞争对手因素，因而容易受到追随模仿，最终造成无差异化营销的局面。

2.1.4 以追求顾客满意为目标的4C理论

1. 4C理论概念

4C的理论是根据消费者的需求和欲望来生产产品和提供服务，根据顾客支付能力来进行定价决策，从方便顾客购买及方便为顾客提供服务来设置分销渠道，通过企业同顾客的情感交流、思想融通，对企业、产品或服务更好的理解和认同，以寻求企业同顾客的契合点，即消费者（Consumer）、成本（Cost）、方便（Convenience）和沟通（Communication）。

这一理论提出的时间是1973年，其背景是由于石油危机的爆发，主要的发达国家进入了“滞胀阶段”，经济发展停滞不前。与此相反的是在拉丁美洲和亚洲出现了一些新兴工业国家和地区，并且形成了一支新兴的经济力量，这些国家的企业开始积极的参与国际竞争。同时，发达国家的消费者对价格变得敏感，需求呈现出多样性，更为注重产品或服务的质量，也因内部市场容量有限，国内企业之间的竞争也变得异常激烈。

这一理论坚持以顾客为导向，始终围绕“顾客需要什么”、“如何才能更好的满足顾客”两大主题，进行持续的改进活动，以追求顾客满意为目标。它是一种由外而内的拉动型营销模式，它宣传的是“请消费者注意”，而非“消费者请注意”。

与传统的营销模式相比，在以顾客为导向的组织中，认为顾客是企业存在的唯一理由，顾客是企业利润的最终来源，而前线人员与顾客发生互动，在互动的瞬间决定了企业的命运。中层管理者和高层管理者主要工作有两方面：一方面要为前线人员提供支持活动，另一方面也要保持和顾客不断接触，及时响应顾客需求。

2. 4C理论缺陷

该理论由于考虑了顾客这一外部不可控因素，在实践操作性上较之以4P理论显得较弱。过分以顾客为导向将会使企业的营销活动显得被动，实际上企业可以驱动市场而不仅仅是市场驱动。同时，该理论仍未考虑竞争对手的营销策略及反应，也容易遭到模仿。

2.1.5　以建立顾客忠诚为目标的 4R 理论

1. 4R 理论概念

4R 理论是市场反应（Reaction）、顾客关联（Relation）、关系营销（Relationship）和利益回报（Retribution）。它提出了企业的营销活动的目标应该是建立并维护长期顾客关系，而这种关系是建立在顾客忠诚的基础之上。忠诚的顾客不仅重复购买产品或服务，也降低了对价格的敏感性，而且能够为企业带来良好的口碑。4R 理论强调了 4 个满意，即顾客满意、社会满意、员工满意、企业满意，体现出了较强的社会营销观念。

这一理论提出的时间是 1980 年，其背景是全球范围内服务业兴起，服务业在国民经济中扮演了重要角色，出现了工业服务化和服务工业化的趋势。随着对服务业的顾客满意度调查研究，发现了以下几个事实。

（1）吸引一个新顾客的成本是保持一个满意的老顾客的 5 倍；对盈利率来说，吸引一个新顾客与丧失一个老顾客相差 15 倍。

（2）企业 80%的业务来自 20%的顾客。

（3）一个公司如果将其顾客流失率降低 5%，其利润就能增加 25%～85%。

（4）一个满意的顾客会告诉 3～5 个朋友他的感受，但是一个不满意的顾客会告诉 10～20 个人他的糟糕的感觉。

企业是一个相对独立的开放系统，它与周围环境发生着互动关系，4R 理论最突出特点是强调用系统观点来开展营销活动。首先，通过交叉销售为顾客提供一揽子的、集成化的整套解决方案，以解决顾客多样化的需要。改变过去那种交易营销模式，着眼于建立起关系营销模式。其次，它一改过去仅仅从企业或顾客的角度，而是从利益相关者的角度考察。顾客、供应商、分销商都在企业价值链中扮演了重要的角色，只有通过整合企业价值链才能建立竞争优势。政府机构是企业的管制机构，是市场法规的颁布者。对企业的营销活动产生重大影响。社会组织往往充当了意见领袖的角色，对消费者的购买决策产生不可估量的影响。

2. 4R 理论缺陷

4R 理论最大的不足就是实际操作性较差，一方面主要是引入了更多的不可控变量，另一方面缺乏实施工具，企业在实际应用可能会感到无从下手。

2.1.6　新经济时代的 4V 营销组合理论

4V 理论是差异化（Variation）、功能化（Versatility）、附加价值（Value）和共鸣（Vibration），它首先强调企业要实施差异化营销。

（1）使自己与竞争对手区别开采，树立自己独特形象。

（2）使消费者相互区别，满足消费者个性化的需求。

（3）4V 理论要求产品或服务有更大的柔性，能够针对消费者具体需求进行组合。

（4）4V 理论更加重视产品或服务中无形要素，通过品牌、文化等以满足消费者的情感需求。

这一理论提出的时间是 1990 年。其背景是高科技产业迅速崛起，高科技企业、高技术产品与服务不断涌现，Internet、移动通信工具、发达交通工具和先进的信息技术，使整个世界面貌焕然一新，俨然成为人类的“地球村”。原来那种企业和消费者之间信息不对称状态得到改善，沟通的渠道多元化，越来越多的跨国公司开始在全球范围进行资源整合。

4V 营销理论首先强调企业要实施差异化营销，一方面使自己与竞争对手区别开采，树立自己独特形象；另一方面也使消费者相互区别，满足消费者个性化的需求。其次，4V 理论要求产品或服务有更大的柔性，能够针对消费者具体需求进行组合。最后，4V 理论更加重视产品或服务中无形要素，通过品牌、文化等以满足消费者的情感需求。

从整体上来分析，4V 理论不仅是典型的系统和社会营销论，即它既兼顾社会和消费者的利益，又兼顾资本家、企业与员工的利益；更为重要的是，通过对 4V 营销的展开，可以培养和构建企业的核心竞争力。这一点既可以从企业核心竞争能力的判断基准与 4V 营销组合论的关系中得到证明，也可以从我国企业由“顾客导向（CI）”到“顾客满意（CS）”再到“顾客忠诚（CL）”的“3C”实践转变中得到应证。

4V 理论的缺点就是操作性不强，实际中只能作为企业大的指导方向。

2.2 网络营销环境

2.2.1 营销环境的含义

网络营销环境是指对企业的生存和发展产生影响的各种外部条件，即与企业网络营销活动有关联因素的部分集合。营销环境是一个综合的概念，由多方面的因素组成。环境的变化是绝对的、永恒的，随着社会的发展，特别是网络技术在营销中运用，使得环境更加变化多端。虽然对营销主体而言，环境及环境因素是不可控制的，但它也有一定的规律性，我们可通过对营销环境的分析对其发展趋势和变化进行预测和事先判断，企业的营销观念、消费者需求和购买行为，都是在一定的经济环境中形成并发生变化的。

网络营销环境可分为宏观环境和微观环境。其中，宏观环境是指一个国家或地区的政治、法律、人口、经济、社会文化、科学技术等影响企业网络营销活动的宏观条件。宏观环境对企业短期的利益可能影响不大，但对企业长期的发展具有很大的影响。所以，企业一定要重视宏观环境的分析的研究；微观环境是由企业及其周围的活动者组成的，直接影响着企业为顾客服务的能力，它包括电子商务企业、电子中介商、电子网络市场、电子公众、企业内部环境、供应商、营销中介、顾客或用户、竞争者等因素。

2.2.2 营销环境的特征

1．营销环境的基本特征

营销环境的基本特征包括以下几方面。

（1）客观性。环境作为营销部门外在的不以营销者意志为转移的因素，对企业营销活动的影响具有强制性和不可控性的特点。一般说来，营销部门无法摆脱和控制营销环境，特别是宏观环境，企业难以按自身的要求和意愿随意改变它。正如企业不能改变人口因素、政治法律因素、社会文化因素等。但企业可以主动适应环境的变化和要求，制定并不断调整市场营销策略。事物发展与环境变化的关系，适者生存，不适者淘汰，就企业与环境的关系而言，也完全适用。有的企业善于适应环境就能生存和发展，有的企业不能适应环境的变化，就难免被淘汰。

（2）差异性。不同的国家或地区之间，宏观环境存在着广泛的差异，不同的企业，微观环境也千差万别。正因营销环境的差异，企业为适应其变化，必须采用针对性的营销策略。环境的差异性也表现为同一环境的变化对不同企业的影响不同。例如，中国加入世界贸易组织，意味着大多数中国企业进入国际市场，进行“国际性较量”，而这一经济环境的变化，对不同行业所造成的冲击并不相同。企业应根据环境变化的趋势和行业的特点，采取相应的营销策略。

（3）多变性。营销环境是一个动态系统。构成营销环境的诸因素都受众多因素的影响，每一环境因素都随着社会经济的发展而不断变化。营销环境的变化，既会给企业提供机会，也会给企业带来威胁。虽然企业难以准确无误地预见未来环境的变化，但可以通过设立预警系统，追踪不断变化的环境，及时调整营销策略。

（4）相关性。营销环境诸因素间相互影响，相互制约，某一因素的变化，会带动其他因素的相互变化，形成新的营销环境。例如，竞争者是企业重要的微观环境因素之一，而宏观环境中的政治法律因素或经济政策的变动，均能影响一个行业竞争者加入的多少，从而形成不同的竞争格局。又如，市场需求不仅受消费者收入水平、爱好以及社会文化等方面因素的影响，政治法律因素的变化，往往也会对其产生决定性的影响。再如，各个环境因素之间有时存在矛盾，某些地方消费者有购买家电的需求，但当地电力供应不正常，无疑是扩展家电市场的制约因素。

2. 营销环境的五要素

Internet 自身构成了一个市场营销的整体环境，从环境构成上来讲，它具有以下 5 个要素。

（1）提供资源。信息是网络营销过程的关键资源，是 Internet 的“血液”。Internet 可以为企业提供各种信息，指导企业的网络营销活动。

（2）全面影响力。环境要与体系内的所有参与者发生作用，而非个体之间的互相作用。每一个上网者都是 Internet 的一份子，他可以无限制地接触 Internet 的全部，同时在这一过程中要受到 Internet 的影响。

（3）动态变化。整体环境在不断的变化中发挥其作用的影响力，不断更新和变化正是 Internet 的优势所在，因此，网络营销的各种活动都是在动态状态下完成的。动态是绝对的，而静止是相对的。

（4）多因素互相作用。整体环境是由 Internet 联系的多种因素有机结合而成的，涉及企业活动的各因素在 Internet 上是通过企业网站、电子邮件、电子公告栏、邮件列表等方式来实现的。

（5）反应机制。环境可以对其主体产生影响，同时，主体的行为也会改造环境。企业可以将本企业的信息通过公司网站保存在 Internet 上，也可以通过获取 Internet 上的信息，做出自己的决策。

因此，Internet 已经不是传统意义上的电子商务工具，而是独立成为新的网络营销环境，它以范围广、可视性强、公平性高、交互性优、能动性强、灵敏度高和易运作等优势给企业网络营销创造了新的发展机遇与挑战。

2.2.3　政治法律环境

政治法律环境是指一个国家或地区的政治制度、体制、政治形势、方针政策、法律法规等方面，包括国家政治体制、政治的稳定性、国家关系、法制体系等，在国家和国际政治法律体系中，相当一部分内容直接或间接地影响着经济和市场。政治因素像一只无形的手，调节着企业营销活动的方向，法律则为企业规定了商贸活动行为准则，政治与法律相互联系，共同对企业的市场营销活动发挥影响的作用。

1. 政治环境

政治环境是指企业业务所涉及的国家或地区的政治体制、政治形势、方针政策等方面对企业战略的影响。在国内，安定团结的政治局面，不仅有利于经济发展和人民收入的增加，而且影响群众心理状况，导致市场需求的变化。党和政府的方针、政策，规定了国民经济的发展方向和速度，也直接关系到社会购买力的提高和市场消费需求的增长变化。对国际政治环境的分析，应了解“政治权力”与“政治冲突”对企业营销活动的影响。政治权力影响市场营销，往往表现为由政府机构通过采取某种措施约束外来企业，如进口限制、外汇控制、劳工限制、绿色壁垒等。政治冲突指国际上的重大事件与突发性事件。这类事件在和平与发展为主流的时代从未绝迹，对企业市场营销工作影响或大或小，有时带来机会，有时则带来威胁。

2. 法律环境

法律是体现统治阶段意志，由国家制定或认可，并以国家强制力保证实施的行为规范的总和。对企业来说，法律是评判企业营销活动的准则，只有依法进行的各种营销活动，才能受到国家法律的有效保护。因此，企业开展市场营销活动，必须了解并遵守国家或政府颁布的有关经营、贸易、投资等方面的法律、法规。必须遵守国际法规、国际惯例和准则，因为这些因素对国际企业的营销活动有深刻影响。

法律环境对市场消费需求的形成和实现，具有一定的调节作用。企业研究并熟悉法律环境，既保证自身严格依法管理和经营，也可运用法律手段保障自身的权益。

各个国家社会制度不同、经济发展阶段和国情不同，体现统治阶级意志的法制也不同，从事国际市场营销的企业，必须遵从有关国家法律制度和有关国际法规、国际惯例。

2.2.4 经济环境

经济环境是指企业网络营销过程中所面临的各种经济条件、经济特征、经济联系等客观因素。它是内部分类最多、具体因素最多，并对市场具有广泛和直接影响的环境内容。经济环境不仅包括经济体制、经济增长、经济周期与发展阶段，以及经济政策体系等大的方面的内容，同时也包括收入水平、市场价格、利率、汇率、税收等经济参数和政府调节取向等内容。

1. 收入状况

市场消费需求指人们有支付能力的需求。仅仅有消费愿望，有绝对消费力，还不能创造市场；只有既有消费愿望又有购买力，才具有现实意义，才能产生购买行为。在研究收入对消费需求的影响时，常应用以下概念。

（1）人均国内生产总值。一般指价值形态的人均GDP。它是一个国家或地区，所有常住单位在一定时期内（如一年），按人口平均所生产的全部货物和服务的价值，超过同期投入的全部非固定资产货物和服务价值的差额。国家的GDP总额反映了全国市场的总容量、总规模。人均GDP则从总体上影响和决定了消费结构与消费水平。

（2）个人收入。指城乡居民从各种来源所得到的收入。各地区居民收入总额，可用以衡量当地消费市场的容量，人均收入多少，反映了购买力水平的高低。我国统计部门每年采用抽样调查的方法，取得城镇居民平均每人全部年收入，农村居民平均每人全年总收入和纯收入等数据。

（3）个人可支配收入。从个人收入中，减除缴纳税收和其他经常性转移支出后，所余下的实际收入，即能够用以作为个人消费或储蓄的数额。

（4）可任意支配收入。在个人可支配收入中，有相当一部分要用来维持个人或家庭的生活以及支付必不可少的费用。只有在可支配收入中减去这部分维持生活的必需支出后，才是个人可任意支配收入，这是影响消费需求变化的最活跃的因素。

2. 支出状况

支出状况主要指消费者支出模式和消费结构。收入在很大程度上影响着消费者支出模式与消费结构。随着消费者收入的变化，支出模式与消费结构也会发生相应变化。

3. 储蓄与信贷

衡量一个国家、地区或家庭的储蓄状况，通常用 3 个指标，即储蓄额、储蓄率和储蓄增长率。储蓄额是消费者储蓄的绝对数量，反映一定时期的储蓄水平；储蓄率指储蓄额对消费收入的比例；储蓄增长率则指某一时期的储蓄增长速度。

消费者信贷，是指消费者凭借信用先取得商品使用权，然后按期归还贷款，即消费者预先取出未来的收入，提前消费。

4. 直接影响营销活动的经济环境因素

直接影响营销活动的经济环境因素有以下几个方面。

（1）消费者收入水平的变化。消费者的收入包括工资、退休金、红利、租金、赠予等。消费者的购买力来自收入，但要注意的是，消费者并不是把全部的收入都用来购买商品或劳务，购买力只是收入的一部分。通常，个人可支配的收入是在个人收入中扣除税款和非税性负担所得的余额，这部分收入能够构成实际的购买力。

（2）消费者支出模式和消费结构的变化。随着消费者收入的变化，消费者支出模式也会发生相应的变化，从而使一个国家或地区的消费结构也发生变化。从绝对数量上看，消费者的消费支出一般随着收入的增加而增加。但是，消费支出的增量在收入达到一定水平后，小于收入的增量，即消费的增加低于收入的增加，也就是边际消费倾向（MPC）呈现递减的趋势。因此，有效提升人们的消费信心、完善社会保障制度、增加城镇低收入者和农民的收入、实现各阶层收入的合理分配，进而提高边际消费倾向，就成为扩大内需的重中之重。

（3）消费储蓄和信贷情况的变化。消费者个人收入不可能全部花掉，总有一部分以各种形式储蓄起来，这是一种推迟了的潜在的购买力。我国居民有勤俭持家的传统，长期以来养成储蓄习惯，并且人口众多。居民储蓄存款高增长暴露了目前我国经济结构的严重失衡，必须采取措施缓解储蓄增长的势头，并积极引导储蓄向投资转化。

5. 间接影响营销活动的经济环境因素

间接影响营销活动的经济环境因素包括以下几方面。

（1）经济发展水平。企业的市场营销活动要受到一个国家或地区的整个经济发展水平的制约。经济发展阶段不同，居民的收入也不同，顾客对产品的需求也不一样，从而会在一定程度上影响企业的营销。例如，以消费者市场来说，经济发展水平比较高的地区在市场营销方面，强调产品款式、性能、品牌、特色等，品质竞争多于价格竞争。而在经济发展水平比较低的地区，则较侧重于产品的功能、实用性，价格因素比产品品质更为重要。

（2）经济体制。经济体制是指一定的经济（包括生产、分配、流通）的组织形式、权限划分、管理方式、机构设置的整个体系。而社会的经济关系，即参与经济活动的各个方面、各个单位、各个个人的地位和他们之间的利益关系，就是通过这样的体系表现出来的。所以，一定的经济体制不但是具体经济活动的组织管理形式，同时也是一定的生产关系的表现形式，是它的具体体现。事实上，任何一种经济体制都体现着一种特定的生产关系，从来没有不体现生产关系的经济体制。经济体制问题实质上是一个生产关系的问题。

不同的经济体制对企业营销活动的制约和影响也是不同的。例如，在计划经济体制下，企业是行政机关的附属物，没有生产经营权，企业的产、供、销都由国家计划统一安排，企业生产什么，生产多少，如何销售，都不是企业自己的事情，在这种经济体制下，企业不能独立地开展生产经营活动，因而，也就谈不上开展市场营销活动。而在市场经济体制下，企业的一切活动都以市场为中心，以顾客为中心，以服务为中心，市场是其价值实现场所，因而企业必须特别重视营销活动，通过营销实现自己的利益目标。

（3）地区与行业发展状况。我国地区经济发展很不平衡，逐步形成了东部、中部、西部三大地带和东高西低的发展格局。同时在各个地区的不同省市，还呈现出多极化发展趋势。这种地区经济发展的不平衡，对企业的投资方向、目标市场以及营销战略的制订等都会产生巨大影响。

2.2.5 科技教育与社会环境

1. 科技环境

进入20世纪以来，科学技术日新月异，并且在现代生产中起着主导作用。技术环境对企业的影响有以下几个方面。

（1）科学技术的发展直接影响企业的经济活动。在现代社会中，生产力水平的提高，主要依靠设备的技术开发，创造新的生产工艺和新的生产流程。同时，技术开发也扩大和提高了劳动对象的利用广度和深度。

（2）科学技术的发展和应用影响企业的营销决策。科学技术的发展，使得每天都有新品种、新款式、新功能、新材料的商品在市场上推出。因此，科学技术进步所产生的效果，往往借助消费者和市场环境的变化而间接影响企业市场营销活动的组织。营销人员进行决策时，必须考虑科技环境带来的影响。

（3）科学技术的发展，使得产品更新换代速度加快，产品的市场寿命缩短。今天，科学技术突飞猛进，新原理、新工艺、新材料等不断涌现，使得刚刚炙手可热的技术和产品转瞬间成了昨日黄花。这种情况下，要求企业不断地进行技术革新，赶上技术进步的浪潮。否则，就会被市场无情地淘汰。

（4）科学技术的发展为提高营销效率提供了更新更好的物质条件。首先，科学技术的发展，为企业提高营销效率提供了物质条件。例如，信息、通信设备的改善，更便于企业组织营销，提高营销效率。

2. 社会环境

企业存在于一定的社会环境中，同时企业又是社会成员所组成的一个小的社会团体，不可避免地受到社会环境的影响和制约。人文与社会环境的内容很丰富，在不同的国家、地区、民族之间差别非常明显。在营销竞争手段向非价值、使用价值型转变的今天，营销企业必须重视人文与社会环境的研究。

3. 教育水平

科学技术对经济社会发展的作用日益显著，科技的基础是教育，因此，科技与教育是客观环境的基本组成部分。在当今世界，企业环境的变化与科学技术的发展有非常大的关系，特别是在网络营销时期，两者之间的联系更为密切。在信息等高新技术产业中，教育水平的差异是影响需求和用户规模的重要因素，已被提到企业营销分析的议事日程上来。

教育水平的高低影响着消费心理、消费结构，影响着企业营销组织策略的选取，以及营销推广方式方法的差别。例如，在文盲率高的地区，用文字形式做广告，难以收到好效果，而用电视、广播和当场示范表演的形式，则容易为人们所接受。又如在教育水平低的地区，适合采用操作使用、维修保养都较简单的产品；而教育水平高的地区，则需要先进、精密、功能多、品质好的产品。因此，在设计产品和制定产品策略时，应当考虑当地的教育水平，使产品的复杂程度、技术性能与之相适应。

4. 自然环境

自然环境是指一个国家或地区的客观环境因素，主要包括自然资源、气候、地形地质、地理位置等。虽然随着科技进步和社会生产力的提高，自然状况对经济和市场的影响整体上是趋于下降的，但自然环境制约经济和营销的内容、形式则在不断变化。

2.2.6 微观环境

微观环境由企业及其周围的活动者组成，直接影响着企业为顾客服务的能力。它包括企业内部环境、供应者、营销中介、顾客或用户、竞争者等因素。

1. 企业内部环境

企业内部环境包括企业内部各部门的关系及协调合作。企业内部环境包括市场营销部门之外的某些部门，如企业最高管理层、财务、研究与开发、采购、生产、销售等部门。这些部门与市场营销部门密切配合、协调，构成了企业市场营销的完整过程。市场营销部门根据企业的最高决策层规定的企业任务、目标、战略和政策，做出各项营销决策，并在得到上级领导的批准后执行。研究与开发、采购、生产、销售、财物等部门相互联系，为生产提供充足的原材料和能源供应，并对企业建立考核和激励机制，协调营销部门与其他各部门的关系，以保证企业营销活动的顺利开展。

2. 供应者

供应者是指向企业及其竞争者提供生产经营所需原料、部件、能源、资金等生产资源的公司或个人。企业与供应者之间既有合作又有竞争，这种关系既受宏观环境影响，又制约着企业的营销活动，企业一定要注意与供应者搞好关系。供应者对企业的营销业务有实质性的影响。

3. 营销中介

营销中介是协调企业促销和分销其产品给最终购买者的公司，主要包括商人中间商，即销售商品的企业，如批发商和零售商；代理中间商（经纪人）；服务商，如运输公司、仓库、金融机构等；市场营销机构，如产品代理商、市场营销咨询企业等。

由于网络技术的运用，给传统的经济体系带来巨大的冲击，流通领域的经济行为产生了分化和重构。消费者可以通过网上购物和在线销售自由地选购自己需要的商品，生产者、批发商、零售商和网上销售商都可以建立自己的网站并营销商品，所以一部分商品不再按原来的产业和行业分工进行，也不再遵循传统的商品购进、储存、运销业务的流程运转。网上销售，一方面使企业间、行业间的分工模糊化，形成“产销合一”、“批零合一”的销售模式；另一方面，随着“凭订单采购”、“零库存运营”、“直接委托送货”等新业务方式的出现，服务与网络销售的各种中介机构也应运而生。一般情况下，除了拥有完整分销体系的少数大公司外，营销企业与营销中介组织还是有密切合作与联系的。因为若中介服务能力强，业务分布广泛合理，营销企业对微观环境的适用性和利用能力就强。

4. 顾客或用户

顾客或用户是企业产品销售的市场，是企业直接或最终的营销对象。网络技术的发展极大地消除了企业与顾客之间的地理位置的限制，创造了一个让双方更容易接近和交流信息的机制。Internet 真正实现了经济全球化、市场一体化。它不仅给企业提供了广阔的市场营销空间，同时也增强了消费者选择商品的广泛性和可比性。顾客可以通过网络得到更多的需求信息，使他的购买行为更加理性化。虽然在营销活动中，企业不能控制顾客与用户的购买行为，但它可以通过有效的营销活动，给顾客留下良好的印象，处理好与顾客和用户的关系，促进产品的销售。

5. 竞争者

竞争是商品经济活动的必然规律，只要存在着商品生产和商品交换，就必然存在着竞争。在开展网上营销的过程中，不可避免地要遇到业务与自己相同或相近的竞争对手；研究对手，取长补短，是克敌制胜的好方法。

（1）竞争对手的类型。竞争对手有以下几种类型。

① 愿望竞争者：指满足消费者目前各种愿望的竞争者；

② 一般竞争者：指以不同的方法满足消费者同一需要的竞争者；

③ 产品形式竞争者：指满足消费者某种愿望的同类商品在质量、价格上的竞争者；

④ 品牌竞争者：指能满足消费者某种需要的同种产品的不同品牌的竞争者。

（2）对竞争对手的研究。在虚拟空间中研究竞争对手，可借鉴传统市场中的一些做法，但更应有自己的独特之处。要在竞争对手不知情的情况下，收集其运作情况，了解其动态，进一步分析其市场营销计划，制定出新的有针对性的营销对策，掌握竞争中的先机。

在网上研究竞争对手，首先要利用全球最好的八大导航网查询竞争对手，这八大导航网是：yahoo、altavista、infoseek、excite、hotbot、webcrawler、lycos 和 planetsearch。另外，要从其主页入手，一般来说，竞争对手会将自己的服务、业务和方法等方面的信息展示在主页上。从竞争的角度考虑，应重点考察以下 8 个方面。

① 站在顾客的角度浏览竞争对手网站的所有信息，研究其能否抓住顾客的心理，能否为顾客实现个性化服务，能否给浏览者留下好印象。

② 研究其网站的设计风格，模块的设计方式，体会它如何运用屏幕的有限空间展示企业的形象和业务信息。

③ 注意网站设计细节方面的东西，如颜色、背景、重要商品摆放的位置等，看能否让顾客感到安全、温馨。

④ 弄清其开展业务的地理区域，是地区域、省域、全国域还是国际域等，以便能从客户清单中判断其实力和业务的好坏。

⑤ 记录其传输速度，主页的游览速度，特别是图片下载的速度，一般游览主页的速度不超过

几十秒，因为速度是网站能否留住客户的关键因素。

⑥ 查看在其站点上是否有别人的图形广告，以此来判断该企业在行业中与其他企业的合作关系。

⑦ 对竞争对手的整体实力进行考察，全面考察其在导航网站、新闻组中宣传网址的力度，研究其选择的类别、使用的介绍文字，特别是图标广告的投放量等。

⑧ 考察竞争对手是开展网上营销需要做的工作，而定期监测竞争对手的动态变化则是一个长期性的任务，要时时把握其新动向，才能在竞争中保持主动地位。

总之，每个企业都需要掌握、了解目标市场上自己的竞争者及其策略，力求扬长避短，发挥优势，抓住有利时机，开辟新的市场。

2.3 中国出口商的网络营销务实之道案例

1. 背景资料

某企业是一家生产销售汽车离合器总程、压盖总程等汽车配件的外向型企业集团，近几年来，每年的出口总额一直保持在 900 万美元以上，自营出口额达 500 万美元，市场的外向度由 1997 年的 46%上升到今年的 89%，国际市场由 1997 年的 15 个国家和地区发展到今年的 50 多个国家和地区。产品一直处于供不应求态势，这些业绩的取得与务实而有效的网络营销工作是分不开的。

2. 自力更生，自我发展

自力更生，自我发展是该企业探索出的一条符合集团未来和现实资源条件的网络营销之路。他们的做法如下。

（1）做独立网站，自行维护网站资料。该企业从 1997 年开始根据国际市场情况和客户的要求在 Internet 上设置了自己的主页。但由于资料更新麻烦和域名宣传不方便，很快将其升级为具有独立域名的网站。通过学习，具备了网站维护的基本能力，从 1998 年至今，先后改版 6 次，上载产品图片 300 余张，页面修改 190 次（页）以上，使网站真正成为集团经营活动的橱窗，时刻体持现实的经营业态，并且与网上信息同步。常看常新的网站，不仅给访问者不断带来有商业价值的信息，提高了访问量和潜在的商业机会，还使老客户时刻感受到集团经济工作的勃勃生机。

（2）借助网络媒体，高强度、低成本、针对性地宣传自己的网站，经过几年的摸索，有了几件法宝。

① 在国内外知名网站的电子公告牌上进行轮番宣传，如中文的阿里巴巴网站、中华商务网、中国汽车配件网，英文的汽车网、联合经贸网、连接中国网等。一共大约有 50 个，基本保证每月都有该企业网站的最新消息。因为这些网站的访问者大都是商贸界人士，有些商务网站和业务非常接近，其访问者甚至就是潜在客户。

② 加入商业信息库，提高被检索的几率。许多综合型的商贸网站上都有一些开放的商业信息库供企业自由登录，这样就有选择地登录了大约有 30 个，并且保持在这些数据库中的信息与网站同步更新。

③ 向客户群定期发送电子邮件。经过多年的网上操作，共收集到了大约 1 000 个 E-mail。这些 E-mail 的主人，有的是汽车制造商的采购主管，有的是零部件经销商，有的是综合贸易的负责人，有的是这些产品的爱好者和设计人员。当然，这个客户群也是动态的，有的圈进来，有的也被退出去，但始终保持 1 000 个左右。3 年来，企业向 16 万人次发送邮件 2 000 多次，其成本不

过几百元。

④ 为不同的人群设计不同的宣传主题。同样是一条新产品促销信息，如果千篇一律地宣传产品如何如何好，买了以后，怎样怎样实惠，将会引起网上人士的反感和厌恶，只有设计一些精确的主题有针对性地宣传才能取得较好的效果。

（3）强化商贸队伍建设，促进网络信息力向现实的市场生产力转化，也就是要真正地做成生意、开拓市场。

① 精心培养属于自己的“土专家”，在应用和实践中锻炼和培养人才。“土专家”一方面能务实地应用各种网络技术来拓展商务，另一方面能和客户进行实质性沟通。再通过“土专家”把这些技能扩散到业务部门，逐步形成一个团队。目前，集团的 80%业务员都具备网络商务的应用技能。

② 网络营销团队的主要工作内容。这支队伍的工作除了上面介绍的网络宣传外，重点还有两个方面。一方面收集分析加工商贸信息，其渠道和网络宣传的渠道基本接近，涉及国外的，主要通过外文的商业目录网站和搜索引擎进行。一般情况下，一手的商贸信息在其发布后的半个工作日内都能收集到，到目前为止收集到的有价值的商贸信息已经无法统计了，至少有几万条了。另一方面即时处理信息和函件。凡是主动发邮件到该企业或者正常的往来邮件均在半个工作日内回复，有时候一天来往询价、订货确认的邮件达三四个来回。收集到的信息经过去伪存真、去粗取精的操作后，也在第一时间给对方消息，以保证尽可能多的获得商贸机会，真正地使信息力转化为生产力。

3. 三载实践、硕果累累

3 年来，他们已成为网络经济较早一批的受益者，也为集团的信息化工作找到了一个比较适合的切入点。

（1）节省了时间，节约了资金。2006 年曾经有 个统计，在上网前，月均国际传真和电话费为 1.2 万元，上网后的 5 个月内，月均为 1 500 元，仅仅是上网前的零头都不到。根本原因就是将商务往来由电话和传真为主的方式转移到以 Web 和电子邮件为主的方式了。平均每年可节约通信费用 10 万元，不仅节约了开销还节约了时间，尤其是出差的次数减少了，业务人员就有更多的时间和精力对产品进行跟踪，对客户进行更为细化的服务。3 年来，粗略测算利用网络营销手段节约支出大约 60 万元。

（2）做成了生意，拓展了市场，为集团提供了绵延不绝的市场源动力。1998 年拓展的国际商务达 80 万美元，其销售费用还不到传统做法的 1/10。汽车配件产品还进入了以前很少注意和不敢涉足的南美及西欧市场。2006 年通过网络营销而做成的贸易达 300 万美元，3 年来，累计完成网络营销业务 860 万美元。更多的贸易、更多的客户也将贸易平台转移到网络平台上来，现在没有一笔对外贸易不是通过网络操作的。

（3）网络营销不仅能做产品销售，还能做网上招商，将集团潜质的资源优势尽快地演化为经济优势。2006 年该企业的制动蹄、刹车块等项目成功地进行了两次网上招商，经认真磋商，合资方已完成第一期 30 万美元投资，先后新办两家合资企业，使威特的汽配产品链向前得到了延伸。这个活动得到了有关方面的充分肯定。

（4）网络营销还给企业运营输入了大量新的理念。无穷无尽的网络信息要想变成现实的有用的参考，需要有一个科学的流程。依据这个流程，定期在海量的网络信息中筛选对企业运营直接有用的政策背景信息、产业环境信息、行业情报信息、产品技术信息，以及管理理念信息等，以合适的方式将信息进行收集筛选，分析加工，之后再将“成品信息”以纸质、电子方式分送给各专业的决策层、管理层和执行层，使大家时刻能看清现在所处的位置，业态的真实情况，现实的潜力等，特别在虚拟企业理念和知识经济方面的学习和探索方面的收益是相当大的。不仅使该企业以极低的投入获得好项目成长的机会，而且能比一般企业更快速地接触新的经营模式，为集团的理性扩大和非常规制胜打下坚实的基础。

（5）网络营销的网上网下的整合，帮助该企业拉动了内部信息化工程。真正考察一家企业的电子商务能力的是其内部的信息处理能力和资源协调能力。该企业在网络应用初期，有过接到订货信息无法消化的尴尬事情，一开始总是简单地认为是市场适应性方面的问题，经过几年的实践才认识到是内部信息化的问题，内部信息化是一项刻不容缓的工作。现在该企业已经开始着手运作，重点是物流的信息化，日前正在委托一家公司做内部信息化全景设计和局部试点。

4. 网络营销越早越好

网络营销，早动手早收益，完全可以实现双赢和多赢。

（1）网络营销是一种投入少、见效快、效益大的营销手段，是中小企业最划算的投资。

（2）网络营销使中小企业，尤其是小企业能在网上获得和大中型企业平等的起跑机会。

（3）网络营销是否能取得成功，取决于是不是能拥有一个自己培养出的团队。

（4）网络营销的持续有效运营，选择一家合格的网络信息服务商致关重要。

实训　网上问卷调查资料准备

【实训目的】

Internet 的迅速发展和普及已经使之成为研究者收集一手资料的重要工具，利用网络进行问卷调查就是其中常见的一种方法。通过网上查询，学会利用网络进行资料搜索、整理、归纳等的方法和技巧。

【实训要求】

1. 了解网络问卷调查的各种形式。
2. 收集网上有关问卷调查的资料。
3. 掌握问卷调查的方法和策划过程。

【实训内容】

1. 浏览网上各种不同问卷调查类型，并体会其特点。
2. 下载有关资料。
3. 综合比较与评价。

【实训步骤】

1. 准备工作。主要是对直接调查和间接调查收集到的资料进行整理和统计分析，包括过去已有的调研资料、相关部门的调查结果、统计部门的有关资料（包括统计年鉴）、本次调查的辅助性材料、背景材料等。

2. 收集资料。通过网上的搜索，找到相关的资料，下载并整理。

3. 综合分析，找出其特点。

4. 网上问卷调查设计范例。

大学生网络生活调查问卷

一、上网的基本情况

1. 您上网的场所是：

A. ○宿舍　B. ○机房　C. ○实验室
D. ○网吧　E. ○其他________

2. 您平均每天上网时长：

A. ○1 小时以内　B. ○1～3 小时　C. ○3～5 小时　D. ○5 小时以上

3. 您上网的主要目的是：

A. ○学习资料获取　B. ○资讯　C. ○邮件
D. ○QQ 或 MSN 等即时通信　E. ○游戏
F. ○影音　G. ○网上购物　H. ○其他________

4. 占据您上网时间最长的是以下哪种活动：

A. ○学习资料获取　B. ○资讯　C. ○邮件
D. ○QQ 或 MSN 等即时通信　E. ○游戏
F. ○影音　G. ○网上购物　H. ○其他________

二、网络对您学习及生活的影响

1. 您获取信息的主要方式是：

A. ○网络　B. ○报刊杂志等平面媒体
C. ○广播电视等大众传媒　D. ○其他________

2. 您阅读的主要方式是：

A. ○网络阅读　B. ○实物书刊　C. ○手机阅读　D. ○其他________

3. 您经常在网上购物吗？

A. ○频繁　B. ○经常　C. ○偶尔　D. ○从不

4. 如果有过网上购物，您会选择哪种支付方式？

A. ○网上支付　B. ○汇款　C. ○货到付款　D. ○其他________

5. 您经常在论坛吗？

A. ○频繁　B. ○经常　C. ○偶尔　D. ○从不

6. 如果有，您上论坛的主要目的是：

A. ○获取信息　B. ○打发时间　C. ○聊天交友
D. ○实事评论　E. 博客　F. 其他________

7. 您在网上投过电子简历吗？

A. ○是　B. ○否

8. 如果有，您获得过面试的机会吗？

A. ○很多　B. ○一般　C. ○很少　D. ○没有

9. 您哪种类型的朋友比较多？

A. ○现实生活中　B. ○网上虚拟世界的朋友

10. 上网对您学习成绩的影响：

A. ○明显提高　B. ○有所提高　C. ○没有影响

D. ○有所下降　E. 明显下降

11. 您浏览过不健康网页吗？

A. ○频繁　B. ○经常　C. ○偶尔　D. ○从不

三、网络安全

您遭遇过以下网络安全问题吗？

A. ○垃圾邮件　B. ○病毒攻击　C. ○信息被盗　D. ○其他________

问卷调查结果分析

大学生上网率及相关因素分析

本次调查结果显示，网络已经逐渐进入大学生的学习和生活之中。从被调查的 5 所高校看，一些学校大学生的上网率已经超过了 30%，个别学校甚至达到 50%以上。本次调查发现，与大学生上网率相关的因素有以下几个方面。

（1）学校的综合和学科偏重方向的不同对在校学生上网率的影响。

5 所高校之间因综合实力、学科偏重方向的不同，上网率呈明显差异。一般来说，综合实力强的学校，学生的上网率就高；学科方向偏重于理工的学校，学生的上网率也高。其中以理工科为主的某某理工大学学生上网率最高——57.4%，其次是某某大学占 42.5%，而以医为主的某某医科大学和以农为主的某某农业大学的上网率仅为 18.5%和 16.9%。这充分说明，在校学生掌握技能的多少与所在学校所提供的各类硬件、软件设施条件成正比。

（2）性别差异对大学生上网率的影响。

性别不仅是人的基本生理特征，同时也是人的基本社会特征之一。心理学家指出：不同性别的个体，对事物的接受态度有差异。反映在上网方面，不同性别的大学生就有着很大的不同。总体看来，男性上网比例明显高于女性。网络进入中国社会，特别是刚刚进入大学校园两三年短短的时间内，要让每一位学生都接受是不可能的。面对内容丰富、信息新颖、传递快速的网络世界，一些认同网络的学生就会跃跃欲试，直至落入“网”中。调查显示，男生中上过网的占男生总数的 49.1%，而女生中只有 28.4%。

（3）网络对大学生学习、生活的影响分析。

首先，表现在学习方面，在传统的教育方式下，学生学习知识主要依靠老师、书本等有限的资源。并且，就在这有限的资源里还往往存在着很多与社会发展不相适应的、相对过时的、无用的知识，而网络则可以大大拓宽大学生学习知识的来源，甚至随着时间的推移，很有可能会改变学生的学习方式。在这次调查中，就有 63.9%的上网大学生认为网络对自己学习最大的影响是增加了学习资料的来源，还有 36.5%的人认为网络对自己的第二影响是改变了自己的学习方式。相反，只有 4.3%的人承认上网已经影响了自己的正常学习。另外，在网络对大学生生活的影响上，36.8%的上网大学生认为最大影响是获得了许多生活知识，33.2%的人则认为是拓展了自己的业余生活。值得注意的是，有 22.6%的大学生认为网络在生活上的第二影响是改变了自己的人际交往模式，这也许与大学生可以常常通过 E-mail、网上聊天室、BBS 等网络媒介与外界联系沟通的缘故。调查中还发现，几乎所有的上网大学生认为自己并没有时常受不良信息的影响，这说明中国现在的网络空间（中文网站）还是相对净化的。

（4）上网大学生对网络运行现状满意度的分析。

既然网络已为多数大学生认同和接受，那么，是不是这些大学生对现在的网络运行状况就感到满意了呢？在问卷设计时，笔者专门提出了这个方面的问题。数据结果显示，当代大学生对网络的态度充满了矛盾，可以用一个词来形容——既爱又恨。爱的是网络拥有丰富的信息、不断更新的内容、快捷方便的交流等优点；恨的是对于一个没有收入的学生来说，上网所需费用实在太高，上网对于一个经济不太宽裕的大学生来说的确是奢侈的，更让他们感到难以忍受的是现在的网络运行速度的确太慢，上网高峰时间网络拥挤现象时有发生。大学生对网络的这种爱恨交织的感情，形象地说明在网络运行初期由于技术、非技术因素的影响，人们对网络的复杂心态。在调查中我们还发现，20.2%的上网大学生认为自己受上网时间的限制。

【实训提醒】

查看资料时要围绕相同的主题，下载相同主题的问卷调查表，找出其共同点，综合比较并统计出相关的数据。

【实训思考】

1. 如何把握问卷的篇幅？
2. 用什么方法获取更多的第一手资料？
3. 怎样分析问卷调查结果？
4. 如何利用表格、图片来统计问卷调查结果？

【实训报告】

1. 实验过程

目的要求：

实验内容：

实验步骤：

问卷调查表：

问卷调查统计：

2. 实验结果

结果分析：

可以使用表格方式，也可以使用图形方式，还可以使用文字方式。

3. 总结

通过实训，总结自己掌握的程度，分析出错原因，提出改进措施。

习题

一、填定题

1. 市场营销战略，指企业为________、________而站在战略的高度，以________的观点，从全局出发来研究________问题，策划新的整体市场营销活动。

2. 企业市场营销战略的________、________、________、市场营销目标等是企业________的前提条件，是必须________或服从的。一般是既定的，像________也许尚未定好，但在________的制定过程中首先要确定的就是________目标。

3．市场营销目标应包括量的目标：________、________、________等和质的目标：________、________、________等；其他目标，如________、________、________、现有产品的促销等。

4．企业网络营销战略的特征是________、________、无国界、无区域界限的经营范围、________、________、________等。

5. 网络营销环境是指对________生存和发展产生影响的________条件，营销环境是一个________的概念，由________的因素组成。环境的变化是________的、________的，随着社会的发展，特别是网络技术在营销中运用，使得环境更加________多端。

6．网络营销环境的基本特征是：________、________、________和多变性。营销环境的五要素是：________、________、________、多因素互相作用、________。

7．政治环境是指企业市场营销活动的________、________的变化，以及对市场营销活动________的或________带来的影响。法律环境是体现________意志、由________制定或认可，并以国家强制力保证实施的行为规范的总和。经济环境是指企业________过程中所面临的各种________条件、________特征、________联系等客观因素。

8. 市场营销管理的目的，就是要实现________环境、________条件与企业________三者之间的动态平衡。在这三者中，________因素最不稳定，是经常变化的，________条件也会发生改变，企业营销目标就是要根据________的变化和________条件的改变做________的调整，最终使这三者达到动态平衡。

9．网络营销的目的是实现________目标。因此，为实现营销目标所采取的________活动就是网络营销的内容。按照企业网上经营发展过程，可将企业网上经营活动划分为 3 个阶段，即________、________和________。

10．对于传统企业来说，网络营销是一种________性的营销策略，也是一个________领域，________、________、________自己的产品和服务等，都是网络营销的内容。

11．网络营销具有________性、________性、________性、全球性和________性 5 个特性。这是传统营销无法比拟的。网络营销对传统营销的冲击有：对________的冲击、对________的冲击和对________冲击。

12．网络营销可以扩大企业的________，重新界定市场的________、拉近消费者的________，取代人力沟通与单向媒体的促销方式，改变市场的竞争形态。网络营销对企业经营的影响有：________、________、________等。

二、思考题

1．画出传统营销的理论框架结构图。

2．写出企业市场营销战略的条件。

3．写出企业宏观环境的具体内容。

4．什么是产业环境？请说出产业环境的特征。

5．画出网络营销的理论框架的结构图。

6．写出企业网络营销战略的特征。

7．写出网络营销环境的基本特征。

8．写出政治法律环境的定义。

9．写出经济环境的定义。

10. 写出企业内容环境的具体内容。
11. 写出网络营销的具体内容。
12. 写出网络企业与传统企业的区别。
13. 写出网络营销对传统营销策略冲击的具体内容。
14. 写出网络营销对传统营销渠道冲击的具体内容。
15. 网络营销对企业经营的影响有哪些？

第3章 网络市场调研与策划

市场调研是指以科学的方法，系统地、有目的地收集、整理、分析和研究所有与市场有关的信息，从而提出解决问题的建议，以作为营销决策的依据。市场调研是企业了解市场的重要手段，通过市场调研可以对影响市场供求状况的因素及市场走势做出正确的判断，可以有针对性地制定营销策略，发挥本企业的优势，在竞争中不断提高经营管理水平，从而取得良好的营销效益。本章主要介绍网络市场调研概述、网络市场调研策划、网络市场调研实例等内容。

学习要点

- 理解网络市场调研的含义和特点
- 掌握网络市场调研的内容
- 掌握网络市场调研的方法和技巧
- 掌握网络市场问卷调查的策划和技术

3.1 网络市场调研概述

3.1.1 网络市场调研的含义

1. 概述

市场调研是营销链中的重要环节，没有市场调研，就把握不了市场。Internet 作为 21 世纪新的信息传播媒体，它的高效、快速、开放是无与伦比的。它加快了世界经济结构的调整与重组，形成了数字化、网络化、智能化与集成化的经济走向；它强烈地影响着国际贸易的环境，正在迅速改变着传统的市场营销方式乃至整个经济的面貌。

适应信息传播媒体的变革，一种崭新的调研方式——网络调研随之产生。网络调研就是利用 Internet 发掘和了解顾客需要、市场机会、竞争对手、行业潮流、分销渠道以及战略合作伙伴等方面的情况，Internet正是实现这些目标的良好资源。从某种意义上说，Internet的海量信息、几万个搜索引擎的免费使用已对传统市场调研和营销策略产生了很大的影响。它大大丰富了市场调研的资料来源，扩展了传统的市场调研方法，特别是在Internet在线调查、定性调查和二手资料调查方面具有不可比拟的优势。

2. 网络市场调研的定义

调研的基础是调查，调查是针对客观环境的数据收集和情报汇总，而调研是在调查的基础上对客观环境收集数据和汇总情报的分析、判断。调研为目标服务，市场调研就是为了实现管理目标而进行的信息收集和数据分析。我们把基于Internet而系统地进行营销信息的收集、整理、分析和研究的过程称为网络市场调研。

3. 网络市场调研的流程

市场调研的重要环节主要表现在两个方面，即信息收集和调研分析。信息收集是为调研分析提供数据；调研分析是对信息数据进行剖析并写出调研报告。企业战略目标、管理计划等管理方案就是根据调研的报告来制订的，如图3-1所示。

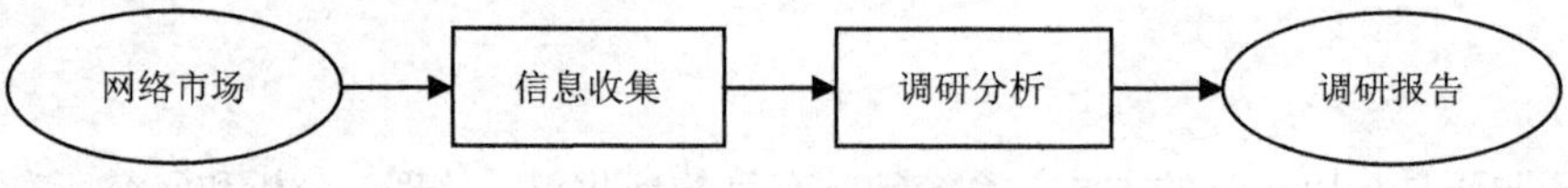

图3-1 网络市场调研流程

4. 信息收集

信息收集就是对网络市场中的信息资料进行采集，采集资料的真实性和有效性对调研分析的科学性产生着直接的影响，而采集资料的真实性和有效性则直接取决于信息采集的调研方法。

网络市场调研是一门独立的学科，但网络市场调研贯穿在企业管理之中，一个企业受人力、物力的局限，不可能依据系统的方式去获取资料，虽然一些大型企业的市场调研声势浩大，又送礼、又抽奖，还兼顾问询和问卷调研法，可从调研现场我们发现，在利益的驱动下调研对象提供的虚假信息占有相当的比例，为此，最有效的信息收集方式是深入网络市场。

5. 调研分析

调研分析是对调研信息资料进行汇总和解析，并需根据分析结论写出调研报告。调研报告是针对调研课题在分析基础上拟定的总结性汇报书，可以根据调研分析提出一些看法和观点。调研报告是通过调研资料对调研实效价值的具体体现。

调研是科学管理的基本要求，但科学管理对调研的要求不是表现为一个企业是否有了调研的行为，而是在于能否确保管理者根据调研报告对管理行为做出正确的选择。假如说信息收集是调研质量的安全线，那调研分析就是调研质量的生命线， 因为分析提炼了调研的价值成分，它更深刻地反映为对市场的一种审视和剖析，很多企业信息采集的资料都很标准，但由于缺乏审视和剖析能力，调研的价值就无从估计，甚至误导了企业，牵制了管理。

3.1.2 网络市场调研的要求

1. 调研要求

有效的网络市场调研必须是有针对性的、有计划的、科学的、能解决问题的。

（1）针对性：就是要符合网络市场营销决策的需要，能够回答和解决网络市场营销者在决策制定中关于市场环境或营销背景的“盲点”问题。

（2）计划性：就是要周密设计，合理组织调研力量，以便圆满地、成本最小地完成调研任务。

（3）科学性：就是要采用既符合调研对象特征又能够获得所需数据资料的调研方式和方法。

（4）能解决问题：就是对网络营销调研结果的要求，与调研活动过程的针对性、计划性、科学性有密切的关系。因此，为了取得良好的网络市场调研结果，应当努力做好网络市场调研的组织管理工作。

2. 网络调研的特征

网络市场调研与传统的市场调研相比，利用互联网进行市场调研与预测有很多优点，主要表现在缩短调研周期、节约费用、不受地理区域限制等方面，如表 3-1 所示。

表 3-1　网络调研与传统调研的比较

比较项目	网络市场调研	传统市场调研
调研费用	较低。主要是设计费和数据处理费，每份问卷所要支付的费用几乎为零	昂贵。包括问卷设计、印刷、发放、回收、聘请和培训访问员、录入调查结果、由专业公司对问卷进行统计分析等多方面的费用
调研范围	全国乃至全世界，样本数量庞大	受成本限制，调查地区和样本的数量均有限
运作速度	很快。只需搭建平台，数据库可自动生成，几天就可能得出有意义的结论	慢。至少需要 2～6 个月才能得出结论
调研的时效性	全天候进行	不同的被访问者对其可进行访问的时间不同
被访问者的便利性	非常便利，被访问者可自由决定时间、地点回答问卷	不太方便，一般要跨越空间障碍，到达访问地点
调研结果的可信性	相对真实可信	一般有督导对问卷进行审核，措施严格，可信性高
适用性	适合长期的大样本调查，适合要迅速得出结论的情况	适合面对面地深度访谈，食品类等需要对受访者进行感官测试

从表 3-1 中可知，网络市场调研有以下几个特点。

（1）网络调研的及时性和共享性。

传统的市场调研，无论是询问法、观察法还是实验法，企业都要投入大量的人力、物力。如果调研面较小，则不足以全面掌握市场信息；而调研面较大，则时间周期长，调研费用大。同时，传统调研方法无论采用哪种手段，被调查者始终处于被动地位。一方面企业难以针对不同的消费个体发出不同的问卷，另一方面消费者也难以表达自己的意识和欲望，而更多的消费者是对企业的调查不予反应和回复。这正像传统广告宣传中所针对的对象是一般大众，而就某种具体产品来说，能真正成为消费者的公众比例并不大。于是，传统广告手段就处于一个十分尴尬的两难境地。对大众来说，嫌广告太多、太烦人，甚至对电台、电视台投诉。认为广告太多侵犯了自己的视听权；而对个体消费者来说，又嫌广告内容不足，仅仅使他们知道了几个品牌，具体内容不详细，不足以使他们做出购买决定，还得拿着笔记本在市场逐一地对各种品牌的型号、规格、性能、价格、外观、服务承诺等进行记录，并再穿梭于各商场之间进行比较。也正是这部分人才是真正的消费者，而传统的调研方法却无法找到这部分消费者，它所针对的对象是一般大众，或称为潜在的消费者。

相对于传统的市场调研，网络市场调研具有以下优势。

由于网络上信息的传输速度快，能够快速地传送到网络用户中，这就保证了企业调研信息的准确性与及时性。同时，由于企业网站的访问者一般都是对企业产品有一定的兴趣，对企业市场调研的内容做了认真的思考之后进行回复，而不像传统的调研方式下为了抽号中奖而被动地回答，所以网络市场调研的结果是比较客观和真实的，能够反映消费者的真实要求和市场发展的趋势。

（2）网络调研的便捷性和经济性。

在网络上进行市场调研，无论是调查者或是被调查者，只需拥有一台计算机、一个调制解调器、一部电话（或一台多媒体电视机和一部电话）就可以进行网络沟通交流。调研者在企业网站上发出电子问卷调查，提供相关的信息，或者及时修改、充实相关信息。然后利用计算机对访问者反馈回来的信息进行整理和分析。这不仅是十分便捷的，而且会大大地减少企业市场调研的人力和物力耗费。

（3）网络调研的互动性。

传统的市场营销强调 4P（产品、价格、渠道和促销）组合，现代市场营销则追求 4C（顾客、成本、及时和沟通），然而，无论哪一种营销观念都必须基于这样一个前提，企业必须实行全程营销，即必须从产品的设计阶段就开始充分考虑消费者的需求和欲望。遗憾的是在实际操作中这一点往往难以做到，原因在于消费者与企业之间缺乏合适的沟通渠道或沟通成本过高。消费者一般只能针对现有产品提出建议甚至是不满，而对尚处于概念阶段的产品则难以涉足。此外，大多数的中小企业也缺乏足够的资源和手段用于了解消费者的各种潜在需求，它们只能从自身能力或市场领导者的策略出发进行产品开发。而在网络环境下，这一状况将从根本上得以改变，即使是中小企业也可以通过电子布告栏、线上讨论广场、电子邮件等方式，以极低的成本在营销的全过程对消费者进行及时的信息收集。消费者也有机会对从产品设计到定价和服务等一系列问题发表意见。这种双向互动的信息沟通方式提高了消费者的参与性和积极性。更重要的是能使企业的营销决策有的放矢，从根本上提高消费者的满意度。以美国电脑服务公司为例，目前在该公司网络上讨论的专题达 1 300 多个，内容十分广泛，其中有汽车生产商提供的专题，让消费者就新车型的外观、马力、颜色和价格等发表意见，消费者的反应相当热烈。

网络调研的最大优势是交互性。这种交互性在网络市场调研中体现在以下两点：第一，在网络调查时，被访问者可以及时就问卷相关的问题提出自己的看法和建议，可减少因问卷设计不合理而导致的调查结论出现偏差等问题；第二，被访问者可以自由地在网上发表自己的看法，同时没有时间的限制。

（4）网络调研结果的客观性。

由于公司站点的访问者一般都对公司的产品有一定的兴趣和关连，所以这种基于顾客和潜在顾客的市场调研结果是客观的真实的，它在很大程度上反映了消费者的消费心态和市场发展趋势。

① 被调查者在完全自愿的原则下参与调查，调查的针对性更强。而传统的市场调查中的面谈法中的拦截询问法，实质上是带有一定的“强制性”的。

② 问卷调查的填写是自愿的，不是传统调查中的“强迫式”，填写者一般对调查内容有一定的兴趣，回答问题相对认真，所以问卷填写可靠性高。

③ 网络市场调研可以避免传统市场调研中人为因素所导致的调查结论的偏差，被访问者是在完全独立思考的环境中接受调查的，能最大限度地保证调研结果的客观性。

（5）无时空和地域的限制。

网络市场调研可以 24 小时全天候进行，这与受区域和时间制约的传统的市场调研方式有很大的不同。

（6）可检验性和可控制性。

利用 Internet 进行调研收集信息，可以有效地对采集信息的质量实施系统进行检验和控制。

① 网络市场问卷调查可以附加全面规范的指标解释，有利于消除因对指标理解不清或调查员解释口径不一而造成的调查偏差。

② 问卷的复核检验由计算机依据设定的检验条件和控制措施自动实施，可以有效地保证对问卷调查的 100%的复核检验，保证检验与控制的客观公正性。

③ 通过对被调查者的身份验证技术可以有效地防止信息采集过程中的舞弊行为。

3. 网络调研的原则

网络调研除了运用科学的方法进行调查、整理、分析以外，还应遵守以下基本原则。

（1）客观性原则。网络调研的基本出发点，是用数据和实证资料反映市场背景的客观情况，因此，在进行网络调研时，必须是脚踏实地收集反映客观市场背景的信息，实事求是地进行整理和分析，切忌主观武断、以偏概全。

（2）目的性原则。网络调研要根据决策需要来进行，在每一次具体的决策制定中，应当收集什么资料、弄清哪些问题，都形成相应的网络调研任务和目标的具体规定。只有有的放矢、有针对性地进行，网络调研才具有实践价值。

（3）系统性原则。世界上的一切事物都不是孤立的和静止的，而是相互联系和发展变化着的。社会的经济活动也是如此，市场是不断变化运动的，影响市场变化的诸因素，不仅是相互联系和相互影响，而且也是在不断变化的。网络调研的系统性原则，就是要全面分析和掌握市场经济现象之间的内在联系，要注意信息追踪，不可能一劳永逸。

（4）效益性原则。网络调研需要动用一定的人力、物力、财力。在市场调研中，要做到费时最少，费用最省，效果最佳，就要有周密的调查计划，采用科学的调查方法与调查方案，充分利用第二手资料及多方面的力量。

3.1.3 网络市场调研的内容

企业经网络市场调研，从中发现消费者需求动向，为企业细分市场提供依据，是企业开展市场营销的重要内容。经过网络市场调研，可以对当前企业整体市场营销工作进行评估，有效的市场营销需要了解企业自身的长处和薄弱环节，从而选择有效的目标市场，这样才能在工作中充分发挥企业自身的优势，通过新产品开发或与外界合作等其他方式弥补企业自身的薄弱环节。

1. 细分网络市场

网络市场是由网络消费者所组成的，消费者具有不同特性，如地理环境、性别、年龄、文化、生活方式等，这些都可以作为网络市场细分的变量，这些变量由地理环境变量、人口统计变量、心理变量、行为变量等构成。

（1）以地理环境变量细分网络市场。所谓地理环境变量指的是国家、地域、省（州）、市、县、密度、环境和气候等。地理环境之所以可以用来细分市场，是因为 Internet 是开放式的全球网络，它打破了常规的地理区域的限制，不同地理位置区域的消费者具有不同的习惯、偏好、文化差异。例如，服装类、烟酒类、化妆品类、食品类等的产品就有地理位置区域的不同。因此，网络营销除非所营销的是区域性的产品或服务，或者带有文化差异的产品或服务，否则不宜用地理变量来细分网络市场。

（2）以人口统计变量细分网络市场。所谓人口统计变量指的是年龄、种族、性别、家庭生命周期、收入、教育、宗教、国籍等。人口统计变量常与消费者的需要、偏好和使用频率有关，因此常用来细分市场。

（3）以心理变量细分网络市场。所谓心理变量指的是消费者所属的社会阶层、生活方式、个性特征等。以此细分网络市场，则可以得到不同子市场中的消费者具有不同的心理层面。

（4）以行为变量细分网络市场。所谓行为变量指的是消费者的购买及使用时机、追求的利益、使用者的状况、使用频率、忠诚度、准备购买的阶段、对产品的态度等。网站可以设立用户讨论中心、社区聊天室、BBS 公告栏等功能，让消费者有机会进行双向交流，从他们交谈过程中所留下的信息，可以知道消费者的许多想法、兴趣、偏好等。

2. 网络市场调研内容

网络市场调研主要是针对特定市场或特定产品而进行的，它包括调研涉及的各个细节。

调研目的一般先是针对企业目前所面临的内部环境和外部环境进行科学、系统、细致的诊断，识别存在的主要问题，同时寻求突破的机会；其次是在第一步的基础上，利用现代营销管理的方法和专业策划人员经验，为企业下一步的营销策略提供具体建议。以下是更加具体化的调研内容。

（1）全面了解产品市场及本品牌的基本状况、目前营销状况，为公司制定宏观决策提供科学依据和技术支持。

（2）全面了解本产品的营销现状以及相对竞争者的市场优势与市场障碍。

（3）全面摸清本产品在消费者中的知名度、渗透率、美誉度和忠诚度；了解不同层次消费者对本产品的消费观念、消费行为和消费心理特征，以及影响他们购买决策的各因素，为调整品牌营销策略及进行品牌延伸提供科学依据。

（4）全面了解目标地区产品经销商尤其是本产品经销商对本产品、品牌、营销方式、营销策略的看法、意见与建议；同时，查清本产品的销售网络状态、销售政策和销售管理状态。

（5）了解目标市场零售层面状况，主要包括零售商对其所销售的产品及品牌的看法，消费者对产品及品牌的偏好，过去几年市场的转变以及对市场前景的预计。同时对当地市场价格结构、各品牌的信用政策、促销手段有感性认识，为制定适应零售市场的销售政策及强化营销管理打下基础。

（6）了解媒体发布的相关情况。主要内容包括相关栏目、发布时间、相应费用、覆盖范围及效果测试等内容。在实现以上目的的基础上，总结出对本产品市场营销的建议，为公司革新营销策略、提高竞争能力、扩大市场占有份额提供决策支持。

3. 网络市场调研的案例

对不同的对象进行调研，调研的内容也会有所不同，下面分两类对象加以介绍。

（1）网络消费者。

对于网络消费者，调研内容除了被调查者的基本个人信息之外，还包括上网行为和网上购物行为两个方面，每个方面又都有表 3-2 所示的内容。

表 3-2　网络消费者调研的内容

6W1H	上网行为	网上购物行为
Who	谁是网民	谁是网上购物者
What	查何信息	购买什么商品
Why	为何上网	上网的目的和上网购物的理由
Who	与谁交流	谁参与购买决策

续表

6W1H	上网行为	网上购物行为
How	上网方式	购买及支付方式
When	何时上网	送货时间长短
Where	何处上网	上网地点及网站的选择

（2）竞争对手。

竞争对手网络调研的内容可概括为“2W1H”，具体如下。

第 1 个“W”是指，竞争对手为什么要上网？可提出以下一些问题进行研究。

① 是为了降低企业营销成本吗？

② 是为了提供适销对路的产品和服务吗？

③ 是为了开辟沟通渠道，扩大销售额吗？

④ 是为了更好地服务顾客吗？

⑤ 是为了加强企业与外界的沟通吗？

第 2 个“W”是指，竞争对手在网上提供什么信息？可研究以下一些问题。

① 企业名称、标志、地址、联系方法、栏目菜单等信息。

② 公司或产品开发的最新动态等信息。

③ 顾客服务及技术支持的信息。

④ 网络广告。

⑤ 网上问卷。

⑥ 网上商城。

⑦ 公司股票。

⑧ 招聘信息。

⑨ 与企业相关主题的其他网络资源。

一个“H”是指，竞争对手如何进行网络营销？可研究以下几个方面的问题。

① 网络 4P 组合策略。

② 网络公关与宣传策略。

③ 整合传播资源。

④ 互动营销策略。

⑤ 关系营销与定制营销策略。

⑥ 增值服务策略。

4．选择目标市场

市场营销的一个重要工作是如何找到预期客户，并将您的营销信息及时地传递给他们。他们能够读到您的信息并做出回应。您所有的营销努力都是针对最适合您产品营销的人们。

人们不喜欢简单而泛泛的介绍，他们不会积极回应。只有当人们感觉到您的网站是为他们而设立的，内容是写给他们看的，他们才会回应您。这好比我们以前说，营销邮件要有针对性，无个性的普通邮件，对任何人都没效果。

别担心缩小您的目标市场。如果您卖化妆品，您的目标一定得集中在某一特定的女性群。明确她们的年龄、职业、兴趣爱好、社会地位、地理区域。如果您定义得越宽，您投入的时间、精力也越多，成功的几率也就越小。

为进一步明确目标市场，我们还得考虑目标客户的价值取向。我们不可能取悦每一个人，所以需要定义自己的目标市场，只为自己定义的目标市场中的客户服务。

（1）评价细分市场。

选择目标市场的首要步骤是分析评价各个细分市场，即对各细分市场在市场规模增长率、市场结构吸引力和企业目标与资源等方面的情况进行详细评估，在综合比较、分析的基础上，择出最优化的目标市场。

细分市场规模和增长率。这项评估主要研究潜在细分市场是否具有适当的规模和增长率。当然，适当的规模是一个相对概念。大公司可能偏好销售量很大的细分市场，对小的细分市场不感兴趣。小公司则由于竞争实力较弱，会有意避开较大规模的细分市场。细分市场的增长率也是一个重要因素。所有的企业都希望目标市场的销售量和利润具有良好的上升趋势，但竞争者也会迅速进入快速增长的市场，从而使利润率下降。

细分市场的结构吸引力。一个具有适当规模和成长率的细分市场，又可能缺乏盈利潜力。著名管理学家波特认为，决定一个市场或一个细分市场的长期盈利潜力有5个因素：行业竞争者、潜在进入者、替代者、购买者和供应者。

在一个细分市场中如果许多势均力敌的竞争者同时步入或参与该细分市场，或者一个细分市场上已有很多颇具实力的竞争企业，那么，该细分市场的吸引力就会下降，尤其是当该细分市场已趋向饱和或萎缩时。潜在进入者既包括在其他细分市场中的同行企业，又包括那些目前不在该行业经营的企业。如果该细分市场的进入障碍较低，则该细分市场的吸引力也会下降。替代者的产品从某种意义上限制了该细分市场的潜在收益。替代品的价格越有吸引力，该细分市场增加盈利的可能性就被限制得越紧，从而使该细分市场吸引力下降。购买者和供应者对细分市场的影响表现在他们议价的能力上。如果某细分市场购买者的压价能力很强，或者供应者有能力抬高价格或降低所供产品的质量或服务，那么该市场的吸引力就下降。

（2）选择目标市场。

企业通过评估细分市场，将决定进入哪些细分市场即选择目标市场。在选择目标市场时有 5 种可供考虑的市场覆盖模式，如图 3-2 所示。

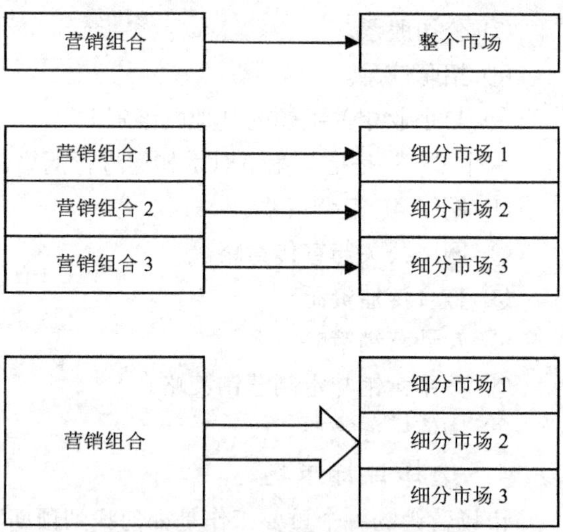

图 3-2 市场覆盖战略

① 目标集中化模式。这是一种最简单的目标市场模式，即企业只选取一个细分市场进行集中营销。企业集中全力只生产一类产品，供应某一单一的顾客群。例如，某服装厂商只能生产儿童服装。选择单一细分市场集中化模式一般基于以下考虑：企业具备在该细分市场从事专业化经营或取胜的优势条件；限于资金能力，只能经营一个细分市场；该细分市场中没有竞争对手；准备以此为出发点，以求取得成功后向更多的细分市场扩展。

② 选择专业化模式。这种市场模式是企业选取若干个细分市场作为目标市场，其中每一个细

分市场都具有良好的盈利潜力和结构吸引力，且符合企业的目标和资源。该目标市场模型中各个细分市场之间，较少或基本不存在联系。其优点是可以有效地分散经营风险，即使某个细分市场盈利不佳，企业仍可继续在其他细分市场取得盈利。选择专业化市场模式的企业应具有较强的资源和营销实力。

③ 产品专业化模式。这种市场模式的特征是企业集中生产一种产品，并向各类顾客销售。例如，饮水器生产厂只生产饮水器一种产品，而同时向家庭、机关、学校、银行、餐厅、招待所等各类用户销售。产品专业化模式的优点是使企业专注于某一种或某一类产品的生产，有利于形成和发展生产和技术上的优势，在该专业化产品领域树立形象。但其局限性是当该产品领域被一种全新的技术所代替时，该产品销售量有大幅度下降的危险。当然这种全新的替代型技术并不是经常出现的，因此，由于顾客类型较多，产品专业化营销的风险较单一，细分市场实行集中化营销的风险要小得多。

④ 市场专业化模式。这种模式的基本特征是企业专门为满足某一个顾客群体的需要，经营这类顾客所需要的各种产品。例如，某工程机械公司专门向建筑业用户供应推土机、打桩机、起重机、水泥搅拌机等建筑工程中所需要的机械设备。市场专业化由于经营的产品类型众多，能有效地分散经营风险。但由于集中于某一类顾客，当这类顾客由于某种原因购买力下降时，实行市场专业化的企业也会遇到收益下降的风险。

⑤ 市场全面覆盖模式。这种模式的基本特征是产品能满足各种顾客群体的需要。因此只有实力雄厚的大型企业才有能力选用全面覆盖的模式。例如，美国 IBM 公司在全球计算机市场，日本丰田汽车公司在全球汽车市场以及美国可口可乐公司在全球饮料市场上，均采用全面覆盖的目标市场模式。

3.1.4　网络市场调研存在的问题

尽管网络调研有其优越的一面，但也有一定的缺陷，主要表现如下几种情况。

1. 在线调查本身的问题

调查表（尤其是调查公司）在互联网上随处可见，请求浏览其网站的每个人都要参与其各种调查。但事实上，许多在线调查表设计得非常糟糕，有时使被调查者占用太多时间、无所适从，甚至感到厌烦，一个设计得不够理想的调查表收集的数据往往是无用的、不完整的、没有代表性的，而且反馈率也不会太高，这样的调查结果自然没有多大使用价值。

人们越来越认识到，在线调查是一个了解顾客的很好渠道，但前提是必须设计一个好的调查表。由于在线调查占用被访问者的上网时间，因此，在设计上更应讲究技巧，应该具备简洁明了的特点，尽可能少占用被访问者的上网时间。另外，在调查内容上也应讲究技巧，应该是网民所关心的内容，或者所感兴趣的内容，在内容文字设计上要讲究简洁、直观、明了。一般一份问卷不要超过 10 分钟，这样可以避免被访问者产生抵触情绪而拒绝填写或者敷衍了事。图 3-3 所示为 2006 年全国信息网络安全状况暨计算机病毒疫情调查表（该表没有下载完，它共有两个部分，第一部分是信息网络安全状况调查部分，共有 19 个问题；第二部分是计算机病毒疫情调查部分，共有 11 个问题，最后还有对公安机关网络安全管理监察工作的意见、建议，网址是：http://tech.sina.com.cn/focus/survey_06/index.shtml#1）。

如果你需要调查资料，可以在自己的网站上设置一个在线调查表，或者向咨询公司咨询，也可以请专业调查公司为你做调查，无论你采取那种方式，下面所述的一般指导方针对于取得理想的调查结果都会有所帮助。

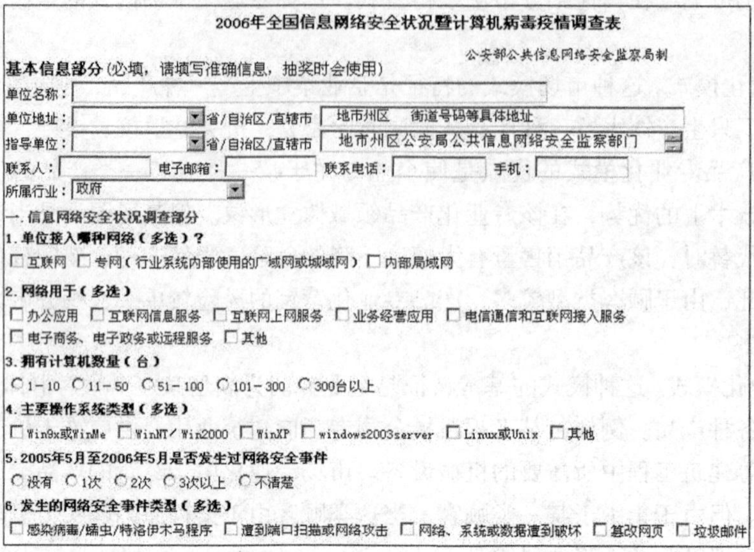
2006年全国信息网络安全状况暨计算机病毒疫情调查表

公安部公共信息网络安全监察局制

基本信息部分(必填，请填写准确信息，抽奖时会使用)

单位名称：

单位地址：省/自治区/直辖市 地市州区 街道号码等具体地址

指导单位：省/自治区/直辖市 地市州区公安局公共信息网络安全监察部门

联系人： 电子邮箱： 联系电话： 手机：

所属行业：政府

一.信息网络安全状况调查部分

1.单位接入哪种网络（多选）？

□互联网 □专网（行业系统内部使用的广域网或城域网） □内部局域网

2.网络用于（多选）

□办公应用 □互联网信息服务 □互联网上网服务 □业务经营应用 □电信通信和互联网接入服务

□电子商务、电子政务或远程服务 □其他

3.拥有计算机数量（台）

○1-10 ○11-50 ○51-100 ○101-300 ○300台以上

4.主要操作系统类型（多选）

□Win9x或WinMe □WinNT/Win2000 □WinXP □windows2003server □Linux或Unix □其他

5.2005年5月至2006年5月是否发生过网络安全事件

○没有 ○1次 ○2次 ○3次以上 ○不清楚

6.发生的网络安全事件类型（多选）

□感染病毒/蠕虫/特洛伊木马程序 □遭到端口扫描或网络攻击 □网络、系统或数据遭到破坏 □篡改网页 □垃圾邮件

图3-3 公安部公共信息网络安全监察局调查表

（1）调查问题应该像一首好诗，力求简明扼要，可有可无的问题或者没有太多实际价值的资料无须出现在调查表中，因为现代人总是没有太大的耐心去回答一些无关紧要的问题，何况在互联网络填写在线表单。

（2）调查问题应该容易回答，好的调查表应该像一个好的网站一样实用，提问不要像在研究院里那样——特别是当调查对象是一般读者时。试着站在被调查者的位置想想。

（3）调查应该让被调查者有一种参与某种重要活动的感觉，填写调查表就好像帮助自己或所关心的人，通常情况下，提供一定的激励措施会有明显的作用。

（4）调查问题不应有偏见或误导，避免使用晦涩、纯商业以及幽默等容易引起人们误解或有歧义的语言，同时，不要把两种及以上的问题放在一个问题中，例如，“你认为这个网站是否易于浏览且有吸引力？”这样的问题将使回答者在不完全肯定时无法选择。

（5）调查表中的所有问题都应设计得能够得到精确答案。首先要明确通过调查要达到什么目的，所有问题都要围绕主题。网络调查是一个蓬勃发展的新行业，我们会在许多地方看到网络调查，只有设计正确的调查表，才能得到正确的反馈信息。

2. 一般可能存在的问题

（1）参与调查群体的代表性。被调查的网络样本对您希望调查的群体是否有足够的代表性？网民的构成决定着预定的被调查者是否构成群体规模，如果被调查对象规模不够大，就意味着不适合在网上进行调查，因此，网络调查要看具体的调查项目和被调查者群体的定位。

（2）被调查者的参与性。与传统方式不同，网民可以在不面对调查者的情况下，在一种相对轻松和从容的气氛下填写问卷，达到面对面提问无法比拟的效果。但如果被调查者不愿意回答问卷，即使他对所调查的问题感兴趣也可能不填写问卷，因为这会花费他的时间，特别是在调查内容比较多的情况下。

（3）调查结果的可靠性。如果调查结果不涉及利益或情感的冲突，调查结果可靠性可能比较高，但如果涉及利益冲突，调查的客观性就成了问题。

（4）要遵循网络行为规范和文化准则。在网上调查不能用轰炸式的邮件调查方式，因为不经受众允许就发出调查表是一种侵犯隐私权的冒犯行为。此外，网络是一种非正式的场合，问卷应轻松诙谐一些，以增加调查的趣味性。

3. 样本数量

样本数量难以保证是网络调查的最大局限之一，因为到目前为止还没有权威的统计资料说明有多大比例的访问者愿意参与在线调查。如果有一个网站有 25%的访问者愿意参与在线调查（当然，这是比较理想的状况了，实际的情况也许要更低一些），这样对于一个访问量较低的网站来说，如何吸引人参与调查是一种挑战。因为如果没有足够数量的样本，调查结果就不能反映总体的实际状况，那么，这种调查也就失去了意义。

在企业利用网络调查时，由于网站访问量小，参与调查的人数就更加少，这样，为了达到一定的样本数量，就需要较长的时间。对于大多数网站来说，重复用户的比例总是多于网站新增加用户数量的比例，当调查表放置一段时间后，长期客户将不会重复参与调查，因此，参与调查者的数量增长会越来越慢，而且网站上长时间放置同样的内容也会给网站形成内容陈旧的印象。由于市场形势变化很快，几个月前的资料可能就已经没有价值了，如果调研资料的获取和分析耗时较长，即使投入很多人力、物力和资金，但得到的结果也很可能失去了愿望中的意义了。

4. 样本质量

样本质量难以保证也是网络调查的局限之一。由于网络调查的对象仅限于上网的用户，即使在上网用户中网民结构也有明显的特征。统计表明，上网用户的特点主要表现在有较高的学历、年轻人和专业技术人员比重较大。我国上网的用户总人数截止到 2006 年 12 月 31 日为 13 700 万人，其中专线上网网民人数为 2 710 万人；拨号上网网民人数为 3 900 万人；宽带上网网民人数为 9 070 万人；手机上网网民数为 1 700 万人。在性别构成上，男性占 58.3%，女性占 41.7%，用户年龄段如表 3-3 所示。

表 3-3　网民的年龄分布

年龄段	比例	年龄段	比例
18 岁以下	17.2%	36～40 岁	8.2%
18～24 岁	35.2%	41～50 岁	6.2%
25～30 岁	19.7%	51～60 岁	2.2%
31～35 岁	10.4%	60 岁以上	0.9%

由于以上这些原因，从网民中随机抽样取得的调查结果可能与消费者总体之间有一定的误差，因此，网络调查的抽样范围有一定的限制，抽取的样本有时甚至可能无法正确反映总体的状况，这些问题需要引起充分的重视。

5. 一些常见的问题

在线调查表设计中的一些常见问题主要表现在以下几个方面。

（1）调查内容过多。由于调查内容过多，使得参与者没有耐心完成全部问卷调查。如果一个在线调查在 10 分钟之内还无法完成，一般的被调查者都难以忍受，除非这个调查对他非常重要，或者是为了获得奖品才参与调查，即使完成了调查，也隐含一定的调查风险。

（2）对调查的说明不够清晰。一份完整的问卷调查在调查问题之前首先应该对调查做出必要的说明，如果对调查说明不够清晰，将会降低被调查者的信任和参与兴趣，结果是参与调查的人数减少，或者问卷回收率低。

（3）调查问题描述可能造成歧义或者不够专业。这种情况会造成被调查者难以决定最适合的选项，不仅影响调查结果的可信度，甚至可能使得参与者未完成全部选项即中止调查。

（4）遗漏重要问题选项。有些问题可能的回答很难全部罗列出来，使得参与者无法从中选择自己认为最合适的条目，这种状况会降低调查结果的可信度，但是至少不能遗漏重要的问题选项，尤其是倾向性的“遗漏”。

（5）调查数据没有实际价值。有些问卷调查在设计时缺乏严密的考虑，尽管将认为有必要的问题都罗列出来，但在调查结果统计处理时发现，有些调查数据并没有实际价值，或者与调查报告所需要的信息不尽一致，这样不仅造成了调研资源的浪费，也会影响调查报告的价值。这个问题在实际工作中很常见。

（6）过多收集被调查者的个人信息。有些在线调查对参与者的个人信息要求较多，从真实姓名、出生年月、学历、收入状况、地址、电话、电子邮箱甚至连身份证号码也要求填写，由于担心个人信息被滥用，甚至因此遭受损失，很多人会拒绝参与这样的调查，或者填写虚假信息，其结果问卷的回收率较低，影响在线调查的效率，并且可能影响调查结果的可信度。一般来说，收集用户的个人信息应尽可能简单。

3.2 网络市场调研策划

3.2.1 网络市场调研步骤

网络市场调研的一般步骤为：明确问题与确定调研目标、制订调查计划、收集信息、分析信息、提交报告，如图 3-4 所示。

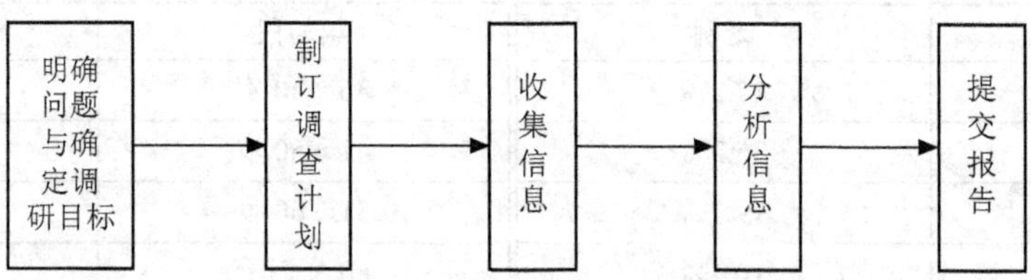

图 3-4 网络市场调研的步骤

1. 明确问题与确定调研目标

明确问题和确定调研目标对使用网络搜索的手段来说尤为重要。Internet 是一个永无休止的信息流。开始搜索时，你可能无法精确地找到所需要的重要数据，不过你肯定会沿路发现一些其他有价值、抑或价值不大但很有趣的信息。这似乎验证了 Internet 的信息搜索的定律：在网上你总能找到你不需要的东西。其结果是，你为之付出了时间和上网费的代价。

因此，在开始网络搜索时，头脑里要有一个清晰的目标并留心去寻找。一些可以设定的目标是：

（1）谁有可能想在网上使用你的产品或服务？

（2）谁是最有可能要买你提供的产品或服务的客户？

（3）在你这个行业，谁已经上网？他们在干什么？

（4）你的客户对你竞争者的印象如何？

（5）在公司日常的运作中，可能要受哪些法律、法规的约束？如何规避？

2．制订调查计划

网络市场调研的第 2 个步骤是制定出最为有效的调查计划。具体来说，要确定资料来源、调查方法、调查手段、抽样方案和联系方法。

（1）资料来源。资料来源主要用来确定收集的是二手资料还是一手资料（原始资料）。

（2）调查方法。网络市场调查可以使用专题讨论法、问卷调查法和实验法。

① 专题讨论法是借用新闻组、邮件列表讨论组和 BBS 的形式进行。

② 问卷调查法可以使用 E-mail（主动）分送和在网站上刊登（被动）等形式。

③ 实验法则是选择多个可比的主体组，分别赋予不同的实验方案，控制外部变量，并检查所观察到的差异是否具有统计上的显著性。这种方法与传统的市场调查所采用的原理是一致的，只是手段和内容有差别。

（3）调查手段。调查手段一般有以下几种。

① 在线问卷。其特点是制作简单、分发迅速、回收方便。但要注意问卷的设计水平。

② 交互式电脑辅助电话访谈系统。这是利用一种软件程序在电脑辅助电话访谈系统上设计问卷结构并在网上传输。Internet 服务器直接与数据库连接，对收集到的被访者答案直接进行储存。

③ 网络调研软件系统。这是专门为网络调研设计的问卷链接及传输软件，它包括整体问卷设计、网络服务器、数据库和数据传输程序。

（4）抽样方案。抽样方案主要用来确定抽样单位、样本规模和抽样程序等。

（5）联系方法。采取网络交流的形式。如 E-mail 传输问卷、参加网络论坛等。

3．收集信息

随着互联网的发展，资料收集方法日益快速便捷，互联网没有时空和地域的限制，因此，网络市场调研可以在全国甚至全球进行。同时，收集信息的方法也很简单，直接在网上递交或下载即可。这与传统市场调研的收集资料方式有很大的区别。

4．分析信息

分析信息是网络市场调研的一个非常关键的一步，调查人员如何从数据中提炼出与调查目标相关的信息，直接影响到最终的结果。要使用一些数据分析技术，如交叉列表分析技术、概括技术、综合指标分析和动态分析等。

目前国际上较为通用的分析软件有 SPSS、SAS 等。网络信息的一大特征是即时呈现，而且很多竞争者还可能从一些知名的商业网站上看到同样的信息，因此，分析信息能力相当重要，它能使你在动态的变化中捕捉到商机。

5．提交报告

调研报告的撰写是整个调研活动的最后一个阶段。报告不是数据和资料的简单堆砌，调研人员不能把大量的数字和复杂的统计技术扔到管理人员面前，否则就失去了调研的价值。

正确的做法是把与市场营销关键决策有关的主要调查结果报告出来，并以调查报告所应具备的正规结构写作。

3.2.2 网络市场直接调研方法

网络市场直接调研指的是为当前特定的目的在网上收集一手资料或原始信息的过程。直接调研的方法有观察法、专题讨论法、在线问卷法等。

1. 观察法

（1）观察法的含义。

观察是日常生活和网络市场调研不可缺少的活动和手段。通过观察去了解周围的各种现象，特别是对本企业产品的评价，从而使调研者能够从事物的现场获得鲜活的第一手资料，了解现实情景中事物的发展进程。

观察法指的是调查对象的行动与意识，调查员边观察边记录以收集信息的方法。观察法一般比较多地用于工厂、现场的机械使用状况调查等生产资料的调查中，有时也被应用于街头观察和店铺内的观察等方面。

研究者通过观察，能够了解事物发生的背景，发现平时容易忽略的事物和参与者在访谈中不愿谈论的事物等，从而进行一定的推理。由于观察中经常会出现无法预测的“偶然”的情况，因此，观察结果具有一定的新颖性。

（2）观察法获得的数据。

通过观察，可以获得以下数据。

① 环境信息，包括物理环境及其结构。

② 人的信息，包括人的组织结构、被观察者的特征（如性别、年龄等）。

③ 相互关系信息，包括人与人之间、人与环境之间的各种相互作用关系，这些关系可以是正式的或非正式的、计划的或非计划的、言语的或非言语的等。

④ 教育环境信息，包括教育的资源与组织、教学风格和课程设置等。

（3）观察法的特点。

观察法具有如下突出特点。

① 观察自然环境或人工环境下发生的事件。在自然情境下，事物发展很少受人的主观意愿影响，观察结果能较真实地反映事物发展的内在规律；而有些观察则是在人工或实验室情境中进行的，在这些情境下，研究者设置了各种环境，通过观察被观察者在不同环境下的活动特点，从而了解事物发展的规律。

② 具有目的性、系统性、计划性。科学研究的观察是为了探讨事物发展的内在规律，它必须遵循科学研究的原则，而目的性、系统性和计划性正是科学研究的重要准则。

③ 观察变量包括描述、推理和评价。在观察活动中，有时是描述事物的发展过程，有时是要从现象中推导出某种结论，而有些情况下则是对现象做出判断和评价。

2. 专题讨论法

专题讨论法可通过 Usenet 新闻组、BBS 或邮件列表讨论组进行，其步骤如下。

（1）确定要调查的目标市场。

（2）识别目标市场中要加以调查的讨论组。

（3）确定可以讨论或准备讨论的具体话题。

（4）登录相应的讨论组，通过过滤系统发现有用的信息，或创建新的话题让大家讨论，从而获得有用的信息。

3. 在线问卷法

在线问卷法即请求浏览其网站的每个人参与企业的各种调查。在线问卷法可以委托专业公司进行，其步骤如下。

（1）向相关的讨论组发去简略的问卷。

（2）在本企业的网站上放置简略的问卷。

（3）向讨论组送去相关信息，并把链接指向放在自己网站上的问卷。

要注意的是，在线问卷不能过于复杂、详细，否则会使被调查者产生厌烦情绪，从而影响问卷调查所收集数据的质量。另外，也可采取一定的激励措施，如提供免费礼品、抽奖送礼等，但一定要兑现。

3.2.3　网络市场间接调研方法

网络市场间接调研指的是网络二手资料的收集。二手资料的来源有很多，如政府出版物、公共图书馆、大学图书馆、贸易协会、市场调查公司、广告代理公司和媒体、专业团体、企业情报室等。其中许多单位和机构都已在网上建立了自己的网站，各种各样的信息都可通过访问其网站获得。再加上众多综合型 ICP（互联网内容提供商）、专业型 ICP，以及成千上万个搜索引擎网站，使得互联网的二手资料的收集非常方便。

互联网上虽有海量的二手资料，但要找到自己需要的信息，首先必须熟悉搜索引擎（Search Engine）的使用，其次要掌握专题型网络信息资源的分布。

1. 利用搜索引擎查找资料

目前著名的中文搜索引擎有 Google 搜索引擎、百度搜索引擎、一搜搜索引擎、中国搜索引擎、新浪搜索引擎、搜狐搜索引擎、网易搜索引擎、北大天网中英文搜索引擎等，将在 5.2.4 小节做详细介绍。

2. 利用邮件列表和电子邮件调研

① 加入邮件列表。一些网站为了维护与用户的关系，常常将一些有价值的信息以新闻邮件、电子刊物等形式免费向用户发送，同时也可在此进行调研。通常只要进行简单的登记就可加入邮件列表了。邮件列表可以单向，也可以双向进行，当对某一批顾客进行调研时，可以使用双向功能，使信息反馈变化迅速、快捷、方便。

② 电子邮件调研。电子邮件同传统调研中的邮寄调查表的道理一样，将事先设计好的调查表发送到被调查者的邮箱里，或者在电子邮件正文中给出一个网址链接到在线调查表的页面。这种方式在一定程度上可以对用户成分加以选择，并节约被访问者的上网时间，如果调查对象选择适当且调查表设计合理，往往就可以获得相对较高的问卷回收率。

3. 利用相关的网络数据库查找资料

网络数据库有付费和免费两种。在国外，市场调查用的数据库一般都是付费的。我国的数据库业近十年有较大的发展，近几年也出现了几个 Web 版的数据库，但它们都是文献信息型的数据库。以下有选择地介绍目前国际上影响较大的几个主要商情数据库检索系统。

（1）Dialog 系统。Dialog 系统是目前国际上最大的国际联机情报检索系统之一，原来属于洛克希德公司，中心设在美国加利福尼亚州，1988 年被 Knight-Ridder 公司收购。属经济与商业方面的数据库文档有 149 个。Dialog 系统的网址是：http://www.dialog.com，系统页面如图 3-5 所示。

图 3-5　Dialog 系统页面

（2）ESA-IRS 系统。ESA-IRS 系统是欧洲最大的联机信息检索系统，主要提供欧洲国家公司财政信息的公司金融文档（Newsline/Nextline）等，这些文档可以与系统的数据库相互补充。系统拥有的数据库中，虽有近半数与 Dialog 系统相重复，14%与 Orbit 重复，10%与 Brs 重复，25%与 Data-Star 重复，但也有自己所独有的数据库，可以报道英国制造业情况的工业市场信息、介绍经济和开发方面情况的商业信息、提供欧洲国家公司财政信息的公司金融文档等，并可以与这些系统的数据库相互补充。ESA-IRS 系统的网址是：http://www.eins.org。

（3）FIZ Technik 系统。FIZ Technik 系统属德国 FIZ Technik 专业情报中心，总部设在法兰克福，专门从事工程技术、管理等方面的情报服务。在目前使用的 60 个数据库中，商业与经济数据库有 21 个。FIZ Technik 系统的网址是：http://www.fiz—technik.de/en/。

（4）DATA-STAR 系统。DATA-STAR 系统属瑞士无线电有限公司。1992 年共有数据库 250 余个，其中商业与经济数据库近 150 个，提供商业新闻、金融信息、市场研究、贸易统计和商业分析等方面的信息。DATA-STAR 系统的网址是：http://datastarweb.com。

（5）DUN&BRADSTREET 系统。DUN&BRADSTREET 系统属邓伯氏集团，是世界上最大的国际联机检索系统之一，也是专门的商业与经济信息检索系统。它通过一个全球性的网络将各国的商业数据库连接起来，共存储有 1 600 多万家公司企业的档案数据。DUN&BRADSTREET 系统的网址是：http://www.clundb.com。

（6）STN 系统。STN 系统由德国、日本、美国于 1983 年 10 月联合建成，1984 年开始提供联机服务，由远程通信网络连接着三国的计算机设备。STN 系统的网址是：http://www.stn.com，系统页面如图 3-6 所示。

4. 搜索引擎的价值来源

搜索引擎长期以来一直是最受欢迎、最热门的互联网业务，这是一个无可争议的事实。这个事实也是另一个事实的必然结果，这就是：世界正在通过互联网非常急速地从“信息时代”走进“信息经济时代”。

图 3-6　STN 系统页面

商业价值重点的延伸和转移正在推动搜索引擎的价值不断提升，价值来源也在不断扩展。在目前和可预见的未来，搜索引擎的价值主要来源于以下几个方面。

（1）信息发现。信息发现是一个信息从无到有的过程。通过搜索引擎，人们可以找到和发现以前所不知道的信息，这正是 Yahoo 当年的基本使命。在这里，搜索的价值来源于信息本身的价值。

（2）信息处理。信息处理是一个信息从无序到有序、从粗糙到精细的过程。通过搜索，人们可以从大量的、无序的信息中得到少量的、有序的信息，单位信息的价值得以提升，获取单位价值信息的时间和成本得以降低。在这里，搜索的价值来源于对时间的节省。

（3）信息私有。信息私有是一个信息从公共到私有的过程。正如大家同时拥有相同的交通工具并不能给任何人以竞争优势一样，在一个竞争社会里，众所周知的完全公共化的信息也不能给任何人带来竞争优势，也不是核心竞争力所在。能够带来竞争优势和核心竞争力的信息必须是稀缺的、垄断的，必须是“私有的”。通过更加智能化、个性化或辅之以人工的搜索，人们有望获取这样的信息。在这里，搜索的价值来源于信息的稀缺和相对垄断。

（4）知识发现。知识发现是一个从数据、信息到知识的过程。通过搜索技术与专家介入相结合的方式，从互联网上搜寻和加工信息，借助搜索和人工进行信息的个性化和私有化，借助智能化技术和专家对信息进行知识挖掘，进一步发现隐藏在信息背后的知识，这是知识时代、知识经济和知识管理对搜索提出的任务，也是搜索引擎新的发展方向。

（5）协同整合。协同整合是一个信息和知识从孤立、分离到协同、整合的过程。信息和知识都是相互关联的，与搜索关联的信息和知识也与其他方面的信息（如广告和广告目标受众的信息）和知识相关联——这正是搜索排名广告和内容关联广告得以大行其道的基础。原理上，网络广告的效率和成本与广告目标的精确程度密切相关，而网上搜索行为（如关键词的选择）则对网民的偏好有所揭示，两者结合的结果更加精确地定位和细化了网络广告的目标受众，大大提高了广告的有效性，从而对广告主形成巨大的吸引力。

以上 5 个方面也许只是搜索业务价值来源的一部分，未来的搜索业务必定有着更加丰富多彩的价值来源。互联网的魅力就在于其发展常常超越人们的理性思考，常常在意想不到的地方给人以惊喜，搜索引擎近年来的腾飞又在展现这种魅力。

3.2.4　网络调研样本的选择

1. 样本基本概念

（1）总体与个体。总体指的是研究对象的全体，称为总体或母体。而组成总体的每个单元称为个体。

① 研究对象的全体，指的是研究对象某个数量指标的全部取值，由于一个数量指标通常就是一个随机变量，因此，总体是指某随机变量的取值的全体。而其中的每个值都是一个个体。例如，工厂生产一批晶体管，共 10 000 件。其直流放大系数是一个随机变量，10 000 件产品直流放大系数数据的全体称为总体，而其中的一个数据则是一个个体。

② 如果要研究的不是一个，而是几个数量指标，如对一批晶体管不仅要研究其直流放大系数，还有研究集电极——发射电极反向电流时，则要分为几个总体来研究。

③ 总体的有限和无限类型随研究的问题而定，对于上述的一批晶体管而言，总体是有限的；但有时根据研究的需要，我们常把相同条件下生产的所有晶体管看成一个总体，显然，此时它是一个无限总体。

（2）样本与样。样本指的是从总体中随机抽取的若干个个体的总和，也称子样。而组成样本的每个个体称为样品。样本中所有的样品的数目称为样本容量或子样大小，样本容量常用符号 n 代表。

例如，从批量为 10 000 的一批晶体管中随机抽取 20 件进行检查，被抽查的 20 件产品称为样本，而其中每一件产品称为样品，样本大小为 20。由于人们通常只获得样本数据，故简称为数据。

（3）样本与总体。人们从总体中抽取样本的目的是根据样本数据对总体的数字特征和分布规律进行推断、估计和检验。

① 自然，由样本推断和估计总体很难做到完全精确和可靠，必须采取措施获得比较精确和具有一定可靠性的推断。其措施涉及两方面的问题，即抽取样本的方法和统计推断的方法。

② 当样本的抽取满足下列两个条件时，样本将能很好地反映总体的统计规律性。

a. 样本容量 n 足够大。样本容量越大，推断的结论越准确，可靠性越高。

b. 采用随机抽样，即总体中每个个体被抽到的机会均等，即使一个个体被抽取后，总体的成分也不变。换句话说，每个样品的抽取都是一次独立的重复试验。

2. 随机抽样

随机抽样包括简单（单纯）随机抽样、分层抽样、整群抽样和等距（系统）抽样。

（1）简单（单纯）随机抽样。简单随机抽样，也叫做单纯随机抽样，指的是从总体中不加任何分组、划类、排队等，完全随机地抽取调查单位。其特点是：每个样本单位被抽中的概率相等，样本的每个单位完全独立，彼此间没有一定的关联性和排斥性。简单随机抽样是其他各种抽样形式的基础。通常只是在总体单位之间差异程度较小和数目较少时，才采用这种方法。

$$P=n/N$$

其中，P 表示任意一个个体，n 表示样本容量，N 表示总体容量。

（2）系统抽样。系统抽样指的是当总体中的个体数较多时，可将总体分成均衡的几部分，然后，按照预先给定的规划，从每一部分抽取一个个体，得到所需要的样本。

（3）分层抽样（又称分类或类型抽样）。分层抽样指的是当已知总体由差异明显的几部分组成时，为了使样本能更充分地反映总体的情况，将总体分成几部分，然后按照各部分所占的比例进行抽样。

（4）整群（分群）抽样。整群抽样指的是依据总体的特征，将其按一定标志分成若干不同的群（组），然后对抽中的群（组）中的单位进行调查的方法。

（5）等距（系统）抽样。等距抽样指的是将总体各单位按一定标志排列起来，然后按照固定和一定间隔抽取样本单位的一种方法。

上述 5 种方法各自有其独特的地方，但其共同点是事先能够计算抽样误差，不致出现倾向性偏差。

【案例】

（1）下列属于分层抽样特点的是（　　）。

A. 从总体中逐个抽取

B. 将总体分成几层，分层进行抽取

C. 将总体分成几部分，按事先确定的规则在各部分抽取

D. 将总体随意分成几部分，然后进行随机抽取

答案：B。

（2）在简单随机抽样中，某一个个体被抽中的可能性是（　　）。

A. 与第 n 次抽样有关，第一次抽中的可能性要大些

B. 与第 n 次抽样无关，每次抽中的可能性都相等

C. 与第 n 次抽样有关，最后一次抽中的可能性要大些

D. 与第 n 次抽样无关，每次都是等可能抽取，但各次抽中的可能性不一样

答案：D。

（3）某社区有 500 个家庭，其中高收入家庭 125 户，中等收入家庭 280 户，低收入家庭 95 户，为了调查社会购买力的某项指标，要从中抽取一个容量为 100 的样本，记作①；某学校高一年级有 12 名女排运动员，要从中选出 3 人调查学习负担情况，记作②。那么完成上述两项调查应采用的抽样方法是（　　）。

A. ①用随机抽样法，②用系统抽样法

B. ①用分层抽样法，②用随机抽样法

C. ①用系统抽样法，②用分层抽样法

D. ①用分层抽样法，②用系统抽样法

答案：B。

（4）在 100 个零件中有一级品 20 个，二级品 50 个，从中抽取 20 个作为样本。① 采用随机抽样法，将零件编号为 00,01,⋯,99，抽签取出 20 个；② 采用系统抽样法，将所有零件分成 20 组，每组 5 个，然后从每组中随机抽取 1 个；③ 采用分层抽样法，从一级品中随机抽取 4 个，从二级品中随机抽取 6 个，从三级品中随机抽取 10 个。则下列说法正确的是（　　）。

A. 不论用哪种抽样方法，这 100 个零件中每个被抽到的概率都是 1/5

B. ①，②两种方法，这 100 个零件中每个被抽到的概率都是 1/5；③并非如此

C. ①，③两种方法，这 100 个零件中每个被抽到的概率都是 1/5；②并非如此

D. 用不同的抽样方法，这 100 个零件中每个被抽到的概率是各不相同的

答案：A。

（5）某校高中生共有 900 人，其中高一年级 300 人，高二年级 200 人，高三年级 400 人，现采用分层抽样抽取容量为 45 的样本，那么高一、高二、高三各年级抽取人数分别为（　　）。

A. 15, 5, 25

B. 15, 15 ,15

C. 10, 5, 30

D. 15, 10, 20

答案：D。

3. 非随机抽样

非随机抽样包括任意抽样、判断抽样和配额抽样。网络进行的关于产品或服务等方面的调研，常常用到非随机抽样。

（1）任意抽样。任意抽样指在偶然的机会或方便的情况下，由调查者根据自身的需要或兴趣任意选取样本。例如，许多企业设立了 BBS 以供访问者对企业产品进行讨论，或者参与某些专题新闻组的讨论，以便更深入地获取有关资料。如果调查部门对某个用户的问题或观点有兴趣，就可以随时联系该用户进行个案调查。虽然新闻组和 BBS 信息不够规范，需要专业人员进行整理和归纳，但由于是用户自发的感受和体会，因此，传达的信息也是最接近市场和最客观的，有助于企业获取一些问卷调查无法发现的信息，要特别引起注意。

（2）判断抽样。判断抽样是根据调查者的主观判断来抽取样本。该抽样的适用范围如下。

① 总体范围较小，总体各单位之间差异较小。

② 用于探索性研究，如为问卷设计、进行正式抽样调查等打下基础。

（3）配额抽样。配额抽样是将总体中的所有单位按其属性或特征，以一定的分类标准划分成若干层次或类型，然后在各层中由调查者主观确定各层中抽样的样本，并且保持适当的比例。该抽样的适用范围如下。

① 根据过滤性问题立即进行市场分类，确定被访者所属类型，然后根据被访者的不同类型提供适当的问卷。

② 调研者创建了样本数据库，将填写过分类问卷的被调查者进行分类重置。最初问卷的信息是用来将被调查者进行归类分析，将被调查者按照专门的要求进行分类。在正式市场调查开始时，可以从不同的全体中按照一定的比例选取样本，即进行配额，只有那些符合调查条件的被调查者才能填写适合该类特殊群体的问卷。

3.3 网络市场调研实例

3.3.1 在线问卷调查设计步骤

利用 Internet 进行市场调查是一种非常有效的方式，但对于每个环节都要考虑周到。一般在线问卷调查设计步骤可分为：事前准备、问卷调查的设计、事后定稿 3 个阶段进行。

1. 事前准备阶段

在事前准备阶段，首先要围绕调查主题考虑提出哪几方面的问题，这些问题是否满足了调查主题的要求。因此，要尽可能请有经验的营销专家和业务工作者帮助设计，力求问卷的内容切合实际。然后，要根据所确定的调查方法和调查资料分析的要求确定问卷设计的原则。最后，可先设计问卷草案，等事前小范围试验取得依据后，再设计正式问卷。

市场调查的原则是遵循科学性与客观性。调研人员自始至终均应保持客观的态度去寻求反映事物真实状态的准确信息，去正视事实，接受调查的结果。不允许带有任何个人主观的意愿或偏见，也不应受任何人或管理部门的影响或“压力”去从事调研活动。调研人员的座右铭应该是：“寻找事物的本来面目，说出事物的本来面目”。市场调查的客观性还强调了职业道德的重要性。应当采用科学的方法去设计方案、定义问题、采集数据和分析数据，从中提取有效的、相关的、准确的、可靠的、有代表性的当前信息资料。

2. 问卷调查的设计阶段

问卷调查的设计阶段的内容包括确定问卷的结构、内容分布、调查中所提问的问题设计、问题备选答案的设计、提问顺序的设计以及问卷的版面格式设计等。这个阶段在整个问卷设计中是十分重要的，必须认真反复地讨论和推敲。

一份完整的网络问卷调查通常包括如下几个部分：卷首语、问题指导语、问卷主体以及结束语。

① 卷首语主要用来说明由谁执行此项调查，调查目的、意义何在。其主要功效是使被调查者感到正在进行的调查项目是合理、合法的，是值得他们花些时间和精力来认真填写的。卷首语虽然不是问卷的主体部分，但它的作用不容忽视，即消除顾虑、取得被调查者的信任，所以一定要注上明确的单位名称、地址、联系电话和网址。

② 问题指导语（填表说明）主要用来向被调查者解释怎样以及如何正确地填写问卷的语句。

③ 问卷主体主要包括问题和备选答案，是问卷的核心部分。问题的类型可以分为开放型和封闭型。网络市场调查中有的在线问卷特别是 E-mail 问卷多采用封闭型问卷，即在提出问题的同时，给出备选的答案。封闭型问卷的优势非常明显，节省时间、回收率较高、资料便于统计处理和进行定量的分析。

④ 要注意的几点事项主要有以下几点。

- 考虑被调查者的特征及心理特点，设计较满意的问卷，可以使被调查者有兴趣和愿意回答提问。
- 问卷不宜过长。
- 问题应简洁易懂，定义清楚。
- 敏感性的问题应婉转迂回地提出，如用第三人称，而尽量不用第二人称“问”。不要让被调查者产生厌烦甚至反感情绪。

⑤ 结束语主要是感谢语。要做到诚恳、亲切。

3. 事后定稿阶段

事后定稿阶段包括问卷的检查推敲、问卷的模拟试验、问卷的修改及问卷的定稿印刷等工作。

在线问卷设计后需要进行检查，根据预备测试进行修正、印刷、校对等工作。并着重对以下几个问题进行检查。

① 被调查者或被调查区域的文化、传统、宗教、法规等方面的情况。

② 调研的主体要明确、简洁，便于被调查者正确理解和回答。

③ 方便调查人员和数据统计人员的工作，便于调查的整理和处理。

④ 是否采用适当的激励措施和手段。

⑤ 在吸引网民更多参与的同时，也要采用一定的技术手段来杜绝弄虚作假。

3.3.2　在线问卷调查中的注意事项

1. 问卷内容要完整，要符合调查的要求

问卷设计当中要反复调查或经过预调查，分析有无遗漏重要信息，如果问卷内容反映的信息不完整或不一致，有些必要的信息可能从问卷中反映不出来，就会影响其调查效果。

2. 提问要具体准确

问卷设计中必须尽量避免使用一般性的提问。因为一般性问题往往缺乏针对性。例如，您对某企业的印象如何？这样的问题过于笼统，很难达到预期的效果。

确定问题内容时原则上应一题一问，尽量避免一题多问，一个问题内如果事实上包含着若干个问题的内容，结果得到的回答反而会含糊不清，不知道应归属于哪一个问题。例如，您对某企业某产品的价格和服务质量是否满意？这样的问题实际上包括两个方面的问题，这样的回答结果肯定会不符实际的，回答者也很难回答准确。

3. 用词要恰当

问卷提问用语要明白易懂，既便于阅读，又不产生歧义，切忌模棱两可。

① 提问用语不要使用专业名词或令人费解的问句，甚至不要用一些形容词；

② 提问要全面、客观，避免倾向性；

③ 不要在一个问提里面问两种不同的事情；

④ 不要在前提有争议的基础上提问；

⑤ 不要问双重否定问题，以免引起歧义；

⑥ 问卷问题不宜过多，回答问卷时间至多半小时左右。

4. 避免诱导性提问

问卷设计的问题应保持中立，不能暗示或有倾向性，不要诱导被调查者的意愿回答问题，否则会造成调查资料的失真。例如，大家普遍认为××牌子的空调卖得很好，您的印象如何呢？这种引导性的提问会导致两个不良后果，一是被调查者不假思索就同意问题中暗示的结论，直接应付了事；二是由于引导性提问大多是引用权威或多数人的态度，被调查者会产生“从众”心理。

5. 涉及个人的问题应放在问卷的最后

无论哪个国家，对个人信息都有不同程度的自我保护意识，要让用户了解调研目的并确信个人信息不会被公开或者用于其他任何场合。

如果以市场调查为名义收集用户个人信息以展开所谓的数据库营销或者个性化营销，不仅会严重损害企业在消费者，特别是被调查者中的信誉，同时也将损害合法的市场调查。

问卷设计要尽可能避开个人问题，如个人收入问题、个人生活问题、个人政治倾向问题等。这些是问题被调查者不愿回答的。如果实在需要调查个人问题，应最好放在问卷的最后，而且在提问方式上也要间接或婉转一些，把收入分层让被调查者选择的题型效果要明显优于让其直接填写收入的题型，因此应尽量采用前者。

6. 问句要考虑时效性有利用数据处理

问卷中的问句要考虑时效性，因为时间过久的问题容易使人遗忘，逼迫被调查者做过长时间的回忆，往往会使其产生抵制调查的心态。例如，您家前年的生活费支出多少？用于健康食品上支出多少？用于教育上支出多少？这种问题只有非常细心的被调查者才可能回答出来。

问卷设计最好按计算机处理要求来设计，能直接被计算机的外部设备读入，以节约时间和提高统计的准确性。

3.3.3 在线问卷调查技术

1. 问卷及其结构

在线问卷调查的一般结构由序言、问题与答案和结束语等部分组成。

（1）序言。

序言一般包括问卷调查的标题、调查的目的、意义和填表要求等。序言主要用来向被调查者说明市场调查的主题是什么。调查主办单位是谁。此次调查有何重要性。同时恳请被调查者积极配合和支持。每个问卷调查都有一个调查主题，问卷调查的标题的确定要准确地反映调查的主题，使人一目了然。通过调查说明及填表要求，使被调查者了解调查的目的和意义，消除顾虑，并按一定的要求填写问卷。

问卷调查中必须说明市场调查者的身份。说明身份可以在序言中，也可以在问卷末尾。调查者说明身份有助于打消被调查者的疑虑，不仅要写清楚单位或组织的名称，还应说明地址、电话号码、邮政编码等具体情况，充分体现出市场调查的正规性，取得被调查者的信任。

例如，中国钟表网在线调查表如图 3-7 所示。

从图 3-7 中可知，该调查表的序言是："您好！为进一步提高我们钟表网站的服务水平，请您结合自己的实际使用情况，认真填写以下内容，以此帮助我们改进工作中的不足，共同促进中国钟表网的健康发展。"

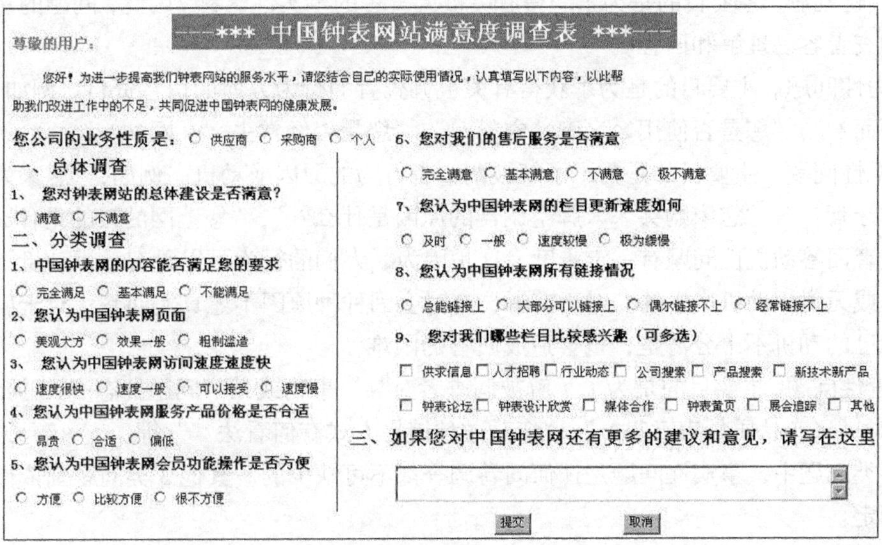
---*** 中国钟表网站满意度调查表 ***---

尊敬的用户：

您好！为进一步提高我们钟表网站的服务水平，请您结合自己的实际使用情况，认真填写以下内容，以此帮助我们改进工作中的不足，共同促进中国钟表网的健康发展。

您公司的业务性质是：○ 供应商 ○ 采购商 ○ 个人

一、总体调查

1、 您对钟表网站的总体建设是否满意？

○ 满意 ○ 不满意

二、分类调查

1、中国钟表网的内容能否满足您的要求

○ 完全满足 ○ 基本满足 ○ 不能满足

2、您认为中国钟表网页面

○ 美观大方 ○ 效果一般 ○ 粗制滥造

3、 您认为中国钟表网访问速度速度快

○ 速度很快 ○ 速度一般 ○ 可以接受 ○ 速度慢

4、您认为中国钟表网服务产品价格是否合适

○ 昂贵 ○ 合适 ○ 偏低

5、您认为中国钟表网会员功能操作是否方便

○ 方便 ○ 比较方便 ○ 很不方便

6、您对我们的售后服务是否满意

○ 完全满意 ○ 基本满意 ○ 不满意 ○ 极不满意

7、您认为中国钟表网的栏目更新速度如何

○ 及时 ○ 一般 ○ 速度较慢 ○ 极为缓慢

8、您认为中国钟表网所有链接情况

○ 总能链接上 ○ 大部分可以链接上 ○ 偶尔链接不上 ○ 经常链接不上

9、 您对我们哪些栏目比较感兴趣（可多选）

□ 供求信息 □ 人才招聘 □ 行业动态 □ 公司搜索 □ 产品搜索 □ 新技术新产品

□ 钟表论坛 □ 钟表设计欣赏 □ 媒体合作 □ 钟表黄页 □ 展会追踪 □ 其他

三、如果您对中国钟表网还有更多的建议和意见，请写在这里

提交　取消

图 3-7　中国钟表网在线调查表

（2）问题与答案。

问题和答案是问卷调查的主要内容，也是市场调查所要收集的主要信息资料的来源。通过这一部分问题的设计和被调查者的答复，市场调查者可以对被调查者的个人基本情况，如性别、年龄、职业等，被调查者对某一特定事物的态度反应和意见倾向以及人们的行为和后果有充分的了解。

图 3-8 所示为某汽车贸易公司在线调查表的个人信息资料，该内容放在调查表的最后，并声明，对于个人信息他们有义务保密。

（3）结束语。

结束语放在问卷的最后。一方面对被调查者的积极合作表示诚恳的感谢；另一方面还应向被调查者征询对市场问卷调查设计的内容，对问卷调查的意见和想法。征询意见可用具体的问题表示出来。

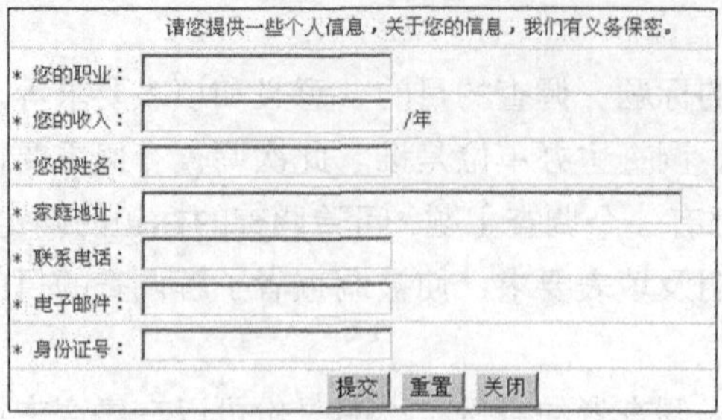
请您提供一些个人信息，关于您的信息，我们有义务保密。

＊ 您的职业：

＊ 您的收入： /年

＊ 您的姓名：

＊ 家庭地址：

＊ 联系电话：

＊ 电子邮件：

＊ 身份证号：

提交 重置 关闭

图 3-8　在调查表中的个人信息资料

例如，您对这份问卷的内容有何看法：①很有意义；②可能会起些作用；③意义不大；④不必要；⑤没过多考虑。

结束语要求简短明了。有的问卷也可以不要结束语，但也要有对被调查者表示感谢的语句。

2. 调查问题的类型

在问卷调查中，调查人员向被调查者收集市场信息资料，主要通过以下4种类型的问题。

① 事实性问题。主要目的是为了获得有关被调查者的事实性资料，因此，问题的意思必须清楚，使被调查者容易理解和回答。

② 行为性问题。主要目的是为了获得有关被调查者的行为方面的信息资料。例如，“您是否喜欢吃方便面？”，“您是否使用××牌洗衣粉？”，“您是否经常去××网站？”。

③ 动机性问题。主要目的是为了了解被调查者行为的原因或动机。例如，“您家为什么喜欢使用××牌牙膏？”，“您家购买××牌空调器的原因是什么？”，“您上网的目的是什么？”

被调查者回答动机性问题有一定难度。这是因为，人们的行为可以是有意识动机，也可以是半意识动机或无意识动机产生的。对于前者，有时会因种种原因不愿真实回答；对于后两者，因回答者对自己的动机不十分清楚，也会造成回答的困难。

④ 态度性问题。主要目的是为了了解被调查者对某一事物或某一问题的态度、评价、看法等。例如，“您对××产品质量满意吗？”，“您对这种销售方式有何看法？”等。

上述4类问题中，事实性问题是任何问卷调查都不可缺少的。其他3类问题则依市场调查的目的内容而定。

3. 问题提问的形式

在问卷调查中，问题的提问和回答有如下几种形式。

（1）二项选择式。

二项选择式是指提出的问题仅有两种答案可以选择。如“是”或“否”，“有”或“无”等。这两种答案是对立的、排斥的。被调查者的回答非此即彼，不能有更多的选择。

例如，您的婚姻：已婚○ 未婚○

您家有电脑吗？有○ 无○

您家上宽带网吗？上○ 不上○

这种提问形式的优点是易于理解和可迅速得到明确的答案，便于统计处理，分析也比较容易。

（2）多项选择式。

多项选择式是根据问题列出多种可能答案，由被调查者从中选择一项或多项答案。

例如，您喜欢下列哪一种品牌的牙膏？（在您认为合适的○内画√）

中华○ 芳草○ 洁银○ 康齿灵○ 美加净○ 黑妹○

您购买服装时，通常依据哪些因素？

价格○　款式○　品牌○　颜色○　面料○　做工○

您购买电脑时，通常参照哪些参数？

价格○　内存○　品牌○　颜色○　外存○　服务○

（3）填空式。

在问题后面加一短线，由被调查将问题答案写在短线上。

例如，① 您的文化程度________。

② 您的出生年月________。

③ 您的职业__________。

（4）矩阵式。

矩阵式是将同类的若干个问题及答案排列成矩阵，以一个问题的形式表达出来。这样可以大大节省问卷的篇幅，将同类问题放在一起又特别有利于被调查者阅读和填答。

例如，

您对××牌牛奶的评价（请在○画√）

	非常满意	比较满意	一般	不满意	很不满意
口味	○	○	○	○	○
包装	○	○	○	○	○
价格	○	○	○	○	○

您家庭中耐用消费品的购买和拥有情况如何？（请在适合您的○内画√）

	已有	年内将购买	年内将更新	年内不买
①彩色电视	○	○	○	○
②电冰箱	○	○	○	○
③录像机	○	○	○	○
④洗衣机	○	○	○	○
⑤空调器	○	○	○	○

（5）顺位式。

顺位式是列出若干项目，由被调查者按重要性决定回答的先后顺序。

例如，"您选购空调的主要条件是（请将所给答案按重要顺序 1，2，3，…填写在○中）

价格便宜○　外形美观○　维修方便○　牌子有名○

经久耐用○　噪音低○　制冷效果好○　其他○

顺位法便于被调查者对其意见、动机、感觉等做衡量和比较性的表达，也便于对调查结果加以统计。但调查项目不宜过多，过多则容易分散，很难顺位。

（6）开放式。

开放式也称自由回答式。这种形式是调查者提出问题，但不提供问题的具体答案，由被调查者自由回答，没有任何限制。它适用于调查人们对某一事物和现象的看法。

例如，

您最不喜欢的栏目是哪些？

________________________。

________________________________。

您希望本刊增加哪些栏目？具体要求是什么？

________________________________。

________________________________。

4．问卷设计的基本要求

问卷调查是以书面方式向被调查者提问，被调查者根据各种提问做出回答，提供市场现象的有关资料。问卷设计中问题的选择、问题的表达、问题的数量和排列顺序等，都直接影响着问卷的质量。问卷的设计总的要求如下。

① 问卷的问题能保证收集到满足调查目的所需要的全部信息。

② 问卷中的每一个问题都是与调查目的相关的必要的问题，不存在与调查目的无关的问题。

③ 问题的设计和安排通俗易懂，合乎逻辑，被调查者能够做出回答。

④ 问题的设计和安排便于对调查资料的整理、分析和研究。

3.3.4 问卷设计的一般程序和方法

1．问卷设计的一般程序

问卷设计是由一系列相关的工作过程所构成的。为使问卷具有科学性、规范性和可行性，一般可以参照以下程序进行。

（1）确定调研目的、来源和局限。

调研过程经常是在市场部经理、品牌经理或新产品开发专家做决策时感到所需信息不足发起的。在一些公司中，评价全部二手资料以确认所需信息是否收集齐全是经理的责任。在另一些公司中，经理将所有的市场调研活动，包括一手资料和二手资料的收集交由市场研究部门去做。

尽管可能是品牌经理发起了市场研究，但受这个项目影响的每个人，如品牌经理助理、产品经理，甚至生产营销经理都应当一起讨论究竟需要些什么数据。询问的目标应当尽可能精确、清楚，如果这一步做得好，下面的步骤会更顺利、更有效。

（2）确定数据收集方法。

获得询问数据可以有多种方法，主要有人员访问、邮件、调查表、网页等。每一种方法对问卷设计都有影响。

（3）确定问题回答形式。

① 开放式问题。开放式问题是一种应答者可以自由地用自己的语言来回答和解释有关想法的问题类型。也就是说，调研人员没有对应答者的选择进行任何限制。

② 封闭式问题。封闭式问题是一种需要应答者从一系列应答项中做出选择的问题。

③ 量表应答式问题。量表应答式问题是以量表形式设置的问题。

（4）决定问题的措辞。

用词必须清楚，避免诱导性的用语，考虑应答者回答问题的能力和意愿。

（5）确定问卷的流程和编排。

问卷不能任意编排，问卷每一部分的位置安排都具有一定的逻辑性。有经验的调研人员很清楚问卷制作是访谈双方取得联系的关键。联系越紧密，访问者越可能得到完整彻底的访谈。同时，应答者的答案可能思考得越仔细，回答得越仔细。

（6）评价问卷和编排。

一旦问卷草稿设计好后，问卷设计人员应再回过来做一些批评性评估。如果每一个问题都是深思熟虑的结果，这一阶段似乎是多余的。但是，考虑到问卷所起的关键作用，这一步还是必不可少的。

（7）获得各方面的认可。

问卷设计进行到这一步，问卷的草稿已经完成。草稿的复印件应当分发到直接有权管理这一项目的各部门。实际上，营销经理在设计过程中可能会多次加进新的信息、要求或关注。不管经理什么时候提出新要求，经常修改是必需的。即使经理在问卷设计过程中已经多次加入，草稿获得各方面的认可仍然是重要的。

（8）测试、修改问卷。

问卷初稿设计出来后，并不能马上用于大规模的正式调查，而应选择少数被调查者对问卷进行试回答，以检验问卷设计是否科学、合理，被调查者是否能够回答。根据问卷测试情况进行修改，使问卷趋于完善，最后可以定稿、采用。

（9）实施。

问卷填写完后，为从市场获得所需决策信息提供了基础。问卷可以根据不同的数据收集方法并配合一系列的形式和过程以确保数据可正确地、高效地，以合理的费用收集。

2. 问卷调查的方法

进行网上市场调研的主要方法是：E-mail、交互式 CATI 系统和互联网调研系统等。

（1）E-mail 问卷。

E-mail 问卷就是一份简单的 E-mail，按照已知的 E-mail 地址发出。被访者回答完毕将问卷回复给调研机构，有专门的程序进行问卷准备、列制 E-mail 地址和收集数据。

E-mail 问卷制作方便，分发迅速。由于出现在被访者的私人信箱中，因此能够得到注意。但是，它只限于传输文本，虽然图形也能在 E-mail 中进行链接但与问卷文本是分开的。

（2）交互式 CATI 系统。

交互式 CATI 系统是利用一种软件语言程序在 CATI 上设计问卷结构并在网上进行传输。互联网服务站可以设在调研机构中，也可以租用有 CATI 装置的单位。互联网服务器直接与数据库连接，将收集到的被访者答案直接进行储存。

交互式 CATI 系统能够对 CATI 进行良好抽样及对 CATI 程序进行管理，还能建立良好的跳问模式和修改被访者答案。他们能够当场对数据进行认证，对不合理数据要求重新输入。交互式 CATI 系统为网上 CATI 调研的使用者提供了一个方便的工具，而且支持程序问卷的再使用。

作为不利的一面，网上 CATI 系统产品是为电话—屏幕访谈设计的。被访者的屏幕格式受到限制，而且 CATI 语言技术不能显示互联网调研在图片、播放等方面的优势。

（3）网络调研系统。

有专门为网络调研设计的问卷链接及传输软件。这种软件设计为无须使用程序的方式，包括整体问卷设计、网络服务器、数据库和数据传输程序。一种典型的用法是：问卷由简易的可视问卷编辑器产生，自动传送到互联网服务器上，通过网站，使用者可以随时在屏幕上对回答数据进行整体统计或图表统计。

平均每次访谈，网络调研系统均比交互式 CATI 系统费用低，但对于小规模的样本调研（低于 500 名）的费用都比 E-mail 调研高。低费用是由于使用了网络专业工具软件，而且，网络费用和硬件费用由中心服务系统提供。

3. 在线调查系统

中国在线调查系统网址是 http://www.nbzh.net.cn，系统网页如图 3-9 所示。该网站专门提供在线调查系统，具体有调查报告统计查询系统、调查表生成发布系统和调查结果管理系统等内容。

图 3-9　中国在线调查系统网页

（1）特点。中国在线调查系统的特点如下。

① 向政府用户、商业用户及个人用户免费开放的调查系统。用户只需根据自己的意愿输入几个关键性参数，即可自动在网站上生成调查表。

② 该系统支持 16 种调查内容分类栏目，调查界面支持嵌入和弹开两种基本模式。该系统支持调查项目个性化界面定制操作，支持调查项目创建，重编辑、删除，用户验证操作。

③ 该系统具有防止重复投选功能，在很大程度上保证了调查结果准确度。

④ 调查表的选项类型包括：单选、多选（文本、数值、单选下拉框）。用户可设置选项是否必填，如果被访者没有填写必填选项，系统会给出提示。

⑤ 用户可在线浏览每个问卷，并可删除无效问卷，提高信息收集的准确率。整个调查活动的组织、管理、发布都可以在 Internet 上进行，实现远程操作。

⑥ 被访者填写的问卷自动收集、汇总到服务器端数据库；调查结果可以自动、即时生成饼形图或柱状图；统计结果可以自动发布在 Internet 上。

（2）流程图。中国在线调查系统的流程图如图 3-10 所示。

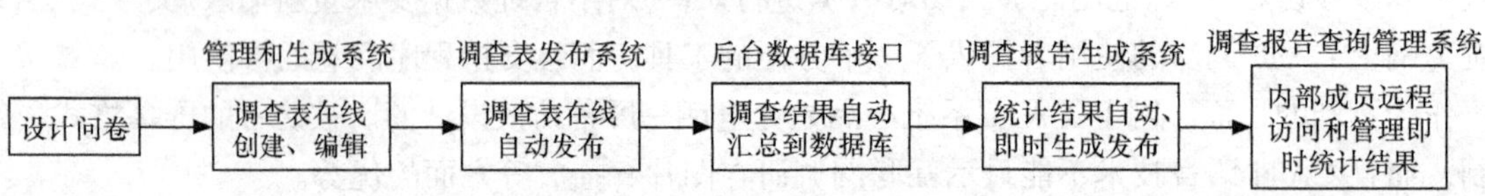

图 3-10　中国在线调查系统流程图

3.3.5 网络问卷调查的优缺点

1. 网络问卷调查的优点

网络问卷调查的优点有以下几方面。

（1）较高的应答率。互联网问卷调查是通过方便应答者而非调查者来完成的。调查表明，用键盘和鼠标可以消除手工填写印刷问卷的沉闷。互联网问卷调查比传统方式有更高的应答率，因为可以直接用 E-mail 与应答者联系。采用 E-mail 问卷调查，即便是一份根据准确抽样分发的设计精美的问卷，也通常得不到应答，因为很多问卷调查表格都被扔进了垃圾桶。互联网问卷调查的保密性，尤其在一些敏感问题上的保密保证，都会在很大程度上比电话和人员访问提高了应答水平。

（2）更准确的应答。无论通过 E-mail 还是在网站上进行问卷调查，都提高了应答的准确率，大大减少了应答错误、人工错误、访问偏差有效解决了样本分发问题。

① 减少应答错误。应答者有机会问及问卷调查的目的、问题的含义及其他与调查有关的问题。对调查者来说，这些问题是有用的反馈，可以使调查者得到更准确的回答。另外，自动扫描问卷调查可以分辨出漏答和答错的问题，并在提交之前提醒应答者。

② 减少人工错误。不需要重新打印或把结果制成表格，调查结果可以直接以电子表格的形式从问卷转换成数据库。因此，人工输入数据时的错误即使不能全部消灭也能减少很多。

③ 减少访问偏差。E-mail 能够避免"面对面交流所传递的非语言的细微差异"。这表明 E-mail 问卷调查更加可靠，因为它避免了在电话和人员访问时可能出现的由访问员造成的偏差。

④ 有效解决样本分发问题。发送 E-mail 问卷时，无法递送的邮件马上就被退回了，调查者便可以迅速地查明刚才发送的邮件被接收的数目，并相应做出调整，以便发送给更多有效的应答者。与此形成对比的是，普通邮寄问卷中无法递送的邮件要在几天或几星期后才能退回。

（3）更多的乐趣。与传统的纸笔形式相比，人们好像更喜欢在网上回答问题。可能因为应答者对新鲜事物非常好奇，以及应答者在任何时候都能够方便地回答问题。后续访问也是又快又方便，这全都归功于应答者对网上问卷调查的好感。

（4）更多的美感。网上问卷调查可以运用动画、声音和影像来提高问卷的吸引力。如果对需要视觉和声音辅助的新产品进行调查，或者是 B2B 的问卷调查，这种方式尤其有效。

（5）更少的花费。使用互联网时，问卷调查的实施费用、应答的制表费以及整理开放式问题答案的费用只是传统开放式访问的一小部分。另外，使用二手信息的花费也少得多，因为很多调查结果可以直接使用而无需打印或重新输入。互联网问卷调查随着应答者的增多，实际上平均成本降低了，再加上调查者不需要雇佣或培训访员，所以成本更低了。

（6）更快的回收速度。E-mail 问卷调查在应答的回收时间上占明显的优势，它的应答回收周期平均要比纸张邮件快 6.5 倍。不仅如此，研究还表明 E-mail 的累积应答回收率呈上升趋势，超过一半的 E-mail 在两天内得到回复，超过 80%的一周内回复。E-mail 问卷减少了把结果制成表格的时间，再加上不需要手工输入，可以直接把接收到的数据下载至数据库或分析软件。这样，调查报告的平均传送时间还不到普通邮件和电话调查方式的 1/5。不间断的问卷调查可以在监控下保证信息的及时获取，这对于及时提供信息以辅助决策者做出快速反应尤为重要。还有，因为可以直接下载和处理数据，所以调查者和决策者能够利用互联网在第一时间获得最新的问卷调查结果。

（7）瞬间的全球到达。互联网可以将问卷调查发送给世界各地成千上万的人，这只需轻点一下鼠标，如果用其他形式，所费的时间难以想像，而互联网则在几秒之内就将问卷传递到全世界。

2. 网络问卷调查的缺点

网络问卷调查的缺点有以下几方面。

（1）自荐偏差。互联网问卷调查最严重的缺点就是自荐偏差，这是因为在互联网上很难对样本进行验证。的确，通常你在网上激怒的人会比找到的合适人选还多，只从愿意回答或给出个人联系方式的网民中抽样就容易产生偏差。

（2）互联网网民不是大众百姓的代表。网民只是全体人口的一小部分，甚至在互联网发达的美国，估计也只有12%的人经常上网。可见，网民绝对不是平民百姓的代表，公司准备用互联网作为数据收集工具时必须考虑到这一点。

（3）联网用户有可能匿名。大家都知道，有些人在上网的时候展现的是完全不同的个性。另外，除非是预先选定的应答者小组，否则要证实一个网民的细节信息是非常困难的，这对调查者来说会影响数据的有效性。

（4）多文化因素。互联网是全球性的，因此文化、语言和方言术语上的差异会产生误解甚至惹怒应答者，所以制作问卷调查时一定要小心。

（5）担心泄露个人信息。许多人都不敢在网上透露自己的资料，因为害怕个人资料会被滥用。许多不负责任的公司将顾客的资料卖给其他公司，那些公司就会给他们发垃圾邮件。调查者应该向应答者保证，他们的资料绝不会被滥用。

（6）缺乏面对面交流的观察。用Internet进行问卷调查不能对应答者进行深入细致的观察，而通过有经验的访员或专题小组就可以。这个问题也是普通邮寄问卷调查的缺点。

（7）回答的真实性和重复作答。像很多其他形式的问卷调查一样，网上问卷调查不能保证应答者提供的信息都是真实的。网上是否存在严重的造假倾向目前还不清楚，许多Internet问卷调查并不限制人们只答一次。

（8）Internet调查的应答率会越来越低。可以想象随着时间的推移，填写Internet问卷调查的新鲜感将逐渐减弱，用户只会把要求参加问卷调查的请求从他们的电子邮件信箱中删除，这将造成应答率的下降。

3.3.6 网络市场问卷调查实例

例1　2006年全国信息网络安全状况暨计算机病毒疫情调查表

一、基本信息部分（必填，请填写准确信息，抽奖时会使用）

单位名称：

单位地址：　　省/自治区/直辖市

地市州区　　街道号码等具体地址

指导单位：　　省/自治区/直辖市　地市州区公安局公共信息网络安全监察部门

联系人：　　电子邮箱：　　联系电话：　　手机：

所属行业：政府

二、信息网络安全状况调查部分

1. 单位接入哪种网络（多选）

○ 互联网　○ 专网（行业系统内部使用的广域网或城域网）　○ 内部局域网

2. 网络用于（多选）

○ 办公应用　○ 互联网信息服务　○ 互联网上网服务　○ 业务经营应用

○ 电信通信和互联网接入服务　○ 电子商务、电子政务或远程服务　○ 其他

3. 拥有计算机数量（台）

○ 1～10　○11～50　○ 51～100　○ 101～300　○ 300 台以上

4. 主要操作系统类型（多选）

○ Windows 9x 或 Windows Me　○ Windows NT/Windows 2000　○ Windows XP

○ Windows 2003 Server　○ Linux 或 UNIX　○ 其他

5. 2005 年 5 月至 2006 年 5 月是否发生过网络安全事件

○ 没有　○ 1 次　○ 2 次　○ 3 次以上　○ 不清楚

6. 发生的网络安全事件类型（多选）

○ 感染病毒/蠕虫/特洛伊木马程序　○ 遭到端　○ 扫描或网络攻击

○ 网络、系统或数据遭到破坏　○ 篡改网页　○ 垃圾邮件

○ 内部人员破坏或滥用网络资源　○ 网络欺诈和盗窃　○其他

7. 如何发现网络安全事件（多选）

○ 网络（系统）管理员工作监测发现　○ 通过事后分析发现　○ 通过安全产品发现

○ 意外发现　○ 有关部门通知或他人告知　○ 其他

8. 可能的攻击来源

○ 内部　○ 外部　○ 内外都有　○ 不清楚

9. 导致发生网络安全事件的可能原因（多选）

○ 未修补或防范软件漏洞　○ 网络或软件配置错误　○ 弱口令

○ 缺少访问控制　○ 攻击者使用拒绝服务攻击

○ 内部人员做案或安全管理存在漏洞　○ 其他

10. 发现网络安全事件后采取的措施（多选）

○ 向公安机关报案　○ 向上级业务主管部门报告

○ 请网络安全服务单位等协助解决　○ 自行解决　○ 其他

11. 目前使用了哪些网络安全产品（多选）

○ 防火墙　○ 计算机病毒防治产品　○ 入侵检测和漏洞扫描

○ 访问控制和身份鉴别产品　○ 信息内容过滤产品　○ 安全审计、远程监控

○ 虚拟专用网络（VPN）○ 网络隔离器　○ 其他

12. 防火墙产品采用（多选）

○ 国外产品　○ 国内产品

13. 计算机病毒防治产品采用（多选）

○ 国外产品　○ 国内产品

14. 目前采取了哪些安全管理和技术措施（多选）

○ 口令加密和访问控制　○ 存储备份　○ 制定安全管理规章制度

○ 制定安全事件应急处置预案和措施　○ 建立安全组织，确定安全责任人

○ 其他

15. 安全检查、系统升级和打补丁情况

○ 随时　○ 每月　○ 时间间隔每季度以上

16. 网络安全管理人员情况

○ 建立网络安全组织　○ 有专职人员负责　○ 有兼职人员负责　○ 其他

17. 是否采购信息安全服务

○ 是　○ 否

18. 采购信息安全服务的类型（多选）

○ 系统维护　○ 安全检测　○ 应急响应　○ 容灾备份与恢复

○ 风险评估　○ 信息安全咨询　○ 其他

19. 网络安全管理存在的主要问题（多选）

○ 用户安全意识和观念薄弱　○ 缺乏网络安全管理制度或制度不落实

○ 网络安全保障经费投入不足　○ 网络安全管理人员不足，缺乏培训

○ 缺乏与信息管理部门的沟通，缺乏安全信息共享　○ 网络安全产品不能满足安全要求

○ 其他

三、计算机病毒疫情调查部分

1. 感染计算机病毒的次数

○ 0　○ 1次~2次　○ 3次~5次　○ 5次以上

2. 感染计算机病毒的种类（多选）

○ 引导型　○ 蠕虫　○ 文件型　○ 黑客或木马程序

○ 宏病毒　○ 脚本病毒或网页病毒　○ 间谍软件或广告软件

○ 手机病毒　○ 其他

3. 感染计算机病毒的时间（多选）

○ 2005年5月　○ 2005年6月　○ 2005年7月　○ 2005年8月

○ 2005年9月　○ 2005年10月　○ 2005年11月　○ 2005年12月

○ 2006年1月　○ 2006年2月　○ 2006年3月　○2006年4月

○ 2006年5月

4. 感染计算机病毒的途径（多选）

○ 磁盘、光盘、优盘、移动硬盘等存储介质　○ 电子邮件　○ 网络浏览或下载

○ 通过局域网或无线网络　○ 蓝牙　○ 其他

5. 最近感染计算机病毒的名称（多选）

○ lovgate（爱之门）　○ Zafi（灾飞）　○ Netsky（网络天空）

○ MyDoom（末日）　○ Mytob（魔头）　○ Worm.Netkiller 2003（蠕虫王）

○ Trojan.QQHelper（QQ助手）　○ Trojan.Agent（木马代理）

○ Gpigeon（灰鸽子）　○ Dasher（黛蛇）　○ 其他

6. 计算机病毒是否造成破坏

○ 是　○ 否　○ 不清楚

7. 计算机病毒造成的主要危害（多选）

○ 无影响　○ 数据受损或丢失　○ 密码被盗　○ 受到非法远程控制

○ 系统使用受限或无法使用　○ 网络无法使用　○ 浏览器配置被修改　○ 其他

8. 安装使用防计算机病毒产品及升级情况

○ 已安装，定期升级　○ 已安装，很少升级　○ 未安装

9. 使用了哪些类型防计算机病毒产品（多选）

○ 单机版或服务器版防病毒软件　○ 邮件防病毒网关　○ 防毒墙

○ 手机防病毒产品　○ 其他

10. 是否希望获取病毒应急中心等第三方防治病毒服务

○ 是　○ 否

11. 病毒查杀日志：（必填，且大小为 0～300KB）

例 2　协华科技 ISO 客户满意度在线问卷调查

女士、先生：您好！

感谢您对我们工作的支持和帮助！您的意见和建议将促进我们工作的改进，为您提供更满意的服务！

顾客姓名：________　　　　电话：________

E-mail：________　　　　单位名称：________

传真：________

请留下您的宝贵意见或建议：

____

____

请您对我们的工作进行客观评价：

____

1. 您对本公司技术或业务人员服务态度的评价是

○ 非常满意　○ 满意　○ 一般满意　○ 有些不满意　○ 极不满意

2. 您对本公司的人员响应速度的评价是

○ 非常满意　○ 满意　○ 一般满意　○ 有些不满意　○ 极不满意

3. 您对本公司所提供的产品质量的评价是

○ 非常满意　○ 满意　○ 一般满意　○ 有些不满意　○ 极不满意

4. 您对本公司提供的服务过程和服务效果的评价是

○ 非常满意　○ 满意　○ 一般满意　○ 有些不满意　○ 极不满意

5. 您对本公司总体服务的评价是

○ 非常满意　○ 满意　○ 一般满意　○ 有些不满意　○ 极不满意

××年×月×日

例 3　巧克力市场问卷调查

女士、先生：您好！

为了更好地满足消费者对巧克力的需求，我们××食品厂设计此份问卷。只需要您 10 分钟时间，恳请您回答一些问题。谢谢您的配合和支持！

1. 您的性别是

○ 男　○ 女

2. 您的年龄是（　　）

3. 您的职业是

○ 工人　○ 农民　○ 军人　○ 干部　○ 大中学生

○ 公司职员　○ 小学生及儿童　○ 其他

4. 您的月收入是

○ 400元以下　○ 400元～700元　○ 700元～1000元

○ 1 000元～2 000元　○ 2 000元以上

5. 您喜爱巧克力食品的程度

○ 很喜爱　○ 比较喜爱　○ 一般　○ 不太喜爱　○ 很不喜爱

6. 您了解有关巧克力的信息主要是通过（可多选）

○ 电视　○ 广播　○ 报纸或宣传材料　○ 市场　○ 朋友　○ 其他

7. 您购买巧克力首先关心的是（可多选）

○ 味觉　○ 包装　○ 价格　○ 品牌　○ 保质期　○ 其他

8. 您对××牌巧克力口味满意程度

○ 满意　○ 较满意　○ 一般　○ 不太满意　○ 不满意

9. 您喜欢××牌巧克力应包装的颜色是

○ 咖啡色　○ 红色　○ 黄色　○ 蓝色　○ 绿色　○ 白色　○ 其他色

10. 您认为××牌巧克力应定价在每块

○ 1元～3元　○ 4元～6元　○ 7元～10元　○ 10元以上

××年×月×日

例4　顶点科技在线问卷调查

尊敬的客户：您好！

值此新春来临之际，顶点科技感谢您对我公司的大力支持，并祝大家新年快乐！生意兴隆！万事如意！全家幸福！“为您提供适用的解决方案”是我公司一贯秉持的质量方针，为了继续为您提供更好的服务与相关产品，顶点科技恳请您参加顾客满意度调查，对顶点科技为您提供过的产品及服务的实际质量做出评价，并提出您的宝贵意见，以便我公司在2005年继续提高和改进，更好地为您服务。

1. 您是通过什么途径知道顶点科技的

○ 黄页广告　○ 网络搜索　○ 客户介绍　○ 有听说过　○ 业务员　○ 其他途径

2. 您对顶点科技的设计制作水平是否满意

○ 非常满意　○ 比较满意　○ 一般　○ 不太满意

○ 很不满意　○ 不知道，没涉及过

3. 您对顶点科技的网站编程技术是否满意

○ 非常满意　○ 比较满意　○ 一般　○ 不太满意

○ 很不满意　○ 不知道，没涉及过

4. 您的网站建完后，是否达到你预期的效果

○ 效果非常明显　○ 效果比较明显　○ 效果一般　○ 效果不太好

○ 没有任何效果　○ 不知道，没涉及过

5. 您对您网站的稳定性和速度是否满意

○ 非常满意　○ 比较满意　○ 一般　○ 不太满意

○ 很不满意　○ 不知道，没涉及过

6. 您对我公司网络的稳定性和速度是否满意

○ 非常满意　○ 比较满意　○ 一般　○ 不太满意

○ 很不满意　○ 不知道，没用过

7. 您对我公司技术员故障处理速度是否满意

○ 非常满意 ○ 比较满意 ○ 一般 ○ 不太满意
○ 很不满意 ○ 不知道，没遇到过

8. 您认为我公司提供的服务及相关产品的种类丰富吗
○ 挺丰富的 ○ 还可以，足够了 ○ 一般 ○ 不太够
○ 很不够 ○ 不知道，没遇到过

9. 您对我公司员工的服务态度是否满意
○ 非常满意 ○ 比较满意 ○ 一般 ○ 不太满意
○ 很不满意 ○ 不知道，没遇到过

10. 您对我公司邮件回复的规范化及周全性是否满意
○ 非常满意 ○ 比较满意 ○ 一般 ○ 不太满意
○ 很不满意 ○ 不知道，没收到过

11. 您认为我公司在业内的整体形象如何
○ 挺好的 ○ 还可以，比较好 ○ 一般 ○ 不太好
○ 非常不好 ○ 不知道，没有对比过

12. 您在使用我们的电话系统时是否出现过突然掉线等故障情况
○ 不曾出现 ○ 偶尔会出现 ○ 一般 ○ 频度有点高
○ 太经常这样了 ○ 不知道，没试过

13. 您认为我公司业务人员对产品的熟悉程度如何
○ 普遍很熟悉 ○ 还过得去 ○ 一般 ○ 不太熟悉
○ 太外行了 ○ 不清楚

14. 您是否能从顶点科技对外发布的广告中有效地获得市场或产品信息
○ 能获得最新最快的消息 ○ 感觉很及时 ○ 一般 ○ 不及时
○ 好像非常过时的 ○ 不知道，没试过

15. 您觉得顶点科技的市场形象如何
○ 非常好 ○ 好 ○ 一般 ○ 差
○ 特别差 ○ 不知道，没试过

16. 您对我公司的什么产品最满意
○ 网站建设 ○ 主机租用 ○ 企业邮局 ○ 网站推广
○ 域名服务 ○ 不知道，没区别

17. 您对我公司的希望与建议：

______________________________；
______________________________；
______________________________；
______________________________。

3.4 亚马逊的营销策略案例

1. 背景资料

亚马逊网上书店 2002 年年底开始盈利，这是全球电子商务发展的福音。亚马逊网上书店自

1995 年 7 月开业以来，经历了 7 年的发展历程。到 2002 年年底全球已有 220 个国家的 4 000 万网民在亚马逊书店购买了商品，亚马逊为消费者提供的商品总数已达到 40 多万种。几年来在电子商务发展受挫，许多追随者纷纷倒地落马之时，亚马逊却顽强地活了下来并脱颖而出，创造了令人振奋的业绩：2002 年第三季度的净销售额达 8.51 亿美元，比上年同期增长了 33.2%；2002 年前三个季度的净销售额达 25.04 亿美元，比上年同期增长了 24.8%。虽然 2002 年前三个季度还没有盈利，但净亏损额为 1.52 亿美元，比上年同期减少了 73.4%，2002 年第四季度的销售额为 14.3 亿美元，实现净利润 300 万美元，是第二个盈利的季度。亚马逊的扭亏为盈无疑是对 B2C 电子商务公司的巨大鼓舞。

亚马逊书店是世界上销售量最大的书店。它可以提供 310 万册图书目录，比全球任何一家书店的存书要多 15 倍以上。而实现这一切既不需要庞大的建筑，又不需要众多的工作人员，亚马逊书店的 1 600 名员工人均销售额 37.5 万美元，比全球最大的拥有 2.7 万名员工的 Bames & Noble 图书公司要高 3 倍以上。这一切的实现，电子商务在其中所起的作用十分关键。

亚马逊书店的商业活动主要表现为营销活动和服务活动。它工作的中心就是要吸引顾客购买它的商品，同时树立企业良好的形象。亚马逊书店的网址是：http://amazon.com/，其主页面如图 3-11 所示。

图 3-11　亚马逊书店的主页

2. 主要网络营销策略

网络营销策略主要有产品策略、定价策略和促销策略等。

（1）产品策略

亚马逊书店根据所售商品的种类不同，主要分为三大类：书籍、音乐和影视产品，每一类都设置了专门的页面。同时，在各个页面中也很容易看到其他几个页面的内容和消息，它将书店中不同的商品进行分类，并对不同的电子商品实行不同的营销对策和促销手段。

（2）定价策略

亚马逊书店采用了折扣价格策略。所谓折扣策略是指企业为了刺激消费者增加购买，在商品原价格上给以一定的回扣。它通过扩大销量来弥补折扣费用和增加利润。亚马逊书店对大多数商品都给予了相当数量的回扣。

（3）促销策略

常见的促销方式，即企业和顾客以及公众沟通的工具主要有 4 种，分别是广告、人员推销、公共关系和营业推广。在亚马逊书店的网页中，除了人员推销外，其余部分都有体现。

逛书店的享受并不一定在于是否有足够的钱来买想要的书，而在于挑选书的过程。手里捧着书，看着精美的封面，读着书的简介往往是购书的一大乐趣。在亚马逊书店的主页上，除了不能直接捧到书外，这种乐趣并不会减少。精美的多媒体图片，清楚的内容简介和权威人士的书评都可以使人有身临其境的感觉。

主页上广告的位置也很合理，首先是当天的最佳书，而后是最近的畅销书介绍，还有读书俱乐部的推荐书，以及著名作者的近期书籍等。不仅在亚马逊书店的网页上有大量的多媒体广告，而且在其他相关网站上也经常可以看到它的广告。

该书店的广告还有一大特点就在于其动态实时性。每天都更换的广告版面使得顾客能够了解到最新的出版物和最权威的评论。不但广告每天更换，还可以从“Chech out the Amazon.com Hot 100. Updated hourly”中读到每小时都在更换的消息。

亚马逊书店千方百计地推销自己的网站，不断寻求合作伙伴（associate）。由于有许多合作伙伴和中间商，从而使得顾客进入其网站的方便程度和购物机会都大大增加，它甚至慷慨地做出了如下的承诺。

只要你成为亚马逊书店的合作伙伴，那么由贵网点售出的书，不管是否达到一定的配额，亚马逊书店将支付给你 15%的介绍费。这是其他合作型伙伴关系中很少见的。目前，亚马逊书店的合作伙伴已经有很多。

亚马逊进军中国，实现了与当当网和卓越网的合作，该网站共提供 33 类 18 万种商品。图 3-12 所示为当当网的图书主页面，其网址是：http://www.dangdang.com/book.shtml。

图 3-12　当当网主页

卓越网和当当网曾经是中国两家最大的 B2C 网站，都在力争做“中国的亚马逊”。2004 年 8 月 19 日，卓越网正式对外宣布被亚马逊以 7 500 万美元收购，卓越已经实现了“亚马逊（中国）”的梦想，当当也正在按照自己的理想建立“中国的亚马逊”。图 3-13 所示的是卓越“亚马逊”主页，其网址是：http://www.joyo.com/。

3. 售前售后服务

售前售后服务的内容具体包括以下几方面。

（1）搜索引擎

一家书店，如果将其所有书籍和音像产品都一一列出，是没有必要而且查找也是很不方便的。因此，设置搜索引擎和导航器就成为书店的一项必不可少的技术措施。在这一点上，亚马逊书店的主页就做得很不错，它提供了各种各样的全方位的搜索方式，有对书名的搜索、对主题的搜索、对关键字的搜索和对作者的搜索，同时还提供了一系列的如畅销书目、得奖音乐、最卖座的影片等的导航器，而且在书店的任何一个页面中都提供了这样的搜索装置，方便用户进行搜索，引导用户进行选购。这实际上也是一种技术服务，归结为售前服务中的一种。

图 3-13　卓越“亚马逊”主页

（2）顾客的技术问题解答

除了搜索服务之外，书店还提供了对顾客的常见技术问题的解答服务。例如，公司专门提供了一个 FAQ（Frequently Asked Questions）页面，回答用户经常提出的一些问题。比如如何进行网上的电子支付？对于运输费用顾客需要支付多少？如何订购脱销书等。而且，如果你有特殊问题，公司也会专门为你解答。

（3）用户反馈

亚马逊书店的网站提供了电子邮件、调查表等获取用户对其网站的反馈。用户反馈既是售后服务，也是经营销售中的市场分析和预测的依据。电子邮件中往往有顾客对商品的意见和建议。书店一方面解决用户的意见，这实际上是一种售后服务活动；另一方面，也可以从电子邮件中获取大量有用的市场信息，常常可以作为指导今后公司各项经营策略的基础，这实际上是一种市场分析和预测活动。另外，它也经常邀请用户在网上填写一些调查表，并用一些免费软件、礼品或是某项服务来鼓励用户发来反馈的电子邮件。

（4）读者论坛

亚马逊书店的网站还提供了一个类似于 BBS 的读者论坛，这个服务项目的作用是很大的。企业网站中开设读者论坛的主要目的是吸引客户了解市场动态和引导消费市场。在读者论坛中可以开展热门话题讨论。以一些热门话题，甚至是极端话题引起公众兴趣，引导和刺激消费市场。同时，可以开办网上俱乐部，通过俱乐部稳定原有的客户群，吸引新的客户群。通过对公众话题和兴趣的分析把握市场需求动向，从而经销用户感兴趣的书籍和音像产品。

实训　网上问卷调查设计

【实训目的】

通过上一章的实训结合实际情况设计两份网上调查问卷。通过网上调查问卷的设计，学会设计网上问卷调查的方法和技巧。

【实训要求】

1. 了解网络问卷调查的各种类型。

2. 掌握问卷调查设计的方法。

3. 学会问卷调查的设计过程。

【实训内容】

1. 综合比较相关的资料。

2. 动手制作两个网上问卷调查表。

（1）请设计某学院信息化建设对中层领导问卷调查表的内容。其序言如下。

为落实学院信息化建设“统筹规划，分步实施；需求拉动，贴合实际”的精神，网络与信息管理处将制订《学院信息化建设发展规划》（以下称“规划”）。为使“规划”更加符合我院实际情况，满足实际应用需求，您的意见和建议对我们的工作非常重要和必要。请您于 × 月 × 日前抽出宝贵时间填写本张问卷。

（2）请设计一份学生寒假生活怎样过的问卷调查表的内容。其序言如下。

怎样让孩子度过一个内容丰富、形式多样的假期生活，您有哪些好的想法和建议？请抽出宝贵的时间来填写这张问卷调查表，十分感谢您对孩子的关心和爱护！

3. 综合比较与评价两个问卷调查表的优缺点。

【实训步骤】

1. 准备工作

综合比较收集到的相关信息和资料，整理和统计。

2. 问卷构思

通过资料的整理和分析，确立基本观点，列出主要论点、论据。确定主题后，对收集到的大量资料经过分析研究，逐渐消化、吸收，形成概念，再通过判断、推理，把感性认识提高到理性认识。

3. 选取数据资料

问卷的撰写必须根据调查所得的数据资料进行分析，即介绍情况要有数据做依据，反映问题要用数据做定量分析。

【实训提醒】

设计问卷时要围绕企业所关心的问题或广大民众所期望的问题。问卷调查的样张需要有一定的数量，这样才能具有代表性。

【实训思考】

1. 如何把握问卷的篇幅？

2. 用什么方法获取更多的第一手资料？

3. 怎样分析问卷调查结果？

4. 如何利用表格、图片来统计问卷调查结果？

【实训报告】

1. 实验过程

目的要求：

实验内容：

实验步骤：

问卷调查表：

问卷调查统计：

2. 实验结果

结果分析：

可以使用表格方式，可以使用图形方式，也可以使用文字方式。

3. 总结

通过实训，总结自己掌握的程度，分析出错原因，提出改进措施。

习题

一、填空题

1. 一般来说，________是在调查的基础上对________环境收集数据和________情报的分析、________。

2. 有效的网络市场调研必须是有________的、________的、科学的、能解决问题的、________服务的。

3. 网络市场调研的特点是：________、________、________、网络调研的便捷性和经济性。其原则是：________、________、________和效益性原则等。

4. 网络市场是由网络消费者所组成的，消费者具有不同的特性。例如，________、性别、________、文化、________等，这些都可以作为网络市场________的变量，这些变量由________变量、________变量、________变量、行为变量等构成。

5. 尽管网络调研有其优越的一面，但也有一定的缺陷，主要表现为：一般可能存在的问题是________、________、________、________；一些常见的问题是________、________、________、________。

6. 网络市场调研的一般步骤为：________、________、________、分析信息、________等几个步骤。其中分析信息是网络市场调研________的一步，调查人员如何从________中提炼出与调查目标________的信息，直接影响到最终的结果。

7. 网络市场直接调研是指________。目的在于________收集一手资料或________的过程。直接调研的方法有4种：________法、________法、在线问卷法和________法。

8. 网络市场间接调研是指________的收集。例如，________、公共图书馆、________、________、________、________、专业团体、________室等。

9. 在线问卷调查的一般结构由________、________、________和结束语等部分组成。其中结束语放在________。

10. 在问卷调查中，调查人员向被调查者收集市场信息资料，主要通过以下4种类型的问题：________、________、________、________等。问题提问的形式有：________、________、________、________、矩阵式、________等。

二、思考题

1. 请写出网络市场调研的含义及特点。
2. 请写出网络市场调研的要求。
3. 请比较传统市场调研与网络市场调研的区别。
4. 请简述网络市场调研的内容。
5. 请写出网络调研的原则。
6. 如何选择目标市场？请举例说明。
7. 网络市场调研存在哪些问题？应如何解决？
8. 请写出在线调查表设计中的一些常见问题。
9. 请写出网络市场调研步骤。
10. 请写出两种网络市场调研的方法，并说明及特点。
11. 如何去搜索引擎寻找自己所需要的信息，请具体说明步骤。
12. 请写出您认为最富有魅力的搜索引擎网站，并说明其理由。
13. 什么是样本？并说明总体与个体的关系，总体与样本的关系。
14. 什么是抽样？并说明抽样的类型及其特点。
15. 请写出问卷调查技术中的调查问题的几种类型，并说明其特点。
16. 请写出问卷设计的一般程序，并说明其注意事项。
17. 请写出网络问卷调查的优缺点。

第4章 网络营销战略分析与策划

随着电子商务的发展，网络技术和科学技术的进步，传统的营销战略已经无法顺应时代的需要，而取代它的是现代网络营销战略。目前，世界经济的态势是：一方面，传统商务向 Internet 转移已成为一种不可阻挡的潮流，不管是否愿意，不管是积极投入还是被拖着、拽着，都将迈向 Internet；另一方面，Internet 的发展速度又是惊人的。正像 Cisco 公司的总裁约翰·钱伯斯所言："Internet 不会等待任何人、任何公司、任何国家，因此你跟不上很快就会被别人超过。"所以，及早制定并发展网络营销的应付之策，是任何一家公司都必须认真对待的大事。本章就介绍这方面的知识。

学习目标

- 掌握网络营销战略分析方法和内容
- 掌握现代网络营销的 4C 策略
- 掌握网络营销策略新思维的内涵
- 学会网络营销战略的规划

4.1 网络营销战略分析

企业战略是指企业为了适应未来环境的变化而寻找长期生存和稳定发展的途径，并为实现这一途径优化配置企业资源，制定总体性和长远性的谋划与方略。营销战略是企业战略的重点，因为企业战略的实质是企业外部环境、企业内部实力与企业目标三者的动态平衡。

随着互联网的发展，从有形市场转向网络市场使企业的目标市场、顾客关系、企业组织、竞争形态、营销手段等发生了变化，企业既面临着新的挑战，也面临着无限的市场机会。企业必须制定相应的网络营销战略，提供比竞争者更有价值、更有效率的产品和服务，扩大市场营销规模，实现企业的战略目标。

4.1.1　网络营销战略目标与内容

1. 网络营销战略概念

大家都知道，“战略”这个概念最初只是用在军事领域。那么，军事领域中使用的“战略”究竟指的是什么呢？军事领域中使用的“战略”指的是战争谋略。研究“战略”本质的关键在于把握“谋略”的本质。谋略是一种大计谋，是对整体性、长期性、基本性问题的规划。军事领域中使用的“战略”就是对战争中整体性、长期性、基本性问题的规划。

在军事领域中有一个与“战略”相对的概念，那就是“战术”。战略与战术有两个共性：第一个是战争性，第二个是谋划性。战略与战术的区别有三个：战略针对的是整体性问题，战术针对的是局部性问题；战略针对的是长期性问题，战术针对的是短期性问题；战略针对的是基本性问题，战术针对的是具体性问题。

那么对企业来说，所谓“企业战略”，其实就是对企业的谋略，就是对企业整体性、长期性、基本性问题的规划。

对于现代企业来说，互联网已经从根本上改变了它们的运营方式，它们的营业额中的很大比例是借助互联网来实现的，使用互联网对企业业务流程的再造能使其成本显著降低。对大多数企业来说，把网络营销战略整合到企业营销战略中的确是一个巨大的挑战。图 4-1 所示为网络营销战略与内外环境的联系。

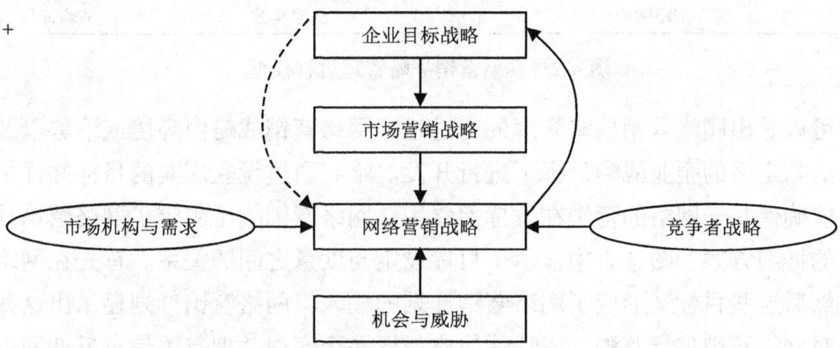

图 4-1　网络营销战略与企业内外环境的联系

从图 4-1 中可知，网络营销战略对企业内部的影响包括企业目标及其战略，这些方面又会直接影响到网络营销战略的市场营销战略。同时，网络营销战略又在一定程度上受到企业目标战略的影响。影响网络营销战略的外部因素包括市场结构与需求，竞争者战略以及企业所面临的机会与挑战。

如果把战略理解为谋略，理解为对整体性、长期性、基本性问题的规划，那么所谓“竞争战略”就是对竞争的谋略，就是对竞争中整体性、长期性、基本性问题的规划。

典型的网络营销战略是企业营销战略的一部分，并直接受市场营销战略的影响，它利用互联网作为企业有效的沟通渠道和销售渠道，并给出详细的网络营销计划，用来协调一定时期内所有与互联网和信息技术相关的营销活动。

2. 战略管理过程模型

战略管理过程可分为战略制定阶段、战略实施阶段和战略评估阶段。

（1）战略制定阶段。该阶段包括确定企业的任务，认定企业的外部机会威胁，认定企业的内部优势与弱点，建立长期的目标，制定可供选择战略及选择特定的实施战略。

（2）战略实施阶段。该阶段包括企业制定的年度目标，制定政策，激励员工的配置资源，以便使既定的战略得以执行。

（3）战略评估阶段。该阶段是战略管理过程中的最后一个阶段，包括重新审视外部与内部因素，度量业绩以及采取纠正措施等。

根据网络营销战略的具体特点绘制出的网络营销战略管理过程模型，包含了网络营销战略的开发与实施的所有关键活动，如图4-2所示。

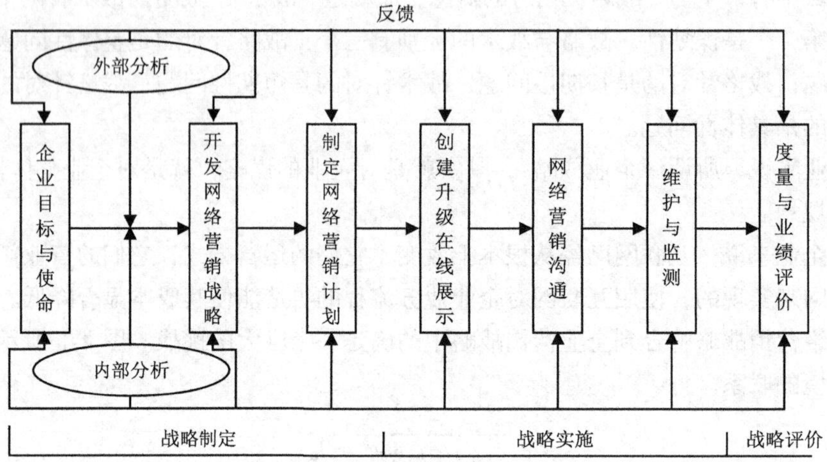

图4-2　网络营销战略管理过程模型

从图4-2可以看出网络营销战略管理的全过程。网络营销战略由环境或形势以及营销计划的目标决定，在清晰定义的企业战略目标下进行开发。唯有通过设立现实的目标并评估它们是否实现了，企业才能确保基于网络的营销在发挥着作用。网络营销战略决定了网络营销计划是建立和进行在线展示的详细方案。图4-2中显示了目标设定与度量之间的关系。首先在网络营销战略中定义了目标，然后这些目标又形成了网络营销计划的输入，网络营销计划显示出这些目标应如何实现。同时，对网络营销进行监测，以评估战略目标是否实现并把有关信息反馈回去，进而影响未来战略和它的实施。

3. 网络营销战略目标

网络营销战略目标，就是确定开展网络营销后达到的预期目的，以及制订相应的步骤，组织有关部门和人员参与。一般网络营销目标应考虑以下几种类型的目标。

（1）销售型网络营销目标。该类型的网络营销目标是指企业为拓宽网络销售，利用互联网技术、计算机通信技术、多媒体技术等为顾客提供方便快捷的网上销售点。

（2）服务型网络营销目标。该类型的网络营销目标主要为顾客提供网上联机服务、网上咨询、网上交易、网上反馈等服务。

（3）品牌型网络营销目标。该类型的网络营销目标主要是在网上建立自己的品牌形象，加强与顾客的直接联系和沟通，建立顾客的品牌忠诚度，为企业的后续发展打下基础，并配合企业现行营销目标的实现。

（4）提升型网络营销目标。该类型的网络营销目标主要就是让传统的营销手段在网络上实现，用现代化的营销理念和营销手段管理企业，全面降低营销成本，改善营销管理并提升企业竞争力。

（5）混合型网络营销目标。该类型的网络营销目标就是想同时达到上面几种目标，如亚洲亚马逊公司通过设立网上书店作为其主要销售业务站点，同时创立世界著名的网站名牌，并利用新型的营销方式提升企业竞争力，因此，这种混合型网络营销目标既是销售型，又是品牌型，同时还属于提升型。

对大部分企业来讲，由于网络营销目标并不清晰，所以，最直接的需求是向往销售型，但是在实施过程中又必然要经历品牌及服务的考验，因此会不自觉地进行混搭。对于此类企业，建议以线上服务及品牌传播为手段，通过网络化服务的提升来完成销售的终极目标。

4. 网络营销战略分析的内容

传统的营销战略分析的内容可以归纳为三部分，一是顾客的需要，二是企业的目标与资源的情况，三是竞争对手的情况。下面针对网络营销的特点，重点谈以下几个方面。

（1）顾客关系的再造。在网络环境下，企业规模的大小、资金的多少以及职员的文化程度高低等从某种意义上说已不再是企业成功的关键要素。网络营销的企业竞争是一种以顾客为焦点的竞争形态，争取顾客、留住顾客、扩大顾客群、亲密顾客关系、分析顾客需求、创造顾客的特性。企业要建立和巩固自己的顾客网络需要提供以下服务。

① 提供免费服务。提供免费服务是吸引顾客最直接与最有效的手段。例如，提供免费的商品信息服务，商品咨询服务，商品售前、售中、售后服务等。

② 提供网络社区优惠价格服务。例如，推出社区价、会员价等。

③ 组建网络俱乐部。网络俱乐部是以专业爱好和专门兴趣为主题的网络用户中心，对某一问题感兴趣的网络用户可以随时交流信息。

（2）定制化营销。定制化营销是指利用网络技术和平台，一对一地向顾客提供独特化、个人化的产品或服务。

（3）建立网上营销伙伴。由于网络的自由开放性，网络时代的市场竞争是透明的，谁都能容易地掌握同业与竞争对手的产品信息与营销行为。因此，网络营销争取顾客的关键在于如何适时获取、分析、运用来自网上的信息，如何运用网络组成合作联盟，并以网络合作伙伴所形成的资源规模创造竞争优势。建立网络联盟或网上伙伴关系，就是将企业自己的网站与他人的网站关联起来，以吸引更多的网络顾客。具体而言，有以下两种方式。

① 结成内容共享的伙伴关系。内容共享的伙伴关系能增加企业网页的可见度，能向更多的访问者展示企业的网页内容。例如，一个在网上销售婴儿食品的企业与网上销售儿童玩具的企业结成伙伴，在他们卖出婴儿食品（或儿童玩具）的同时提供儿童玩具，达到相互配合的作用。

② 交互链接和搜索引擎。交互链接和网络环是应用于链接相关网站来推动交易的重要形式。在相关网站间的交互链接有助于吸引在网上浏览的顾客，便于他们一个接一个地按照链接浏览下去，以提高企业网站的可见性。网络环只是一种更为结构化的交互链形式，在环上一组相关的伙伴网站连在一起，并建立链接关系，访问者可以通过一条不间断的"链"，看到一整套相关网站，从而给访问者提供更为充实的信息。

（4）网络营销竞争战略分析。在当今竞争激烈的社会环境中，网络营销的企业必须加强自身能力，改变企业与其他竞争者之间的竞争对比力量，网络营销企业需做好以下几方面的工作。

① 巩固企业现有竞争优势。利用网络技术可以对现有的顾客进行全面细致的深入调查，了解顾客的需求和建议，对企业的潜在顾客也需进一步地了解，制定的营销策略和营销计划需具有一

定的针对性和科学性，便于实施和控制，顺利完成营销目标。

② 加强与顾客的沟通。网络营销以顾客为中心，其中数据库中存储了大量现在顾客和潜在顾客的相关数据资料。企业可以根据顾客需求提供特定的产品和服务，具有很强的针对性和时效性，可大大地满足顾客需求。顾客的理性和知识性，要求对产品的设计和生产进行参与，从而最大限度地满足自己的需求。通过互联网和大型数据库，企业可以以低廉成本为顾客提供个性化服务。

4.1.2 从 4P 到 4C 的营销战略分析

1. 传统的 4P

传统的 4P 是产品（Product）、价格（Price）、促销（Promotion）和渠道（Place），这 4 个要素就是所谓的营销策略组合，也称为 4P's。该理论由密西根大学教授杰罗姆·麦卡锡（E.Jerome Mccarthy）1960 年提出。

① 产品。产品就是人类活动或者劳动的任何产物。产品可分为有形产品和无形产品两种。其中有形产品就是生产出来的产品可以用金钱买卖和交易，如消费品、生产资料等有实物形态和物质载体的产品，包括农产品、工业品、房屋等建筑产品等；无形产品是指生产的产品不可以用金钱买卖和交易，而用来直接进行享用的产品，包括专利权、非专利权、商品权、著作权、土地使用权、商誉等。

② 价格。价格的制定手段很多，如竞争比较法、成本加成法、目标利润法和市场空隙法，这些方法的目标是使产品成为可交换的商品。企业以盈利为目标，所以定价要具有兼顾销售效率和企业效益的双重考虑。打价格战是一种定价和竞争策略，但价格低并非总是奏效。信息不对称，使价格中蕴涵了太多的附加臆测信息，如品质、期限、真伪、质量、效用，价格不仅与产品本身相关联，也与品牌的附加内涵和价值相关联，与市场的供求关系相关联，与所选择的购物场所的信誉相联系。房地产项目的价格制定也和多重因素相关，如地段的外部环境特征、品牌的历史和业绩、推广所营造的品牌理念和附加、产品的稀缺性、生活方式的营造等。而当前的房产价格除了自身的价值外，还附加了消费需求预期的附加值。

③ 促销。促销是指将产品用一种方法卖出去，传统意义的促销是人员推广、广告、攻关活动和销售促进。这些方式在营销过程中有着非常广泛的应用。例如，在房地产的销售过程中就有媒体广告组合（如报纸、网络、户外、电视和展会等），销售员（现场售楼员和团购代表等），活动组织（开盘、结点活动和节庆活动等），按付款方式及不同销售时点的销售折让（小团购特惠价、特价房、开盘优惠）等。

④ 渠道。渠道是指产品从生产方到消费者终端所经历的销售路径。普通消费品会经过代理商、批发商、商场或零售店的环节。B2C 模式中也有电话直销、电视直销、网络直销、人员直销和专卖店直销等模式。直销模式大大缩减了从厂家到买家的中间环节，将中间利润让渡给消费者或作为新的营销模式所产生的额外费用的补偿。B2B 模式中也可能采取厂家对厂家的直接销售或选取代理商的中间销售模式。

2. 现代的 4C

现代的 4C 是在 1990 年，美国学者劳特朋（Lauteborn）教授提出来的，4C 的核心是顾客战略。而顾客战略也是许多成功企业的基本战略原则，如沃尔玛“顾客永远是对的”的基本企业价值观。4C 的基本原则是以顾客为中心进行企业营销活动规划设计的，从产品到如何实现消费者需求（consumer's needs）的满足，从价格到综合权衡消费者购买所愿意支付的成本（cost），从通常的产品流动到实现消费者购买的便利性（convenience），从促销的单向信息传递到实现与消费者的双向交流与沟通（communication）。

① 消费者的需求（consumer's needs and wants）。公司生产出什么样的产品必须紧紧围绕着消费者的需求而决定，即消费者的需求是公司生产产品的第一依据。

② 消费者获取满足的成本（cost and value to satisfy consumer's needs and wants）。公司生产出的产品成本，必须考虑消费者是否能够承受。公司的产品成本核算必须以消费者获取满足为依据，这样的产品其销路也就会很好。

③ 购买的方便性（convenience to buy）。消费者购买公司产品时必须十分方便，手续十分简单，售前服务要良好。

④ 沟通（communication with consumer）。买卖双方必须建立在互相平等基础上进行营销，双方必须建立一种友好健康的关系，公司更要注重售后服务。

3. 从 4P 到 4C 的转变

由 4P 为基础的传统营销策略转变为以 4C 为基础的网络营销策略彻底改变了传统市场营销策略的基础，极大地拓展了原有的市场和营销的概念。具体体现在以下几方面。

（1）从产品策略到消费者的需求策略。我们可以将其解释为：产品不再是墨守成规，只停留在企业目前所生产的产品，而必须要开发符合消费者需要的新产品，不断创新，不断满足消费者的需求，这样的产品才有生命力，才能站稳脚跟，抢占市场。

（2）从按成本定价到按满足需求定价。传统的产品定价策略基本上是按"生产成本+生产利润+销售利润+品牌系统"来确定的。在这种价格策略中，生产厂家对价格起着主导作用。对于这种价格策略能否为消费者和市场接受，在很大程度上是一个具有很大风险的未知数。

而现代营销策略则与其相反，厂家生产的产品是根据消费者和市场的需求来计算满足这种需求的产品和成本的。按这种成本开发出来的产品和制定出来的产品价格风险相对是较小的。

（3）从传统商业到现代商业的运作模式。在网络环境下的消费者购买商品的渠道相当多，通过在 Internet 上的电子商务网站中直接单击站点中的购物表单、电子邮件、邮购、电话、直销等都可以购得商品。问题在于如何使用户更加方便地去购物。

在传统的商业或营销策略中，由于受地域的限制，企业在制定各种营销策略时，不得不考虑到营销的渠道和地域问题。于是，厂家在制定营销策略时，一定会受到厂家所在地和目标市场所在地以及用什么样的渠道来销售产品的限制。而商家在制定营销策略时，一定会受到所在地区的商业覆盖范围、收入和消费水平、特点和职业结构等限制。

在现代商业或营销策略中情况就大不相同了。企业和商业的营销过程没有了地域的概念，整个地球可以看成是一个村庄，营销渠道和宣传策略也变成了电子商务的过程。电子商务信息的交换和处理取代了原有商务运作过程中的大部分工作。在这种情况下，企业和商家主要考虑的是如何满足消费者和市场的需求，如何用丰富的商品信息资源来吸引消费者，如何使所开发的电子商务系统既安全又方便于消费者的购物。

（4）网络在线的实时沟通。从营销策略的 4P 到 4C，可以说 4P 所代表的是以制造商为核心的商业世界观，4C 则代表以消费者为核心的商业世界观。在以消费者为核心的商业世界观中，厂家所面临的最大挑战之一便是如何实现与消费者的实时沟通。可以通过组织内部的实时沟通、商业信息的实时沟通、文化和感情上的沟通、与消费者的直接沟通等方法，以达到提高经营效率和赢得更大利润的目的。

第一，组织内部的实时沟通。如果将网络技术和商务信息的传递用于企业内部管理，就构成了目前讨论的 Intranet。企业内部各单位、各部门和各个销售点之间的沟通是提高工作效率、保证经营管理质量和保持企业活力的重要保障。

第二，商业信息的实时沟通。在各单位之间及时沟通商务信息，也是企业营销的重要组成部分。这些信息包括原材料的价格、金融期货市场的状况、商品信息和物流配送公司的动态联系、厂家的产品信息和生产状况等。

第三，文化和感情上的沟通。在网络上树立自己公司和产品的形象将会是 4C 营销组合中的重要内容。今后这部分的内容也会像商标、商誉等一样成为企业重要的无形资产。这是一种文化和感情上的沟通，这种沟通是双向的。企业在树立自己公司和产品形象的同时了解到消费者感兴趣的内容，开始构思新的产品、开发新的服务和不断丰富、完善这个形象的过程，最终使消费者对自己的网站发生兴趣并记住它。

第四，与消费者的沟通。企业营销策略中与消费者的沟通分为两部分：一是如何在网络上实现介绍自己的产品并“营造”出一个良好的购物环境；二是通过对访问站点人数的统计，了解消费者的购买意向并发现产品和经营中的一些问题，及时地改进。

这里特别要指出的是：企业与消费者之间要沟通的已不再是一个单一的物质产品信息，而是一种综合服务的理念。这是一种更广泛意义上的产品。

4.1.3 营销战略规划与实施

1. 网络营销战略模式选择

企业要引入网络营销，首先要弄清楚网络营销通过何种机制达到何种目的，然后企业可根据自己的特点及目标顾客的需求特性，选择一种合理的网络营销模式。

（1）留住顾客、增加销售。现代营销学认为保留一个老顾客相当于争取 5 个新的顾客。而网络双向互动、信息量大且可选择地阅读、成本低、联系方便等特点决定了它是一种优于其他媒体的顾客服务工具。通过网络营销，可以达到更好地服务于顾客的目的，从而增强与顾客的关系，建立顾客忠诚度，永远留住顾客。满意而忠诚的顾客总是乐意购买公司的产品，这样，自然而然地就提高了公司的销售量。

德国的媒体集团“贝塔斯曼”在上海总部以“贝塔斯曼书友会”的形式开展网络营销和传统营销并行的销售活动。在开始的阶段，“贝塔斯曼书友会”将工作放在发展新会员上，有一定的效果。但是后来发现不断增加的新会员并没有给公司增加相应的销售额，而老顾客的减少却使销售量有较大幅度的降低。针对这种情况，“贝塔斯曼书友会”在留住顾客、增加销售量上做文章，策划了许多相关的营销活动，果然取得了比较理想的效果。

（2）提供有用的信息刺激消费。向顾客提供有用的信息以达到刺激消费的目的。这种模式尤其适用于通过零售渠道销售的企业，它可以通过网络向顾客连续地提供有用的信息，包括新产品信息、产品新用途等，而且还可根据情况适时地变化，保持网站的新鲜感和吸引力。这些有用的新的信息能刺激顾客的消费欲望，从而增加购买量。

（3）简化销售渠道、减少管理费用。使用网络进行销售对企业最直接的效益来源于它的直复营销功能。即通过简化销售渠道、降低销售成本，最终达到减少管理费用的目的。本模式适用于将网络用作直复营销工具的企业。

利用网络实施直复营销，对顾客而言，必须购买方便，减少顾客购物时时间、精力和体力上的支出与消耗；对企业而言，实现简化销售渠道，降低销售成本、减少管理费用的目的。在网上，书籍、鲜花和礼品等网上商店是这种模式的最好应用。

（4）让顾客参与、提高客户的忠诚度。新闻业已有一些成功运用此模式的例子。报纸和杂志出版商通过它们的网页来促进顾客的参与。它们的网页使顾客能根据自己的兴趣形成一些有共同话题的“网络社区”，同时也提供了比传统的“给编辑的信”参与程度高得多的读编交流机会。这样做的结果是有效地提高了订户的忠诚度。

（5）提高品牌知名度以获取更高的利润。将品牌作为管理重点的企业可通过网页的设计来增强整个企业的品牌形象，如 CoCaCola、Nike、Levi Strauss 等著名的品牌都已采用网络作为增强品牌形象的工具。企业可以通过网页的设计，突出品牌宣传，树立整体的企业品牌形象，建立顾客忠诚度，实现市场渗透，最终达到提高市场占有率的目的。

（6）数据库营销。网络是建立强大、精确的营销数据库的理想工具，因为网络具有即时、互动的特性，所以可以对营销数据库实现动态的修改和添加。拥有一个即时追踪市场状况的营销数据库，是公司管理层做出动态的、理性的决策的基础。传统营销学中的一些仅停留在理论上的构想，通过网络建立的营销数据库可以实现，如对目标市场的准确细分、对商品价格的及时调整等。数据库营销模式是传统营销模式的现代化，具有科学性和预测性的优势。

2. 网络营销战略规划

企业在确立采取网络营销战略后，要组织战略的规划和执行。网络营销不仅是一种简单的新营销方法，还通过采取新技术来改造和改进目前的营销渠道和方法，涉及企业的组织文化和管理各方面。如果不进行有效的规划和执行，该战略可能只是一种附加的营销方法，不能体现出战略的竞争优势，相反只会增加企业的营销成本和管理复杂性。战略规划分为下面的几个阶段。

（1）目标规划。在确定使用某一战略的同时，识别与之相联系的营销渠道和组织，提出改进目标和方法。

（2）技术规划。网络营销很重要的一点是要有强大的技术投入和支持，因此，资金投入和系统购买安装以及人员培训都应该统筹安排。

（3）组织规划。实行数据库营销后，企业的组织需进行调整以配合该策略的实施，如增加技术支持部门、数据采集处理部门，同时调整原有的推销部门等。

（4）管理规划。组织变化后必须要求管理的变化，公司的管理必须适应网络营销的需要，如销售人员在销售产品的同时，还应记录顾客的购买情况；个人推销应严格控制以减少费用等。

3. 网络营销战略的实施

网络营销战略的实施是系统工程，首先应加强对规划执行情况的评估，判定是否充分发挥此战略的竞争优势和有无改进余地；其次是对执行规划时的问题应及时识别和加以改进；再次是对技术的评估和采用。采用新技术可能改变原有的组织和管理规划，因此对技术进行控制也是网络营销中的一个显著特点。

网络营销的实施不是简单的某一个技术方面的问题或某一个网站建设的问题，它还需要从整个营销战略方面、营销部门管理和规划方面，以及营销策略制定和实施方面进行调整。

4.1.4　产业网络营销战略分析

企业可根据自己所在行业的特点以及所处的市场环境，选择合适的网络营销策略来实施企业网络营销战略，最终达到企业的网络营销目标。不同企业由于自身特点和目标市场不同，在选择网络营销策略时必须做出适当的调整。下面分类型讨论不同性质的企业如何采用适合自己的网络营销策略。

1. 制造业

制造业作为工业经济时代的主要产业，在网络时代到来时，它所面对更多的是一种机遇和挑战。

（1）背景分析。目前制造业企业面临怎样的生存环境呢？

① 产品过剩。以彩电行业为例，每年产量为 4 500 万台，而销售量只有 3 000 万台。也就是说，目前有效需求不足，在这个行业显得尤为突出。

② 微利时代。现在，彩电行业的平均利润率在 5%以下。

③ 市场差异性太大。中国东西南北地区的差异性很大，甚至比欧洲还突出。企业在这种差异性大的个性化消费时代里，怎样来维持统一性和规模，是一个大难题。

④ 同质化时代。所谓同质化，是指基本上你想到的东西别人也都想到了。例如，产品，你很难做得到独一无二。再如营销、资源、管理、技术等，也是处于一种同质化时代。

（2）认清自己的生存之本。企业到底靠什么生存？可以有以下几种方式。

① 资源和技术。资源控制，我们举个简单例子。在海南有家有名的椰子汁生产企业，但如果在北京生产椰子汁，那是绝对比不过在海南的企业，这就是一种资源的控制。还有如矿产、黄金等资源。技术领先，比如波音、微软、英特尔、索尼等公司拥有关键技术，我们国内的中成药厂拥有祖传秘方，这就是通常所说的产品打天下。

② 品牌。这主要是体现在百年企业，像可口可乐、麦当劳。麦当劳的优势不在于先进的技术，而是在于它有很强劲的品牌拉力。

③ 市场网络。欧美比较流行的是戴尔，国内比较出名的是联想、TCL。与国外企业相比较，中国大多数企业的优势就是在于第三种方式——市场网络。而创维的生存之道就在于选择一个好的营销模式做好市场，拥有一支战无不胜的营销队伍。

（3）整合资源。营销是对各种内外资源进行整合的一种行为，就是将社会上的一切资源为你所用，生产出产品后再提供给消费者。在这里要提到营销的两种力量，即拉力和推力。

① 拉力：拉力就是品牌建设问题。在产品短缺时代，品牌的建立可以在很短的时间内起到很好的作用。但到目前的产品过剩时代，在短时间内要将品牌树立起来，是要付出很大代价的。所以说，这是一个长期的大量持续的投资行为。同时，它还是一个企业文化的运动，必须有一个文化理念，不是靠单纯的广告就能解决的。企业的品牌需要长期规则的、持续的投入，更重要的是它还需要细心的维护。

② 推力：主要就是 6 个字，即铺货、渠道、网络。在过剩经济时代，若把产品摆在一个不显眼的角落里，是很难吸引消费者的。比如创维电视机，即使其他地方都没有而只有广州黄埔有，那消费者也不可能都跑到那里去买的，因为这是一个竞争的时代。所以，第一个要解决的就是铺货率问题。怎么样才能把货都铺到你家门口，为你的购买提供方便，这是一个大问题。第二个就是渠道终端问题。要靠什么渠道、什么卖场来提高铺货率，是自己建还是利用人家的？另外，也不可能要求经销商经销企业的一种品牌或一种产品，有实力的经销商一定是多品牌的经营。而第三个问题就是如何把经销商、消费者、厂家结成网。这是一个难题，目前为止，还没有一个满意的答案。

2. 服务类产业

服务产业和消费一体的特征，使得服务行业受到时间和空间的限制。网络可以作为一种跨时空限制的信息沟通渠道，给服务性行业带来的更多是机遇。服务行业可以通过网络营销实现远程服务。例如，银行开通网上服务可以为顾客提供全天候而且不出门即可以享受的服务，同时，服务业还可以通过网络加强对顾客的服务。中国银行在网上开展的个人网上银行，可以为用户提供各种服务，如个人理财、网上汇市、网上证券、网上保险、网上贷款和银行卡服务等。

3. 信息类产业

信息类产业的产品和服务主要是以信息方式表现出来的，如媒体、通信、软件等行业。这种类型企业的一个共同特点是他们的产品和服务都是可以通过网络进行传播的。网络给信息类产业带来的既是机遇又是挑战。企业面对机遇是指通过网络可以改变传统产品形式和销售方式，面对挑战是由于产品形式变化而带来的营销策略整体变化的冲击。

信息类企业由于突破了传统的实物配送限制，因此，营销的关键是建立品牌和吸引消费者对产品进行了解和关注，从而购买和使用产品。其次还需要关注以下几点。

（1）理念创新，树立绿色营销和资源营销新理念。随着工业经济的发展，消费者已意识到环境变化对其生活质量和生活方式的影响。他们需要工业生产销售对环境污染最小和对人体健康损害最小的绿色产品，以维护人类社会长远发展。信息类产业只有顺应消费者的绿色需求，制定和实施绿色营销战略，开展绿色营销活动，才能最终赢得顾客，使企业不断发展壮大，也才能实现经济可持续发展。信息类产业可利用自己强大的有形资源（包括科技资源、网络资源）和无形资源（包括商誉、口碑）大力开展资源营销。

（2）产品创新，开发绿色通信产品。信息类产业的企业要不断开发绿色通信产品和提供绿色服务。一方面，顺应绿色消费的时代潮流，全力开发绿色产品。另一方面，还要以顾客为中心，着力开发中、低收入群体的用户群市场，满足不同消费层对业务多样化的需求。

（3）服务创新，实施顾客满意战略。信息类产业企业的最大特点是生产和消费同时进行，没有用户就没有消费，营销要围绕用户展开，破除独家垄断，唯我独尊的思想，全方位为用户着想并为用户服务，真正实施顾客满意战略。实施顾客满意战略，是市场竞争日趋激烈的客观需要。在追求规模扩大的同时，要想在竞争中争取主动权，就必须完善服务体系，提高服务水平。例如，增加服务种类，突出产品和服务的差异等，在全面合作的基础上，建立与用户的服务关系。

（4）价格创新，实施弹性价格策略。应该充分发挥弹性价格在营销中的积极作用，对于不同的客户采用不同的标准资费和资费方案。

4.1.5　网络营销的心理优势

网络营销的心理优势包括以下几方面。

1. 网络营销是一种强调个性化的营销方式

在网络环境中，消费者概念和消费者行为都发生了很大的变化，消费者是网络营销策略要考虑的重点对象。网络营销的最大特点在于以消费者为主导。消费者将拥有比过去更大的选择自由，他们可根据自己的个性特点和需求在全球范围内寻找自己所需要的商品。通过进入所感兴趣的企业网址或虚拟商店，消费者可获取产品更多的相关信息，使购物更显个性化。

这种个性消费的发展将促使企业重新考虑其网络营销战略，以消费者的个性需求作为提供产品及服务的出发点。此外，随着计算机辅助设计、人工智能、遥感和遥控技术的进步，现代企业将具备以较低成本进行多品种小批量生产的能力，这一能力的增强为个性化网络营销奠定了基础。

2. 网络营销具有极强的互动性

传统的营销管理强调 4P（产品、价格、渠道和促销）组合，现代营销管理则追求 4C（顾客、成本、方便和沟通），然而无论哪一种观念都必须基于这样一个前提：企业必须实行全程营销，即必须由产品的设计阶段就开始充分考虑消费者的需求和意愿。

在网络环境下，可通过电子布告栏、线上讨论广场、BBS、用户调查表、电子邮件等方式，以极低的成本在营销的全过程中对消费者进行即时的信息搜集，消费者则有机会对产品从设计到定价和服务等一系列问题发表意见。这种双向互动的沟通方式提高了消费者的参与性和积极性，更重要的是它能使企业的营销决策有的放矢，从根本上提高消费者满意度。

3. 网络营销满足消费者对购物方便性的需求

相对于传统购物，网络营销能够更加方便地满足消费者购物需求。

（1）传统购物过程。在传统的购物方式中，从商品买卖过程来看，一般需要经过看样→选择商品→确定所需购买的商品→付款结算→包装商品→取货（或送货）等一系列过程。这个买卖过程大多数是在售货地点完成的，短则几分钟，长则数个小时，再加上购买者为购买商品去购物场所的路途时间、购买后的返途时间及在购买地的逗留时间，无疑是大大延长了商品的买卖过程，使消费者为购买商品而必须在时间和精力上做出很大的付出。同时，拥挤的交通和日益扩大的店面更延长了消费者购物所耗费的时间和精力。然而在现代社会，随着生活节奏的加快，使得人们越来越珍惜闲暇时间，越来越希望在闲暇时间内从事一些有益于身心健康的活动，并充分地享受生活。在这种情况下，人们用于外出购物的时间必然会越来越少。

（2）现代购物过程。现代化的生活节奏已使消费者用于外出在商店购物的时间越来越短。网络营销给我们描绘了一个诱人的场景，使购物的过程不再是一种沉重的负担，而是一种休闲、一种娱乐。

① 售前：向消费者提供丰富生动的产品信息及相关资料（如质量认证、专家品评等），而且界面友好清晰，易于操作执行。消费者可以在比较各种同类产品的性能价格比以后，做出购买决定。

② 售中：你无须驱车到很远的商场去购物，也无须排着长队耐心等待交款，最后也无须为联系送货而与商场工作人员交涉。在网上，一切都是那么简单迅速。坐在家中即可逛虚拟商店，用电子倾向结算等，省却了许多麻烦。

③ 售后：在使用过程中发生的问题，你可以随时与厂家联系，可以得到来自卖方及时的技术支持和服务。

总之，网络营销能简化购物环节，节省消费者的时间和精力，将购买过程中的麻烦减少到最小。

4. 网络营销能满足价格重视型消费者的需求

网络营销能为企业节省巨额的促销和流通费用，使产品成本和价格的降低成为可能。而消费者则可在全球范围内找寻最优惠的价格，甚至可绕过中间商直接向生产者订货，因而能以更低的价格实现购买。

消费者迫切需要新的快速方便的购物方式和服务，以最大限度地满足自身需求。消费者价值观的这种变革，呼唤着网络营销的产生，而网络营销也在一定程度上满足了消费者的这种需求。

5. 网络营销产生的现实基础——商业竞争的日益激烈化

随着市场竞争的日益激烈，为了在竞争中占优势，各企业都想方设法吸引顾客，很难说还有什么新颖独特的方法能出奇制胜。一些营销手段即使能在一段时间内吸引顾客，也不一定能使企业盈利增加。市场竞争已不再依靠表层的营销手段的竞争，更深层次上的经营组织形式上的竞争已经开始。经营者迫切地去寻找变革，以尽可能地降低商品在从生产到销售的整个供应链上所占用的成本和费用比例，缩短动作周期。

而对于经营者的这种要求，网络营销可谓一举多得。开展网络营销可以节约大量昂贵的店面租金，可以减少库存商品资金占用，可以使经营规模不受场地限制，可便于采集客户信息等，这些都使得企业经营的成本和费用降低，动作周期变短，从根本上增强企业的竞争优势，增加盈利。

4.2 网络营销策略新思维

网络营销策略思维的创新对企业至关重要，一个适合本企业发展的营销策略思维将把企业引向光明之路。近几年，营销策略思维创新不断，这些新思维从不同方面反映了对营销问题的新见解，把握这些新的营销策略思维，指导企业面对日益严酷的市场竞争，争取顾客，赢得竞争优势，击败竞争者，无疑是非常重要的。

网络营销策略是多层次的，如图 4-3 所示。每一个层次的策略独具特点，作用也不一样，或综合运用，或先后运用，或交叉运用，或改良运用，只要协调一致，往往就会产生神奇的营销效果。

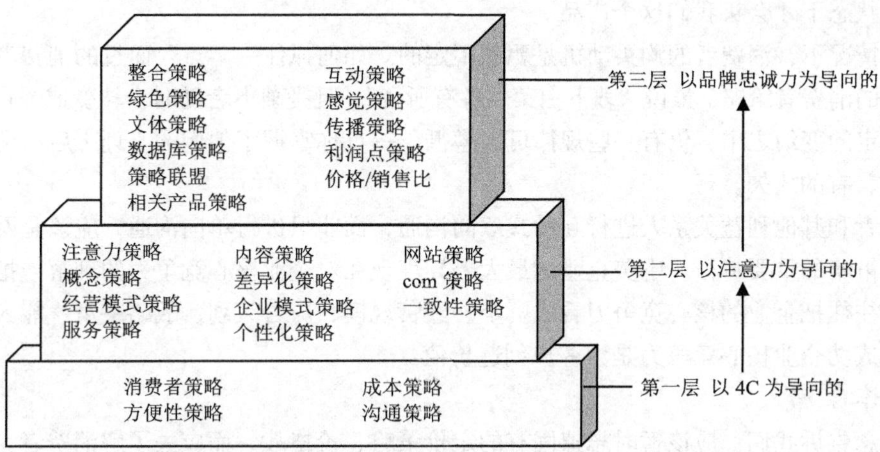

图 4-3　网络营销策略层次

4.2.1 第一层次网络营销策略

第一层次网络营销策略包括消费者策略、成本策略、方便性策略、沟通策略等。

1. 消费者策略

营销的目的是要有消费者来购买你的产品，因此进行网络营销，首先应找到目标消费者在哪里。据 CNNIC2007 年 1 月统计的数据表明，中国网民总人数为 13 700 万人，网站总数为 843 000 个，上网计算机总数为 5 940 万台，全国网页数为 44.7 亿个，网页字节数为 122 305 737 000KB。网民的性别分布是男性占 58.3%，女性占 41.7%。

毫无疑问，对于综合性网站和专业性网站，其消费者的定位是不同的。然后，需要进一步接近和了解目标消费群，并学会和他（她）们一样进行思考，进而找到有效的、互动的沟通和传播途径。

网络营销传播的出发点和终结点均是消费者导向的（consumer-oriented）。这是整合营销传播的基本要求。主张“消费者想要的是什么”，而不是寻求“我们想要的消费者”，不仅应实实在在地体现到网络营销传播过程中的每一个环节，而且应持续不断地贯穿于下一轮网络营销传播的始终。随着整合营销传播在网络营销中的运用，“消费者为上帝”已不再是一句空洞的口号。网络营销的重点不是争取消费者，而是保持并增强消费者群体。网络商业服务把消费者推上权利的宝座，给予消费者以从未有过的选择自由，同时也使得拥有消费者数量成为判断商家实力的标准。这个时候，消费者是无价之宝，是一个网站发展的主要基础和重要保证，谁拥有消费者，谁就拥有未来。

很少有企业真正去研究消费者平时是怎么生活的，一般是只使用一个简单的方法：随机或者非随机地抽几个人去研究，但是我们实际生活的情景可能远不止这样。比如说，有些人愿意出很高价格购买奢侈品，而有些人却舍不得买一支棒冰。处在不同的社会关系和生存状态中间，所反应的模式和是否愿意进行某一种消费、某一种行动都是不一样的。平时我们经常接触到这些，但等到我们做营销的时候，就“忘掉了”这些因素，变成了极其简单化的做法，以为做一个广告放出去，就会有消费者来买了。过去我们甚至都不知道寻找目标消费群体，现在是我们懂得寻找目标消费群体了，但是我们不理会人还有目标生存状态。我们要找到这些人，明白这些人在什么时候，在什么状态下才会买我们这个产品。

在许多情况下，消费者的购买动机是飘忽不定的。如何抓住一“点”而过的消费者，需要制订积极互动的消费者策略。虽说“萝卜白菜，各有所爱”，且爱萝卜者随时会转变成爱白菜，但在这些飘忽不定的变幻之中，仍有一些规律可以遵循。一旦你掌握了他们的心理之后，消费者策略便有章可循、有的放矢。

与消费者和其他利益关系人进行互动式双向沟通，而非只进行单向沟通，应该是网络营销过程中消费者策略的重要特征。中美企业的最大差异表现在对企业核心竞争力的理解与把握上。中国的企业家往往把企业的核心竞争力看成资金、经营规模、广告策划、战略决策、能人点子等方面，而美国成功企业核心竞争力是为客户创造价值。

2. 成本策略

新的观念告诉我们：应该暂时忘掉固有的定价策略、价格战，而应去了解消费者为满足自己的需要所愿意付出的成本价值（Cost）。

如果说很久以前认为消费者在认购名牌时大笔大笔地花钱而不问其价值是一种消费冲动和非理性的行为，那么现在才真正了解，对于当今消费者，价格并不能完全说明问题，付出的钞票，仅仅是成本的一小部分而已。比如，网络购物中的折扣策略，非常能“扣”住消费者的购买心理；又如名牌时装，如果昂贵的价格能被“光彩照人”、“上流阶层”、“名服名流”这些所抵消的话，消费者认为付出的成本价格其实并不高。价值，不再只是“布好裁工好”，它像是一个复杂的方程式，各种不同类型的消费者，完全可以自己决定那些制约因素。

3. 方便性策略

方便性策略就是指忘掉固定的分销渠道，而重视消费者购买商品和享受服务的方便性。简单地说，就是一切以消费者的方便与否为中心展开网络营销工作。方便性策略是网络企业竞争力的又一关键点，是网络营销传播在品牌忠诚力经济下诠释消费者就是企业上帝的又一基本表现。

4. 沟通策略

网络企业一次又一次地尝试多种营销手段时，经常发现不完全奏效。消费者往往一“点”而过，一“击”不回。这是为什么呢？到底是传播的方式不对，还是互动手法存在问题？所以，最后应提出沟通（communication）策略。这是营销传播的更高层次。其实际就是双向传播。

网络企业将商品、服务和品牌信息传递给消费者，然后像朋友一样，消费者也乐于将其感受及意见反馈回来。这种形成企业、商品、服务、品牌与消费者之间的联系，就是沟通。长期的良好沟通，将在企业、商品、服务、品牌与消费者之间建立起一种牢固而稳定的友谊。这种友谊的最高级别为“一对一”的关系。将消费者都发展成企业、商品、服务和品牌的个人化的朋友，令消费者因情感归属，甚至是荣誉感，而发生购买行为，这就是关系营销。正是这种关系营销构成了网络营销的关键，而只有通过整合营销传播，这种关系才得以建立。如果网络公司和消费者没有达成双向的沟通，双方的关系一旦破裂，消费者就会拂袖而去；一旦关系成立，双方当事者之间的持续沟通（循环）便水到渠成，源源不断。然而，要想和消费者建立关系，而不单单只是交换信息，网络公司还必须注重各种形态的传播，形成一致的诉求，才能建立起与消费者的良好、有序的关系。

4.2.2　第二层次网络营销策略

第二层次网络营销策略包括注意力策略、内容策略、网站策略、概念策略、差异化策略、.com 策略、经营模式策略、企业模式策略、个性化策略、一致性策略和服务策略等。

1. 注意力（或眼球）策略

我们都知道，网站之争就是眼球之争，策划网站就是策划注意力（或眼球）。最典型的是李嘉诚的 Tom.com 上市，利用李嘉诚的名人效应，堆积一个网站的注意力，堆积一个神话；还有张朝阳的演讲以及个性化的炒作，都是为了提高搜狐的注意力；8848 的成功在很大程度上是注意力理论应用的成功。世界最高峰珠穆朗玛的高度 8 848 米成了网站的名称和域名，在短时间内积累巨大的注意力。

但应该知道，注意力作为一种资源和网站品牌知名度关联度较大，但和网站品牌美誉度关联度较小，注意力所起的作用只是短期效应。对于这种理论不可滥用，要考虑网站的发展战略和营销策略、科学评估所起的效果，还应考虑网站目标对象、注意力的真实性、承诺能否实现、目标对象的反应等。在未来的网站竞争中，没有注意力不能成功，至少不能快速成功；但有了注意力，未必都能成功，因为注意力不是网站致胜的主要因素。网站制胜的决定性因素是：鲜明的发展战略、优秀的人才、科学的管理、保持长久竞争优势的品牌。有相当一段时间，我们经常听说某某网站的工作人员声称，自己今年的任务就是要花掉几百万。这其实就是造势。现在其实更应该重视业务人员、设计人员、销售人员、网络营销专家等个人素质及其编辑设计的网站内容。最早的互联网人是最早预见到互联网技术应用的未来前景的人，他们中大多数是技术人员，不仅对即将来临的经济形态的变革尚缺乏理论认识，而且在市场运作上也缺乏理论驱动，所以，最早的实践者只是技术上的实现者，他们的付出几乎无一例外地成为为中国互联网交出的第一笔学费。

这一局面在“注意力经济”概念西风东渐时彻底得以改观。原先缺乏理论的中国互联网的先行者们终于找到了发展的出路。互联网内容提供商（Internet Content Provider，ICP）风起云涌，业界真正意识到了互联网实际上是一种全面变革经济的力量，国内也纷纷认同了“5 年内将没有非互联网企业”的预言。“注意力经济”带来的一个直接影响，就是网站在风险资金的驱动和资本市场的召唤下，展开了争夺眼球的大战，免费用餐和巨额投入（做推广）成为两道让公众“拍案惊奇”的风景线。

2. 内容策略

作为一个品牌，是由内容和形式组成的。品牌本来是几个文字、几个符号、几个标志，这是形式。品牌的内容是提供的实在的服务、对消费者的承诺以及对消费者的忠诚反应。新浪的名称起得响亮，浪就是互联网的海浪，新就是全新的海浪。新浪的标志能给人强烈的视觉冲击。最关键的是新浪的品牌内容：最快的滚动新闻、最全的新闻、最快的更新速度、最简洁的栏目结构、最让人放心的服务承诺。品牌不是喊出来的，而是做出来的，是每一个员工脚踏实地的结晶。

内容策略最富实质性的意义，在于它不仅是提升品牌形象的利器，也是品牌价值最有力的催生者。新经济发展到今天，已不再是一顶漂亮的帽子，谁都可以拿来加冕，然后四处招摇。在今天的互联网业，“资本游戏”的做法已经有些过时，讲“传奇故事”的再也无法获得投资家们的青睐，把自己的企业贴上“e”标签越来越不重要，而且反倒显得有些俗不可耐，那么剩下的就是我们的“站主”该考虑如何去赚钱了。互联网要发展，不能总是停留在炒作网络概念的层面上，既然“com”的标签不重要了，那我们就应该考虑互联网的商业模式和营销模式了。也许贝索斯在客户市场上无限度地“跑马圈地”的模式有些好高骛远，因为互联网业拒绝“执著”，需要灵活的、面向市场变化能够做出快捷反应的商业模式。内容策略加上有效的商业模式和营销模式，是网络公司绝处逢生的有效规则。

3. 网站策略

在互联网时代，新网站模式的出现日新月异，成熟模式的网站之间的市场竞争也达到白热化的程度。目前互联网模式可分为以下3种。

（1）门户网站模式。该模式的网站像雅虎、搜狐、新浪等，以媒体的方式出现，以新闻信息为主要内容，又可提供娱乐、聊天之所，这类网站收入的来源是提高访问率以获取网上广告，属于“眼球经济”。在中国的IT业发展过程中，这些网站扮演了拓荒者的角色。然而，从长远发展来看，门户网站是访问企业或因特网上的应用程序、信息和其他资源的集中点。门户网站提供了一个来自因特网或来自协作网或内部网的应用程序和信息的门户桌面视图。随着中国网民的成熟和互联网业竞争的深入，门户网站必然会发生深层次的整合，那些规模较小的、缺乏特色的门户网站要么及早实现转型，要么被大的网站所收购甚至挤垮；而生存下来的，也会实现功能和结构上的多元化，这一趋势现在已经越来越明显。

（2）专业网站模式。例如，理财网站、MTV网站、女性网站、旅游网站、生活城市网站竞相登台。大家在疯狂“圈地”之后，进入了“深挖井”阶段。从现实来看，专业网站不断增多，尽管其专业性必然导致大批普通客户的流失，但是必定会“稳”住大量客户，从内容走向服务，从广播走向窄播。它们将选择一专多能的道路发展，除了将“本职工作”做好之外，还将关注诸如新闻、软件之类的一般内容。可以预想，专业网站的数量和质量在不远的将来还会有极大的提高，而且会培育出自己固定的客户群体，用户的忠诚度和黏度也会增强。

（3）社区网站模式。例如，网易、ChinaRen、RenRen。从整个互联网与现实空间的相似性来看，未来最有前途的可能是日渐兴旺的社区类网站。中国互联网发展的未来必然是门户网站、专业网站和社区网站的三足鼎立和共同繁荣。从目前现实情况来看，社区网站具有更为重要的意义。

4. 概念策略

概念策略是网络早期盛行的一种因炒作互联网概念而得名的营销行为。其主要表现为地毯式广告轰炸、免费大餐之类的烧钱营销，并靠树品牌形象争取微薄的广告收入，堪称注意力经济时代的产物。随着品牌力经济和销售力经济的崛起，这一策略正在退出网络营销的舞台。

5. 差异化策略

网站的专业化是网站发展的必然趋势，在经历了“人们想要看”的消费心态后，“人们看什么”的消费心态日渐成熟。面对各种各样的网民，其消费心理差异很大，尤其是网民队伍发展壮大以后，这种趋势更明显。面对这种竞争态势，科学地制定差异化营销策略是关键。

6. com 策略

有分析认为：1999 年—2001 年是中国电子商务由起步迈入繁荣的阶段。从 2000 年春天开始，传统企业纷纷涉足电子商务，互联网向传统行业的渗透以及传统行业对电子商务的深入应用，全面提升互联网服务价值。

证券、教育、旅游、人才、房地产、汽车、IT 产品、生活、图书、媒体、健康和娱乐……各种类型的“com”成行成市，网络经济脉络若隐若现。

但是，电子商务绝不是在公司名称后加一个 com 那么简单。它需要一个熟练掌握商业运作模式的公司管理层，需要一个把各个商业环节集合在一起的软件平台，更需要一个把产品直接运到用户面前的服务体系。

即使公司投入上百万做广告，消费者也很难记住公司的名称，如果再选择一个不知名的域名，消费者可能根本不会访问这个站点，所以，选择恰当的域名很重要。com 似乎成了时代标签，不过，越来越多的公司已经放弃这条独木桥，开始使用非 com 的域名，毕竟，在全球 200 多个国家域名中，有许多是非常适合商业用途的。

7. 经营模式策略

创造 21 世纪的成功营销策略，需要一个可以在品牌关系建立过程中套用的全新且不断改进修补的商业运作模式。现在网络企业的最大忌讳就是经营模式被证明是错误的或者不适合的。目前主要的经营模式有 B2C，C2C 和 B2B 三种。

五花八门的网站运营方式和操作方法同样使人受益匪浅。它一改积累资金、从小到大的传统企业创业模式，一开始就吸引风险投资，高投入、高起点，在资本市场期望得到迅速回报。它所采用的操作模式、管理模式、运营模式都力求和国际接轨，是一套全新的国际化模式。当今从美国读完 MBA 回来操作网站的人可谓比比皆是。这是一个花别人的钱，长自家本事的行业，是一个学习和掌握国际模式的极好环境，在这个行业里磨炼一番，会使思维方式和经营理念发生重大改变。

8. 企业模式策略

目前，网络企业的热门话题之一就是“模式”，包括经营模式、盈利模式和企业模式。努力寻找适合本企业发展的新模式，成为几乎所有网络企业的追求。

过去，网站经常采用的企业模式有两种：一是 ICP，即互联网内容提供商，为消费者提供内容服务；二是 ISP，即互联网服务提供商，为消费者提供接入服务。

如今，许多网络企业不再满足于采用这两种模式，为了拓展网络企业的发展范围，同时给投资者和股市提供有力的利润回报，开始探索新的互联网企业模式。

于是又涌现出 ESP 模式和 WSP 模式。前者以焦点网和长江网为代表，号称电子商务服务提供者，即用电子商务服务改造传统产业，提供适合各类企业网络化的工具（长江网模式）。

或者自己不卖商品，帮助别的商家或者别的电子商务网站卖商品（焦点网模式）。其主旨是在自己的网站上为别的电子商务网站服务，故亦称比较购物。就是将上百家，甚至成千上万家网上商店的东西均陈列到自己的交易平台中，并进行分类，然后提供给消费者进行比较和选择。

9. 个性化策略

网络营销既是一门科学，又是一门艺术。我们能否找到它与人性共存的平衡点？现在很少有企业意识到，在凸显品牌特点的过程中，人性化策略已成为加大一个企业在市场竞争中优势的不容忽视的筹码。每个网络企业不仅应制订以消费者为中心的整合营销战略和高科技应用技术，而且应以崭新的艺术思维去极力营造网络亲和。

网络环境的新鲜气息，将会给消费者以全新的感觉，谁不想领略一下网络内容和形式的新奇？充满审美情趣的、注重人性的网页设计风格，会让消费者在艺术化的享受中感受现代网络的无穷魅力。仔细琢磨消费心理，融入艺术和娱乐基因，尊重消费习惯的设计思想和内容，定会潜移默化地感染消费者，从而使弥漫在网络中的亲和力，成为提高网络竞争力的“黑马”。

所以，网络竞争的趋向已不仅是科技的竞争、营销的竞争，同时也是艺术的竞争。“形象策划无定局”，如何讲究主题与颜色的配合？背景颜色、文本颜色和链接颜色如何艺术性地融合？文化背景与企业形象如何有效地表现？考虑这些问题均应重视人性的消费心理，顺应人性的冲浪习惯和迎合人性的欣赏方法。任何强加给消费者的，都是违背人性的。从这一意义上讲，人性化策略在网络营销传播过程中，具有独特的文化意义。

10. 一致性策略

一致性策略指的是网络公司综合协调所有品牌形象、定位和口碑的信息，以及传播和整合环节的目标信息。各阶段和各类信息的一致性越高，网站在消费者心目中就越鲜明、越清晰、越容易掌握。同时，一个网站越鲜明、越容易掌握，就越容易识别，给人的印象就越深，也就越值得消费者信赖。相反，如果网站所说的与所做的越不一致，它的形象就越不明确、越散漫、越模糊。从消费者角度看，一致性策略意味着网络公司“不会做出令人惊愕的事”，同时容易识别。也就是说，一致性策略只有从消费者和其他利害关系人的观点出发才具有实际意义。

保持内容和服务、沟通和整合的一致性，应该是网络营销的一项基本法则。一个完整的网络营销计划，必须确保不同层次、不同时间、不同空间的一致性。它包括的元素主要有：企业核心价值观和企业任务；以消费者为中心的营销哲学；内容功能与服务质量；品牌定位与识别；营销传播。一旦一致性策略到位，网站品牌价值便指日可待。这是因为，一致性策略可以通过加强信任、与信息结合或减少矛盾信息而建立起网络公司长久的形象力和品牌关系。

11. 服务策略

互联网经济的特征在于，每一个互联网的消费者直接与网站内容和服务的生产发生互动，网站应千方百计地提供各种有效的服务，以满足和创造消费者的需求。它与传统经济的最大差别就在于信息消费的多样性和个性化，消费者的选择性很大，很难被捕捉和粘住，如果内容和服务不能持续、迅速更新完善，网站就无法将注意力转化为忠诚度，从而牢牢地将消费者固定在自己的网站上。所以，提高和改善服务对于商业网站而言，不仅至关重要，而且是加速发展的最佳突破口。

表 4-1 所示为中国网民对互联网的满意度，从表中的数据看来并不乐观（表中的数据源自第 18 次 CNNIC 中国互联网络发展状况统计报告）。

表 4-1　　网民对互联网的满意度

项目	非常满意	比较满意	一般	不太满意	很不满意
网络速度	4.3%	37.3%	37.6%	15.3%	5.5%
费用及收费规则	2.8%	15.2%	47.1%	26.5%	8.4%
安全性	2.3%	15.0%	49.5%	25.1%	8.1%
中文信息的丰富性	9.4%	43.8%	38.9%	6.2%	1.7%
内容的真实性	3.0%	28.4%	45.8%	18.0%	4.8%
内容的健康性	2.8%	27.3%	46.2%	18.1%	5.6%
对个人隐私的保护	3.0%	18.2%	50.1%	22.0%	6.7%
操作简便	10.3%	50.6%	32.8%	5.0%	1.3%
总体满意度	2.9%	42.2%	47.6%	6.4%	0.9%

4.2.3　第三层次网络营销策略

第三层网络营销策略包括：整合营销策略、互动营销策略、绿色营销策略、感觉营销策略、文化营销策略、传播营销策略、数据库营销策略、利润点营销策略、策略联盟营销策略、价格/销售比策略以及相关产品策略等。

1．整合营销策略

整合营销是一个营销新理念，是当今营销领域里一个很热的词，它有以下几方面的含义。

（1）传播资讯的统一性。整合营销是帮助企业与其顾客和关系利益人发展、维护和强化品牌关系的商业模式，最终提升品牌价值。其中"整合营销传播"是其不可缺少的一环。它们之间的关系如同化妆品与形象塑造之间的关系一般。也就是说，实施整合营销需要一个整合的组织结构，以及一个可以同时传达信息和倾听关系利益人声音的沟通渠道。

企业以统一的传播资讯向消费者传达，即用一个声音来说话，消费者无论从哪种媒体所获得的讯息都是统一的、一致的。其目的是运用和协调各种不同的传播手段，使其发挥出最佳、最集中统一的作用，最终实现企业与消费者之间建立长期的、双向的、维系不散的关系。

（2）互动性。消费者可与公司开展富有意义的交流，可以迅速、准确、个性化地获得信息、反馈信息，如果说传统营销理论的实质是"消费者请注意"，那么，整合营销所倡导的格言就是"请消费者注意"。虽然只是两个词之间位置的转换，但消费者在营销过程中的地位却发生了根本的变化，营销策略已从消极、被动地适应消费者向积极主动地与消费者沟通、交流转化。

（3）目标营销。企业的一切营销活动都应该围绕企业的目标来进行，实现全程营销。

整合营销已从理论上离开了在传统理论中占中心地位的 4P 理论，而逐渐转向 4C 理论为基础和前提。整合营销主张是要以消费者的需求为中心、以消费者的需求成本为中心、以消费者方便为中心、以沟通为中心。以上 4 个因素之间的关系是围绕消费者为中心展开的，一切为了消费者，一切从消费者中来，又回到消费中去。

2．互动营销策略

互动营销指的是企业应该想方设法向消费者提供比功能性利益更多的好处，把营销活动延伸到产品的过程之前、之中和之后，并在各个层面加强与消费者的互动，培养与消费者的关系。企业一方面应使消费者在互动过程中培养品牌体验、提高品牌忠诚度，另一方面，企业也应通过与消费者的互动更深刻地了解顾客和市场。

互动式营销要求企业在三大方面与消费者进行交互式活动。这些利益包括以下内容。

（1）功能上的利益，指的是产品及其性能特点、质量、价格等，营销者应从消费者的需要出发，在产品开发、定价及宣传沟通等多方面充分采纳消费者的意见。

（2）流程上的利益，指的是指消费者从开始考虑购买产品，到具体购买，到消费，到售后服务，一直到重复购买的整个过程中所享受的利益。

（3）关系上的利益，是指消费者通过与企业建立长期稳定的关系而享受的利益。它包揽消费者长久以来良好的产品体验，企业基于个人化服务为消费者带来的额外价值，消费者通过与企业分享信息所获得的好处，以及不同的忠诚度计划给消费者带来的好处等。

3. 绿色营销策略

绿色营销是指企业在经营过程中，注意保护地球环境、节约资源与实行可持续发展的战略，促进经济与生态的协调发展，以实现企业自身利益、消费者利益以及生态环境利益的统一。绿色营销中绿色的含义是多重的，而不是单一的。它既指一种产品，也指一种行业，还可以指一种经营哲学和行为规范，如绿色食品、绿色饮料、绿色包装和绿色管理等。

绿色营销与传统营销之间既有联系又有区别，绿色营销是传统营销的发展和延伸，就营销过程而言没有区别。有人说“绿色”将是21世纪的主流色彩。

绿色营销与传统营销相比具有以下一些特征。

（1）营销的目标从最大限度地刺激消费者转为追求可持续消费。传统营销以满足消费者的需求为中心，企业的营销战略组合是围绕消费者的需求和欲望来设计的。而绿色营销除了要满足消费者的需求外，还强调可持续发展，要节约资源，强调以少量的物质来满足消费者的需求，提高消费质量。

（2）研究的重点从企业、消费者、竞争者三者之间的关系转向了企业经营活动同大自然、消费者身心健康的关系。

（3）绿色营销中的顾客性质发生了变化。传统营销仅把人看成消费者，而绿色营销则把人看成是社会人、多样化需求的人，它研究人的物质和精神两方面的需求。

（4）对于顾客的满意度的定义加以扩展了。传统营销中的顾客满意是指消费者消费产品和服务时得到的满足，是一种瞬间的满足，而绿色营销中的顾客满意还包括消费后的包装、产品废弃物的回收处理，是一个过程性的顾客满意。

（5）企业的文化发生了变化。传统营销强调竞争优势、竞争获胜。绿色营销不仅强调竞争还强调合作，企业在营销过程中把竞争对手看成环境保护的合作者。

（6）绿色营销的产品注重绿色表现。绿色营销是社会营销的一个组成部分。保护环境、节约资源、可持续发展只是企业社会责任的一个方面。社会营销还包括企业营销活动中存在的社会价值观、伦理道德等其他社会问题。而生态营销则指与保护生态环境有关的营销，它仅是绿色营销的一个方面，是绿色营销的核心部分。

绿色营销战略的内容应包括树立绿色营销观念、开发绿色资源、研发绿色产品、树立绿色品牌、研制绿色产品、制定绿色价格、选择绿色渠道、开展绿色促销、评审绿色营销活动，控制绿色营销过程以及引导绿色消费等。

4. 感觉营销策略

随着物质产品的过剩与人们收入的不断提高，“感觉”变成一种新的商品，“感觉价值”已经成为消费者的核心价值的一部分，甚至有些已经发展成为最关键的价值。“感觉消费”也开始席卷全球产业。在感觉逐渐成为一种新的产业标准的时候，特别是感觉成为核心消费价值的时候，各行各业的企业都发现：未来竞争的关键战场是感觉。因此，感觉营销也成为了企业制胜的武器。

感觉营销需要把握以下原则。

（1）必须认识到感觉无处不在，必须从战略上重视感觉营销与感觉设计。

（2）必须认识到不同消费群体的感觉是有差异的，必须学会从消费者需求出发进行认真的市场细分，了解消费者感觉的核心与基础，并且有针对性地进行感觉设计。

（3）设计感觉需要把握清楚感觉的种类，根据消费需要进行设计。

（4）要积极塑造消费者亲身参与体验的感觉。

5. 文化营销策略

在现代社会，文化的功能日益突出，正在各个领域影响着人们的生活，同样，也影响着企业的营销。不同文化的人价值判断的标准是不一样的，对同样的商品其认可的价值也会有差别。企业要依文化不同而采用不同的定价策略、促销渠道、营销方式等。文化与营销是紧密相连的，是相互影响的，也是相互作用的关系。

文化营销的具体内容表现为产品文化营销、品牌文化营销以及企业文化营销等 3 个层次，具体如下。

（1）产品文化营销。

产品文化营销是指提供市场在人们选取使用和消费中满足人们的某种需要的一切实体或价值观念的综合体现。产品文化营销包括产品的包装、设计、使用和生产诸多方面。

① 文化包装是通过产品的包装来体现某种核心价值观，唤起消费者的认同感，使消费者得到文化上的满足，而忠于企业产品。

② 文化广告是在广告创作中把文化当作一种工具或表现手段，以文化来达到与消费者进行沟通，唤起消费者的认同感。文化广告的重点在于唤起消费者潜在的文化意识。

③ 新产品文化营销则通过新产品体现的文化核心价值来吸引消费者和满足消费者的认同感与满意感。

④ 产品文化营销也会有一定的生命周期，企业要利用产品文化营销的周期性来进行有针对性的营销。

（2）品牌文化营销。

品牌文化营销是指有利于识别某个销售者或某个销售群体的产品或劳务，并使之与竞争对手的产品或劳务区别开来的名称、名词、标识符或设计或是它们的组合，以及它们所代表的利益、认知情感、属性、文化传统或个性形象价值观念的总和。

品牌文化营销是产品文化营销的延伸和拓展，它包括整个社会对品牌的信任和保护。名牌效应与企业创立名牌产品、生产名牌产品的行为等有着密切的关系。品牌文化营销是利用文化来进行品牌的设计、创建和生产的过程，利用品牌文化来提升品牌的竞争力。

（3）企业文化营销。

企业文化营销是指企业文化传播介绍给消费者，让企业文化成为社会文化的一个有机组成部分，引起消费者的认同或满意。

企业文化营销是企业根据自身文化内涵的特色，选择恰当的方式进行系统的革新与有效的沟通，以在消费者心中树立起有鲜明个性的企业形象，并以此达到企业经营目标的一种营销方式。

6. 传播营销策略

传播营销策略是网络营销传播的重心所在，应该表述得正确而适当、简明扼要，且持续而统一，并能使所有共同从事营销传播工作的团队成员达成共识。一份切实可行的传播策略应该为整个网络营销目标服务。

那么究竟该设定什么样的目标呢？目标实现与否怎样测量？在这些目标中，消费者接收到的信息是否是我们想要传递给他的、他想要的信息？策略实施后，消费者会做出什么反应？你希望消费者有什么反应？策略所要讨论的这些问题必须在网络营销人员中达成共识，一致同意，不至于在执行中导致分歧。如果没有达成目标则应该重新检查策略传播内容与执行时的情况，并进行修改，最终说服消费者。

传播策略包括以下具体执行步骤：① 确定传播目标；② 区分消费者需求；③ 提供消费者利益点；④ 确认消费者心目中的品牌定位；⑤ 在个性品牌上进行传播；⑥ 找出说服消费者的理由；⑦ 考虑如何才能有效地接触消费者；⑧ 评价策略成功与否，建立评估标准；⑨ 确认未来市场需要，做出修正。

自始至终，策略的关系都是以"消费者为导向"，向消费者有效地传播信息。确认他们需要你的服务时，他们是谁，在哪里？当他们最可能接受网络信息时，是谁，在哪里？当你的频道内容和服务对他们产生最大利益时，又是谁，在哪里？这种做法是网络整合营销传播的精华所在，与传统营销不同，它更具说服力，沟通的手段是以个别的方式进行一对一的谈话。

7. 数据库营销策略

数据库营销策略的建立与运用，就是探讨如何使资料库成为以关系为主的网络营销计划中的一部分。换句话说，网络企业成功与否，不是数据收集数目的多少，而是如何利用数据库，将这些数据转换成切实可行的网络营销策略与计划。

一般而言，一个回合的网络营销传播需要3个步骤：①激发消费者的反应；②对消费者的反应进行测量和控制；③建立资料库，整理消费者行为模式。

如此循环，资料库将获得越来越详细、越来越准确的消费者资料。也就能够更好地、更有效地发展消费者导向的网络营销传播，从而实现真正的关系营销。循环本质，正是网络营销传播的真正价值之所在。

建立一个以跟踪消费者互动、结合现有消费者资料库的营销策略无疑是网络企业的关键工作。它可以帮助你留住现有的最有利的消费群体，找出对你可能带来效益的潜在消费者队伍。具有互动意义和基础的资料库的运用不仅应该推动更多的品牌信息，同时还应该使消费者可以轻松地获得他们想得到的信息内容和网络服务。所以，以资料为动力，以消费者为中心的网络营销是一种比直销更周密的策略，它所代表的意义是资料的收集，以及运用这些资料来发展关系策略，打通双向互动的沟通渠道，设计个人化信息和增加消费者忠诚度。

在网络营销中，建立数据库的有效途径包括：回头次数、注册会员、会员俱乐部、保证卡、赠送礼品、电子邮件与网站等。

8. 利润点营销策略

一个企业存在的价值，主要表现在两个方面：首先是这个企业能否向社会提供需要的产品或服务；其次，这种产品或服务是否赚钱。

就目前而言，网络公司的利润点有3个方面，即信息服务费、网络广告费和技术服务费。在国内成千上万的综合性网站中，站点信息大多数都不是自己的一手资源，因此各ICP出于提高访问量的目的，很少敢开口收费的。其次是网络广告，据易观国际研究表明，2006年中国网络广告整体市场规模为9.77亿元，其中关键字广告市场规模继续快速增长，达3.03亿元。但是，在这样的繁荣之后，中国网络广告到底能走多远，走多久，将取决于能否摸索出符合国情的盈利模式，能否培育出一个健康健全的网络广告监督管理体系。

正是对收入的迷茫，整个网络行业弥漫的是如何融资。引入风险基金，高速增长，就能获得国外的风险资金。在西方上市公司股票价格暴涨的示范效应下，在国内外软硬件供应商的炒作下，办网络公司似乎成了暴富的捷径。其实，融资的目的是为了获得更多的盈利，如果融资不能带来更多的盈利，这种投入意味着负投入，也意味着风险的增大。

9. 策略联盟营销策略

策略联盟策略在 IT 行业还是新鲜事，它的出现，不仅是市场使然，也是利益驱动使然，值得网络营销人员在进行营销策划时给予高度重视。

策略同盟主要有 3 类：第一类旨在垄断利润；第二类旨在互利资源；第三类旨在制订行规。尽管目的不尽相同，策略同盟体现的中心点还是各成员的利益。

10. 价格/销售比策略

与门户网站相比，垂直领域网站更灵活，造价更便宜，因而更有价值。同美国相比，中国没有那么多的收入模型。你可以"拷贝"一个成功的美国模型。

在美国，网络业已经形成了一个融入其社会体制的"利润分配"的架构；每个经营者——企业家、管理层、风险投资商、投资银行、用户都可以参与这次商业盛事，分享部分的金融收益。但是在中国，这样的价值链和利润分配周期尚未建立。例如，中国的网络用户只是贡献出他们的"网页浏览量"，而不能够在开放的市场购买网站的股票，这虽失公道，但毕竟是事实。

当"经营重点"由"电子"转向"商务"时，每种传统的商业病症都发作了。现在我们讨论两者之间的连接，也就是在英文中 E-commerce 之间那个小小的连字符。10 年前，商业经营表现的最高衡量标准是价格/利润比率。后来软件公司经营者们开始采用价格/销售比率来衡量软件公司的价值，因为对于软件公司来说，有时候市场份额比当前利润更为重要。

11. 相关产品策略

相关商品策略亦称离线（Offline）策略，是指综合利用网络资源，对网络中各频道和举办的各类活动中出现的各类信息、名称和事件进行相关产品的生产、发行、销售或其他形式的开发。这一策略的法律背景是"知识产权"。

其实，网络、小说、电子杂志、电视、电影、游戏是一个完整的生态系统，一个渗透了许多媒体和市场的食物链。在网络市场日益激烈的竞争环境下，谁能够极大化地围绕网络主题在不同的市场层面进行立体化的投资，谁就能成为网络经济时代的真正赢家。

该策略源自好莱坞电影营销模式。电影相关产品市场，亦称后市场，或者叫做下游产值，其价值经常超过电影本身。网络营销将它借鉴过来，美其名曰离线（Offline）策略。

一段时间，归国学子在国内掀起了互联网创业热潮，搜狐 CEO 张朝阳可谓最早带回风险投资的"洋务派"，以后像伊丽人、Chinaren、易趣、eLong、亿唐等哈佛、斯坦福和麻省理工背景的莘莘学子也都跟进，然后我们就能在大街小巷上看到他们为创造品牌的各种广告。不过后一轮的投资者将会和那些在 Offline（离线）方面有很强的品牌，在传统行业有很好经验的佼佼者合作，换句话说两轮的差异在于后一轮更青睐那些希望通过互联网提高效率，降低成本的业内人士，而不是外来者。所以，如何将网上技术和信息与网下资源和财富相互磨合、结合，将是事关网络企业前途的关键所在。找准接合点，创造新财富，繁荣新经济，为网络企业营销人员提供了前所未有的良机。在这个结合点上成就大事业，将促使思维方式和营销理念发生重大转变。

4.3 网络营销战略策划

4.3.1 网络营销的关系策略

1. 关系营销的概念

关系是指人和人或人和事物之间的某种性质的联系。在社会学上，关系是随着人类社会的诞生而出现，随着社会发展而发展的。与主要客户建立起“一对一”关系或对话的任何营销战略，基本都可以称为关系营销或忠诚度营销。它既能像目前有集中的“后台”数据库的网站一样复杂，又能十分简单，就像那些直邮推广，使用特惠打折或优惠券的常客优惠活动，或者是那些吸引回头客的促销品。

关系营销的着眼点不像传统营销观念那样只有一个，而是两个，即赢得客户与拥有客户。过去，市场营销的重点很大部分放在怎样“赢得”而不是如何长期“拥有”客户上面；而关系营销的目的正是在于使服务、质量和营销这三者环环相扣，使赢得客户与保有客户这两方面呼应和结合。因此，关系营销的导向是：将服务、质量和营销融为一体，客户服务和全面（全公司范围内的）质量决策是以竞争性营销战略为背景而出现的。

2. 关系营销的基本模式

（1）关系营销的中心——顾客忠诚。

在关系营销中，怎样才能获得顾客忠诚呢？那就是：需求——满足需求并保证顾客满意——营造顾客忠诚，构成了关系营销中的三部曲。

① 企业要分析顾客需求，衡量顾客需求满足与否的标准是顾客满意程度：满意的顾客会对企业带来有形的好处（如重复购买该企业产品）和无形产品（如宣传企业形象）。

有营销学者提出了导致顾客全面满意的7个因素及其相互间的关系：欲望、感知绩效、期望、欲望一致、期望一致、属性满意和信息满意。欲望和感知绩效生成欲望一致，期望和感知绩效生成期望一致，然后生成属性满意和信息满意，最后导致全面满意。

② 从模式中可以看出，期望和欲望与感知绩效的差异程度是产生满意感的来源，所以，企业可采取以下的方法来取得顾客满意，如提供满意的产品和服务；提供附加利益；提供信息通道。

③ 顾客维系，市场竞争的实质是争夺顾客资源，维系原有顾客，减少顾客的叛离，这要比争取新顾客更为有效。维系顾客不仅仅需要维持顾客的满意程度，还必须分析顾客产生满意程度感的最终原因，从而有针对性地采取措施来维系顾客。

（2）关系营销的构成——梯度推进。

建立顾客价值的方法有以下几种。

① 一级关系营销的方法是，利用价格刺激使目标公众增加财务利益，这是维持关系的重要手段。

② 二级关系营销的方法是，在建立关系方面优于价格刺激，增加社会利益，同时也附加财务利益，主要形式是建立顾客组织，包括顾客档案和正式的、非正式的俱乐部以及顾客协会等。

③ 三级关系营销的方法是，增加结构纽带，同时附加财务利益和社会利益。与客户建立结构性关系，它对关系客户有价值，但不能通过其他来源得到，可以提高客户转向竞争者的机会成本，同时也将增加客户脱离竞争者而转向本企业的收益。

（3）关系营销的模式——作用方程。

企业不仅面临着同行业竞争对手的威胁，而且在外部环境中还有潜在进入者和替代品的威胁，以及供应商和顾客的讨价还价的较量。

企业营销的最终目标是使本企业在产业内部处于最佳状态，能够抗击或改变这 5 种作用力。作用力是指决策的权利和行为的力量。双方的影响能力可用下列 3 个作用方程表示。

① “营销方的作用力”小于“被营销方的作用力”。

② “营销方的作用力”等于“被营销方的作用力”。

③ “营销方的作用力”大于“被营销方的作用力”。

引起作用力不等的原因是市场结构状态的不同和占有信息量的不对称。在竞争中，营销作用力强的一方起着主导作用，当双方力量势均力敌时，往往采取谈判方式来影响、改变关系双方作用力的大小，从而使交易得以顺利进行。

3. 关系营销的特征

关系营销具有以下几个特征。

（1）关注。关系营销者关注其顾客的福利。他们想要满足甚至超越顾客的期望，为顾客带来满意或快乐，关键是要密切注意顾客的期望。顾客期望是个人需要和经历、企业口碑、营销沟通等要素相结合的产物，因而顾客期望是动态的。动态意味着企业不仅仅是理解或追踪顾客期望的变化。通过与顾客的媒介和人际沟通，营销者可以在一定程度上对顾客期望产生影响。当然，仅在很少的情况下，营销者才能够决定顾客的期望。

（2）信任和承诺。信任和承诺是关系营销研究的重点。许多学者专门探讨信任在开发成功的关系中的作用。因为信任和承诺可以鼓励营销者，具体有以下几方面的内容。

① 与交换伙伴合作来保持关系投资。

② 抵制有吸引力的短期替代者，从而维护与现有伙伴保持关系的顾客长期利益。

③ 审慎地看待潜在的高风险行动，因为营销者相信他们的伙伴不会机会主义地行事。当信任和承诺同时存在时，它们就会产生能够促进效率、生产率和效益的结果。

（3）服务。服务是指在关系信任和承诺的环境中对顾客的关注，对顾客的信任和承诺。关系营销要求整个组织承诺提供高品质的服务，这种服务应该是可靠的、感情移入的和易起反应的。

关系营销是实现盈利目标的一种手段，因此关系营销者相信优质服务能够改善企业获利率。服务质量的提高将推动顾客满意度的成长，从而会增加企业与顾客的关系强度，从而会延长企业与顾客的关系寿命，从而会带来顾客关系获利率的成长，这是一种良性循环。

4. 关系营销中产品的质量

在关系营销中，质量正接受着重新的审视和思考。传统上以“符合规格标准”为准则的质量观念正被“面向客户的质量水准”所替代，也就是客户所感受并予以首肯的质量水准。而且，“全面质量”这一思想将“质量”所包容的范围动态地集中于公司与它的客户、供应商以及其他必不可少的市场主体之间全方位的关系上面。

过去，解决质量问题的典型办法就是对最终成品进行检查，而如今这一点正在发生变化，现在采取的途径主要是对关键的过程进行严格的监控，同时为其他过程提供有关的技术指导。从检查成品到监控变化中的生产过程，这一转变对流通销售行业和服务行业有着特殊的重要性，因为在这两个行业，传统的质检手段总是不太适用，甚至根本就毫无成效。随着质量管理技术从生产车间向前推进到采购部门，向后延伸到分销部门，以新的方式来沟通交流、制定计划的需要也就更加突出了。在这里需要指出的是：必须以客户的观点为准来理解质量。

4.3.2 网络营销的价格竞争策略

1. 价格竞争策略

价格策略是企业营销策略中最富有灵活性和艺术性的策略，是企业的一种非常重要的竞争手段，是企业营销组合策略的重要组成。在网络营销中，企业应特别重视价格策略的运用，以巩固企业在市场中的地位，增强企业的竞争能力。

2. 影响价格竞争策略的因素

营销价格是指企业在营销过程中买卖双方成交的价格。企业营销价格的形成是极其复杂的，它受到多种因素的影响和制约。一般来说，影响企业产品网上定价的因素主要有成本、供求关系、竞争因素以及其他因素（如产品、营销渠道、促销手段以及消费者心理因素和企业本身的规模、财务状况和国家政策等）。

3. 企业定价目标及网上营销价格的确定程序

（1）企业定价目标。企业定价目标是指企业通过制定产品价格要求达到的目的。它是企业选择定价方法和制定价格的依据，企业定价目标不是单一的，而是一个多元的结合体。在网络营销中，企业定价目标主要有以下几种：

① 以获得理想利润为目标；

② 以获得适当的投资报酬率为目标；

③ 以提高或维持市场占有率为目标；

④ 以稳定价格为目标；

⑤ 以应付或防止竞争为目标；

⑥ 以树立企业形象为目标。

（2）企业网上营销价格的确定。企业网上营销价格按以下几个步骤来确定：

① 分析测定市场需求；

② 估计产品成本；

③ 分析竞争对手营销价格与策略；

④ 选择定价目标；

⑤ 选择定价方法；

⑥ 确定可能的价格；

⑦ 征询消费者的意见；

⑧ 确定最终价格。

4. 网上定价策略

网上定价的策略很多，既有心理定价策略，也有折扣定价策略、地理定价策略和信用定价策略。下面介绍的是个性化定价策略、声誉定价策略及折扣定价策略。

（1）个性化定价策略。个性化定价策略就是利用网络互动性的特征，根据消费者对产品外观、颜色等方面的具体需要来确定商品价格的一种策略。网络的互动性使个性化行销成为可能，也将使个性化定价策略有可能成为网络营销的一个重要策略。企业可根据消费者特殊需要的程度，来确定出不同的价格。

（2）声誉定价策略。在网络营销的发展初期，消费者对网上购物和订货还存在着许多疑虑。例如，在网上所订购的商品，质量能否得到保证，货物能否及时送到等都是消费者所关心的问题。在此情况下，对于形象、声誉较好的企业来说，价格相应可高一些；反之，价格则低一些。

（3）折扣定价策略。在实际营销过程中，网上折扣价格策略可采取如下几种形式。

① 数量折扣策略。为了鼓励消费者多购买本企业商品，企业在确定商品价格时，可根据消费者购买商品所达到的数量标准，给与不同的折扣。购买量越多，折扣可越高。在实际应用中，其折扣可采取累积和非累积数量折扣策略。

② 现金折扣策略。对于付款及时、迅速或提前付款的消费者，给予不同的价格折扣，以鼓励消费者按期或提前付款，加快企业资金周转，减少呆、坏账的发生。

4.3.3 网络营销的非价格竞争策略

1. 价格竞争弊端

随着市场的演进，企业间竞争的程度日趋激烈，价格竞争已无法再发挥往日的威力。在一定条件下，价格竞争是必要的，但是把价格看成决定交易成败的唯一因素，难免会造成价格竞争的泛滥。事实上，单纯依赖价格竞争有很多弊病。

（1）价格竞争是竞争对于易于仿效的一种方式，很容易招致竞争反击，以致两败俱伤，最终不能提高经济效益。

（2）以削价为手段虽然可以吸引顾客于一时，但一旦恢复正常价格，销售额也将随之大大减少。

（3）定价太低往往迫使产品或服务质量下降，以致失去买主，损害企业形象。

（4）价格竞争往往使资金力量雄厚的大企业能继续生存，而资金短缺、竞争能力弱的小企业将蒙受更多不利。

2. 非价格竞争

非价格竞争是指企业运用价格以外的营销手段，使本企业产品与竞争产品相区别，并使之具备差别优势，以推动产品销售的竞争方式。在现代市场经济条件下，非价格竞争已逐渐成为市场营销的主流。从市场营销环境来看，经济、技术各方面的发展，也为非价格竞争创造了良好的条件。经济的发展，消费层次的提高，使得购买者的注意力并不仅仅停留在商品价格上，已不再是价格越低的商品越畅销，而是越能满足某种特定市场需要越好卖。科学技术的发展使得企业与消费者能够更有效地从商品自身构造包括质量、功能、商标、包装、服务等各方面上区别竞争商品。

3. 非价格竞争策略

非价格竞争策略主要有以下几种。

（1）差异化竞争策略。

网站的专业化是网站发展的必然趋势，在经历了“人们想要看”的消费心态后，“人们看什么”的消费心态日渐成熟。面对各种各样的网民，其消费心理差异很大，尤其是网民队伍发展壮大以后，这种趋势更明显。面对这种竞争态势，科学地制定差异化营销策略是关键。

差异化竞争策略是指通过提供与竞争产品在造型、花色、性能等方面具有不同特征的产品，来争取消费者选购的差异，以扩大本企业产品销售。

差异化竞争策略并非无中生有，它建立在科学的市场细分基础上，而市场细分又是建立于顾客需求的差异上。推行差异化战略要求企业具备更娴熟的营销技巧，有足够的实力影响和调节市场需求。

差异化竞争策略具有一定的风险，具体体现在以下几方面。

① 无意义的服务差异化。服务差异化的创新，应该是从市场和用户的需要中产生，适应市场并能创造市场和领导市场的潮流。不具体了解市场和用户的实际需要，就实行一些主观的差异化，不仅不能给企业带来效益，相反会浪费企业的资源。

② 要创造和保持服务的差异化，是以提高企业的成本和费用为代价的。由于企业的资源是有限的，特别是稀缺资源（如资金，优秀的人才）更是如此。差异化策略并不意味着忽视企业的成本，而是企业服务创新的重要方面，它是以提高企业的效益为前提的。实行差异化必然要增加企业的成本，因此企业应该建立一种合理的成本和服务差异化标准并适当地安排，实行一定成本的差异化，在达到差异化的目标下尽量降低企业的成本。同时，要考虑不同市场和不同用户的特点，过高的差异服务导致的额外费用需要有一定的限度，超过一定的程度必然导致用户宁愿牺牲一些个性化及特殊的服务转而选择价格低的服务。针对成熟和初级市场，城市和农村市场，年轻人和老年人等用户要考虑提供不同的服务和价格。

③ 服务差异化导致竞争对手的策略随之改变，并能推出相同或类似的差异化策略，导致用户的流出。服务差异化策略要有效增加用户的转换成本，利用用户的惰性，最大限度地留住老用户。因此，企业的差异化并不是一成不变的，要与时俱进，不断推陈出新，形成企业的服务创新机制。

④ 服务差异化创新好像与企业的集中化策略以及成本领先策略有一定的冲突和矛盾，实际上服务创新都是企业竞争在不同阶段所采取的不同手段，目的都是能提高企业的不断盈利能力。

（2）战略联盟竞争策略。

战略联盟竞争策略是指两家或两家以上公司为了达到某些共同的战略目标而结成的一种网络式联盟，联盟成员各自发挥竞争优势，相互合作，共担风险，在完成共同的战略目标后，这种联盟一般都会解散，其后为了新的战略目标，公司又可能与新的合作者结成新的联盟。战略联盟反映了一种适应市场环境变化的新型竞争观念，它以一种合作的态度来对待竞争者。通过建立双方的信任关系，实现优势互补，借助对方来加强各自的竞争力，在合作的基础上展开竞争，从而不断提高竞争的水平，促进社会经济和技术的进步。

（3）情感营销竞争策略。

情感营销竞争策略是指一种融亲情、友情、热情和温馨于一体的营销策略。随着人们生活水平的提高，高技术、高价值、高档次的产品不断增多，产品的差别化、个性化特征越来越明显。消费者对产品的认识不仅包括质量、价格等理性层面的理解，而且越来越强调以文化知识、个性、品位等为主要内容的情感因素，消费者的情感性消费不断增加。现代营销应适应消费者从“量的需求”阶段、“质的需求”阶段向“情感”需求阶段的转变，从设计、包装、商标、广告、公关、服务、环境等方面进行情感设计，把传统经营活动引入到一个全新的情感营销领域。

（4）商业科普竞争策略。

商业科普竞争策略是指以高知识含量为特征的服务过程。它通过把商品知识传授给顾客，使顾客产生认同，从而实现以知识创造市场。

企业通过科普活动实现以知识创造市场，是一个贯彻于经营管理活动始终的过程。在这个过程中，企业可以采取各种形式提高营销活动的知识含量，同顾客建立结构性的层次关系。商业科普的形成，应从商业科普环境、商业科普服务、商业经营科普、商业管理科普以及社会公益科普等方面提高消费者的科技素质。商业科普策略的运用，必将带来巨大的经济价值和文化价值。

4.3.4 网络营销的知识营销策略

网络营销中的知识营销是一种营销新方式。人类即将进入知识经济时代，知识经济时代必将对人类社会历史进程产生划时代的影响，在此背景下，知识营销也势必成为一种新的营销方式。

1. 知识营销的特征

与传统的营销方式相比，知识营销具有以下特征。

（1）营销环境发生了质变。

随着计算机技术、通信技术、信息技术及多媒体技术的发展，知识经济时代企业的营销环境将发生巨大变化。首先是竞争日益激烈，这里包括国内和国际之间的竞争，随着世界经济一体化的不断演进，"国内市场国际化，国际竞争国内化"将逐步成为现实，竞争将越演越烈。其次，竞争的方式也将发生变化。大家共有信息技术，共享知识资源，共同开发市场，在合作中竞争，在竞争中合作，形成良性循环的竞争环境。

（2）营销产品发生了质变。

传统营销产品逐步被知识型产品所替代。知识型产品即为高科技产品的升华，产品科技含量高，如数字化彩电等。对于这些知识型产品的营销必须要求营销者是具有高素质、高学历、高水平、懂行的人员，他们不仅要深谙营销技巧，同时也要掌握产品的知识含量，不仅如此，还要将这些知识推销给消费者，并能说出产品的技术含量、使用功能、维修知识和特点，使消费者感到高新技术并不是深不可测、高不可攀的。

否则，如果营销者对这些知识一知半解，甚至对消费者的询问含糊其辞，产品售出发生故障时也不能迅捷提供售后服务，那么消费者将疑云重重，营销也就很难成功。

（3）营销方式发生质变。

随着计算机技术和网络技术的飞速发展，特别是 Internet 的发展使得营销信息系统更加完善。传统的营销方式主要是靠传统的媒体（如报纸、电视、广播）、广告等向消费者传递产品信息的。这种信息传递是单向的，并受时间、地域、空间等因素的影响，往往是营销者比较主动而消费者处于被动地位，信息反馈速度慢并有限，而且成本较高，因而往往不能制定适宜的营销战略。而在知识经济时代，网络化的实现使营销渠道四通八达，特别是 Internet 的发展使得营销者发布自己的产品信息时，可以不受时间、地域、空间的限制，将产品信息迅速传达给消费者，大大减少了营销环节，从而降低了成本。而且消费者可以足不出户通过网络与营销部门进行对话，提出自己的愿望与要求，促使厂家生产出更适合市场需求的产品。

2. 知识营销的内容

21 世纪知识经济不同于 20 世纪的工业经济，智力资本将成为第一资本，决定着企业面向未来的竞争优势。智力优势是知识经济时代的最重要优势，比尔·盖茨的微软公司在资产负债表上的资产总额只有通用汽车公司资产总额的 4%左右，而它的市场价值却相当于通用汽车市场价值的 4 倍。之所以如此，是因为微软生产经营的是知识经济时代的重要产品——电脑软件，而通用生产经营的是工业经济时代的典型产品——汽车。在知识经济时代，企业的营销观念也要相应转变，即树立知识营销观念。知识营销观念是知识经济发展的产物，是与知识经济相适应的一种新营销观念。它高度重视知识、信息和智力，凭知识和智力而不是凭经验在日益激烈的市场营销战中取胜。

知识经济浪潮正在拍岸，在这样一种全新社会形态下，知识营销应包括以下内容。

（1）学习营销。知识经济时代人类将进入学习社会，实现真正意义上的“活到老，学到老”。知识和信息的大爆炸决定了知识经济时代的营销是“学习营销”，它主要包括两个方面内容：第一，是企业向消费者和社会宣传产品和服务，推广普及新技术。向消费者传递信息，实现产品知识信息的共享，消除顾客的消费障碍，从而“把蛋糕做大”。第二，是企业向消费者、同行和社会的学习。企业在进行营销的过程中不断地向客户及其他伙伴学习，发现自己的不足，吸取好的经验方法，补充和完善自己的营销管理过程。因此，“学习营销”是一个双向过程，互相学习、互相完善，最终达成整体的和谐。

（2）网络营销。21 世纪是网络营销的世纪，网络营销是知识经济与网络技术飞速发展的产物。简单地说，它就是利用 Internet 进行的企业营销。据 ForesterResearch 市场研究公司的数据，1999 年单在互联网上的商品销售总额已达 50 多亿美元，估计今年可望突破百亿大关。网络营销主要通过在 Internet 上建立虚拟商店和虚拟商业区来实现。虚拟商店又称为电子空间商店，它不同于传统的商店，不需要店面、货架、服务人员，只要拥有一个网址，就可以向全世界进行营销活动。它具有成本低廉、无存货样品、全天候服务和无国界区域界限等特点。另外，在网络上还可同步进行广告促销和市场调查以及收集信息等活动。Internet 为企业和客户间建立了一个即时反映交互式的信息交流系统，拉近了企业与消费者之间的距离，具有很好的发展前景。

4.4 麦德龙的营销策略案例

1. 背景资料

麦德龙是世界第一的现购自运制商业集团。麦德龙于 1995 年来到中国并与中国著名的锦汀集团合作，建立了锦江麦德龙现购自运有限公司。1996 年，麦德龙在上海开设了第一家商场，从一开始就获得了惊人的成功，给中国带来了全新的概念。

麦德龙是第一家获得中国中央政府批准在中国多个主要城市建立连锁商场的合资企业。麦德龙的到来填补了中国在仓储业态上的空白，中国麦德龙具有许多优势，例如，严格遵守中国法律，向当地政府缴纳大量税款，对员工进行专业培训促进就业及当地经济发展。同时，麦德龙也吸引其他投资促进区域经济。其先进的分销系统可以给予中小企业帮助。

麦德龙通过其全国性分销系统将当地产品投入国内市场的同时吸引着各地顾客。同时麦德龙国际分销系统将中国商品推向国际市场。

2. 有限的目标顾客

绝大多数普通超市的目标消费群是无差异性的，即服务对象是全体普通消费者，消费者短期内的重复购买率高，但每次的购买量不大，多为临时性随机性消费行为。而仓储式超市的目标消费群比较明确，麦德龙针对“有限”客户，即只对工商领域的经营者、群体消费层实行会员制，会员必须是具有法人资格的企事业单位。

3. 直邮广告促销

麦德龙超市一般不通过大众媒体进行广告宣传，而是利用直邮广告进行促销。它们向所有会员每两周邮递一份“麦德龙邮报”。邮报是一份详尽全彩页的商品目录，介绍了半个月内商品的最新价格，新增商品以及近期开展促销的商品信息。邮报不仅使会员及时了解商品信息，而且帮助企业有效地降低采购成本，提高客户采购的透明性和公正性。

4. 特色化商品营销

面对零售业内竞争压力逐渐增大，麦德龙不是单纯以价格低廉吸引顾客，而是从商品入手，以独家商品、特色商品及自有品牌商品吸引顾客。在每个麦德龙卖场都有一些诸如奶酪、吉士、黄油、咖啡、咖喱粉等特有的进口商品和一些跨地域的特色商品。比如青岛麦德龙是全市最早销售泥螺、腊鸭、糯米藕等南味食品的超市。此外，麦德龙的自有品牌商品除了日常生活用品还涉及五金工具等。

5. 企业套餐服务

麦德龙公司利用“顾客节”表明企业对小型工商业户的重视，重申以顾客为合作伙伴、与顾客共同发展的服务理念，从而赢得了顾客的好感和信任。2000 年 4 月上海麦德龙举行的“顾客节”活动，推出了 10 份为工商业户提供具有专业水准的“套餐”——帮助他们选择最适合的商品，让它们“用最少的钱，配最全的货”；这其中有为小型装修队选配所需电动工具和手动工具提供的商品建议清单；有为小型餐饮业准备的各种套餐餐具；有为企事业单位准备的福利套餐商品建议目录，等等。

6. 销售模式

麦德龙集团旗下的零售业态有：现付自运制（Cash & Carry，C&C）商场 Metro C&C、Mekro C&C，大型百货商场 Galeria，超大型超市折扣连锁店 Real，Extra 和专卖店 Media/Saturn Praktiker。麦德龙集团在进入中国之前，对中国市场曾做过长达 6 年的市场调研，在对市场分析预测的基础上最终只选择了现付自运制。现付自运制是顾客在超市内自由挑选商品，结算时只能使用现金，不能赊账或使用信用卡等，超市不向顾客提供资金账期，购物后顾客自己将商品运回。这种模式适应了快速高效的销售需要，大大降低了超市的营运成本。

7. 客户管理

最初，麦德龙的服务人员将会员填写的《客户登记卡》的资料输入计算机，创建顾客的初始资料。会员信息管理系统自动记录顾客每一次的购物情况，根据各类客户的购物频率和消费结构，准确分析出客户需求的动态发展趋势，使麦德龙能对顾客需求变化迅速做出反应，及时调整商品结构和经营策略，最大程度地满足顾客需求。

麦德龙根据客户规模和购买量将客户分“ABC”三类，其专门成立的“客户顾问组”，对客户的消费结构进行分析，向客户（特别是中小企业）提供特色咨询服务。同时，与主要的客户进行沟通，向他们提出采购建议，帮助客户降低采购成本。通过提供全方位服务，麦德龙不仅拥有了大批的稳定客户，还及时掌握了市场需求动态，从而提高了商品管理的主动性和灵活性。

8. 商品管理

麦德龙的商品采购管理实行中央采购制，即由连锁总部统一采购，各地连锁店无独立的采购决策权。总部统一采购后根据各连锁店的销售情况分别确定配送计划，进行统一配送。统一大批量采购既加强了总部对采购的控制，又降低了进货成本。麦德龙通过商品信息系统掌握商品进销存的全部资料，从商品的选择、订货、再订货、收货到销售、收银，每一个环节都通过计算机完成。信息系统根据历史资料，自动地预测销售，制订采购计划，产生订单，将存货控制在最合理的范围内。

9. 供货商管理

作为一家跨国连锁零售集团，麦德龙对供货商提供产品的质量和供货能力的稳定性要求很高。因此，它们在与供应商建立购销关系时一般不采用常规签订书面购销合同的方式，而是按照已确立完整的交易惯例，通过一套系统的操作程序来获得质量稳定的商品，保证可靠的供应。

麦德龙有一份专门为供应商制作的《麦德龙供货商手册》，内容包括凭据、资料填写、订货、供货、价格变动、账单管理、付款等过程的每一个环节以及双方当事人应予遵循的交易规则和操作程序。双方确认后，麦德龙和供货商之间形成长期合作关系，不再就单笔交易签订采购合同。通过这种规范化采购的运作，麦德龙把供应商纳入自己的管理体系，将供应商的运输系统组合成为自己的商品配送系统，从而大大降低了企业的投资，实现了低成本运营。

为了维护与供货商之间的伙伴关系，采购过程中麦德龙会协助供应商选择最经济的送货路线，帮助供应商利用互联网接受订单，以降低订单处理成本，并通过及时向供应商提供有关市场需求方面的信息。

10. 销售计划管理

为了实现采销合一，麦德龙的销售计划是由采购部门来负责实施的。这与一般的零售企业不同，麦德龙的销售计划是按促销活动制定活动的节目，所以也被称作节目单销售计划。这种计划的制定要有相当的超前性，以便有充裕的时间进行统筹安排。计划成功的关键是销售计划与采购计划的一致和购销计划与供货商商品促销计划的有机结合。

11. 财务管理

麦德龙利用由全球最大的企业管理软件供应商德国SAP公司提供的R/3系统对财务采取集中统一管理。在国内，各地连锁店每天发生的每一笔销售数据，均通过网络传送至上海总部，由上海总部统一进行会计核算。采购货款的支付也由上海总部统一控制，而各地连锁店的财务人员只负责每天的收银汇总及在上海总部核定的备用金使用范围内，报销日常的费用开支。这种管理模式使得企业财务管理高度透明化，财务成本维持在一个比较低的水平上。

实训　网络营销计划书

【实训目的】

通过本次的实训使学生了解网络营销战略分析与策划的整个过程，掌握网络营销计划的书写方法和技巧。

【实训要求】

1. 了解网络营销战略分析与策划。
2. 掌握书写网络营销计划的方法。

【实训内容】

1. 网上寻找相关的资料。
2. 确定目标和营销内容。
3. 动手书写一份网络营销计划书。

【实训步骤】

1. 准备工作

综合比较收集到的相关信息和资料，整理和统计。

2. 计划构思

通过资料的整理和分析，确立基本观点，列出主要论点、论据。确定主题后，对收集到的大量资料经过分析研究，逐渐消化、吸收，形成概念，再通过判断、推理，把感性认识提高到理性认识。

3. 计划书的书写步骤（本次实训重点是第（1）步到第（3）步）

（1）营销对象

① 写出公司名称（包括母公司、子公司）。

② 简要说明为什么需要撰写网络营销计划。

③ 列出公司的目标、方针、宗旨、章程。

④ 列出和公司及其市场营销方案相关的重要事件和时间。

⑤ 指出公司的主要业务是什么。

⑥ 说明未来商业发展是否会影响公司的市场营销计划。

⑦ 对公司进行简单的描述。

⑧ 对公司的产品和服务进行简单的描述。

⑨ 列出公司、产品、服务、市场和产业的关键字。

⑩ 列出公司产品或服务的重要特征。

⑪ 列出公司产品和服务的主要优缺点。

⑫ 概述公司目前的销售情况。

⑬ 列出本行业中极具竞争力的公司及成立时间、公司概况。

⑭ 列出公司建立网络市场的好处、坏处、机会和风险。

⑮ 认真思考公司的产品和服务是否适合网上营销？与客户的互动是否重要？顾客有多少比例是网民？

⑯ 如果公司仅仅依赖传统市场营销活动而不上网的风险如何？

（2）营销目标

① 列出竞争对手及其欲借助市场营销方案完成的目标。

② 列出在下一年公司希望在市场中达成的 10 个目标。

③ 列出 5 个在你的市场中还没有人发现的发展机会，网络营销有可能帮助你获取这些机会吗？

（3）网站的营销设计

① 请简要说明竞争对手在网上采取的策略以及完成的工作。

② 认真分析竞争对手网上策略与执行方法的优缺点。

③ 请思考应该如何修改这些目标以创建独具特色的网上形象。

④ 请简要说明公司计划如何设计网站以增加与顾客之间的互动。

⑤ 请简要说明运用网络营销一对一方式如何增强营销策略目标。

⑥ 请简要说明如何运用网络口碑营销的优势达成营销策略目标。

（4）网络广告设计

① 分析为什么需要网络广告（请列出 5 个通过网络广告可得到的总体市场营销利益）。

② 根据上述的 5 个利益，请列出公司要进行网络营销的原因。

③ 请列出在网络上进行广告活动可能需要面对的 5 种市场营销风险。

④ 思考上述风险是否无法克服？如果是无法克服，则立刻停止下面的工作；如果可以克服，请继续往下写。

⑤ 根据上述的回答，你认为在网络上进行广告活动的可能性有多大？如果可能性不大，请立刻停止填此表；如果可能性较大，请继续往下写。

⑥ 你的网络广告的对象是谁？

⑦ 你是否已经了解你的在线市场？如果不了解，立刻停止填写；如果了解了，请继续。

⑧ 你准备采取何种网络广告的形式？

⑨ 发布网络广告的网络是否能进行统计？

⑩ 你在网络广告中想强调什么？

⑪ 价格问题对你的顾客而言是否十分重要？如果十分重要，那么你的产品或服务所需的费用是多少？

（5）与传统媒体的配合

① 请列出 10 项网站上吸引人的项目，使顾客看到你的传统媒体广告时也想上你的网站看看。

② 请你列出最近从事下列哪一个营销活动，并说明将在这些活动中如何把网站营销搭配进去？（如商展、平面广告、影音广告或折扣活动、说明会或散发说明小册子、营销人员的营销）

（6）成立网络营销小组

（7）编制网络营销预算（包括人事与设备）

传统营销过程基本上是线性的，每个过程都要一步一步来做，各阶段逻辑顺序实现、循环。相反，网络营销在本质上是并行的，而不是线性的。在这种并行的环境中，所有的营销步骤同时发生：市场调研、产品开发以及客户反馈都同时发生。基于从客户那里搜集来的信息，可以迅速地改变产品、服务、价格以及分销系统。

【实训提醒】

设计网络营销计划时要针对某一个公司，某些产品。可以去网上查找资料，也可以自己设计一个公司和产品，但公司的产品不能少于 10 个。

【实训思考】

1. 如何把握网络营销计划的正确性？
2. 用什么方法获取更多的第一手资料？
3. 怎样书写计划书？

【实训报告】

1. 实验过程

目的要求：

实验内容：

实验步骤：

书写网络营销计划书：

2. 实验结果

结果分析：

可以使用表格方式，可以使用图形方式，也可以使用文字方式。

3. 总结

通过实训，总结自己掌握的程度，分析出错原因，提出改进措施。

习题

一、填空题

1. 对企业来说，所谓“企业战略”，其实就是________，就是对________、长期性、基本性问题的________。战略管理过程可分为________阶段、________阶段、________阶段。

2. 网络营销战略目标，就是确定开展________后达到的________目的，以及制订相应的________，组织________和________参与。一般网络营销目标应考虑________目标、________目标、________目标、________目标、________目标等。

3. 传统的 4P 是________、________、________、________，这 4 个要素就是所谓的________。现代的 4C 是________、________、________、________。

4. 企业要引入网络营销，首先要弄清楚________通过________达到何种目的，然后企业可根据自己的________及________的需求特性，选择一种合理的网络营销模式。

5. 网络营销战略规划分为________、________、________、________等。网络营销战略的实施是________，首先应加强对________执行情况的评估，判定是否充分________此战略的竞争优势和________；其次是对执行规划时的________应及时________和________改进；再次是对________的评估和________。

6. 网络营销是一种强调________的营销方式，网络营销具有________的互动性，网络营销满足________对________的需求，网络营销能________价格重视型________的需求，网络营销产生的________基础就是________日益激烈化。

7. 网络营销策略是多层次的，其中第一层包括________策略、________策略、________策略、________策略等。第二层包括________策略、________策略、________策略、________策略、________策略等。第三层包括________策略、________策略、________策略、________策略、________策略、________策略、________策略等。

8. 网络营销的关系是指________之间的某种性质的联系。在社会学上，关系是随着________的诞生而出现的，随着社会________而________。所谓关系营销是指与主要客户建立起________关系或________的任何营销战略，基本都可以称为________或________营销。

9. 价格策略是企业________中最富有________和________的策略，是企业的一种________的竞争手段，是企业营销组合策略中的________组成。在进行网络营销中，企业应特别________策略的运用，以巩固企业在市场中的________，增强企业的________能力。

10. 网络营销中的知识营销是一种________方式，知识营销具有以下特征________、________、________等。

11. 网络战略规划是________制订计划的一个________，为了完成企业的________任务，要实施________的短期计划。战略规划确定了企业________组成、________和________。

12. 营销计划主要有两个目的，其一是________的机会，其二是________最有效地为资源________把握机会。营销计划发挥作用的基础是________的战略。营销计划的目标管理的作用是________、________、________。

二、思考题

1. 网络营销战略的概念是什么？
2. 网络营销战略管理过程中有哪 3 个模型？
3. 请写出网络营销战略目标的 5 种类型。
4. 请写出传统营销的 4P 内容。
5. 请写出现代网络营销的 4C 内容。
6. 请写出如何从 4P 到 4C 的转变。
7. 如何选择网络营销战略的模式？

8. 请写出网络营销战略规划的 3 个阶段。
9. 请写出网络营销的心理优势有哪些。
10. 请写出绿色营销策略的具体内容。
11. 请写出价格/销售比策略的具体内容。
12. 请写出差异化策略的具体内容。
13. 请写出服务策略的具体内容。
14. 请写出价格竞争策略的具体内容。
15. 请写出网络营销目标管理的作用。

第5章 网络营销的信息搜索策略

网络上有丰富的商务和市场信息资源，利用这些信息资源，企业可以大大地拓展自己的视野和市场范围。怎样才能快速、准确地在浩如烟海的网络信息中找到自己所需要的信息资源呢？在网络营销方法体系中，信息搜索策略就是利用网站提供的搜索工具在互联网的信息资源中找到大量的、有商业价值的信息。其中搜索引擎对于网络营销具有及其重要的价值，近年来搜索引擎营销的应用更为普及，其效果也获得广泛认可，已经成为中小企业网站推广的首要方式。

学习目标

- 理解网上信息搜索的基本概念
- 理解搜索引擎的工作原理
- 掌握搜索引擎营销的原理和基本方法

5.1 网上信息搜索概述

获取网上信息是网络营销的基础和前提，只有获取了大量的信息，才能通过对这些信息进行分类、筛选、提炼和加工处理，提取出有商业价值的信息，并利用这些信息进行网络营销。网上信息搜索是指在网络上对商务信息的寻找和调取工作，这是一种有目的、有步骤地从各网站查找和获取信息的行为。

5.1.1 网上信息获取的一般方法

网上信息获取的方法很多，通常有网上浏览、收藏、保存页面信息等。

1. 网上浏览

网上浏览是获取信息的最简单的方法。通过网上浏览可以熟悉网站的特点、内容和风格，对于了解各网站的栏目设置情况、商气情况是有益的。但是从网络经济学的角度来讲，这种漫无边际的浏览会在时间上和经济上造成浪费。

2. 收藏和保存页面信息

对于在浏览中发现和获得的重要信息，可以把它收集并保存起来。收集和保存页面信息的方法很多，下面介绍几种常用的方法。

（1）使用“另存为”加以保存

找到要保存的 Web 页面信息，单击“文件”菜单，选择“另存为”选项，在“另存为”对话框中指定保存的位置和名称，然后单击“保存”按钮，IE 便开始下载指定的内容。

（2）用电子邮件直接发送 Web 页面

找到要发送的 Web 页面信息，单击“文件”菜单，将鼠标指针指向“发送”，然后单击“电子邮件页面”或者“电子邮件链接”，输入 Web 页面的目标地址后，单击工具栏上的“发送”。

（3）采用粘贴保存法

首先用键盘上的 Print Screen 键复制网页，然后在 Word 文档中进行粘贴并保存。

3. 定向浏览

定向浏览是网上浏览的深层次发展的形式，它不仅具有明确的目的性，而且具有捕捉信息的敏感性。通常有以下 6 个目的。

① 寻找商气旺的目标发布网站；

② 获取网上商品的上网情况和定价信息；

③ 寻找手中货的现实商机；

④ 分析产品的网上流向；

⑤ 判断该网站的商业价值；

⑥ 为待进行的商务谈判做准备。

4. 制定信息

制定信息是一种主动获取所需信息的方法。许多商业网站提高了这种制定信息的服务，只要登录这些网站，在该网站的订制信息的登记栏内留下电子邮件地址，就完成了制定信息的操作。例如，利用邮件列表制定信息是网站的一种个性化服务。

5. 搜索引擎

搜索引擎能够在互联网的信息中找到大量的客户所需要的目标信息，它备受人们的喜爱。而利用搜索引擎获取信息是网络营销中的一种最基本、最直接、最快捷的方法。

5.1.2 网上信息搜索的常用方法

万维网上大量建立的具有搜索引擎功能的网站已经为用户查找信息提供了高效率的工具。在这些站点往往注册了数以百万计的在 Internet 上的 Web 站点，并且对它们进行了详细的分类和列出相应的目录，如新闻媒体、体育健身、经济与贸易等。通过相应的目录，用户可以更容易地找到所需要的信息。此外，还可以使用专业的搜索引擎，如“百度”或“搜狐”等进行信息查找。

1. 使用 IE 提供的搜索功能在网上搜索

一般情况下，浏览器都具有搜索功能，可以使用精确匹配的方法进行搜索。单击工具栏上的“搜索”按钮，在文档窗口左侧出现默认的 Google 搜索引擎窗口，输入需要搜索的内容，可以实现具体的搜索。

2. 自动搜索

在地址栏键入 GO、Find 或“?”，后面跟要查找的单词或词组，IE 会使用默认的 Baidu 搜索服务立即开始搜索。下面以搜索有关“电子商务”的信息为例，介绍 IE 的“自动搜索”功能。

① 地址栏键入“?电子商务”并按 Enter 键，显示如图 5-1 所示的页面。

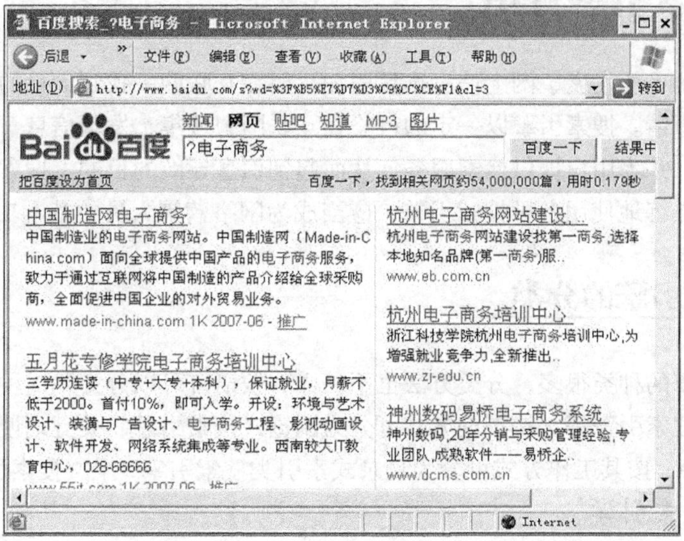

图 5-1　自动搜索

② 利用滚动条可以选择相应的链接，查看详细结果。

3. 使用搜索引擎

搜索引擎是帮助用户在 Internet 上进行信息检索的一种专用工具，它能有效地对信息进行检索。

5.1.3 网上信息搜索的技巧

随着网络信息的不断增加，在搜索出的众多条目中逐一通过超级链接阅读全文是一件很困难的事，通过限定条件、组合多个关键词搜索可以大大缩小范围。

1. 使用逻辑词辅助查找

比较大的搜索引擎都支持使用逻辑词进行更复杂的搜索界定。常用的有 AND（与）、OR（或）、NOT（否，有些是 AND NOT）及 NEAR（两个单词的靠近程度）。恰当应用它们可以使搜索结果更精确。另外，也可以使用括号将搜索词分别组合。

2. 使用双引号进行精确查找

如果要查找一个词组或多个汉字，最好的办法就是将它们用双引号括起来，这样得到的结果最少、最精确。例如，在搜索引擎的 Search（查询）框中输入“search engine”，这会比输入 search engine 得到更少、更精确的结果。如果按上述方法查不到任何结果，可以去掉双引号试试。

3. 使用加减号限定查找

很多搜索引擎都支持在搜索词前冠以加号“+”以限定搜索结果中必须包含的词汇，用减号

“–” 限定搜索结果中不能包含的词汇。

4. 细化查询

许多搜索引擎都提供对搜索结果进行细化与再查询的功能。例如，有的搜索引擎在结果中有“查询类似网页” 的按钮，还有一些则可以对得到的结果进行新一轮的查询。

5.2 搜索引擎介绍

随着 Internet 的飞速发展、网上信息迅猛增加，要在互联网中找到大量的用户所需要的目标信息是十分困难的事情。搜索引擎以一定的策略在互联网中搜集、发现信息，对信息进行理解、提取、组织和处理，并为用户提供检索服务，从而起到信息导航的目的。搜索引擎是网络营销的载体和工具，学会熟练地使用各种搜索引擎，应当成为网络营销人员的基本功。

5.2.1 搜索引擎的分类

目前，搜索引擎的种类很多，分类方法也不一样。按语言可以分为单语种搜索引擎、多语种搜索引擎、跨语言搜索引擎等。按查询方式可分为浏览式搜索引擎、关键词搜索引擎、全文搜索引擎、智能搜索引擎；按其工作方式可分为目录式索引类搜索引擎、全文搜索引擎和元搜索引擎。

1. 目录式搜索引擎

目录式搜索引擎是最早出现的基于 WWW 的搜索引擎。以雅虎为代表，我国的搜狐也属于目录式搜索引擎。目录式搜索引擎虽然有搜索功能，但在严格意义上算不上是真正的搜索引擎，仅仅是按目录分类的网站链接列表而已。用户完全可以不进行关键词（Keywords）查询，仅靠分类目录也可找到需要的信息。

目录式搜索引擎主要通过人工发现信息，依靠编目员的知识进行甄别和分类。由于目录式搜索引擎的信息分类和信息搜集有人的参与，因此其搜索的准确度是相当高的，但由于人工信息搜集速度较慢，不能及时地对网上信息进行实际监控，其查全率并不是很好，是一种网站级搜索引擎。

2. 全文搜索引擎

全文搜索引擎是名副其实的搜索引擎，国外具代表性的有 Google、Fast/AllTheWeb、AltaVista、Inktomi、Teoma、WiseNut 等，国内著名的有百度。他们都是从网站提取信息建立网页数据库。

从搜索结果来源的角度，全文搜索引擎又可细分为两种，一种是拥有自己的检索程序（Indexer），俗称“蜘蛛”（Spider）程序或“机器人”（Robot）程序，并自建网页数据库，搜索结果直接从自身的数据库中调用，如 Google、百度引擎；另一种则是租用其他引擎的数据库，并按自定的格式排列搜索结果，如 Lycos 引擎。

按搜索引擎的自动信息搜集功能分类，一种是定期搜索，即每隔一段时间，搜索引擎主动派出“蜘蛛”程序，对一定 IP 地址范围内的互联网站进行检索，一旦发现新的网站，它会自动提取网站的信息和网址加入自己的数据库；另一种是提交网站搜索，即网站拥有者主动向搜索引擎提交网址，它在一定时间内定向向你的网站派出“蜘蛛”程序，扫描你的网站并将有关信息存入数据库，以备用户查询。

3. 元搜索引擎

元搜索引擎也叫集搜索引擎，是指在统一的用户查询界面与信息反馈的形式下，共享多个搜索引擎的资源库为用户提供信息服务的系统。著名的元搜索引擎有 InfoSpace、Dogpile、Vivisimo 等，中文元搜索引擎中具代表性的有搜星搜索引擎。

元搜索与一般搜索引擎的最大不同在于它可以没有自己的资源库和机器人，它充当一个中间代理的角色，接受用户的查询请求，将请求翻译成相应搜索引擎的查询语法。在向各个搜索引擎发送查询请求并获得反馈之后，首先进行综合相关度排序，然后将整理抽取之后的查询结果返回给用户。元搜索引擎的优点是返回结果的信息量大、查全率高、搜索范围更多更大，查准率比较高；缺点是不能充分使用元搜索引擎的功能，用户需要自行做更多的筛选。

5.2.2　搜索引擎的工作原理

搜索引擎起源于传统的信息全文搜索理论。它并不是搜索互联网，实际上是搜索预先整理好的网页索引数据库。真正意义上的搜索引擎，通常指的是收集了因特网上几千万到几十亿个网页，并对网页中的每一个词（即关键词）进行索引，建立索引数据库的全文搜索引擎。当用户查找某个关键词的时候，所有在页面内容中包含了该关键词的网页都将作为搜索结果被搜出来。在经过复杂的算法进行排序后，这些结果将按照与搜索关键词的相关度高低，依次排列，并返回给用户，如图 5-2 所示。

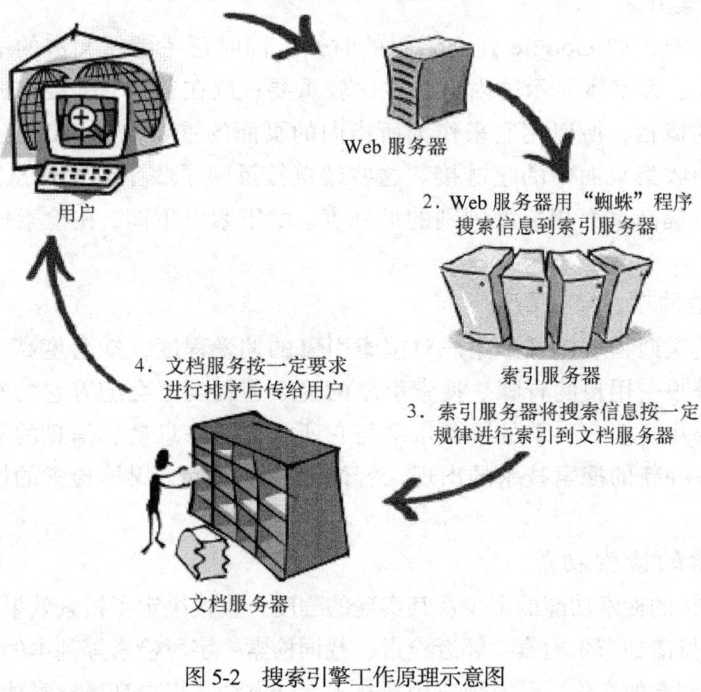

图 5-2　搜索引擎工作原理示意图

从图 5-2 中可知，搜索引擎的工作原理可以分为以下几步。

1．从互联网上收集网页信息（抓取）

搜索引擎首先会派出一种被称作“蜘蛛”或者是“机器人”的软件，根据一定规则扫描存在于互联网上的网站，并沿着网页上的链接从一个网页到另一个网页，从一个网站到另一个网站。为保证采集的资料最新，它还会回访已抓取过的网页。

2. 建立网页索引数据库（索引）

由分析索引系统程序对收集回来的网页进行分析，提取相关网页信息（包括网页所在URL、编码类型、页面内容包含的所有关键词、关键词位置、生成时间、大小、与其他网页的链接关系等），根据一定的相关度算法进行大量复杂计算，得到每一个网页针对页面文字中及超链中每一个关键词的相关度（或重要性），然后用这些相关信息建立网页索引数据库。

3. 在索引数据库中搜索排序（排序）

当用户输入关键词搜索后，由搜索系统程序从网页索引数据库中找到符合该关键词的所有相关网页。因为所有相关网页针对该关键词的相关度早已算好，所以只需按照现成的相关度数值排序，相关度越高，排名越靠前。

4. 组织返回搜索结果（结果返回）

由页面生成系统将搜索结果的链接地址、页面内容摘要等内容组织起来返回给用户。

5.2.3 搜索引擎的主要性能评价指标

1. 搜索引擎建立索引的方法

数据库中的索引一般是按照倒排文档的文件格式存放的，在建立倒排索引的时候，不同的搜索引擎有不同的选项。有些搜索引擎对于信息页面建立全文索引；而有些只建立摘要部分，或者是段落前面部分的索引。

还有些搜索引擎，如Google建立索引的时候，同时还考虑超文本的不同标记所表示的不同含义，如粗体、大字体显示的内容往往比较重要；放在“锚”链接中的信息往往是它所指向页面的信息的概括，所以用它来作为所指向的页面的重要信息。Google、Infoseek还在建立索引的过程中收集页面中的超链接。这些超链接反映了收集到的信息之间的空间结构，利用这些结果可以提高页面相关度判别的准确度。由于索引不同，在检索信息时产生的结果会不同。

2. 搜索引擎的受欢迎程度

搜索引擎的受欢迎程度体现了用户对搜索引擎的偏爱程度，知名度高、性能稳定和搜索质量好的搜索引擎很受用户的青睐。搜索引擎的受欢迎程度也会随着它的知名度和服务水平的变化而动态地变化。搜索引擎的服务水平与它所收集的信息量、信息的新颖度和查询的精确度相关。随着各种新的搜索技术的出现，智能化的、支持多媒体检索的搜索引擎将越来越受到用户的欢迎。

3. 搜索引擎的检索功能

搜索引擎所支持的检索功能的多少及其实现的程度，直接决定了检索效果的好坏，所以网络检索工具除了要支持诸如布尔检索、邻近检索、截词检索、字段检索等基本的检索功能之外，更应该根据网上信息资源的变化，及时地应用新技术、新方法，提高高级检索功能。另外，由于中文信息持有的编码不统一问题，所以如果搜索引擎能够实现不同内码之间的自动转换，用户就能全面检索中国大陆及港台地区乃至全世界的中文信息。这样不但可以提高搜索引擎的质量，而且会得到用户的支持。

4. 搜索引擎的检索效果

检索效果可以从响应时间、查全率、查准率和相关度方面来衡量。响应时间是用户输入检索式开始查询到检出结果的时间；查全率是指一次要求搜索结果中符合用户要求的数目与用户查询相关的总数之比；查准率是指一次搜索结果集中符合用户要求的数目与该词搜索结果总数之比；相似度是指用户查询与搜索结果之间相似度的一种度量。查准率是一个复杂的概念，一方面表示搜索引擎对搜索结果的排序，另一方面却体现了搜索引擎对垃圾网页的抗干扰能力。总之，一个好的搜索引擎应该具有较快的响应速度、高的查全率和查准率，或者有极大的相似度，另外，搜索引擎的信息占有量也可以作为评价搜索引擎性能的指标。

5.2.4　国内外主要搜索引擎的介绍

目前，国内用户常用的搜索引擎有中文雅虎、百度、Google、AltaVista 检索引擎等。

1．中文雅虎

雅虎在全球共有 24 个网站，12 种语言版本。其中雅虎中国网站（www.yahoo.com.cn）于 1999 年 9 月正式开通，它是雅虎在全球的第 20 个网站，雅虎中国的主页如图 5-3 所示。

图 5-3　雅虎中国的主页

雅虎中国网站为用户提供了强大的搜索功能，通过其 14 类简单易用、手工分类的简体中文网站目录及强大的搜索引擎，用户可以轻松搜索到政治、经济、文化、科技、房地产、教育、艺术、娱乐、体育等各方面的信息。

雅虎中国的分类目录查询做得相当出色，无论从网站的数量还是分类的合理性方面都可圈可点。站点目录分为 14 个大类，每一个大类下面又分若干子类，搜索十分方便。

2．百度

2000 年 1 月，百度创立于北京中关村，是全球最大的中文搜索引擎，百度的主页如图 5-4 所示。2000 年 5 月，百度首次为门户网站——硅谷动力提供搜索技术服务，之后迅速占领中国搜索引擎市场，成为最主要的搜索技术提供商。2001 年 8 月，发布 Baidu.com 搜索引擎 Beta 版，从后台服务转向独立提供搜索服务，并且在中国首创了竞价排名商业模式，2001 年 10 月 22 日正式发布 Baidu 搜索引擎。2005 年 8 月 5 日，百度在美国纳斯达克上市，成为 2005 年全球资本市场上最为引人注目的上市公司，百度由此进入一个崭新的发展阶段。

图 5-4　百度的主页

百度除网页搜索外，还提供了 MP3、文档、地图、传情、影视等多样化的搜索服务，率先创造了以贴吧、知道为代表的搜索社区，将无数网民头脑中的智慧融入了搜索。百度每天响应来自 138 个国家超过数亿次的搜索请求。用户可以通过百度主页，在瞬间找到相关的搜索结果，这些结果来自于百度超过 10 亿个的中文网页数据库，并且这些网页的数量每天正以千万级的速度在增长。

3. Google

Google Inc.创建于 1998 年 9 月，创始人为 Larry Page 和 Sergey Brin，他们开发的 Google 搜索引擎屡获殊荣，是一个用来在互联网上搜索信息的简单快捷的工具。Google 是目前全球使用最多、信息量最大、查询服务最好的网上搜索引擎，Google 的主页如图 5-5 所示。Google 开发出了迄今为止最便捷的网上信息查询方法。通过对 30 多亿个网页进行整理，为世界各地的用户提供适需的搜索结果，而且搜索时间通常不到半秒。现在，Google 每天需要提供 2 亿次查询服务。

图 5-5　Google 的主页

Google 提供常规及高级搜索功能，Google 高级搜索功能如图 5-6 所示。在高级搜索中，用户可限制某一搜索必须包含或排除特定的关键词或短语。该引擎允许用户定制搜索结果页面所含信息条目数量，可从 10 至 100 条任选。提供网站内部查询和横向相关查询。Google 还提供特别主题搜索，如 Apple Macintosh，BSD Unix，Linux 和大学院校搜索等。Google 允许以多种语言进行搜索，在操作界面中提供多达 30 余种语言选择，包括英语、主要欧洲国家语言（含 13 种东欧语言）、日语、中文简繁体、朝语等。同时，还可以在多达 40 多个国别专属引擎中进行选择。

图 5-6　Google 高级搜索功能

Google 的实用性及便利性赢得了众多用户的青睐，它几乎完全是在用户的称赞下成为全球最知名的品牌之一。作为一个企业，Google 通过提供广告服务来获取收入，使广告客户能够刊登与特定网页内容相关的、重要而又经济实效的在线广告。这不仅为用户提供了实用的广告信息，同时也给刊登广告的广告客户带来了好处。

4. AltaVista 检索引擎

AltaVista 检索引擎为数字设备公司（DEC）开发，号称是目前最大的 Web 索引数据库，AltaVista 的主页如图 5-7 所示。AltaVista 检索引擎提供两种检索方法：简单检索和高级检索。高级检索包括了简单检索的所有特性，还允许使用布尔运算符和接近操作符、括号等，查找的结果按关键词排序。AltaVista 总能返回有用的信息，但由于没有对内容进行选择，它的“信噪比”也是最大的。

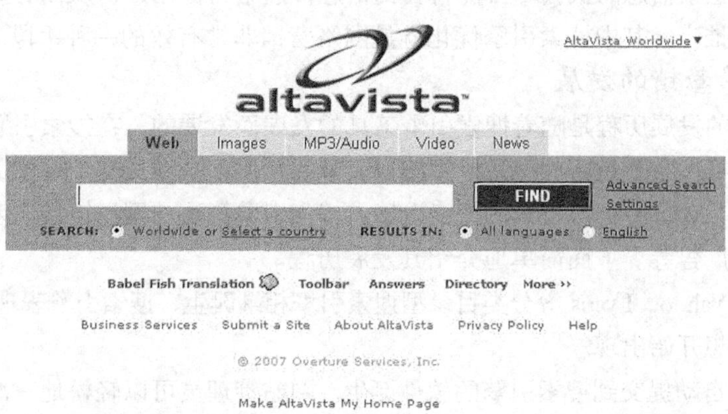

图 5-7　AltaVista 的主页

AltaVista 的优点是：在所有的检索软件中，它的功能最全面，查全率和查准率最高，全文标引系统质量可靠；在检索语句上与传统的联机检索语言类似，更容易掌握；系统反应速度快；网页链接可靠。缺点是文件相关性评估的质量一般。

5.3 搜索引擎营销

搜索引擎营销是最常用的网络营销方法之一。随着网络营销环境的日益完善和网络营销方法的不断出现，虽然搜索引擎营销已经不再是网络营销的核心，但搜索引擎仍然是人们发现新网站的基本方法。而且搜索引擎本身也不断发展演变，基于搜索引擎的营销手段也不仅仅是免费登录分类目录，而是已经向更深层次发展，如提供高级服务的付费排名、关键词广告、关键词竞价排名、基于网页内容定位的网络广告等。随着国内主要搜索引擎全面开始付费登录，并未改变人们应用搜索引擎的热情，因此，在搜索引擎登录并获得好的排名仍然是网站推广的基本任务之一。

5.3.1 搜索引擎营销概述

搜索引擎是网上天然的过滤器。无论是在全球还是在中国，搜索引擎市场正在如火如荼地进行。用户可以通过搜索引擎中关键词的查找过滤出自己感兴趣的信息，企业可以通过锁定不同关键词得到准确有效的目标客户。因此，搜索引擎营销在网络营销中占据极其重要的地位。

1. 搜索引擎营销的定义

搜索引擎营销得以实现的基本过程主要在于：企业将信息发布在网站上成为以网页形式存在的信息源；搜索引擎将网站/网页信息收录到索引数据库中；用户利用关键词进行检索（对于分类目录则是逐级目录查询）；在检索结果中罗列相关的索引信息及其链接 URL；根据用户对检索结果的判断选择有兴趣的信息并单击 URL 进入信息源所在网页。这样便完成了企业从发布信息到用户获取信息的整个过程。

搜索引擎营销（Search Engine Marketing，SEM），是网络营销的主要手段，对于网站推广、网络品牌、产品推广、在线销售等具有明显的效果。它通过较高的搜索引擎排名来增加网站的点击率，即浏览量，从而获得产品或服务销售额的飙升。搜索引擎营销就是根据用户使用搜索引擎的方式，利用用户检索信息的机会尽可能将营销信息传递给目标用户，从而有效地利用搜索引擎来进行网络营销和推广。其中搜索引擎优化就是网络营销非常有效的一种手段。

2. 搜索引擎营销的发展

搜索引擎营销的发展历程是随着搜索引擎工具的发展而发展的，在搜索引擎营销发展中最值得关注的一些重要事件主要是：分类目录型搜索引擎的诞生；自动提交到搜索引擎的软件；基于网页 HTML 代码中 META 标签检索的搜索引擎；搜索引擎算法与网站链接广度；按照点击付费的搜索引擎关键词广告等。下面简单地介绍其发展历程。

（1）1994 年，Yahoo、Lycos 等分类目录型搜索引擎相继诞生，搜索引擎表现出网络营销价值，搜索引擎营销的思想开始出现。

（2）1995 年，自动提交到搜索引擎的软件诞生。网站管理员可以轻松地一次将网站提交到多个搜索引擎，但由于部分网站滥用这种软件，不断提交同一个网站或者同时提交同一网站中大量的网页以求网站总处于最新位置，或者占领搜索引擎收录网页的主要内容，因此这种软件的问题很快被搜索引擎发现，并且开始拒绝这种自动登录软件提交的信息。

（3）1995—1996 年，基于网页 HTML 代码中 META 标签检索的搜索引擎技术诞生。利用 META 标签改善在搜索引擎中排名的技术很快成为搜索引擎营销的重要内容——这就是搜索引擎优化方法的萌芽。

（4）1997 年，搜索引擎优化与排名自动检测软件问世。这使得网站管理员或网络营销人员可以检查网站搜索引擎优化设计的水平，并且了解被搜索引擎收录的情况，据此可以进一步制定针对性的搜索引擎营销策略。

（5）1998 年，"搜索引擎算法"开始关注网站之外的链接，与此同时，网站优化者也开始制造"网站链接广度"（link popularity）。

（6）2000 年，出现按点击付费（Pay-per-click）的搜索引擎关键词广告模式（overture），搜索引擎广告诞生。

（7）2001 年，搜狐等部分中文分类目录开始收费登录，网站登录每年要交纳数百元到数千元不等的费用，付费搜索引擎营销开始走向主流。

（8）2002 年后半年，在网络广告市场最低潮中，搜索引擎关键词广告市场增长强劲，占 2002 年网络广告市场的 15%，搜索引擎带动整个网络经济复苏。

（9）2003 年，出现基于内容定位的搜索引擎广告（Google AdSense）。

（10）2004 年，搜索引擎全面引领互联网经济潮流，搜索引擎营销的价值被企业普遍接受。

5.3.2　关键词与搜索引擎营销

关键词可以被称为是整个搜索应用的基石。对用户和搜索引擎来说，关键词是双方互动的媒介，难以想象如果不使用关键词，我们如何来达到快捷有效的信息查询目的。在搜索引擎营销中，关键词也起着重要的作用。

1．关键词的重要性

搜索引擎营销的整个环节中，关键词的选择是最为重要的，如果你选错了关键词，可能会导致以下严重的后果。

（1）如果选择的关键词完全错误，那么后面的所有搜索引擎推广工作都等于白做。因为选择的关键词根本就很少会有人来用，即使获得了较好的排名，进行了关键词广告投放，也无法带来流量。

（2）如果选择的是热门的不够准确的关键词，那么将会浪费大量的人力、时间和推广费用，甚至太多的垃圾流量会造成网站浏览速度减慢等。

（3）如果选择的是非热门的不够准确的关键词，这些关键词因为不够准确，所以转化率非常低，虽然可以为网站带来一定的流量，但是却带来不了订单。

因此，对企业而言是希望更多的潜在客户通过某种渠道在最短的时间内找到企业，而这在搜索营销中则反映为企业所选择的关键词是否正好迎合了用户特定的搜索目标。用户在查找产品或服务信息时，通常会以产品服务的特有名称、行业名称，甚至是企业名称等为条件进行搜索，而这些搜索条件正是搜索营销的诉求点。可以说，关键词是决定搜索营销推广成败的关键。

2．选择关键词的原则

在选择关键词的问题上，一般都会认为是一件很简单的事，其实不然。如果不注意其中的技巧，往往会误入歧途，造成投入和产出不成正比。在选择关键词时企业应该注意以下几方面。

（1）选择与网站内容相关的关键词。即便是一个对关键词选择技巧一无所知的人，常识也会让他避免在销售家电时却选择诸如“食品”之类的毫不相干的关键词。同样道理，如果靠不相关的关键词吸引来的用户，对企业产品/服务的销售起不到任何作用。

（2）选择具体的关键词。关键词覆盖范围并不是越宽越好，因为意义越宽泛的关键词，其对应的信息需求种类也越多。有的用户以该关键词搜索的目的可能是要购买相关的产品，但更多的也许是其他方面的需求，并不一定会导致消费行为。

这一点在关键词竞价排名当中体现得尤为突出。由于企业必须为用户的每一次点击付费，企业当然是希望尽量只为那些能够转化成企业客户的人支付点击费，而含义宽泛的关键词却恰好会产生相反的结果。

（3）注意关键词的投资回报率。对搜索营销了解不多的人可能并未意识到，即使是同一类的关键词，其投资回报率也是有差别的。这方面除了有一个特定的基本标准外，还要靠我们在实践中进行科学的调整和总结。有时候，尤其是在商业活动中，数据往往比任何概念和理论都更具说服力。

3. 关键词的插入

将关键词插入到适当的位置也是提高搜索引擎优化推广效果的重要手段，插入关键词的方法主要有以下 5 种。

（1）将关键词或描述性的语言插入网页代码中的 Title 和 Meta 标签中

例如，网易中关键字的设置

```
<title>网易</title>
<base target="_blank" />
<meta name="Keywords" content="网易，新闻，体育，娱乐，女性，旅游，文化，论坛，短信，数码，汽车，手机，财经，科技" />
<meta name="Description" content="网易，新闻，体育，娱乐，女性，旅游，文化，论坛，短信，数码，汽车，手机，财经，科技，专业报道门户网站" />
<meta name="robots" content="index, follow" />
<meta name="googlebot" content="index, follow" />
```

（2）将关键词插入超链接文本（锚文本）中

除了在导航、网站地图、锚文本中有意识地使用关键词外，还可以人为地增加超链接文本。例如，某大学的校园网站可以通过加上以下学校资料链接——浙江大学、清华大学等含有“大学”的文字链接来达到增加超链接文本的目的。

（3）将关键词插入 Header 标签中

Header 标签是正文标题<H1></H1>中的文字，搜索引擎比较重视标题中的文字，将关键词插入 Header 标签，有助于搜索引擎对关键词的搜寻。用<B></B>加粗的文字往往也是关键词经常出现的地方。

（4）将关键词插入图片的 ALT 属性中

目前搜索引擎不能抓取图片，因此制作网页时在图片属性 Alt 中加入关键词是对搜索引擎友好的一种好办法，它会认为该图片内容与你的关键词一致，从而有利于排名。

（5）将关键词插入网页正文最吸引注意力的地方

正文内容必须适当地出现关键词，并且“有所侧重”。要考虑因用户阅读习惯而形成的阅读优先位置，或从上到下，或从左到右，包括页面靠顶部、左侧、标题、正文前 200 字以内等。

4. 关键词广告

关键词广告是充分利用搜索引擎资源开展网络营销的一种手段，属于付费搜索引擎营销的主要形式之一。下面以 Google Adwords 账户为例，介绍 Google 的竞价广告模式。

Google 关键词广告（Google AdWords™）是与搜索关键词挂钩的收费文字广告项目，显示在客户预先指定的关键词搜索结果页面右侧。按点击计费，不点击不收费。Google AdWords 的显示位置如图 5-8 所示。下面以 Google AdWords 关键词广告为例，介绍关键词广告的特点。

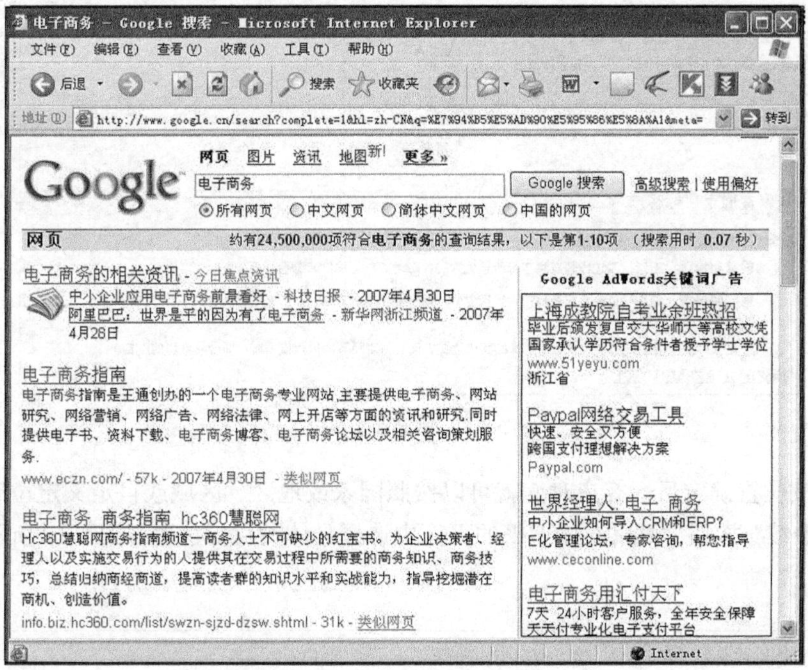

图 5-8　Google AdWords 关键词广告

（1）Google AdWords 关键词广告的特点

① 覆盖范围广。Google 覆盖全球 250 多个国家和地区，支持 89 种语言，美国知名市场调研公司 ComScore Medta Metrix 最新统计数据表明，Google 占据了英语类用户中 32%的搜索引擎访问量。

② 投放针对性强。AdWords 关键词广告显示的内容和用户搜索的关键词是强相关的，就算用户现在不是该广告的客户，但至少是对它感兴趣的潜在客户，准确率极高，达到 90%以上。

③ 用户关注度高。AdWords 关键词广告显示在搜索结果右边，而不会附带另外的东西去骚扰用户，所以一般不会被人反感，只要您的广告出现在搜索结果页面上，它就很难被忽视掉。

④ 投资性价比好。“一切为您提高成效！”是 Google AdWords 广告的服务宗旨，AdWords 关键词广告因为其投入经济、效果显著和灵活性高，已经成为中小企业最理想的市场拓展工具和渠道。

（2）Google AdWords 广告投放的步骤

Google AdWords 账号的注册与使用可以通过易城网络竞价中心（http：//www.easetown.com）

来完成。而 Google AdWords 广告投放过程主要包含以下基本步骤。

① 确定目标客户。可以按照语言或者位置来确定目标客户，既可以从多种主要语言和 200 多个国家/地区中选择，也可以选择只为特定城市或地区的用户展示你的广告。图 5-9 所示为确定目标客户。

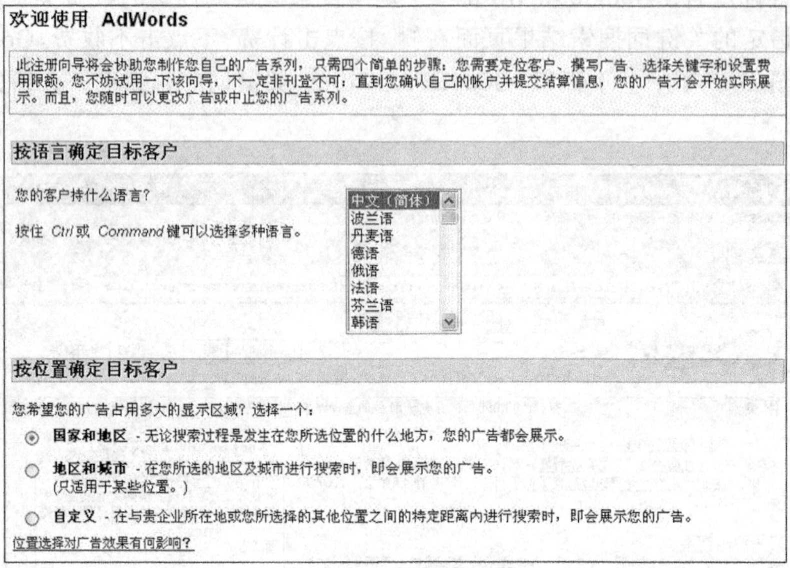

图 5-9 确定目标客户

当选择了按位置确定目标客户时，就可以按照国家或地区、区域或自定义定位客户，做出选择后，单击“继续”按钮，可以在接下来的页面中选择具体的目标位置。图 5-10 所示为按国家或地区确定客户。

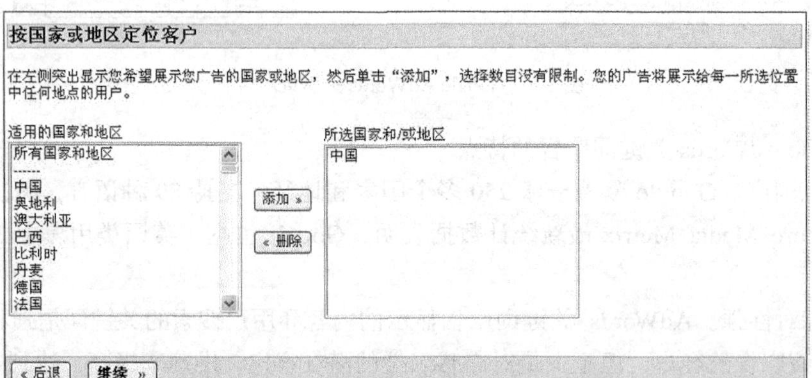

图 5-10 按国家或地区确定客户

② 制作广告。创建标题和两行广告文字，其中标题不能超过 25 个英文字符或 12 个中文字符。在“显示的网址”字段中输入需要希望在 AdWords 广告中显示的网站的网址，长度不能超过 35 个字符；“目标网址”是用户在单击广告后访问的实际网页，最多可包含 1 024 个字符。图 5-11 所示为制作广告文字界面。

③ 选择关键词。输入的关键词应反映网站或产品的特点，以获得最经济有效的结果。每个关

键词应独占一行，在如图 5-12 所示选择关键字的界面中输入每个关键词或关键词词组后，按 Enter 键即可。

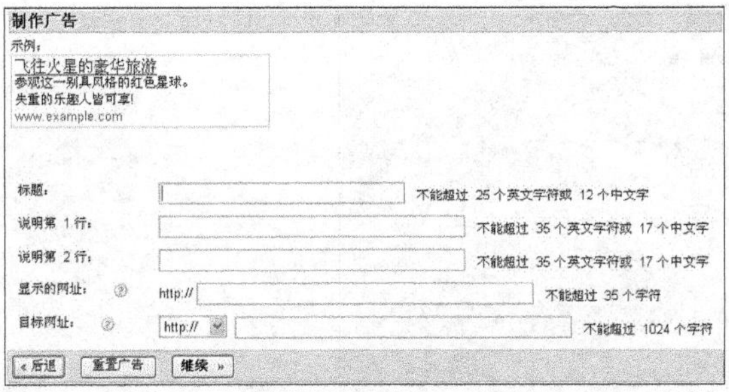

图 5-11　制作广告文字界面

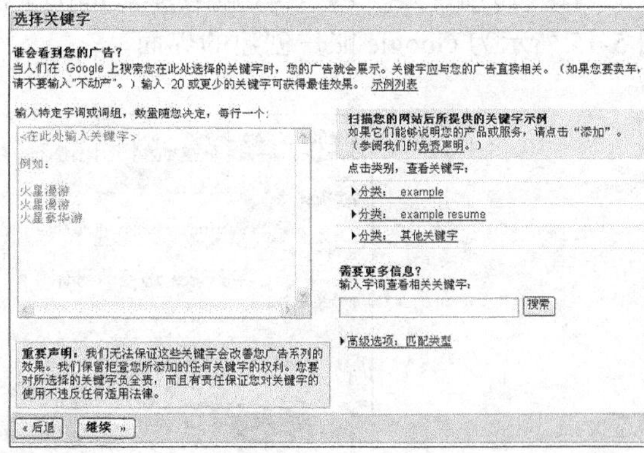

图 5-12　选择关键字

④ 定价。定价主要包括选择使用的币种，设定最高每次点击费用（CPC）和每日预算。每日支出金额完全由客户自己来定，无须设定最低预算。具体设置定价如图 5-13 所示。

选择币种：选择合适的币种来结算和付款。值得注意的是所选择的币种将同时应用于结算和付款。例如，如果选择了美元，那么 Google 只能使用美元申请付款，也只能接受美元付款。

设定每日预算：每日预算是每月希望在该广告系列上支出的费用除以该月的天数所得的金额。AdWords 系统会给出一个每日预算建议值，该值是根据客户的目标区域选项和相似关键词的历史点击数据计算得出的。此预算可以帮助确保客户的广告每天获得最大展示率。

设定最高每次点击费用（CPC）：最高每次点击费用是用户每次点击您的广告时您愿意支付的最高费用，每次点击费用越高，广告排名就越靠前。根据您输入的关键词，AdWords 系统会计算出一个最高每次点击费用的建议值，并且显示相应的每日点击数和费用。

⑤ 审核账户。查看目前为止的所有广告选择。单击“修改”按钮以更改任一选择，完成修改后就可返回审核页面。图 5-14 所示为审核账户界面。

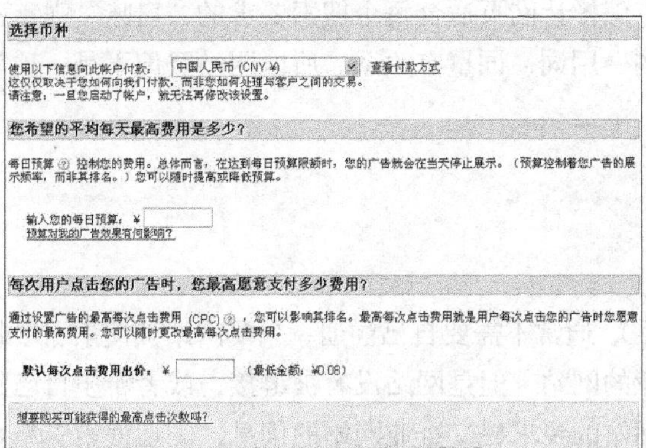

图 5-13　设置定价

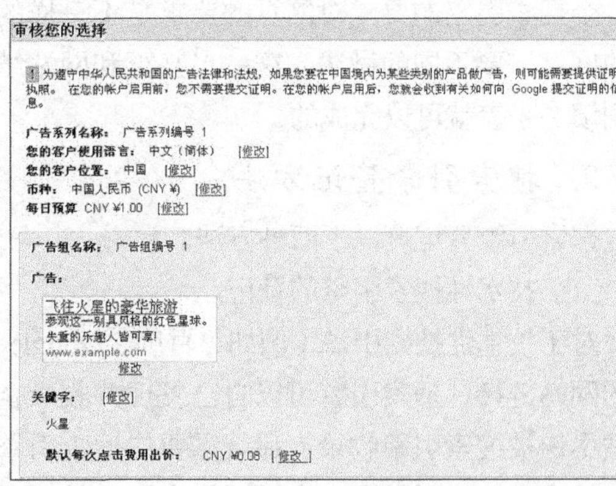

图 5-14　审核账户

⑥ 注册和登录。如果已注册了 Google 账户，而且希望为新的 AdWords 账户使用相同的登录信息，请选择第 1 个单选按钮，然后选择“我希望为 AdWords 使用现有的 Google 账户”。请在提

供的字段中输入您的 Google 账户登录电子邮件和密码。单击“继续”按钮。

如果尚无 Google 账户，或有账户但希望为 AdWords 账户使用不同的登录信息，请选择第 2 个单选按钮。输入要用于 AdWords 账户的电子邮件地址和密码，然后单击“创建账户”按钮。图 5-15 所示为 Google 账户创建的界面。

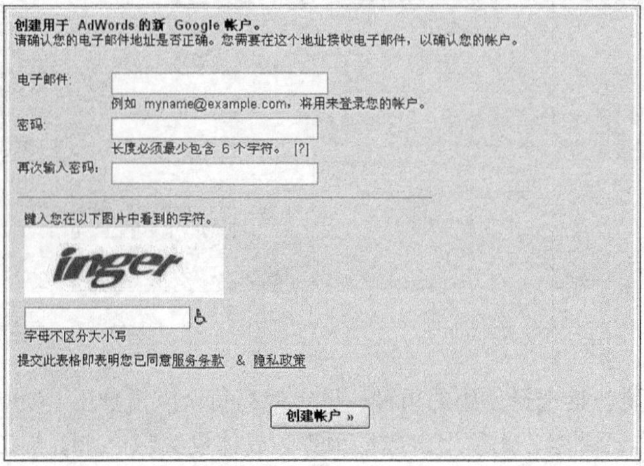

图 5-15　Google 账户创建

5.3.3　搜索引擎登记与竞价排名

1. 什么是搜索引擎登记

搜索引擎登记有时也称为“搜索引擎注册”、“搜索引擎加注”等，是最经典、最常用的网站推广手段方式。当一个企业网站建设完成并发布到互联网后，总是希望别人通过搜索引擎找到它，而且越多越好，这时就需要进行搜索引擎登记。搜索引擎登记就是将企业网站基本信息提交给搜索引擎的过程。

要让全球主要搜索引擎接受搜索引擎的登记申请，关键在于企业网页是否符合搜索引擎的要求，而每个搜索引擎的要求对网页的要求是不一样的。怎样让网页适合每个搜索要求的“口味”呢？不同的网站需要不同的做法，这一点甚至和网站结构、用词、词量有关系。所以网站登记不是一项简单到填一张表就可以完成的。

2. 搜索引擎登记方法

搜索引擎登记有以下两种方法。

（1）技术性搜索引擎的登记。

对于技术性搜索引擎（例如，百度、Google 等），通常不需要自己注册，只要网站被搜索引擎收录的网站链接，搜索引擎可以自己发现并收录企业的网站。但是网站没有被链接，或者希望自己的网站尽快被搜索引擎收录，那就需要按搜索引擎网站的要求提交企业网站的信息，实现搜索引擎登记。技术型搜索引擎通常只需要提交网站的上层目录即可，而不用提交各个栏目、网页的网址，因为这些工作搜索引擎的“蜘蛛”程序自动会完成，只要网站内部的链接比较准确，适合搜索引擎收录规则的网页都可以自动被收录。另外，当网站被搜索引擎收录之后，网站内容更新时，搜索引擎也会自行更新有关内容。

例如，在百度进行搜索引擎登记的方法是：键入 http://www.baidu.com/search/ur_submit.html 并按回车后出现网站登录页面，如图 5-16 所示。

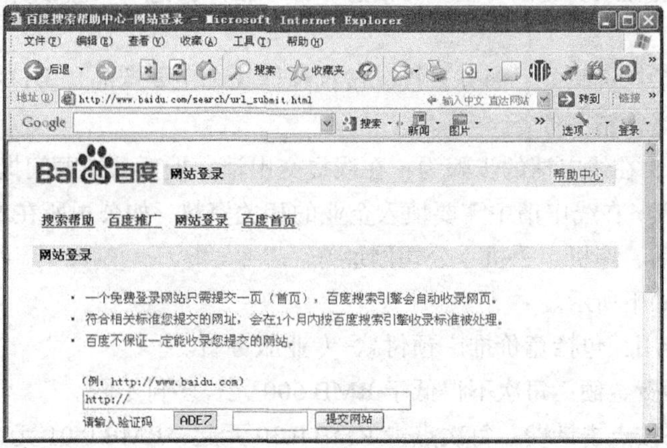

图 5-16　百度搜索引擎登记

从图 5-16 中可知，网页上写着：

① 一个免费登录网站只需提交一页（首页），百度搜索引擎会自动收录网页。

② 符合相关标准您提交的网址，会在 1 个月内按百度搜索引擎收录标准被处理。

③ 百度不保证一定能收录您提交的网站。

用户只要在文本框内键入企业网址，输入验证码，并单击“提交网站”按钮即可。

（2）分类目录型搜索引擎的登记。

对于分类目录型搜索引擎，需要将企业网站信息提交上去，才有可能获得被收录的机会（如果分类目录经过审核认为符合收录标准的话），并且，分类目录登记有一定的要求，需要事先准备好相关的资料，如网站名称、网站简介、关键词等。由于各个分类目录对网站的收录原则不同，需要实现对每个计划不同的分类目录进行详细了解，并准备相应的资料。

另外，有些分类目录在提交网站登记资料后，还需要支付相应的费用才能实现分类目录型搜索引擎的登记。例如，国内知名分类目录搜狗的网站登录地址为：http://fuwu.sogou.com/buy.html，如图 5-17 所示。

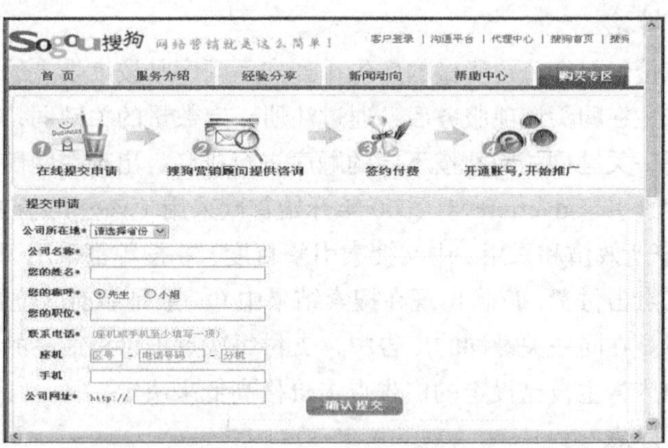

图 5-17　搜狐搜索引擎登记

搜狗推广服务是通过搜索关键词,让企业推广信息出现在搜狗搜索及搜狐矩阵的相关页面上,有效的将企业的产品/服务推荐给目标客户，帮企业迅速找到潜在客户。

搜狗推广的广告管理系统提供自主发布信息，修改推广信息、设置预算、随时暂停或恢复信息等功能。

搜狗推广服务包括竞价服务、商务直投、搜狗金榜 3 个主要产品，多选择、多角度为用户提供全方位一站式的网络营销服务等。

从图 5-17 中可知，在线申请的步骤为：在线提交申请、搜狐营销顾问提供咨询、签约付费、开通账号，开始推广等。在线申请中需要填入企业的相关资料，如公司所在地、公司名称、姓名、称呼、职位、联系电话、座机、手机、公司网址等。

搜狐的推广费用如下所示。

① 首次入资的费用：包括竞价推广预付款+专业服务费。

② 再次入资为续费金额：每次不得低于 RMB 500 元，多付不限。

③ 竞价排名服务按点击计费：每次点击 RMB 0.30 元起，RMB 0.01 元为一个竞价单位。

（3）分类目录型搜索引擎的登记注意事项。

在分类目录型搜索引擎登记时，需要注意以下几个问题。

① 分类目录通常只能收录网站的首页，而不能将大量网页都提交给分类目录。

② 网站一旦被分类目录收录，将在一定时期内保持稳定，有些分类目录允许用户自行修改网站介绍等部分信息。

③ 无法通过“搜索引擎优化”等手段来提高网站在分类目录中的排名。

④ 对于付费分类目录登记，通过需要交纳年度费用，如果希望继续保持分类目录中的地位，则需按时交纳费用。

⑤ 在高质量的分类目录登记,对于提高网站在搜索引擎检索结果中的排名有一定价值,因此,通常在网站正式发布之后，首先进行分类目录登记。

⑥ 由于分类目录收录大量同类网站，并且多数用户更习惯于用搜索引擎直接检索，因此，仅靠分类目录被用户发现的机会相对较小，难以带来很高的访问量，通常还需要与其他网站推广手段同时进行。

⑦ 不要使用所谓的“搜索引擎自动登记软件”来替代手工工作，这样不仅不会被正规的网站收录，甚至会影响网站的正常注册。

3. 什么是竞价排名

竞价排名就是指在搜索引擎公司所做的广告排列先后顺序是按广告主的广告费用多少来排列的。具体做法是，广告主在购买该项服务后，通过注册一定数量的关键词，按照付费最高者排名靠前的原则，购买了同一关键词的网站按不同的顺序进行排名，出现在网民相应的搜索结果中。

竞价排名由美国搜索引擎 overture 于 2000 年开始首次采用（该公司于 2003 年 7 月被雅虎收购），后被多个搜索引擎所效仿和采用。中文搜索引擎百度、一搜等都采用了竞价排名的方式。竞价排名的基本特点是按点击付费，广告出现在搜索结果中（一般是靠前的位置），如果没有被用户点击，则不收取广告费。在同一关键词的广告中，支付每次点击价格最高的广告排列在第一位，下面其他位置同样按照广告主自己设定的广告点击价格高低来决定。

4. 竞价排名的特点

竞价排名具有以下几个特点。

（1）按效果付费，即广告主付出的广告费必须是有效果回报的，这种回报可以表现在订单增加、经济效益增加、顾客增加等。

（2）广告费用相对于其他形式的广告费用来说是较低的。

（3）广告出现在搜索结果页面，与用户检索内容高度相关，增加了广告的定位程度。

（4）竞价广告出现在搜索结果靠前的位置，容易引起用户的关注和点击，因而效果比较显著。

（5）搜索引擎自然搜索结果排名的推广效果是有限的，尤其对于自然排名效果不好的网站，采用竞价排名可以很好弥补这种劣势。

（6）广告主可以自己控制广告价格和广告费用。

（7）广告主可以对用户点击广告情况进行统计分析。

在中文搜索引擎中，竞价排名是一种按效果付费的网络推广方式。用少量的投入就可以给企业带来大量潜在客户，有效提升企业销售额和品牌知名度。每天有超过数亿人次在百度查找信息，企业在百度注册与产品相关的关键词后，就会被查找这些产品的潜在客户找到。　竞价排名按照给企业带来的潜在客户访问数量计费，企业可以灵活控制网络推广投入，获得最大回报。图 5-18 所示为“电吹风”关键字在百度上的排名。

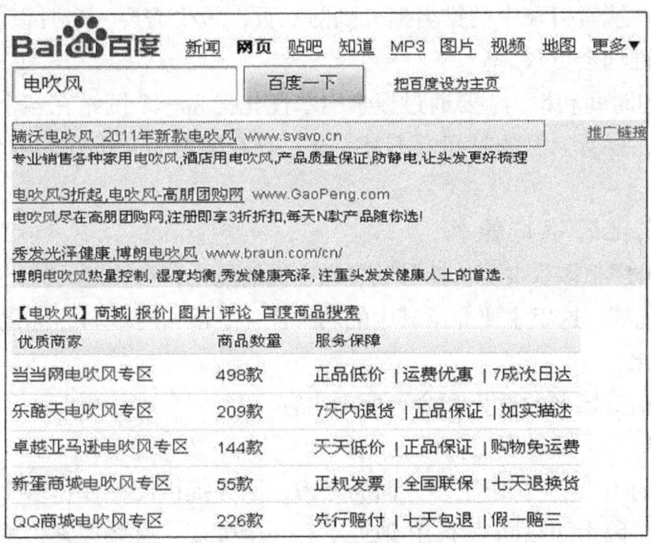

图 5-18　“电吹风”关键字在百度上的排名

从图 5-18 中可知，“瑞沃”电吹风排名第一，其次是“高朋团购网”，第三名是“博朗”等。

5.3.4　搜索引擎优化

搜索引擎优化（Search Engine Optimization，SEO）是一种通过对网站的调整，使网站符合搜索引擎的喜好，从而使网站在不同的搜索引擎上占据较高排名位置的方法。例如，对于基于 META 标签检索的搜索引擎，在 META 标签中设置有效的关键词和网站描述，对于以网页内容相关性为主的蜘蛛型搜索引擎，则通过在网页中增加关键词的密度，或者专门为搜索引擎设计一个便于检索的页面（如 sitemap.htm、roberts.txt）。搜索引擎优化是搜索引擎营销的常见形式之一。

1. 搜索引擎优化的优势

搜索引擎优化的优势表现在以下几点。

（1）搜索引擎推广是最低廉的广告方式。与新闻、杂志或电视上的广告相比，搜索引擎推广的花费可以省却数倍，同时还可以为网站带来更多的流量，从而带来更好的投资回报率。

（2）搜索引擎优化将为网站带来更高质量的业务流量，由此对公司产生更多的销售。

（3）搜索引擎优化加强了品牌的网上知名度。

2. 搜索引擎优化的缺陷

搜索引擎优化的缺陷具体表现在以下几点。

（1）搜索引擎优化的效果存在着很多不确定的因素。因为搜索引擎的排名结果由搜索引擎自身来控制，如果没有绝对的把握使自己获得很好的排名，则只能尽可能地利用搜索引擎优化技术把自身的网站打造成优秀的网站，去迎合搜索引擎的"品味"。所以，排名结果不会被人为绝对的控制。

（2）搜索引擎优化的效果出现得比较慢。网站通过搜索引擎优化调整合理后，不会立刻就获得很好的排名，还必须做大量的工作，才能逐步提高网站在搜索引擎中的评分，促使排名逐步提高。一般一个新网站在搜索引擎中的排名提升到前三页，最少需要一个月以上的时间，热门的关键词、竞争激励的关键词会更久。

（3）要付出较多的时间和精力。要通过搜索引擎优化提高一个网站在各个搜索引擎中的排名，还需要做大量的工作，耗费大量的时间。不过，通过自身的努力获得好的排名之后，效果还是非常超值的。

3. 搜索引擎优化的推广操作

搜索引擎优化的推广很多，主要包括对域名和主机的优化，对关键词的优化，对链接策略的优化，对网页设计的优化等。这里主要介绍其中的两种优化手段：对域名的优化和对关键词的优化。

（1）对域名的优化

对域名的优化包括对域名的选择和命名两项内容。

① 对域名的选择。

为域名选择单独的 IP 地址：出于多方面的考虑，服务提供商往往将多个域名共享一个 IP 地址，这样会带来风险。因为如果同一个 IP 地址下有一个弊端，有些搜索引擎就会对该 IP 地址下的所有网站进行惩罚，并消除这些域名或者降低它们在搜索引擎中的排名。

不要选择二级域名：主要原因是当主域名受到惩罚的时候，二级域名也将受牵连；有些搜索引擎对二级域名的收录数目有限制，超出范围的域名将不会得到收录；当域名供应商停止营业时，二级域名也将停止；二级域名的流量多将计入顶级域名下。

② 域名的命名。

关键词域名：关键词域名就是以关键词作为前缀的域名，比如搜索关键词"china tour"的时候，如果选择"china-tour.com"作为域名，就会非常有利于搜索引擎排名。

包含关键词的域名：关键词的域名资源有限，好的关键词域名大部分已经被抢注了。如果你所在的行业早已存在这种情况，就可以采用包含关键词的域名。

（2）对关键词的优化

在关键字分类中，可以分为品牌关键字、行业关键字、目标客户关注关键字，针对品牌关键字，可以从自身品牌、加盟品牌和其他品牌 3 个层次去丰富推广内容，如图 5-19 所示。

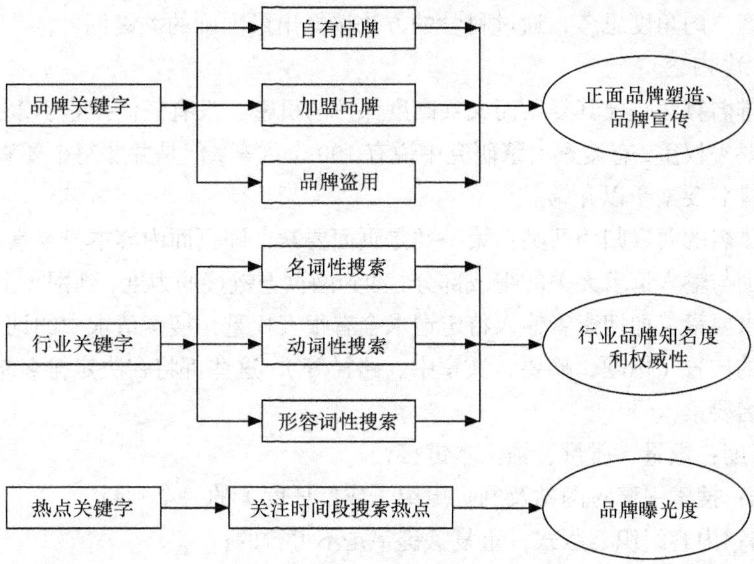

图 5-19　关键字分类

强化正面品牌塑造和品牌宣传；针对行业关键字，可以行业核心关键字为基准，根据客户不同搜索习惯，如名词性搜索、形容词性搜索和动词性搜索等，进行关键字拓展丰富网站内容，强化行业品牌知名度和权威性；至于目标客户搜索关键字，可以查询不同时段搜索热点，进行循序渐进的新闻内容更新，强化品牌大面积度。

对关键词的优化包括以下几方面内容。

① 关键词密度。关键词密度是许多搜索引擎，包括 Google、Yahoo 和 MSN 的搜索算法之一。每个搜索引擎都有一套关于关键词密度的数学公式，合适的关键词密度可使用户获得较高的排名位置。关键词密度就是在一个页面中，关键词占该页面中总的文字的比例，该指标对搜索引擎的优化起到重要作用。一般关键词密度在 1%～7%较合适，超过或者低于这一标准就有过高或过低之嫌。

② 关键词的选择。选择关键词一般有以下几点技巧。

- 站在客户的角度考虑搜索引擎选用的关键词，并控制关键词数量，一页中的关键词最多不要超过 3 个。
- 将关键词扩展成一系列词组和短语，如商务→电子商务。可以通过改变短语的词序，创建不同的词语组合。
- 不要使用意义太广泛的关键词。
- 应该选用自己的品牌或地理位置做关键词，不要用与自己无关的关键词。
- 查看竞争对手使用的关键词，对自己已经选择好的关键词进行补充。

③ 各类网站的关键词选择策略。

- 资讯类网站：这类网站追求的是流量大，想通过搜索引擎带来较大的流量，首先要考虑的就是热门关键词。资讯类网站可以对热门关键词制作专题内容，然后合理地在搜索引擎中获得较好的排名。
- 大型网站：大型网站如果刻意地追求某一个关键词在短时间内获得较好的排名，而费时费力，那是不划算的。因为单一个关键词，就算它的搜索量再大，带来的流量也是有限的。而大型网站的信息量是非常多的，包含的关键词比较多，因此，必须考虑整体提高网页众多关键词的排名。
- 电子商务网站、中小企业网站：这类网站追求的是通过网站带来订单，带来客户。选择关键词要坚持站在客户的角度思考，通过科学的方法选择出最准确的关键词。

4. 优化网站内容

搜索引擎的排名算法是极其复杂而又被高度保护的机密，没有任何搜索引擎会公开发布一个排名算法有多少要去权重，有搜索引擎研究中说有 100 个因素，但是并非每个要素都是同等重要，下面将对重要的排名要素予以介绍。

我们把影响排名的要素归为两类：第一类是页面要素，即页面内容本身要素，同时搜索排名更多还会依赖页面与输入请求无关的组成部分，如到网页上链接的力度，到网页上访客的数量等；第二类是搜索请求要素，即搜索者输入特定请求会有很大权重，搜索请求中的词出现次数，它们在网页上被发现的位置（标题、摘要、文章中、路径等），这些都将在决定排名结果中使用。

（1）网页排名要素

① 链接流行度：数量、质量、锚文本链接；

② 声望数据：搜索引擎对网站及网页声望（或信任度）的一个判断；

③ 网页风格：内容组织、版式，重复关键字是不可行的；

④ 更新频率：网页长时间不更新，可能会导致排名下降；

⑤ 站点组织形式：链接结构，URL 中有意义的词，使用最简单的版式和设计；

⑥ URL 的长度和深度；

⑦ 不要作弊：要遵守搜索引擎的规则，以免受到惩罚。

（2）与搜索请求有关的排名要素

① 关键词突出度；

② 关键词密度；

③ 关键词频率；

④ 搜索请求意图，即浏览型、信息型、交易型各不相同。

（3）优化网页内容

网页中的内容要以人为本，同时考虑搜索引擎的写作，如某数码相机在网页中的书写内容如图 5-20 所示。

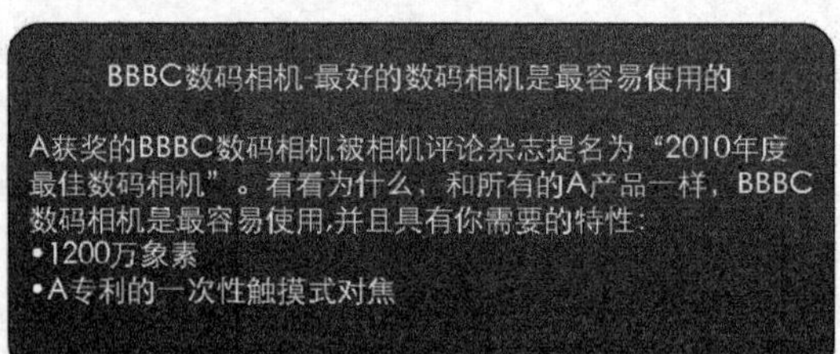

图 5-20　优化网页内容

5. 优化网页内容的管理工作

优化网页内容的管理工作有以下几个内容。

（1）对网站页面进行静态化处理。将网站的动态页面转化为实际存在的静态页面进行优化，其好处是可以提高页面的访问速度和稳定性，使得优化效果非常明显。目前，CMS 系统实现 URL 静态化的方法可以使用 MVC 三层架构，通过 Rewrite 技术实现了 URL 伪静态。URL Rewrite 方式特点鲜明，由于是服务器内部解析的地址，所以内容是实时更新的，也不存在文件管理和硬件问题，维护比较方便。

（2）采用 CSS+DIV 布局网站。采用 CSS+DIV 的网页要强比传统采用 Table 编写的网页具有明显的优势。对于以内容为主的 CMS 系统来说，采用 CSS+DIV 的模式可以将文章的内容放到更加靠前的位置，以便于搜索引擎蜘蛛更快地找到它所需的内容。而且从网页浏览速度上考虑，采用 CSS+DIV 重构的页面容量要比 Table 编码的页面文件容量小得多，前者一般只有后者的 1/2 大小。使用 DIV+CSS 布局，页面代码变得精简。代码精简所带来的直接好处有以下两点。

① 提高搜索引擎蜘蛛的爬行效率，能在最短的时间内搜索完整个页面，这样对收录质量有一定好处；

② 由于能高效的运行，就会受到搜索引擎蜘蛛的喜欢，这样对收录数量有一定好处。

（3）对文章页面的 Keyword 与 Deion 内容进行优化。这里主要指的是文章页面的 Keyword 与 Deion，最好的办法是根据文章发布时生成的 TAG 来自动生成关键词，Keyword 部分可以直接调用具体文章的关键词，而描述可以自动截取每篇文章正文的前 100 个汉字放入 Deion 中。这样一来，文章无论是 Keyword 还是 Deion 都能很好的结合起来，大大提高了内容的相关度。

（4）Session ID 的生成。不少网站都会对所有访客自动产生 Session ID，这也十分不可取。因为搜索引擎蜘蛛每次来的时候都会得到一个不同的 Session ID，这样同一个页面就会产生多种 URL，造成复制内容网页。如果需要的话，应该是客户登录以后再产生 Session ID，对未登录的一般访问完全没有必要产生一个 Session ID。

（5）使用外部 Java 和 CSS 文件。使用外部 Java 和 CSS 文件可以提高页面的速度，因为 Java 和 CSS 文件都能在浏览器中产生缓存，在没有增加 HTTP 请求次数的同时可以减少 HTML 文档的大小。而内置在 HTML 文档中的 Java 和 CSS 则会在每次请求中随 HTML 文档重新下载，这虽然减少了 HTTP 请求的次数，却增加了 HTML 文档的大小。

（6）建立帖子导航。就是在每个话题的具体帖子下面出现一个与之内容相关的帖子导航。一种方式是为文章建立多个关键词，并在文章内容下面列出，当用户点击这些关键词，自动进入该关键词的搜索页面。另一种方式是在文章内容下面提供相关文章列表，自定义规则、显示规则，如按哪个关键词，是按相关度来展示还是按时间展示等，在内容页中显示本类下的 TOP10、推荐文章，并建立一个随机内容区域，用来展示本类下的文章。

（7）生成 XML 格式网站地图。网站地图已经被人们经常熟悉地使用，但是很多 CMS 系统只有生成 HTML 格式网站地图的功能，却没有生成 XML 格式网站地图的功能。其实 HTML 格式是给网站浏览者看的，而 XML 却是给搜索引擎抓取的。所以，CMS 系统不仅要能自动根据设定的栏目名称和逻辑结构生成 HTML 格式网站地图，而且还要能生成 XML 格式的网站地图，并能够时实更新，然后将 XML 地图自动提交给搜索引擎网站。

5.4 美国亚马逊书店营销案例

1. 亚马逊书店的发展

亚马逊书店的创办人杰夫·贝索斯 30 岁出头，创办亚马逊以前还是某小企业的一名经理人。有一天他上网浏览时，发现了一个统计数字：网络使用人数以每月 2 300%的速度在增长。吃惊之余，他花了两个月时间来研究网络销售业的发展潜力与远景，于是他做出了一个决定：辞掉现有的工作，和他的妻子开着老式雪佛莱，跑到西部准备创立网络零售企业。

贝索斯拟出了 20 种认为适合于虚拟市场销售的商品，包括图书、音乐制品、杂志、PC、软件等，最后选择了图书。原因有3个：一是因为美国每年出版的图书有将近130多万种，而音乐制品大约只有30万种。二是美国音乐市场已经由6家大的音乐录制公司控制，而图书市场还没有形成垄断，即使是老牌连锁店 Barnes&Noble 的市场占有率也只有12%，而且每年的图书行业的营业额能达到250亿美元；全球的书籍更是多达300多万种，书籍零售业有820亿美元的市场。三是读书是很多人的爱好，在国外有80%的人将读书作为他们的业余爱好之一。因此，他最后选择了书籍作为网络销售的突破口，公司地点选择了西雅图，因为那里是书籍发行商英格姆的大本营。

1995年7月，杰夫·贝索斯在西雅图市郊贝尔维尤的一栋租来的屋子里做了第一笔投资，他以30万美元创业，成立了亚马逊书店。它是第一家互联网上的虚拟书店，成立初期只是一个不知名的网站，经过短短4年的运作，已成为全球最成功的网络公司。图5-21所示为亚马逊书店网站主页。亚马逊书店在网络商业界建立了一个前所未有的网络书海，为全世界100多个国家的顾客提供服务。1999年，近620万人次在该网站上购物，比1998年增长了64%。

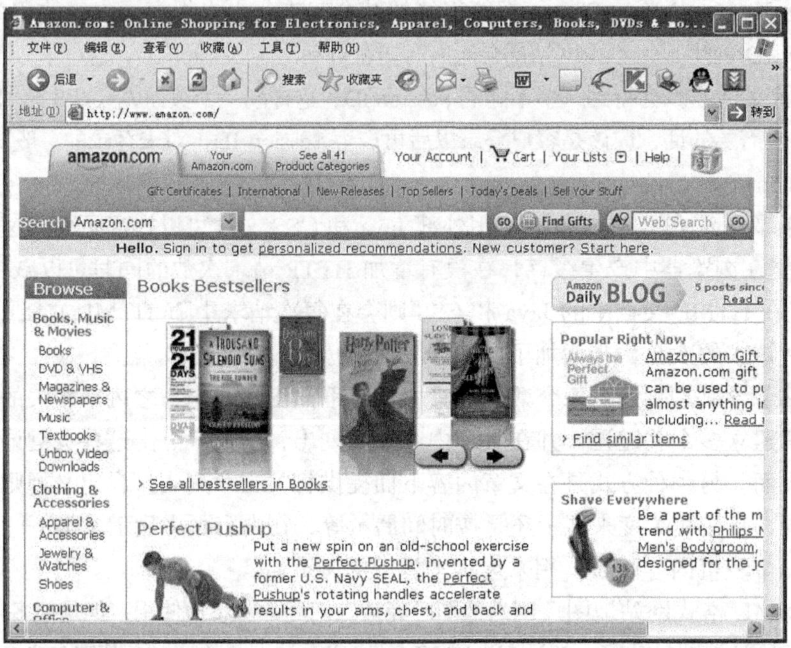

图5-21　亚马逊书店网站

1999年1月，为了满足业务快速增长的需要，亚马逊成立了第三家配送中心。其经营范围从纯网上书店向一个网上零售商转变。同时，与网络快运公司 kozmo.tom 达成一项价值6 000万美元的协议，使用户订购的商品在一小时能送货上门。

2. 亚马逊书店的成功因素

亚马逊书店之所以取得成功，跟以下几方面因素是分不开的。

（1）便捷的购买程序。亚马逊书店制订了一个完好、快捷的购买程序。当收到顾客订单后，亚马逊书店在第一时间自动回函感谢顾客，同时将相关讯息传送到会计部和顾客服务部。会计部进行信用卡划账，顾客服务部则将相关咨询存入顾客数据库。同时，亚马逊书店的电子系统会查询中央数据库是否有存货。如果有存货，就由亚马逊书店直接送至顾客手中。如果没有，顾客服务部就通知经销商和发行商，将该书送至亚马逊书店的仓库包装后寄出，或直接由经销商寄出。亚马逊书店的营销理念是：尽量减少顾客的麻烦，提高顾客的购买效率。

（2）快速的配送体系。顾客希望在订书之后可以迅速收到书籍，为了满足顾客的这些需要，亚马逊书店建立了一个快速的配送体系。一方面，利用美国高效率的邮政体系；另一方面，在西雅图租了一个 4 645 平方米的仓库，只要订货单一到位，就可以给书打包并发送到顾客手中。仓库里存有足够多的畅销书，能很快地满足顾客的购书需求。亚马逊书店的两个主要发行人 Ingram Books 和 BakerTaylor，按要求使用最快的交易方式向顾客送书，这样亚马逊书店就能控制存书和仓库租赁成本。1997 年 11 月，亚马逊书店把他们在西雅图的销售机构加大了一倍，并在新泽西州、特拉华州新开了一个 1.858 万平方米的销售中心，把存书和发送容量加大了 6 倍，所以亚马逊书店能更快地向美国东西部顾客发送书籍。

（3）完善的顾客管理。亚马逊书店采用了一套顾客关系管理（Customer Relationship Management，CRM）系统来管理顾客。通过 CRM 系统，亚马逊书店分析每位顾客的原始资料（如年龄、性别、地理位置、家庭情况、收入情况等）和历史交易记录，通过分析、推断每个顾客的消费习惯、消费心理、消费层次、忠诚度和潜在价值，根据顾客的不同需要和习惯，提供给顾客不同的服务，最终向顾客提供一对一的服务。

（4）独特的合作模式。亚马逊书店采用销售提成来鼓励其他网站，将亚马逊书店的广告链接到自己的网站上去。任何一个拥有自己网站的商业或机构，都可以注册成为 Amazon.com 的合作伙伴，他们将亚马逊书店的广告放在自己网站的醒目位置，然后从 Amazon.com 网站上选择一些重要的书。当顾客单击了要购买的书后，顾客的购书信息就被直接传递到 Amazon.com 网站上，利用 Amazon.com 的购买程序完成购买。不久合作机构就可以收到出售书的手续费提成。通过这种方式，亚马逊书店节省了许多营销费用，而且取得了良好的效果。

3. 亚马逊书店快速的检索系统

亚马逊书店具有高质量的综合数据库和方便的图书检索系统，在数据库中含有大量的、全面的图书信息，亚马逊提供的图书信息的标引有以下几方面。

（1）图书外部形象的标引：包括封面、尺寸、页数和装订形式。

（2）图书的出版信息：包括书名、作者、出版者、出版日期、美国国会图书馆分类号和 ISBN 等。

（3）图书的销售信息：书的价格和可获得的新的信息，以及亚马逊的销售号、销售排名等书的信息。

（4）图书的内容信息：在介绍书籍的内容的广度和深度方面，主要由书评、内容提要和内容摘要来实现图书的检索。

亚马逊网上书店在每个页面的左上角显眼的位置都放置了搜索，用户可以通过以下 9 种不同的索引方法来检索亚马逊网上书店的数据库，方便寻找所需要的书籍。同时还能得到丰富的图书信息，帮助用户做出购书的决策。

（1）关键词快速检索。

（2）书名查询。

（3）作者查询。

（4）出版社和出版日期检索。

（5）有关儿童和青年人的书籍检索。

（6）非英语语种的查询：在亚马逊书店书目数据库中，除英语书籍外，还有法语、葡萄牙语、芬兰语、日语和德语方面的图书。

（7）强力查询：为了提高对图书的查准率，特别是在用户不能准确掌握图书的主要信息特征时，亚马逊网上书店提供了强力检索。可以根据用户提供的有关查询的书籍的不同特征，通过分析其重要性之间的关系进行查询。另外，网上读者也可以同时浏览 23 种不同的主题，以节省上网时间，提高查询速度。

（8）载体形式检索：在亚马逊书店还提供以书籍、音像制品的载体形式作为检索的方式，包括 Books、Audiobooks、Video、CD-ROM 和 DVD。

（9）主题指南浏览：用户通过亚马逊书店主页左栏的主题浏览，以分类的方式查询书目数据库的内容。

亚马逊除了上面列出的标引、检索外，还有许多特色的服务帮助用户尽可能全面地了解所需的图书，包括图书推荐中心窗口。亚马逊编辑筛选了一批图书供读者选择，如畅销书窗口，专门用来查询最畅销的图书。

亚马逊不断更新其技术设备，使用最先进的网络服务器，因此特殊的搜索功能极为便利与快速。另外，除了搜寻选项外，顾客还可以同时浏览 23 种不同的主题，因此也节省了上网的时间，增加了搜索的速度。亚马逊不仅设计了丰富的检索入口，而且在这些入口的位置和层次的设计上也下了很大的功夫，以方便读者。具体做法如下。

（1）尽量利用主页空间：使得某些检索入口可以不同的形式反复出现，以便于读者查询时随时利用。

（2）推荐中心：以 8 种不同的思路向读者进行推荐，有根据时间界限向读者进行推荐的，有根据获奖作品进行推荐的，还能从读者喜欢的特定作者入手，甚至还能根据读者的不同心情进行推荐（Mood matcher）。

（3）在每个检索入口都提供了许多“帮助信息”：在查询作者、书名和主题时提出具体的建议或给出实例供读者参考，在主题处查询的开头部分还设立了“浏览最流行的标题”等。

4. 亚马逊书店的前景

亚马逊书店自成立以来获得了极大的成功。到 2000 年，书店已拥有 2 000 万人的顾客群，仅 2001 年第一季度，就新增了 310 万的新顾客。目前亚马逊书店的经营范围已扩展到了其他一些相关的零售领域，比如 CD、DVD、玩具、厨具、软件、电子产品和硬件等。特别是音像领域，仅用了 4 个月的时间，就成为全美最大的唱片经销商。亚马逊充分发挥自己的网络经营优势，保持极低的库存量，保证图书极低的价格。如果说亚马逊之所以成功，有一半归于科技不为过，那么贝索斯早就洞察商业价值与科技的必然关系。贝索斯曾说过“网络商业将是极其重要的。对许多垂直性产业（像书籍销售），其重要性更是很快就会到来。”网站的确可以在许多产业增加商业价值，而在此之前科技必须尽量成熟。

实训　搜索引擎的使用

【实训目的】

通过搜索引擎的使用，掌握搜索引擎搜寻指定信息的方法；能够有效地使用搜索引擎的一些特殊技巧，并保存搜索到的信息，学会将搜索到的信息总结和整理。

【实训要求】

1. 了解常用的搜索引擎网站。
2. 掌握搜索引擎的使用方法和基本技巧。
3. 掌握对网上信息进行分析整理的能力。

【实训内容】

1. 通过搜索写一篇关于电子商务人才的需求报告。
2. 选择常用的搜索引擎。

（1）中文搜索引擎。

新浪网：http://www.sina.com.cn
网易：http://www.163.com
百度：http://www.baidu.com
Google 搜索：http://www.google.com

（2）英文搜索引擎。

Yahoo：http://www.yahoo.com
Altavista：http://www.altavista.com
Excite：http://www.excite.com
Infoseek：http://www.infoseek.com
HotBot：http://www.hotbot.com
Lycos：http://www.lycos.com

3. 使用关键字进行搜索。
4. 筛选搜索到的具体内容。
5. 整理内容，写出报告。

【实训步骤】

现在以百度搜索引擎 www.baidu.com 为例。

1. 在地址栏中输入 http:// www.baidu.com，登录百度网站。
2. 查找包含“电子商务人才”和“电子商务人才需求”的网页，如图 5-22 所示。

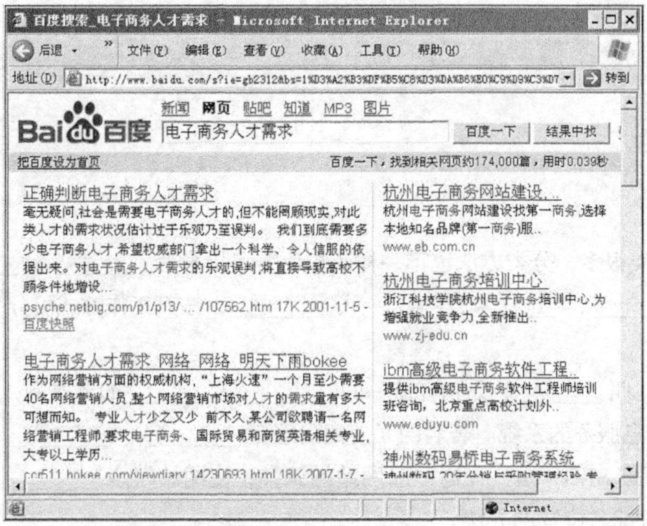

图 5-22　百度搜索引擎

3. 保存搜索到的信息，筛选搜索到的具体内容。
4. 整理内容，写出 1 000～1 500 字的电子商务人才需求报告。

【实训提醒】

在搜索引擎搜索中，可以采用一些技巧。例如，使用加号、减号限定查找，使用双引号进行精确查找等，这样在一些搜索中可以起到事半功倍的作用。

【实训思考】

1. 利用搜狐中的搜索引擎，搜索包含“电子商务人才”和“电子商务人才需求”的网页，与在百度中的搜索结果进行比较。

2. 按照工作方式不同，百度和搜狐分别属于哪一种搜索引擎，各自有什么特点？

3. 在实验中你选择的搜索主题是什么？搜索信息的来源列表（搜索到的信息的 URL 地址）是什么？

【实训报告】

1. 实验过程

目的要求：

实验内容：

实验步骤：

正确选择关键字：

搜索相关信息，进行筛选：

总结，整理报告。

2. 实验结果

结果分析：

主要使用文字方式，进行 1 000～1 500 字的文字书写报告分析。

3. 总结

通过实训，总结自己掌握的程度，分析出错原因，提出改进措施。

习题

一、填空题

1. 搜索引擎的种类很多，分类方法也不一样。按语言可以分为________、________、________等；按查询方式可分为________、________、________、________；按其工作方式可分为________、________和________。

2. 元搜索引擎，也叫________，是指在统一的________与________的形式下，共享多个搜索引擎的________为用户提供信息服务的系统。著名的元搜索引擎有________、________、________等。

3. ________，简称 SEO，是一种通过对网站的调整，使网站符合________，从而使网站在不同的搜索引擎上占据较高排名位置的方法。

4. 搜索引擎优化的推广很多，主要包括________、________、________、________等。

5. Google Adwords 关键词广告的特点主要有________、________、________、________等。

6. 搜索引擎营销方法内容包括________、________、________、________、________等。

7. ________为数字设备公司（DEC）开发，号称是目前最大的 Web 索引数据库。________提供两种检索方法：________和________。________包括了________，还允许使用布尔运算符和接近操作符、括号等，查找的结果按关键词排序。

8. 百度（Baidu）属于________搜索引擎，从搜索结果来源的角度，全文搜索引擎又可细分为两种，一种是________俗称“蜘蛛”（Spider）程序或“机器人”（Robot）程序，另一种则是________，并按自定的格式排列搜索结果，如 Lycos 引擎。

9. 搜索引擎的检索效果可以以________、________、________和________来衡量。________是用户输入检索式开始查询到检出结果的时间；________是指一次要求搜索结果中符合用户要求的数目与用户查询相关的总数之比；________是指一次搜索结果集中符合用户要求的数目与该词搜索结果总数之比；________是指用户查询与搜索结果之间相似度的一种度量。

二、思考题

1. 什么是搜索引擎？请说出搜索引擎的基本工作原理。
2. 什么是搜索引擎营销？
3. 请说出网上信息获取的一般方法。
4. 请说出选择关键词的基本原则。
5. 请说出关键词的插入的基本方法。
6. 请说出 Google Adwords 关键词广告的特点，以及它的投放过程。
7. 什么是搜索引擎优化？请说出搜索引擎优化的优势和缺陷。
8. 请说出对域名的优化中，域名的命名和选择需要注意哪些方面。
9. 请说出不同网站的关键词选择策略。

第6章 E-mail营销策略

随着网络在世界范围内的普及，E-mail不仅已经成为互联网上最普遍使用的沟通工具，而且也逐渐成为企业开展网络营销的有效工具。E-mail营销在发达国家已经发展为一个比较成熟的网络营销应用行业，在国内，尽管E-mail营销这个概念已经不太陌生，而且已经为许多企业所采用，但无论从理论上还是操作方法上，都还属于刚刚启蒙阶段。E-mail营销的目的与其他营销手段，尤其是信函邮寄基本相似。因此，E-mail作为市场营销的手段，应该成为整个市场营销的一个有机的组成部分。

学习目标

- 理解E-mail营销的基本概念
- 掌握开展E-mail营销的基本方法
- 掌握使用E-mail营销的基本技巧
- 学会综合利用各种E-mail营销技术，进行网络营销推广

6.1 E-mail营销概述

6.1.1 E-mail营销的基本概念

1．E-mail的概述

电子邮件（Electronic Mail，E-mail）是Internet上的重要信息服务方式。普通邮件通过邮局、邮差送到用户的手上，而E-mail则是以电子的格式（如Microsoft Word文档、txt文件等）通过互联网为世界各地的Internet用户提供了一种极为快速、简单和经济的通信和交换信息的方法。与常规信函相比，E-mail非常迅速，把信息传递时间由几天到十几天减少到几分钟，而且E-mail使用非常方便，即写即发，省去了粘贴邮票和跑邮局的烦恼。与电话相比，E-mail的使用是非常经济的，传输几乎是免费的。而且这种服务

不仅仅是一对一的服务，用户还可以向一批人发信件，或者变换邮件形式发送。正是由于这些优点，Internet 上数以亿计的用户都有自己的 E-mail 地址，E-mail 也成为利用率最高的 Internet 应用。

据 iResearch 统计，2006 年中国活跃电子邮箱账号（活跃电子邮箱是指每月登录一次以上的电子邮箱账号）约 2.5 亿个，预计未来几年增长率随网民人数的增加而同步增长，预计 2008 年超过 3 亿个，2010 年可以达到 4 亿个，图 6-1 所示为 2004—2010 年中国活跃电子邮箱账号及预测。

图 6-1　2004—2010 年中国活跃电子邮箱账号及预测

2. E-mail 营销的定义

E-mail 营销就是借助电子邮件进行的营销，主要指把文件、HTML 或多媒体信息发送到用户的电子邮箱中，以达到营销的目的。由于用 E-mail 进行营销具有方便、直接、快捷、成本低等特点，同时电子邮件已逐渐成为最受网民青睐的一种交流方式，所有的这些，都促进了 E-mail 营销的高速发展。其中 E-mail 营销的主要目标包括以下几点。

（1）树立品牌认知、识别。

（2）巩固企业的市场定位。

（3）维系现有客户（及销售量）并进一步挖掘其潜力。

（4）保持或建立客户的满意度以及积极主动的客户往来互动关系。

（5）收集数据。

（6）细化客户分类。

（7）发现未来的潜在客户。

（8）挖掘客户群的消费潜力、赢得新客户。

3. E-mail 营销的分类

E-mail 营销的分类方法很多。例如，根据 E-mail 营销的功能划分，可以分为顾客关系电子邮件营销、顾客服务电子邮件营销、在线调查电子邮件营销、产品促销电子邮件营销等；根据 E-mail 营销使用时限划分，又可以分为长期的电子邮件营销和临时性的电子邮件营销。而 E-mail 营销按照是否经过用户许可分为以下两类。

（1）许可 E-mail 营销

许可 E-mail 营销就是用户事先允许营销公司给他发送相关方面信息的电子邮件，它都是基于用户许可的。例如，邮件列表的建立一定是建立在许可的前提下，只有经过用户许可的 E-mail 被打开的几率才高。

（2）未经许可的 E-mail 营销

未经许可的 E-mail 营销就是通常所说的垃圾邮件，它是未经过收信人的许可向他发送电子邮件。未许可电子邮件营销又可以分成垃圾电子邮件和一般的商业电子邮件。

① 垃圾电子邮件就是不论收信人的年龄、性别、从事的行业，都向他们发送大量的电子邮件。发送量巨大，发送频率极高，这种电子邮件已经引起相关部门的反对，并采取各种法律和技术措施制止。

② 一般的商业电子邮件是企业根据资料或通过购买数据库得到可能的潜在用户的电子邮件地址，向他们定向地发送和收信者业务有关的信息，如设备配件促销信息，新产品问世信息，蔬菜种苗企业向蔬菜种植业者发送最新高产优质新种子的信息，这些信息正是蔬菜种植者最想了解的信息，不会引起他们的反感，通过这些定向的电子邮件营销，蔬菜种苗企业可以迅速得到客户的注意和反馈，成交的概率也非常大，所以说是一种非常好的营销宣传手段。

6.1.2 E-mail 营销基本方法

1. E-mail 营销的基本方法

E-mail 营销的基本方法有以下几种。

（1）宣传企业的 E-mail 地址。通过广告宣传企业的 E-mail 地址。企业无论在做在线广告还是非在线广告时，都要留下企业的 E-mail 地址，这样客户就能通过 E-mail 与企业联系。还可以把 E-mail 地址印刷在企业的办公文具（信封、信笺纸、文件夹等）上；企业产品的内、外包装上；企业员工的名片和传真上。甚至在广播电视广告上也要留下企业的 E-mail 地址。这样，便于客户通过 E-mail 和企业联系，使得企业能够通过电子邮件向客户介绍最新的产品或服务。

（2）收集客户的 E-mail 地址

① 在报刊上发布新闻。报刊杂志提供的新闻具有较高的有效性，可以利用下面的方法收集客户的 E-mail 地址。

第一，企业可以在报刊上声明客户必须通过 E-mail 才可以获得企业的免费服务；

第二，企业将通过 E-mail 发送产品信息给客户；

第三，企业可以发表一些会引起客户共鸣的话题，在客户回应的过程中收集客户的姓名和 E-mail 地址。

② 使用交互式表格（Form）。在很多网站上都会看到像“在线反馈”、“读者留言”这样的栏目，它们大都是通过交互式表格来实现的。Form 是企业通过 Internet 获得客户反馈信息的一种方法，客户通过浏览器填写信息，发送到企业的网站，然后由企业网站将事先设定好的感谢信息用 E-mail 的方式发给填表人，同时也将客户在线填写的信息送给企业网络管理者，由企业网络管理者再根据客户填写的信息逐一回信。企业和客户之间就在这种一来一往的情况下，建立起了交互式的通信。

Form 还具备自动发信的功能。企业把要发布的信息放到网站上，在网站上公布信息的摘要，比如产品的名称、价格、售后服务等。只要客户在 Form 中输入客户自己的 E-mail 地址并且单击提交按钮，有关产品的名称、价格、售后服务等信息就会由网站自动发送到客户的电子邮箱中。因为是客户主动咨询，所以通过这种方法得到的信息和 E-mail 地址是比较可靠的。

③ 其他收集 E-mail 地址的方法。除了上面提到的利用 Form 收集 E-mail 地址，还可以采用直接的主动收集的方法，制造某种网上特殊事件让客户参与进来。例如，让客户免费浏览重要信息、竞赛、评比、猜谜、优惠、促销、提供优质的售后服务、制作特殊的网页效果等。用这种方式来有意识地营造企业的网上客户群，不断地用 E-mail 与他们保持联系。这样，客户群就会不断壮大，这个客户群就是企业的最大财富。

（3）管理客户的 E-mail 地址。当面对一大堆 E-mail 地址时，首先要考虑用什么方法发送企业的信息。理想的方法是利用服务器上所带的邮件列表，设置客户邮件列表，使用如 Eudora 的 Nicknames 工具来管理客户的 E-mail 地址，只要建立一个别名就可以包含所有的客户 E-mail 地址，然后用秘密抄送（BCC，Blind Carbon Copy）的方式发出就可以了。

2. E-mail 营销的基本形式

E-mail 营销的基本形式主要包括企业自行开展建立邮件列表开展的 E-mail 营销活动，也包括通过专业服务商投放电子邮件广告。通常按照 E-mail 地址资源的所有权，可以划分为内部 E-mail 营销和外部 E-mail 营销，或者叫内部列表和外部列表。

（1）内部列表是一个企业网站利用注册用户的资料开展的 E-mail 营销。利用内部列表开展 E-mail 营销是 E-mail 营销的主流方式。一个高质量的邮件列表对于企业网络营销的重要性已经得到众多企业实践经验的证实，并且成为企业增强竞争优势的重要手段之一，因此建立一个属于自己的邮件列表是非常有必要的。很多网站都非常重视内部列表的建立，但建立并经营好一个邮件列表并不是一件简单的事情，这涉及多方面的问题。

（2）外部列表是指利用专业服务商或者其他可以提供专业服务的机构提供的 E-mail 营销服务，投放电子邮件广告的企业本身并不拥有用户的 E-mail 地址资料，也无须管理维护这些用户资料。外部列表是网络广告的一种表现形式。对于外部列表来说，技术平台是由专业服务商所提供的，因此，E-mail 营销的基础也就相应的只有两个，即潜在用户的 E-mail 地址资源的选择和 E-mail 营销的内容设计。

内部列表 E-mail 营销和外部列表 E-mail 营销在操作方法上有明显的区别，但都必须满足 E-mail 营销所具有的 3 个基本因素：基于用户许可、通过电子邮件传递信息以及信息对用户是有价值的。内部列表和外部列表各有优势，两者并不互相矛盾，如果必要，有时可以同时采用。

3. 开展 E-mail 营销的步骤

开展 E-mail 营销需要解决的基本问题是向哪些用户发送电子邮件，发送什么内容的电子邮件，以及如何发送这些邮件。其实，企业开展 E-mail 营销的过程，也就是将有关营销信息通过 E-mail 的方式传递给用户的过程。通常开展 E-mail 营销的步骤如图 6-2 所示。

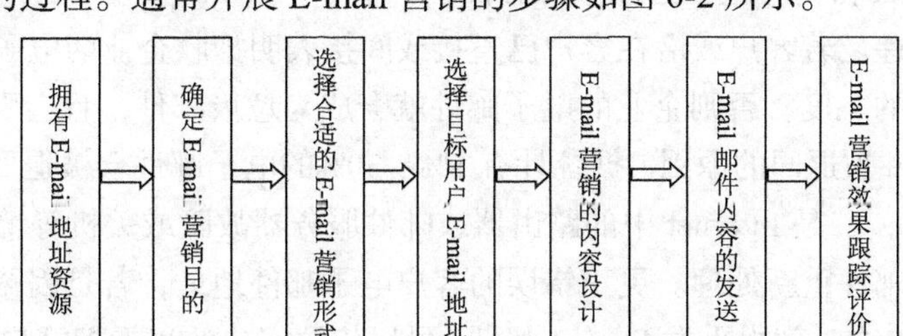

图 6-2　开展 E-mail 营销的步骤

6.1.3 E-mail 营销的优势

E-mail 是目前流行的一种通信手段，具有速度快、价格便宜、操作方便等优点，同时还具有一信多发、邮件多媒体等特性。E-mail 不仅是一种交流的工具，而且已成为网络上非常有潜力的一种营销手段。

利用 E-mail 营销比电话推销、邮寄信件等传统的营销方法具有以下优势。

（1）E-mail 价格便宜，这也是 E-mail 营销的最大优势。E-mail 不需要企业付昂贵的长途电话费用和邮寄产品宣传资料的邮资，特别是在进行国际贸易时，这一点显得更加突出。

（2）E-mail 传递速度快、操作方便。通过互联网，E-mail 可以在很短的时间内送达目的地。本地和外地，甚至国外都一样快捷。

（3）E-mail 具有多媒体的特性。E-mail 不但有文字和图片，还可以包含声音、动画、电影等方面的内容。

（4）发展潜力巨大。E-mail 是建立在 Internet 基础上的，随着 Internet 的迅猛发展，不难想像这种营销方式的巨大潜力。

6.1.4 E-mail 营销的注意事项

1. 企业在撰写 E-mail 时应注意的事项

E-mail 营销和传统的营销方式比起来，可以更方便地被客户视为垃圾邮件而扔进回收站。电子邮件的这一特性，向 E-mail 营销提出了更高的要求。首先是主题要斟酌。除了主题之外，在内容上应注意以下一些问题。

（1）内容风格要足够个性化。尽量不要做成“老少皆宜”的式样，客户可能会觉得没有什么特别，就像传统的广告邮件一样。文风可以介于正式与非正式之间，但也不能太随意。

（2）客户的姓名和企业的名称一定要正确无误，联系方式和方法不能过时。

（3）要清楚、明白、醒目地表达企业的产品和服务质量对客户的好处。

（4）询问的口气要委婉，不让人生厌，订购的程序要交代清楚，让客户明白。

（5）要站在客户的角度，感觉客户是否愿意阅读这封信，估计客户是否会回复，是否会将邮件扔进回收站。

（6）可以明确提出下一次的联系时间，表明企业将在何时再次与客户联系等。

2. 企业在进行 E-mail 营销时应注意的事项

企业在进行 E-mail 营销时应注意以下几方面。

（1）避免胡乱投递。若客户或潜在客户已直接或间接表明拒收企业的电子邮件，企业要绝对尊重客户或潜在客户的态度，否则企业的电子邮件就会成为垃圾邮件，且会引起客户的反感。

（2）找出电子邮件被退回的原因。据统计有 5%～30%的电子邮件会被退回，原因一是因为客户的 E-mail 地址错误，二是 Internet 中的路由器或邮件服务器故障或关机等情况。

（3）对被退回的邮件重新处理。更正错误的客户电子邮件地址；若是因路由器或邮件服务器故障或关机等原因造成的，就得重发 E-mail 邮件。可以依照客户的兴趣把客户的 E-mail 地址加以分类，提供因人而异的宣传企业产品和服务的信息。

（4）快速回复。企业应在 24 小时之内回复客户的询问，不能及时答复的，应立刻通知客户企业已收到来信，正在处理之中等。

（5）内容要言简意赅。网上客户一般不会花费很多时间去阅读 E-mail，因此邮件要言之有物，且要尽量简短，让客户节省时间，读后觉得没有浪费时间。

（6）把握住取得客户电子邮件地址的每一个机会。客户的每个电子邮件地址都潜藏着商业机会，因此，要把握好每次取得客户电子邮件地址的机会。例如，企业可以采取打折优惠、提供免费服务等措施作为交换客户电子邮件地址的条件。

（7）定期寄信。企业一定要定期寄信给客户，与客户保持联系，可以在 E-mail 里面借机促销企业的产品。例如，告知客户企业的最新活动通知、新产品信息等。

（8）附上电话。在企业发给客户的 E-mail 中，可以附上企业的联系电话，方便客户在有需要时与企业联络。

（9）调查客户喜好。采用网络论坛、网络抽样调查、有奖问卷等多种方式，调查客户的喜好，了解客户希望收到何种类型的信息。

（10）避免重复邮寄。若有多种促销渠道（如电视、新闻媒体、电子邮件、电话等），一定要事先协调好，以免同一个客户重复收到相同的促销信息。

（11）其他方面。

① 让客户做主。由客户决定收到企业 E-mail 邮件的频率和类型。

② 奖励好客户。好客户值得特殊的礼遇，如可以赠送礼物，让好客户享有特别打折的优惠等。

③ 添加人情味。若碰到客户生日或结婚周年纪念日等，企业别忘了有所表示，如赠送折价券等。

④ 尊重隐私权。企业必须取得客户的同意，才能转售或出租客户名单和客户的背景资料。

⑤ 坦承错误。若未能立即回复客户的询问或寄错信件，要坦承错误，并有所表示。

总之，企业必须要妥善管理网络营销行为，针对不同的客户发送不同的电子邮件。电子邮件也许是不花大钱就可以接触到客户的主要工具，但也可能因此弄巧成拙，不但无法吸引客户上门，反而会把客户往外推给竞争对手。

6.2 许可 E-mail 营销

6.2.1 许可 E-mail 营销的发展现状

企业的许可 E-mail 的网络营销，就是指企业在推广产品和服务的时候，事先征得客户的“许可”，得到客户许可之后，通过 E-mail 的方式向客户发送企业产品和服务的信息。它是一种顾客主导的营销，对顾客有吸引力和针对性，这确实会节约商家和顾客的很多时间，属于典型的互动时代的营销方式。

国际著名的电子邮件咨询公司 Quris 于 2002 年 10 月份的一项调查表明，56%的被调查者认为高质量的许可制 E-mail 营销活动对于企业品牌有正面影响。67%的被调查者反映，他们对于自己信任的公司开展的 E-mail 营销活动有良好印象；58%的用户表示，他们经常打开这些公司发来的 E-mail；54%的用户对于这些公司的信任要高于其竞争者。该研究表明，利用 E-mail 沟通顾客关系并让顾客保持满意，对增加销售有直接的促进作用。

根据 iResearch 统计，2003 年中国许可制 E-mail 营销市场有 5 000 万元规模，2004 年将有 6 700 万元，2005 年、2006 年将分别达到 8 600 万元和 10 700 万元，如图 6-3 所示。

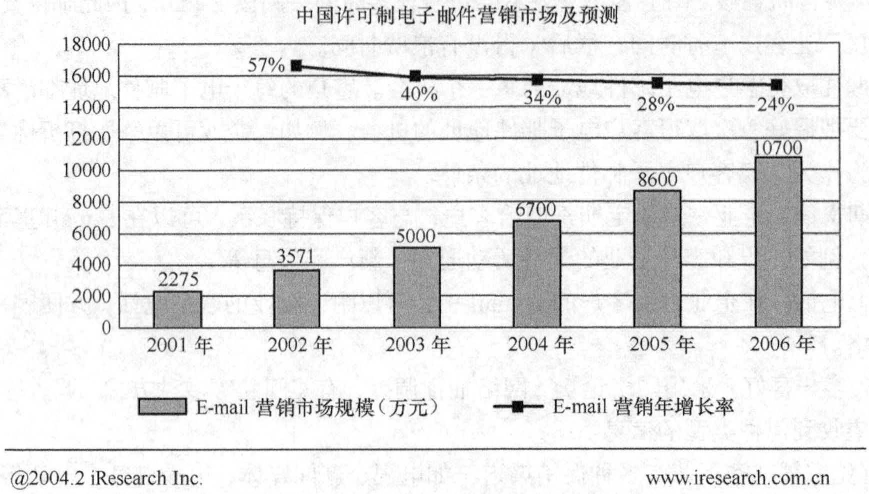

图 6-3　中国许可制电子邮件营销市场及预测图

根据 iResearch 艾瑞市场咨询，Harte-Hanks Postfuture 对美国电子邮件营销的监测数据发现，饭店/餐饮行业和发行行业的营销电子邮件在 2006 年上半年拥有最高的点击通过率，分别达到了 57.5%和 55.6%。其他热点行业如医药行业和旅行/酒店行业也通过电子邮件获得了 2.38%和 23.4%的营销邮件点击通过率，如图 6-4 所示。

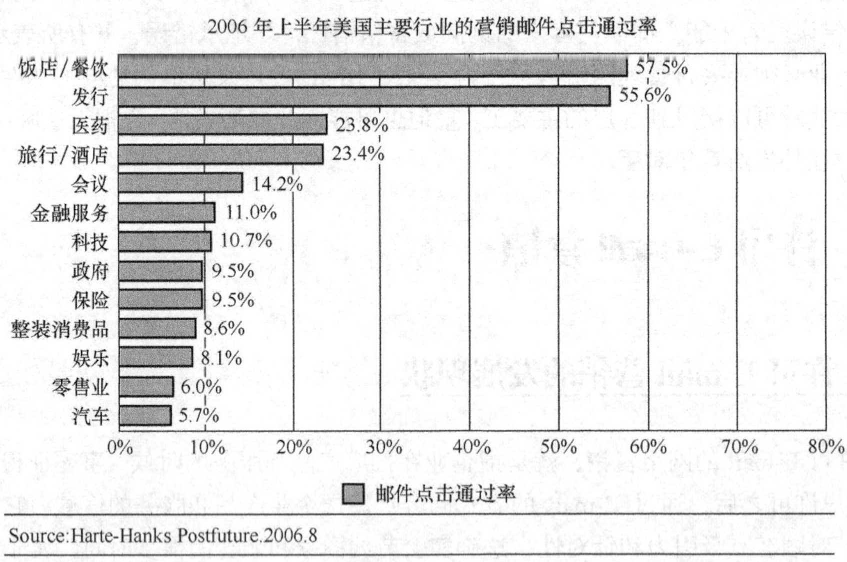

图 6-4　2006 年上半年美国主要行业的营销邮件点击通过率

6.2.2　许可 E-mail 营销常用的几种模式

从营销的手段、企业与客户的关系、企业提供服务的方式和内容等方面分析，许可 E-mail 营销有下列几种主要模式。

（1）顾客关系 E-mail。顾客关系 E-mail 是电子邮件营销最为常见的一种模式。企业邀请访问企业网站的所有客户提交客户的电子邮件地址，以便于客户收到企业不定期的宣传信息和推广服务说明。企业网站每推出一项新的服务，就给每个客户发送一份宣传邮件，和客户保持联系。

（2）企业新闻邮件。企业新闻邮件大多数是和企业产品和服务有关的信息，并可以附上一些编辑语，这也是一种让客户替企业宣传产品的好方法，有利于提高企业网站的访问量。还可以发送一些企业发展动向的最新报告，如企业新产品的开发和研究报告等，让企业与客户之间有更多的交流。

（3）提醒服务/定制提醒邮件。提醒服务邮件就是企业从收集的有关客户的档案资料中，找出客户的一些特殊纪念日（如结婚纪念日、生日等），并在当天发送邮件，及时地向客户送上一份问候。提醒服务邮件会让客户感觉到企业的温馨。

（4）伙伴联合营销。企业可以和其他企业合作，然后以合作伙伴的名义发送信息给合作企业的客户。例如，新媒体观察可以向它的客户发送这样一封电子邮件："亲爱的新媒体观察读者，为了感谢你长期以来对我们杂志的支持，我们向你推荐一个我们的合作伙伴——时代网络企业的产品：电子图书制作工具。"

（5）许可邮件列表。许可邮件列表，即 Opt-in Mailing List，在很大程度上可以说就是目标客户列表。它是用户自愿加入的邮件列表，不是网上搜寻到的邮件地址列表。

（6）传播营销邮件。传播营销邮件更像是一种战略而不仅仅是一个打广告的机会。有人形容它为"病毒性营销"。这种方法是鼓励一个企业的老客户去向自己的朋友们推荐有关企业的产品和信息。在传统商业社会中这种"找朋友"的方式是尽人皆知的，但在 Internet 上，这个观念却受到了强烈的排挤。然而，有些网上企业由于好的产品和服务以及有口皆碑的宣传推广，客户数量已取得了迅猛的增长。例如，提供免费电子邮件服务的 Hotmail 公司就是一个很好的例子，由于 Hotmail 公司在向客户发出的每封邮件末尾都附带一条 Hotmail 的推广信息，很快就吸引了上百万的客户访问 Hotmail 公司并注册加入。

现在国内的免费电子信箱已经数不胜数了，并且在激烈的竞争下，信箱的容量也越来越大，大容量的免费电子信箱为传播营销邮件的实现提供了条件，传播营销邮件下面的链接和企业在网络上打出的大量广告，会给企业带来众多的新客户。传播营销邮件末尾所附加的链接和宣传信息同时也会附加在客户的每封往来的 E-mail 上，像繁殖力极强的"病毒"一样潜入了成千上万的客户的硬盘。

6.2.3　许可 E-mail 营销的步骤和注意事项

1. 许可 E-mail 营销的步骤

许可 E-mail 营销是基于事先征得用户许可的一种软营销方式。通过为顾客提供某些有价值的信息，吸引顾客参与，从而收集顾客的电子邮件地址，在发送定制信息的同时对自己的网站、产品或服务进行宣传。营销专家 SethGodin 认为，开展许可 E-mail 营销有以下 5 个基本步骤。

（1）要让潜在顾客有兴趣并感觉到可以获得某些价值或服务，从而加深印象和注意力，值得按照营销人员的期望，自愿加入到许可的行列中去。

（2）当潜在顾客投入注意力之后，应该利用潜在顾客的注意，比如可以为潜在顾客提供一套演示资料或者教程，让消费者充分了解公司的产品或服务。

（3）继续提供激励措施，以保证潜在顾客维持在许可名单中。

（4）为顾客提供更多的激励从而获得更大范围的许可。例如，给予会员更多的优惠，或者邀请会员参与调查，提供更加个性化的服务等。

（5）经过一段时间之后，营销人员可以利用获得的许可改变消费者的行为，也就是让潜在顾客说："好的，我愿意购买你们的产品"，只有这样，才可以将许可转化为利润。

当然，从顾客身上赚到第一笔钱之后，并不意味着许可营销的结束，相反，仅仅是将潜在顾客变为真正顾客的开始，如何将顾客变成忠诚顾客甚至终生顾客，仍然是营销人员工作的重要内容，许可营销将继续发挥其独到的作用。

2. 许可 E-mail 营销的注意事项

许可 E-mail 营销有以下几方面注意事项。

（1）获得"积极赞同"。首先，顾客需要明确地选择加入许可 E-mail 的关系，这样才可以避免直接 E-mail 营销造成的潜在伤害，即顾客受骗而加入营销关系的感觉。从较长的一段时期来看，许可 E-mail 营销战略无论在反应率还是在总成本方面都领先于其他方式的 E-mail 营销。

（2）加深个性化服务。个性化服务不仅仅是在邮件里加上客户的名字，而是应该创建更多的个性化许可 E-mail 活动。关于客户的信息除了名字和地址外还应该有更加详细的内容，创建一个与产品和服务相关的客户数据库，有助于维持许可列表的忠诚度，改善"信噪比"，并增加回应率。

（3）了解许可的水平。客户许可的水平有一定的连续性，在你每一封发送的邮件中都包含着允许加入或退出营销关系的信息，用某些条件限制顾客退出营销关系是没有必要的。将你的电子化营销服务模块化对满足顾客的需求有更加明显的效果。例如，可以在一系列不同的 E-mail 服务项目中提供顾客所需要的特定信息，如新闻邮件、特定产品信息、降价信息等，使顾客能够选择最能满足需求的服务，同时还可以传达对产品兴趣和频率敏感的信息。

（4）开展提醒服务。IMTStrategies 调查过的半数以上领先的营销人员已经进行过提醒服务和定制提醒计划的实验，包括时间提醒（如生日）、补充（如替换、升级）和服务备忘录（如预定维护）。研究表明，33%的 E-mail 登记了提醒服务。提醒服务专注于现行顾客需求并塑造了将来顾客的购买行为。总之，开展预定提醒服务即对顾客进行了定位。

（5）扩展鼓动性的应用。有资料表明，有 75%以上的顾客曾经收到过熟人的推荐，被调查的成功的营销人员中，有 50%利用已经建立起来的可信任的顾客关系产生杠杆作用，采取鼓动性实验营销计划（病毒性营销）。此外，20%的电子邮件用户利用熟人的"口碑"宣传发现并浏览新的网站。除了搜索引擎和自由冲浪之外，实现领先的营销战略还需要做其他宣传，如网络标志广告和电视广告等。

（6）采用交叉品牌/交叉商业计划。交叉品牌及与伙伴公司合作的营销战略是 E-mail 营销实践的部分内容，开展这些计划有利于建立与核心顾客社区的高度信任，影响新顾客社区并建立营销杠杆，并迅速扩张许可 E-mail 活动的宽度和价值。

（7）投资的绩效评价和回报。开展营销活动应该识别一个特定计划的总体反应率（如点击率和转化率）并跟踪顾客的反应，从而根据顾客过去的反应行为作为将来的细分依据。然而，令人吃惊的是，调查中发现，将近 70%的营销人员在 E-mail 营销活动中既没有测试点击率也没有测量转化率。投资的绩效评价和回报应该作为营销计划的基本内容。

（8）改进“频率”管理。E-mail 联系的频率应该与顾客的预期和需要相结合，这种频率预期因时因地因产品而异，可以从每小时更新到每季度的促销诱导。千万不要认为发送频率越高，收件人的印象就越深。这一点非常重要，因为顾客需要相应的、定位的内容和服务来取得许可，长期不变的非定位的 E-mail 信息将造成已经建立营销关系的顾客撤消他们的许可。

6.2.4 许可 E-mail 营销的常见问题

许可 E-mail 营销常会出现以下问题。

1. 并非完全基于用户许可

正规的电子邮件营销是完全基于用户许可的，即在用户注册时采用双向确认方式（Double Opt-In），这已经成为电子邮件营销领域的行业规范。但是有些电子邮件用户数据库以“自愿退出”（Opt-out）方式来获取用户电子邮件地址资源（发送未经用户许可的电子邮件，在邮件中给出退订方法，如果用户不愿意继续接收邮件，可以自己退出，否则将继续收到邮件），这种方式无论是否允许用户“自愿退出”，都带有一定的强迫性，与电子邮件营销的许可原理有一定的距离。

2. 没有个人信息保护声明

个人信息保护对用户加入邮件数据库的决策具有重要影响，因为谁也不愿意自己的信息被出售或者与其他公司共享。一些服务提供商对此没有引起足够的重视，通常只是在网站上设置一个“请输入电子邮件地址”的订阅框，而没有给出保护个人信息的声明，这将在一定程度上影响用户加入注册的信心。

3. 过量收集用户关心的个人信息

除了电子邮件地址外，一些服务提供商可能还要求填写详细的通信地址、真实姓名、电话、职业等联系信息，甚至还会要求用户对个人兴趣、性别、收入、家庭状况、是否愿意收到商品推广邮件等做出选择。很明显的是，要求用户公开个人信息越多，或者是用户关注程度越高的信息，参与的用户将越少。

因此，为了获得必要的用户数量，同时又获取有价值的用户信息，需要在对信息量和信息受关注程度上进行权衡，尽可能降低涉及用户个人隐私的程度，同时尽量减少不必要的信息。

4. 对电子邮件数据库没有合理的推广

很多网站都有邮件列表功能，通常也会在首页上设置订阅框，但是仅仅做到这一点还远远不能引起用户的注意并主动加入邮件数据库，还需要对邮件列表进行合理的推广。

现在邮件列表的推广方法很多，如可以充分利用网站本身的资源，在网站主要页面都设置邮件一个列表订阅框，同时给出必要的订阅说明、往期内容链接、法律条款、服务承诺等。让用户不仅对邮件内容感兴趣，并且有信心加入。此外，也可以通过提供多种用户订阅渠道，利用合作伙伴的资源等方式挖掘更多的潜在用户。

5. 电子邮件发送系统功能不完善

电子邮件订阅发送系统功能不完善主要表现为：用户无法正常注册、无法退出列表、无法直接回复邮件、用户资料管理不方便等。此外，即使发送系统运转正常，也会因为订阅手续复杂等原因而让用户中途放弃，如有复杂的确认手续，涉及敏感的个人信息、某些邮件地址被屏蔽无法收到确认邮件等，这些都应在实际工作中给予密切关注。

6. 电子邮件内容对用户价值不高

电子邮件内容对用户应该有价值，但这是一个很笼统的原则。电子邮件的内容设计是一项复杂的工作，邮件数据库真正产生影响是从用户收到电子邮件开始的，如果内容和自己无关，即使加入了邮件数据库，迟早也会退出，或者根本不会阅读邮件的内容，这种状况显然是我们不希望见到的。

有些服务提供商的邮件内容匮乏，有些则过于随意，没有一个特定的主题，或方向性很不明确，让读者感觉和自己的期望有很大差距。有的邮件广告内容过多，真正有用的信息太少，或者各期内容之间没有明显的系统性，用户对这样的电子邮件服务很难产生整体印象，因而很难培养用户的忠诚性，对于品牌形象提升和整体营销效果都会产生不利影响。

7. 邮件内容版面和格式设计不合理

邮件内容除了有价值之外，还需要有合理的格式选择和版面设计，这不仅是为了看起来美观，邮件内容的设计也直接影响到营销效果。但现实情况是，一些邮件的内容设计存在种种不合理之处，如版面设计杂乱、内容的重点不突出、邮件主题没有吸引力或者与内容不符，邮件内容为大量的产品介绍、部分邮件格式在客户端无法正常显示等。另外，还有一种比较常见的问题是邮件内容过大，如一些电子商务网站的会员通信，几乎将网站首页全盘复制到邮件中，甚至包含大量的广告内容，这样的邮件内容自然方便了设计制作人员，却为用户带来很大不便。这种内容庞大的邮件一方面说明服务提供商对电子邮件营销不专业，另一方面也显得对会员的体贴不够，忽视了收件人的体验满意度，不仅难以维系顾客关系，甚至会因此伤害顾客感情。

8. 邮件内容要素不完整

电子邮件内容的基本要素主要包括邮件主题、邮件内容、发件人、收件人等，但是一些电子邮件的内容却存在不少问题，主要表现在发件人信息不完整或者没有发件人的电子邮件地址、没有收件人电子邮件地址等。有些电子邮件不能直接回复，也没有相关的回复说明，这不仅为用户反馈信息增加了麻烦，对邮件营销服务提供商也有一定的负面影响。

如果明确发件人信息并且邮件可以直接回复，不仅方便了用户，对自己也增加了品牌宣传的机会，同时也是区别于垃圾邮件的重要标志之一。邮件主题或内容中没有该邮件的名称，电子邮件接收者无法在第一时间把握邮件的主题内容，也是造成邮件打开率低、回复率低的主要原因。

9. 没有固定的邮件发送周期

有些电子邮件营销服务提供商，当自己需要向用户发送什么信息时才想起邮件数据库资源的重要性，平时根本没有放在心上，有时可能每月发送若干次，有时甚至一年才发送一两次，也许用户早已忘记了自己什么时候加入了邮件数据库，却莫名其妙地收到了某个服务商发来的邮件，这样很可能对企业品牌形象造成负面影响，也从根本上降低了电子邮件营销的最终效果。

因此，应该确定邮件发送周期，并认真履行。从另一个角度来考虑，就是在制订邮件营销策略时要量力而行，如果没有能力提供固定周期发行的内容，可采用不定期的会员通信，虽然其效果略小一点，但总是好于在长时间内没有向用户发送邮件信息。

10. 没有退订说明或者退订手续复杂

即使是经过用户自行加入的邮件数据库，随着时间的推移以及用户工作环境和个人兴趣等方面的变化，可能已经不再对邮件内容有兴趣，这时应该允许用户随时方便地退订，否则就成为一种令用户无法忍受的邮件，与垃圾邮件同样令人反感。应在每封邮件的显著位置提供退订方法说明，并且保持退订系统正常运行，简化退订手续，只要通过简单回复邮件或者单击邮件中的链接即可实现完全退订。

6.2.5　邮件列表营销

1. 邮件列表的定义

邮件列表也叫 E-mailing List，是 Internet 上的一种重要工具，主要用于各种群体之间的信息交流和信息发布。早期的邮件列表是由几个人员通过电子邮件参与讨论某一话题，当时称为讨论组。随着互联网的发展，讨论组的形式逐渐演变为由管理者管制的讨论组，它是由管理者通过电子邮件向用户发送信息，一般用户只能接收信息，这就是邮件列表。邮件列表具有传播范围广的特点，可以向 Internet 上数百万个用户传递信息，传递的方式可以采用主持人发言、自由讨论和授权发言人发言等多种方式。

邮件列表具有使用简单方便的特点，只要能够使用 E-mail，就可以使用邮件列表。对于客户来说，不可能每天花费大量时间到各类网站收集信息。客户只要通过加入各种邮件列表，去客户的电子邮箱收信，就可以了解各种信息，如企业的产品信息、网站的更新消息、行业新闻等。同时，企业还可以通过订阅同行竞争者的邮件列表，及时了解竞争对手的信息。

邮件列表是许可营销和个性化服务的主要手段，它是基于客户自愿加入的原则，通过为客户提供有价值的信息，获取客户的信任，从而实现网络营销的目的。在网络营销中，应该充分利用邮件列表的功能，这包括两方面的含义，一方面是建立企业网站自己的邮件列表，另一方面是利用合作伙伴或第三方提供的邮件列表为客户提供服务。

2. 邮件列表的分类

邮件列表分为以下几种类型。

（1）公开型。任何人都可以在列表里发表信件，如早期的讨论组、现在的公开讨论组和各种形式的论坛等。

（2）封闭型。只有邮件列表里的成员才能发表信件，如同学通信、技术讨论等。

（3）管制型。只有经过邮件列表管理者批准的信件才能发表，如产品信息发布、电子杂志、新闻邮件等。现在我们通常见到的邮件列表就是这种管制型的。由管理者发送信息，一般用户只能接收信息。

邮件列表的类型可以在创建邮件列表的时候设置，也可以在其他任何时候通过管理中心修改邮件列表的属性来设置。

3. 创建邮件列表

企业网站可以通过 Internet 上的邮件列表系统创建自己的邮件列表。Internet 上邮件列表系统一般提供以下几种基本服务。

（1）企业可以向 Internet 上的邮件列表系统申请邮件列表，成为某个邮件列表的管理者，管理相应的邮件列表并发布信息，向企业客户提供邮件列表服务。

（2）提供邮件列表和新闻服务器的转信，可以通过 E-mail 接收 BBS 和新闻服务器的邮件，参加 BBS 和新闻组的讨论。

（3）客户通过订阅邮件列表，成为信息的接收者。如果邮件列表允许讨论，客户可以参与讨论。

下面以希网网络邮件列表专家的邮件列表系统为例来介绍创建企业邮件列表的过程。

（1）进入希网网络主页（http://www.cn99.com），如图 6-5 所示。

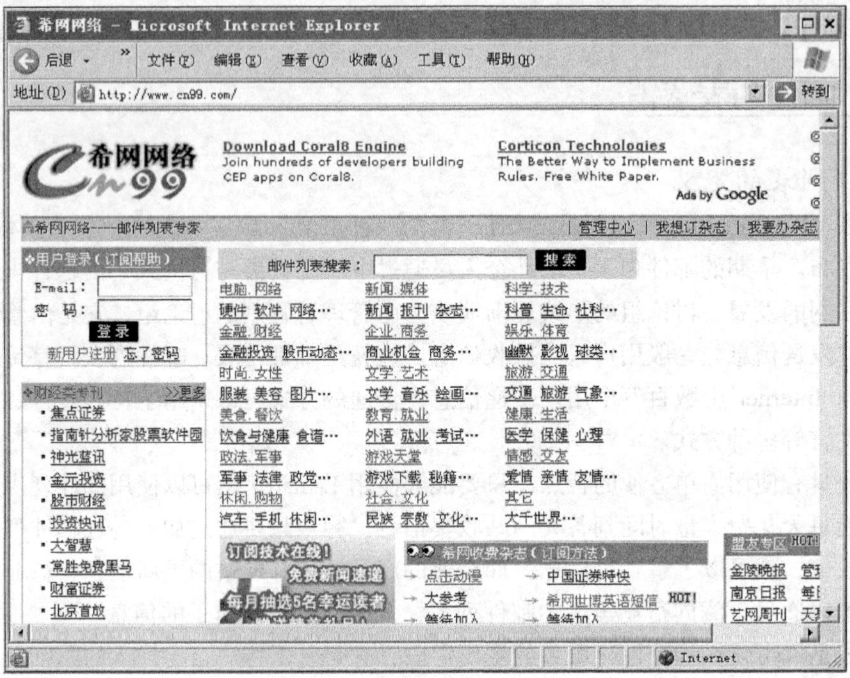

图 6-5　希网邮件列表主页

（2）新用户需先注册，旧用户可直接登录。如需创建邮件列表，则需选中“我还需要创建邮件列表”，按栏目输入相应内容（***栏中的内容为必填项），如图 6-6 所示。值得注意的是，创建邮件列表时，必须提供电信、政府网或教育网的非免费的 E-mail。

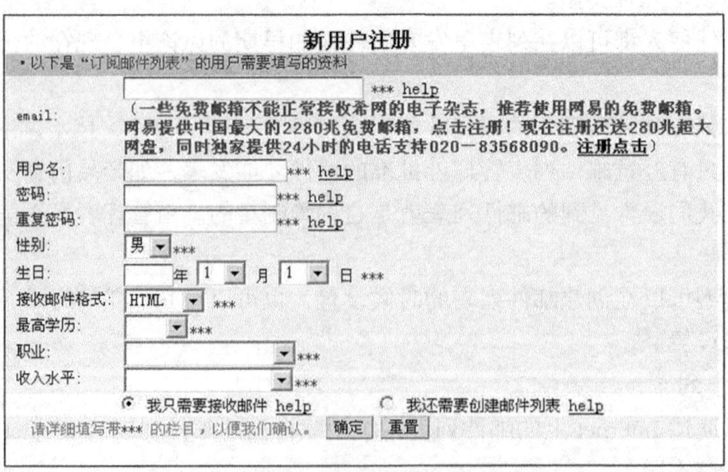

图 6-6　希网邮件列表注册

（3）注册成功后，输入用户名和密码登录邮件列表服务，就可以创建邮件列表了。

4. 邮件列表的订阅

邮件列表的订阅一般有以下两种，以希网网络邮件列表为例。

（1）通过 WWW 方式进行订阅。

① 用“用户名”和“密码”登入希网网络邮件列表系统。

② 选择喜爱的杂志，具体选择方法如下：

- 选择希网编辑推荐的列表；
- 通过希网的“邮件列表搜索”功能，通过关键字搜索列表名和列表简介，系统就会列出相关邮件列表；
- 通过分类查找你需要的列表。

③ 按“订阅”按钮，按系统提示完成订阅。

如果你是邮件列表的创建者，就可以登录到希网的主页上。进入“邮件列表管理”，选择要生成代码的邮件列表，然后单击“生成订阅代码”，将生成的订阅代码加入你的 WWW 主页。这样其他人就可以通过你的主页订阅你的邮件列表了。

（2）通过 E-mail 方式进行订阅。

只要你能收发电子邮件，同样可以订阅希网的邮件列表。邮件列表服务器能够自动处理你的指令，使你方便地订阅邮件列表，以下命令填写在邮件的正文（注意：不是标题）。

使用“subscribe”命令把你的 E-mail 地址加入到相应的邮件列表里，使你可以参加讨论。你可以发一封 E-mail 到 xxxx-request@list.cn99.com，其中的“xxxx”是你订阅的邮件列表名称，在 E-mail 的正文（body）里加入“subscribe”命令。例如：

From: yours@domain.com

To: test-request@list.cn99.com

Subject:

Subscribe

这将使 yours@domain.com 加入 test@list.cn99.com 的邮件列表。系统将发确认信到你的信箱，你只要确认订阅即可。

当然，如果用户不想订阅杂志，退订的方法也是非常简单。只需登录在希网上，选择“查询及退订邮件列表”功能。用户只要输入订阅时用的 E-mail 地址，系统就会给出你所订阅的杂志，你只要选中退订即可。

5. 邮件列表效果评估

邮件列表是网络营销的重要手段之一，新闻邮件是邮件列表的一种，大部分有一定规模的网站都提供免费的新闻邮件和其他类型的邮件列表。邮件列表的作用主要体现在加强企业与客户之间的联系，向客户推销企业的产品、服务等方面。

对于企业来说，都希望知道企业的邮件列表的效果到底怎样，经营邮件列表是否值得等，特别是对那些经营了较长时间的、拥有众多客户的企业网站来说尤为重要。所谓“免费邮件列表”，对企业来说并非免费，相反要投入很大的人力和财力。企业当然希望获得相应的回报，但由于缺乏必要的经验支持和评价标准，大部分企业实际上对此很难进行效果评估。企业维护一份日常的新闻邮件，不需要投入过多，但是，要经营一份有一定水平的新闻邮件，就不一样了。创建一套完善的邮件列表评价机制并不容易。为了对邮件列表的价值进行有效的评估，下面以电子刊物为例，来评价邮件列表效果时应该考虑的因素。

（1）统计订户数量的增加率和流失率；

（2）统计电子刊物发行后，网站流量中有多少来自于邮件列表的作用；

（3）统计通过电子刊物直接获得的收益；

（4）如果邮件中含有推广性的内容，统计反馈率的情况；

（5）统计每期刊物发出后有多少客户回送反馈信息；

（6）估算出版发行每期刊物需要投入的工作量；

（7）预计有多少潜在的收益；

（8）获得预期的收益，还需要投入多少财力、人力。

要获取这些资料也不容易，它需要长期的跟踪和分析。如果掌握了以上基本资料，通过分析，就可以对邮件列表的效果有一个初步的估算。对此，企业的网络营销应该将邮件列表作为计划中的重点，进行跟踪、控制，及时获取有关信息，并根据企业的发展趋势进行策略调整，真正发挥邮件列表的作用。

6.3 病毒性营销

6.3.1 病毒性营销的含义

病毒性营销是一种形象的说法，就是以病毒的深入肌体、繁殖快速、传播广泛和发展迅速为特征来比喻网上一种全新的营销活动。它是指用户通过网络媒体工具，如免费邮箱、免费空间、免费域名、ICQ 网上即时交流软件、免费游戏或电子书籍等，使企业的产品和服务信息在互联网上像病毒一样快速复制、传播和扩散到巨大的受众（消费者）群体的方式。它是一种与传统营销截然不同的营销理念和营销方式。

病毒性营销不是以传播病毒的方式开展营销，而是充分利用网络信息快速双向传播的特点，以类似于网络病毒快速蔓延的效应而得名。由于其快速而廉价的特性，自 Hotmail.com 率先使用该模式以来，病毒性营销为越来越多的企业网站所采用。当时，Hotmail 为了给自己的免费邮件做推广，在邮件的结尾处附上："PS.Get your free E-mail at Hotmail"，邮件接收者看到该信息后，可能会去申请自己的免费邮箱，然后使用该邮箱给其他人发邮件，其他人又会重复同样的过程。这样 Hotmail.com 每一个用户不知不觉地都成了 Hotmail 的推广者，使 Hotmail 的产品和服务信息迅速在网络用户中复制和扩散。这种滚雪球般的效果可以在几小时之内，使第一封邮件产生的营销效果传播到成千上万的受众那里。正是由于病毒性营销快速而廉价的传播方式，使 Hotmail 获得了爆炸式的增长。

6.3.2 病毒性营销的优点

病毒性营销具有以下优点。

（1）病毒性营销的效率和效益大大高于传统营销方式。它主要表现在两个方面：一方面减少了传统的开支，如代理手续等；另一方面，可以迅速地建立起企业的客户关系网络，使得收入增加。这样通过一减一增，企业的效益明显得到了提高。

（2）病毒性营销可以激发用户的购物潜意识。病毒性营销是对营销理念的重大变革，它是建立在“以允许为基础”上的营销方式。它像病毒一样在不知不觉中侵入用户的肌体，令用户对它产生好感。这样，用户的购物潜意识被激活，就容易产生要购买这种产品的欲望。

（3）病毒性营销的操作比较方便迅速。主要体现在两点：一是营销执行者，他们完全可以在几个键之间完成；另外就是用户，他们可以在系统的引导下购买商品。病毒性营销还告诉用户买什么最好、最划算。它使用户像吸毒一样，产生对这些公司网址的强烈依赖。用户想要什么了，便自然而然地去访问这些公司的网址。而且当决定要购买什么物品时，还可以在网上最大限度地讨价还价。这样，用户不必访问众多的网址，就可以得到他们想要的东西。例如，企业可以为用户提供一张一目了然的表格，上面列出了全网搜索的结果。这样一来，用户便能节省大量的时间和金钱，轻点鼠标，就可以购到自己称心如意的商品。

6.3.3　病毒性营销的步骤和基本方法

病毒性营销的步骤和基本方法如下。

1. 提供免费 E-mail 地址等服务和便捷的信息传递方法

在市场营销人员的词汇中，“免费”一直是最有效的词语，大多数病毒性营销计划就是通过提供免费的新产品或服务来引起注意的。

在提供有价值的产品或服务的同时，应提供无须费力的向他人传递信息的方式。病毒只在易于传递的情况下才会传播，因此，携带营销信息的媒体必须易于传递和复制。

2. 寻找足够的电子邮件地址

足够的电子邮件地址是实施病毒性营销的基本条件。获取电子邮件地址的方法如下。

（1）网上下载免费地址列表。此方法操作速度快，能轻易获取大量电子邮件地址，但获取的邮件地址误差极大。普通免费邮件列表不具备针对性，邮件地址多数采用软件随机生成，其有效性不高。

（2）使用搜索软件获取邮件。此方法获取的邮件大多数是网友自发写在网上的，地址较真实有效，且邮件搜索软件容易得到，但搜索速度较慢。

3. 设计邮件样式

在每一封免费发出的邮件底部附加一个简单标签，如“Get your private，free E-mail at http://www.hotmail.com”。图 6-7 所示为一封典型的病毒性营销邮件。

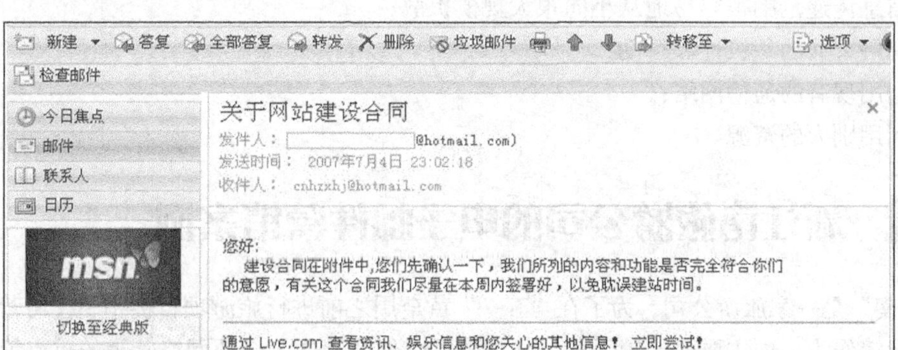

图 6-7　一封典型的病毒性营销邮件

4. 使用者，即邮件发送者利用免费 E-mail 向朋友或同事以及其他目标用户发送信息

当你的朋友或同事以及其他目标用户收到免费 E-mail 后，在阅读信息内容或享受免费服务时，将会看到邮件底部的信息。

5. 接收邮件者可能会加入到使用 Hotmail 免费 E-mail 服务的行列

由于提供了无须费力的向他人传递信息的方式，当接收邮件的人看到邮件底部的信息后，这些人会加入使用免费 E-mail 服务的行列，使网站预设的信息得以传播。

6. 邮件接收者又会变成使用者

在向事先获取的免费 E-mail 地址发送病毒性邮件的基础上，形成"链条式"的信息传播模式，使病毒性营销人员提供的免费 E-mail 信息在更大的范围内扩散，从而达到病毒性营销人员预期的目的。

6.3.4 实施病毒性营销的误区

实施病毒性营销存在以下两方面误区。

（1）认识上的误区。任何一种营销手段都是有一定目标的，但是若为采用病毒性营销而费尽心机，不择手段，甚至以此作为营销目标，这是舍本逐末的做法。

病毒性营销的实质是利用他人的传播渠道或行为，自愿地把有价值的信息向更大的范围传播。如果提供的信息或其他服务没有价值，则无论营销者采取什么样的手段都不会产生真正的病毒性效果。病毒性营销最主要的要求是独创性，只有这样，才能吸引用户并进一步传播。此外，还有人认为，病毒性营销好像是一定要在很大的范围内扩散，其实，并不是每个网站的信息都可以或者有必要让所有人知道的。

（2）应用上的误区。很多企业在实施营销之前，总希望能体验一下病毒性营销的效力，却不知这实际上是在制造病毒，尤其是拿自己的用户来做"活体"实验，这必然会对企业信誉造成危害。所以，企业在应用病毒性营销战略时，最好要做到深思熟虑，确保企业与顾客的双赢。

因此，为了提高病毒性营销的效果，美国著名的电子商务顾问 Ralph F.Wilson 博士就提出了以下 6 项基本要素：

（1）提供有价值的产品或服务；

（2）提供无须努力地向他人传递信息的方式；

（3）信息传递范围很容易地从小向很大规模扩散；

（4）利用公共的积极性和行动；

（5）利用现有的通信网络；

（6）利用别人的资源。

6.4 新江南旅游公司的电子邮件营销案例

"新江南"是一家旅游公司，为了在"五一"黄金周之前进行旅游项目促销，公司营销人员计划将网络营销作为一项主要的促销手段，并将电子邮件营销作为企业网络营销的重点策略之一。由于公司在网络营销方面没有多少经验，因此，这次活动计划将上海作为试点城市，而且在营销

预算方面也比较谨慎，并不打算大量投入广告，仅选择向部分满足营销定位的用户发送电子邮件广告。由于公司暂时没有条件开展网上预订活动，因此，本次营销活动的目的主要是品牌宣传，并为传统渠道的销售提供支持。

新江南旅游公司的网络营销现状为：公司网站已经建立有两年多的时间了，但是网站的功能比较简单，主要是公司介绍、旅游线路介绍和景点介绍等。网站上有一个会员社区，有用户 1 000 多人。由于疏于管理，已经有半年多的时间没有向会员发送过信息了，最后一次发送信息是在元旦前的促销期间，向会员发送新增的旅游线路信息。因此，公司内部的营销资源非常有限，需要借助于专业服务商来发送电子邮件广告。在服务商的选择上，新江南旅游公司花费了比较多的时间，主要是对服务商的邮件列表定位程度、报价和提供的服务等方面进行比较分析。在多家可提供电子邮件营销服务的网站中，“新江南”最终选择了新浪上海网站，该网站有一份关于上海市白领生活的电子周刊，订户数量超过 30 万个，这份电子刊物将作为本次电子邮件营销的主要信息传递载体。

为了确保此次活动取得理想的效果，公司计划将从 2004 年 3 月 26 日开始连续四周进行电子邮件营销信息投放，发送时间定为每周三，前两次以企业形象宣传为主，后两次针对公司新增旅游路线进行推广。接下来该公司市场人员的主要任务是设计电子邮件广告的内容，针对内部列表和外部列表分别操作，并且每个星期的内容都有所不同。

电子邮件营销活动结束后，当网络营销人员分析每个月的公司网站流量时吃惊地发现，在进行电子邮件营销期间，公司网站的日平均访问量比上个月增加了 3 倍多，日均独立用户数量超过了 1 000 人，而在此之前公司网站平均独立用户数量通常不到 300 人，尤其在发送邮件的次日和第三日，网站访问量的增加比较明显，日独立用户数量的最高记录达到了 1 500 多人。在这次活动中，公司的营销人员也发现了两个问题：一是内部列表发送后退回的邮件比例相当大；二是企业网站上的宣传没有同步进行，来到网站浏览的用户的平均停留时间只有 3 分钟，比活动开始前用户的平均停留时间少了 2 分钟。

（资料来源：宋文官主编《网络营销及案例分析》，26 页，北京，高等教育出版社，2004。）

实训　企业营销邮件的发送

【实训目的】

E-mail 是企业开展网络营销的必备工具。通过实训，进一步理解邮件在网络营销中的重要性；能够深入理解许可 E-mail 营销；掌握利用 E-mail 开展企业营销的基本方法。

【实训要求】

1. 了解 E-mail 营销的定义和分类。
2. 掌握 E-mail 营销的基本方法和应用。
3. 掌握许可 E-mail 营销的几种模式。
4. 理解 E-mail 营销在网络营销中的具体运作。

【实训内容】

1. 申请 E-mail 邮箱。
2. 在 Outlook Express 中添加邮件账号。
3. 收集客户邮件地址。
4. 添加客户邮件地址到通讯簿。

5. 创建联系人组。

6. 撰写电子邮件。

7. 发送邮件到组。

【实训步骤】

1. 申请 E-mail 邮箱

登录到 www.163.com 的首页，如图 6-8 所示。单击“注册”，按照提示申请 E-mail 邮箱。

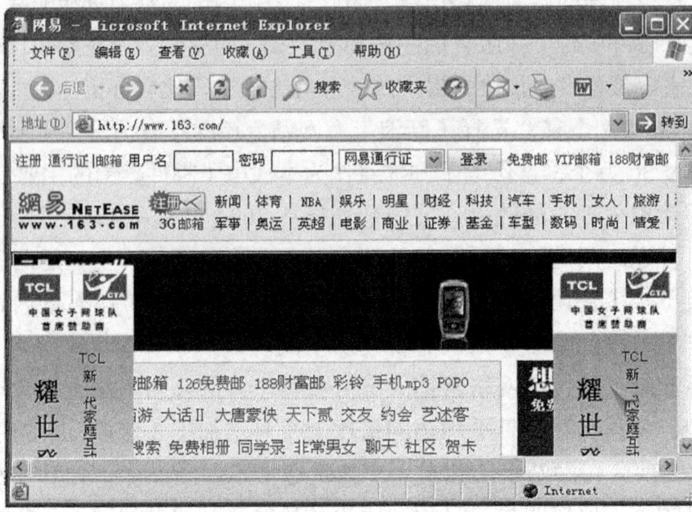

图 6-8　www.163.com 的首页

2. 在 Outlook Express 中添加邮件账号

（1）双击桌面上的 Outlook Express 图标进入 Outlook Express 主界面。单击菜单栏里的“工具”，再选择“帐户”，在弹出的“Internet 帐户”对话框中选择“邮件”标签，如图 6-9 所示。

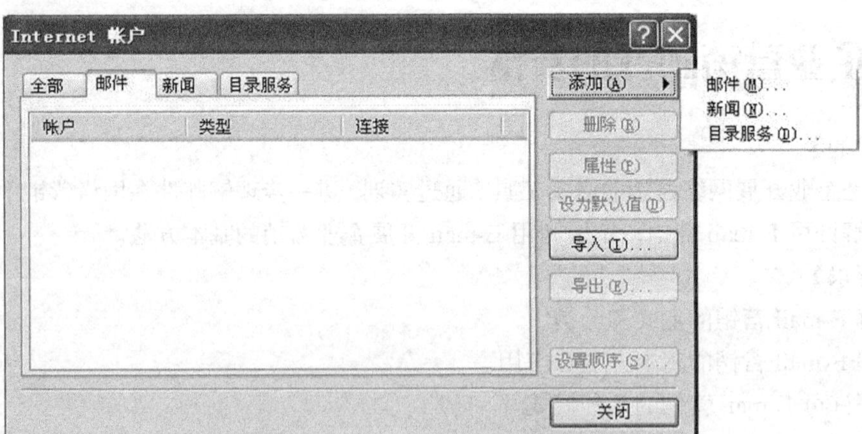

图 6-9　Internet 账户对话框

（2）单击“添加”按钮，选择“邮件”进入到 Internet 连接向导，在“显示名”文本框中输入名字（可以随意）（如“电子商务”）输入后单击“下一步”按钮。

（3）选择“我想使用一个已有的电子邮件地址”项，在“电子邮件地址”文本框中输入用户在网站上申请的电子邮件地址，输入后单击“下一步”按钮，如图 6-10 所示。

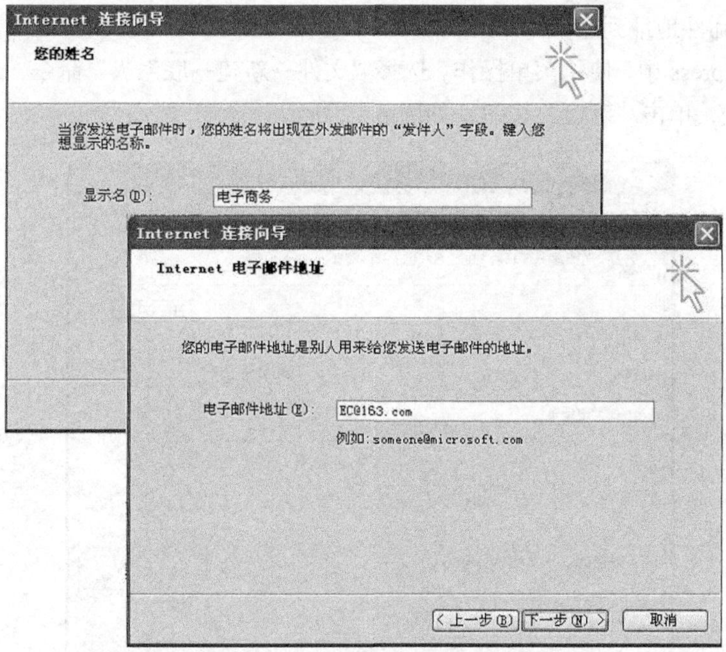

图 6-10　Internet 连接向导 1

（4）服务器类型分别是 POP3、IMAP 和 HTTP 三种，用户在申请电子邮箱时，服务商会说明自己的服务类型是属于哪一种的。在这里按照如上的例子，填上相关的信息后单击“下一步”按钮，如图 6-11 所示。

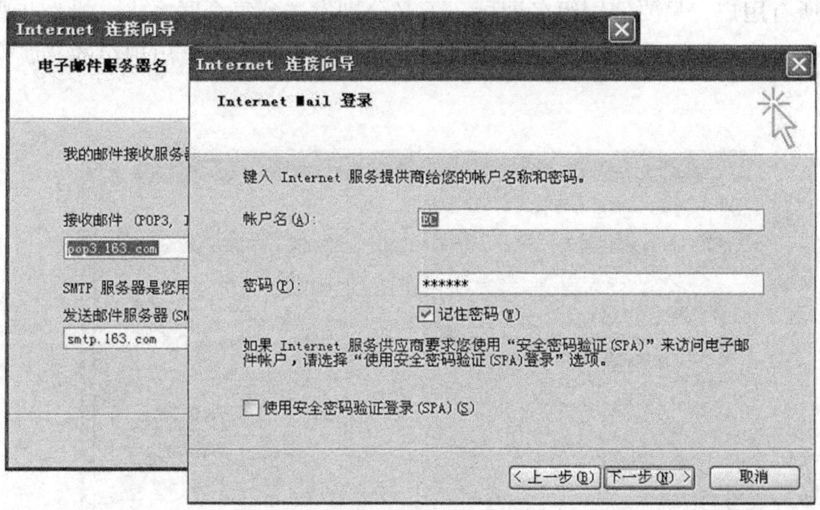

图 6-11　Internet 连接向导 2

（5）在账户名和密码栏上输入用户名和密码，单击“下一步”按钮出现完成的画面，再单击“完成”按钮即可。

3. 收集客户邮件地址

客户的电子邮件地址同客户的联系地址、电话号码或者传真号码一样都是营销的重要信息，收集客户邮箱地址可以有多种途径。可以从客户的名片、客户的宣传资料、客户的企业网站以及客户的电子邮件获得。

4. 添加客户邮件地址到通讯簿

在 Outlook Express 中，使用菜单操作，选择“文件→新建→联系人”命令，键入联系人的姓、名及电子邮件地址，单击“确定”按钮，如图 6-12 所示。

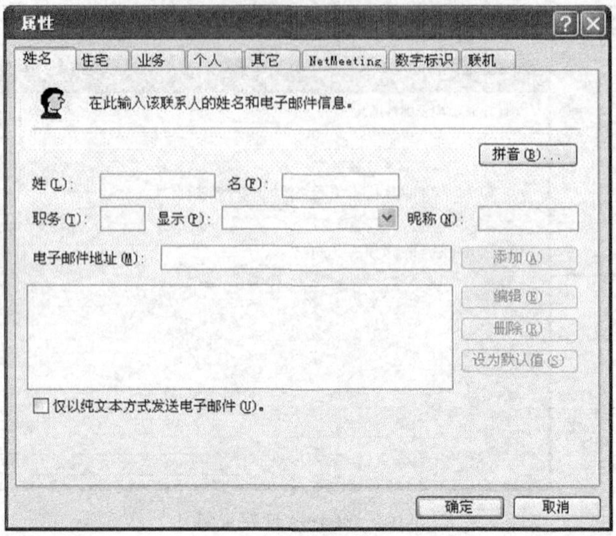

图 6-12　新建联系人

5. 创建联系人组

通过创建联系人组，可以方便地将电子邮件发送给一组收件人，如商业伙伴、同学等。发送邮件到组中的所有用户，只要使用组名即可，不必分别发送到每个联系人。操作步骤如下。

（1）打开通讯簿，使用菜单操作，选择“文件→新建组”命令，出现组的“属性”对话框，如图 6-13 所示。

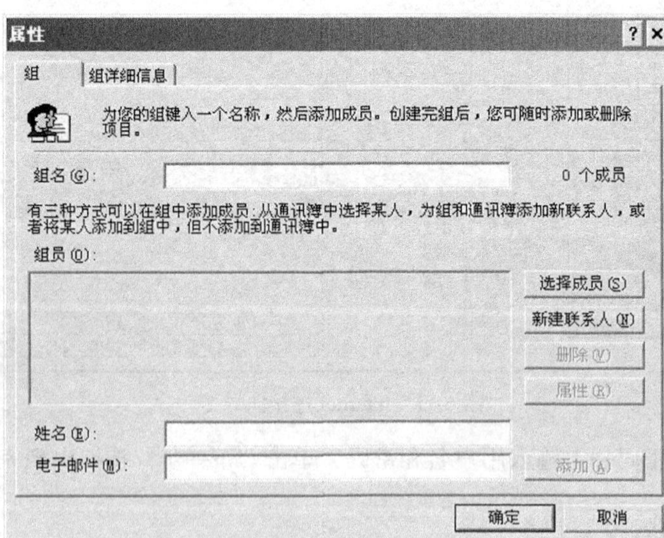

图 6-13　组的“属性”对话框

（2）在“组名”文本框中，键入组的名称，如“客户”，然后为该组添加成员。将客户邮件添加到组中有以下几种方法。

① 从窗口底部直接键入组中成员的“姓名”及“电子邮件”，单击“添加”按钮即可加入新成员到本组。

② 单击窗口左侧的“选择成员”，然后从通讯簿列表中选择要加入的成员即可。

③ 单击窗口左侧的“新联系人”，输入“姓名”、“电子邮件”等信息即可。

6. 撰写电子邮件

设计一个有吸引力的邮件主题以及简明扼要、有理有节、富有创造性的邮件正文都是一个成功邮件营销的重要因素。同时，为了方便对方联系，企业在发出去的每一封邮件中都应该带有尽可能详细的联系信息。

7. 发送邮件到组

通过创建邮件组，可以将邮件发送给组中的所有成员，具体操作步骤如下。

（1）在 Outlook Express 主画面，单击工具栏上的“新邮件”按钮，打开“新邮件”窗口。

（2）单击“收件人”按钮，在之后打开的“选择收件人”窗口中，选择“客户”为“邮件收件人”。

（3）输入文件主题和正文。

（4）单击“发送”按钮，即可成功发送邮件到指定组。

【实训提醒】

在撰写正文中需要注意，应设计一个有吸引力的邮件主题以及简明扼要、有理有节、富有创造性的邮件。另外，发出去的任何电子邮件都必须提供详细的联系信息。这一点也很重要，同时也是一个好的工作习惯。

【实训思考】

1. 如何把邮件发送到多个收件人？
2. 完成了本次实验后，考虑一下，在撰写邮件正文时，需要注意哪些方面？
3. 如何有效快捷地把联系人添加到同一个组中？

【实训报告】

1. 实验过程

目的要求：

实验内容：

实验步骤：

① 申请 E-mail 邮箱；

② 在 Outlook Express 中添加邮件账号；

③ 收集客户邮箱地址；

④ 添加客户邮箱地址到通讯簿；

⑤ 创建联系人组；

⑥ 撰写电子邮件；

⑦ 发送邮件到组。

2. 实验结果

结果分析：

可以使用表格方式，图形方式，也可以使用文字方式。

3. 总结

通过实训，总结自己掌握的程度，分析出错原因，提出改进措施。

习题

一、填空题

1. E-mail 营销的分类方法很多，根据 E-mail 营销的功能划分，可以分为________、________、________、________等；根据 E-mail 营销使用时限划分，又可以分为________和________。

2. E-mail 营销的基本形式主要包括________，也包括通过________。通常按照 E-mail 地址资源的所有权，可以划分为________和________，或者叫________和________。

3. 内部列表 E-mail 营销和外部列表 E-mail 营销在操作方法上有明显的区别，但都必须满足 E-mail 营销所具备的 3 个基本因素：________、________和________。

4. 邮件列表也叫 E-mailing List，是 Internet 上的一种重要工具，主要________。在网络营销中，应该充分利用邮件列表的功能，这包括两方面的含义，一方面是________，另一方面是________。

5. 邮件列表是许可营销和个性化服务的主要手段，它主要分为 3 种类型，即________、________、________。

6. 足够的电子邮件地址是实施病毒性营销的基本条件。获取电子邮件地址的方法主要有两种：________、________。

7. 病毒性营销是指用户通过________，如________、________、________、ICQ 网上即时交流软件、免费游戏或电子书籍等，使企业的产品和服务信息在互联网上像病毒一样快速复制、传播和扩散到巨大的受众（消费者）群体的方式。它是一种与________截然不同的营销理念和营销方式。它不是以________的方式开展营销，而是充分利用网络信息快速双向传播的特点，以类似于网络病毒快速蔓延的效应而得名。

8. 许可 E-mail 营销主要有以下几种模式：______、______、______、______、______、______。

9. 企业开展 E-mail 营销的过程，也就是将有关营销信息通过 E-mail 的方式传递给用户的过程。主要有以下几个方面：________、________、________、________、________、________。

10. 许可 E-mail 营销是基于事先征得________的一种________方式。通过为顾客提供某些有价值的信息，吸引顾客参与，从而收集顾客的________，在发送________的同时对自己的网站、产品或服务进行宣传。

二、思考题

1. 什么是 E-mail 营销？并请说出 E-mail 营销的主要目标是什么。
2. 什么是 E-mail 营销的基本方法？
3. 什么是许可 E-mail 营销？许可 E-mail 营销有哪几种常用模式？
4. 请说出许可 E-mail 营销具体的步骤。
5. 请说出企业在许可 E-mail 营销时，需要注意的要点。
6. 什么是邮件列表？
7. 评价邮件列表效果时应该考虑哪些因素？
8. 什么是病毒性营销？它有哪些优点？
9. 请说出病毒性营销的基本步骤。

第7章 网络广告及效果测评

网络广告是指在互联网站点上发布的以数字代码为载体的各种经营性广告。网络广告都是将 GIF、JPG 等格式建立的图像文件定位在网页中，大多用来表现广告内容，同时还可以使用 Java 等语言使其产生交互性，用 Shockwave 等插件工具增强表现力。

Internet 是一个如此巨大的媒体，又处于高速发展中，在 Internet 上开展网络广告意味着难以估量的商业机会。如何做好网络广告，如何进行广告策划将是本章要介绍的内容。

学习目标

- 理解什么是网络广告，网络广告的调查
- 掌握网络广告目标受众分析
- 掌握网络广告中介的选择
- 掌握网络广告的预算和在线发布
- 了解我国网络广告的发展趋势

7.1 网络广告概述

7.1.1 网络广告概况

广告是一种商品，自互联网发展以来，广告又多了一种载体即计算机互联网。随着互联网的高速发展，网络广告作为网站收入的主要来源而备受关注，并且被作为一个新广告媒体的代表而广受赞誉。同传统的广告媒体相比，基于网络媒介的网络广告拥有众多传统媒体无法达到的优点，已经受到众多用户的青睐。

与其相对比较传统的广告载体如电视、报刊、广播而言，不但价格昂贵而且效果有限，无论你购买的是 $30cm^2$ 的报刊版面或 10 秒的电视广告片段，还是路边的一块广告牌，它所表达的内容都很有限，不能完全体现你所要表达的全部想法。传统广告的传播范围也受到很多的限制，就拿报纸来说，即使少数报社的发行面能够遍布全国，但大多数人都关心本地的信息媒介。

网络广告的空间几乎是不受限制的，而且价格也低廉。企业可以付出很少的代价就可以提供关于企业和产品的百科全书式的信息，友好的交互界面也为企业和用户之间架起友好的沟通桥梁，用户不必为了看一条自己所关心的信息焦急的等待，只要你轻按鼠标，你所希望的信息就会随时展现在面前。互联网可以把网络广告传播到因特网所覆盖的 150 多个国家，这一特点给了企业一个走出国门在世界舞台展现自己的机会。

我国的网络广告发展起步于 1997 年，经过几年的发展，网络广告的形式已被许多企业所接受和采纳，而且取得了较好的广告效果。例如，某企业在雅虎（Yahoo）、搜狐（Sohu）、ZDNet 中文网站和新浪（Sina）上全面投放了广告后，访问该公司站点的人数一直居高不下，极大提高了企业的知名度。

我国网络广告的发布渠道主要通过两种形式。一种是通过网站发布，它主要通过提供免费的信息服务采取“拉”方法吸引网民访问，网民在访问网站的主页时可以顺便访问发布的网络广告。另一种是通过 E-mail 发布，目前用 E-mail 发布广告时有两种方式，一种是类似于邮寄广告，它将有关信息强行发布给收集来的 E-mail 地址；另一种是通过 E-mail 发送免费的电子杂志（E-Zine）附带发送广告，接受者必须自行订阅并且同意接受。

由于互联网网民的局限性，使得发布的网络广告还呈现出行业性，主要集中在信息技术行业，而且以计算机类企业和产品广告居多。在发布网络广告的企业中，国外企业走在国内企业的前面，我国的企业正逐步认识到网络广告的作用，许多 IT 类企业如联想、方正都已纷纷发布网络广告。

据 CNNIC 第 19 次调查的中国互联网络发展状况统计报告中，网民对各种媒体广告的信任程度比较一览表如表 7-1 所示。

表 7-1　　网民对各种媒体广告的信任程度

	非常信任	比较信任	一般	比较不信任	很不信任
电视广告	7.7%	33.2%	38.4%	12.3%	8.4%
广播广告	7.9%	19.8%	40.7%	17.8%	13.8%
报纸/杂志广告	2.9%	24.4%	51.5%	16.6%	4.6%
网络广告	7.9%	22.7%	45.3%	18.3%	5.8%
户外广告	8.5%	20.2%	41.3%	19.9%	10.1%

目前，网络广告主要表现形式是旗帜广告（banner）和图标（icon 或 button），而且以 15cm×2cm（480 像素×60 像素）版面大小的动画旗帜广告居多。由于我国的网络传输速率较低，因此，国外流行的丰富图文旗帜广告（Rich Banner）在国内受到制约。

国外企业发布网络广告动机主要集中在市场定位、品牌建立、电子商务、接触网民、吸引访问等几个方面，而我国网络广告还处在尝试阶段，企业的网络广告还缺乏长期性规划。我国发布网络广告的网站一般都有自己的统计审计软件，但还没有形成统一的统计标准和第三方的公开审计机构；各个网站的广告定价也主要是参考国外的定价，一般都定价为每访问一千次广告收费 30 美元，但实际成交价格与报价相差甚远，因此，网络广告市场还比较混乱，在一定程度上也制约了网络广告市场的发展。

7.1.2　网络广告定义和特点

1．网络广告的定义

网络广告学对于网络广告的定义有广义和狭义两类。广义地说，一切通过 Internet 的各种技术表现形式（包括有线连接和无线连接，宽带连接和窄带连接，专用网络和公众网络等）传播商业信息的过程与方法都是网络广告。狭义地说，网络广告是指广告主利用一些受众密集或有特征的网站摆放商业信息，并设置链接到某目的网页的过程。网络广告作为一种全新的广告形式，拥有许多不可替代的优势，而且正在制造一个非常巨大的市场。

2．网络广告的优势

网络广告有以下几个优势。

（1）具有多维的优势。传统媒体是二维的，而网络广告则是多维的，它能将文字、图像和声音有机地组合在一起，传递多感官的信息，让顾客身临其境般感受商品或服务。网络广告的载体基本上是多媒体、超文本格式文件，广告受众可以对其感兴趣的产品信息进行更详细的了解，使消费者能亲身体验产品、服务与品牌。这种图、文、声、像相结合的广告形式，将大大增强网络广告的实效。

（2）具有广大消费群体的优势。互联网用户 70.54%集中在经济较为发达地区，64%家庭人均月收入高于 1 000 元，85.8%年龄在 18 岁～35 岁之间，83%受过大学以上教育。因此，网络广告的目标群体是目前社会上层次最高、收入最高、消费能力最高的最具活力的消费群体。这一群体的消费总额往往大于其他消费层次之和。

（3）具有成本低、速度快、更改灵活的优势。网络广告制作周期短，即使在较短的周期进行投放，也可以根据客户的需求很快完成制作。而传统广告制作成本高，投放周期固定。另外，在传统媒体上做广告发布后很难更改，即使可以改动往往也需付出很大的经济代价。而在互联网上做广告能够按照客户需要及时变更广告内容。这样，经营决策的变化就能及时实施和推广。

（4）具有交互性和纵深性的优势。交互性是互联网络媒体最大的优势，它不分国界、地区、民族，不同于传统媒体的信息单向传播，而是信息互动传播。通过超链接，用户只需简单地单击鼠标，就可以链接到厂商相关站点的网页上得到更多、更详尽的信息。另外，用户可以通过广告位直接填写并提交在线表单信息，厂商可以随时得到宝贵的用户反馈信息，进一步减少了用户和广告客户之间的距离。同时，网络广告可以提供进一步的产品查询需求。

（5）具有完善的统计优势。网络广告通过即时和精确的统计机制，使广告主能够直接对广告的发布进行在线监控。而传统的广告形式只能通过并不精确的收视率、发行量等来统计投放的受众数量。

（6）具有跟踪和衡量广告的优势。广告主能通过 Internet 即时衡量广告的效果。通过监视广告的浏览量、点击率等指标，广告主可以统计出多少人看到了广告，其中有多少人对广告感兴趣进而进一步了解了广告的详细信息。因此，较之其他任何广告，网络广告使广告主能够更好地跟踪广告受众的反应，及时了解用户和潜在用户的情况。

（7）具有针对性和有效性的优势。通过提供众多的免费服务，网站一般都能建立完整的用户数据库，包括用户的地域分布、年龄、性别、收入、职业、婚姻状况、爱好等。这些资料可帮助广告主分析市场与受众，根据广告目标受众的特点，有针对性地投放广告，并根据用户特点做定点投放和跟踪分析，对广告效果做出客观准确的评价。

（8）具有受众关注度高的优势。据资料显示，电视并不能集中人的注意力，电视观众 40%的人同时在阅读，21%的人同时在做家务，13%的人在吃喝，12%的人在玩赏他物，10%在烹饪，9%在写作，8%在打电话。而网上用户55%在使用计算机时不做其他事，只有6%同时在打电话，5%在吃喝，4%在写作。

（9）具有可重复性和可检索性的优势。网络广告可以将文字、声音、画面完美地结合之后供用户主动检索，重复观看。而与之相比电视广告却是让广告受众被动地接受广告内容。如果错过广告时间，就不能再得到广告信息。另外，显而易见，网络广告的检索比平面广告的检索要方便、快捷得多。

（10）具有价格的优势。从价格方面考虑，与报纸杂志或电视广告相比，目前网络广告费用还是较为低廉的。获得同等的广告效应，网络广告的有效千人成本远远低于传统广告媒体。一个广告主页一年的费用大致为几千元，而且主页内容可以随企业经营决策的变更随时改变，这是传统广告媒体不可比拟的。

7.1.3 网络广告的类型

1. 旗帜式广告

旗帜式广告也称横幅广告、标牌广告或网幅广告，是网上最流行的广告形式。它是以GIF，JPG等格式建立的图像文件，定位在网页中，大多用来表现广告内容，同时还可使用Java等语言使其产生交互性，用Shockwave等插件工具增强表现力。

旗帜式广告版面的大小规格通常为760像素×60像素、480像素×60像素、233像素×30像素等，往往做成动画形式定位在网页中。因其表现力强、容易引起受众的注意，因而在目前最受欢迎，也是最能产生实效的形式。

在绝大多数网页中通常会分割出一定大小的一个个画面，有的是静态的，有的是动态的，也有的是交互式的。这些画面多为长方形或正方形，设计和制作都十分精美，富有强烈的视觉冲击。浏览者对于喜欢的画面直接点选（click），将进入一个新的网页，这里通常会有更具体的信息。

（1）静态的。静态的旗帜广告就是在网页上显示一幅固定的图片，它也是早年网络广告常用的一种方式。它的优点就是制作简单，并且被所有的网站所接受。它的缺点也显而易见，在众多采用新技术制作的旗帜广告面前，它就显得有些呆板和枯燥。事实也证明，静态旗帜广告的点击率比动态的和交互式的旗帜广告低。图7-1（a）所示为静态的旗帜网络广告。

（2）动态的。动态旗帜广告拥有会运动的元素，或移动或闪烁。它们通常采用GIF89的格式，它的原理就是把一连串图像连贯起来形成动画。大多数动态旗帜广告由2～20帧画面组成，通过不同的画面，可以传递给浏览者更多的信息，也可以通过动画的运用加深浏览者的印象，它们的点击率普遍要比静态的高。而且，这种广告在制作上相对来说并不复杂，尺寸也比较小，通常在15KB以下。正因为动态旗帜广告拥有如此多的优点，所以它是目前最主要的网络广告形式。图7-1（b）、（c）所示为动态的网络广告。

（3）交互式。当动态旗帜广告不能满足要求时，一种更能吸引浏览者的交互式广告产生了。交互式广告的形式多种多样，如游戏、插播式、回答问题、下拉菜单、填写表格等，这类广告需要更加直接的交互，比单纯的点击包含更多的内容。交互式广告分为HTML和Rich Media两种。

① Html banners: Html banners允许浏览者在广告中填入数据或通过下拉菜单和选择框进行选择。根据我们的经验，Html banners比动态banner的点击率要高得多，它可以让浏览者选择要浏览的页面，提交问题，甚至玩个游戏。这种广告的尺寸小、兼容性好，连接速率低的用户和使用

低版本浏览器的用户也能看到。图 7-2 所示为交互式旗帜广告。

（a）

（b）

（c）

图 7-1　旗帜网络广告

图 7-2　交互式旗帜广告

图 7-2 所示的交互式旗帜网络广告是在阿里巴巴主页上的，通过鼠标单击后即可进入下一个分页，选择用户需要的资料进一步查看。

② Rich Media 在国内一些文章中翻译为“富媒体”，富媒体广告的定义是指由 2D 及 3D 的 Video、Audio、HTML、Flash、DHTML、Java 等组成效果，这种广告技术与形式在网络上的应用需要相对较多的频宽。Rich Media 能够提高广告的互动性，提供更广泛的创意空间、最新的网络媒体技术，甚至允许用户在广告界面上直接留下数据，从而有效地促进用户与广告的交互。

2. 文本链接广告

文本链接广告是以一排文字作为一个广告，扩大企业或产品的知名度，单击都可以进入相应的广告页面。这是一种对浏览者干扰最少，较为有效果的网络广告形式。有时候，最简单的广告形式效果却最好。

文本链接广告大多是以文字的形式，这些文字的广告放在网页上，整个网页都是广告内容。图 7-3 所示为招商银行 20 周年广告。

图 7-3　文本链接广告

另外一种文本广告是一些企业的名称，当用户单击该名称后，被系统超链接到广告主的网站上。这种文本链接形式的广告通常出现在分类栏目中，图 7-4 所示为中国产品库企业集锦栏目的文本广告。

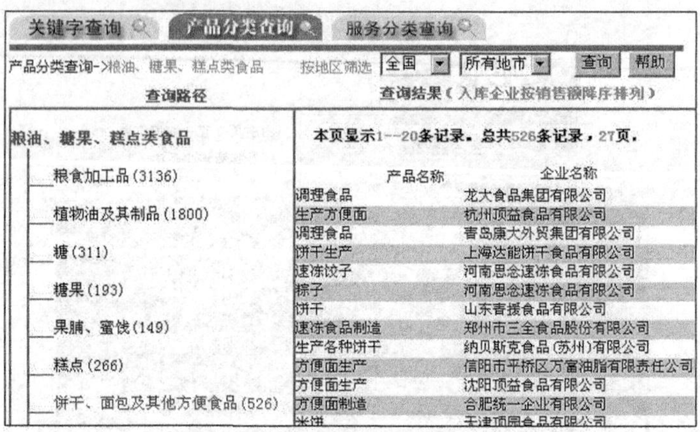

图 7-4　中国产品库企业集锦

在该广告栏目中给出了企业的名称、企业产品、特点等。例如，青岛康大外贸集团有限公司生产的调理食品，纳贝斯克食品（苏州）有限公司生产的各种饼干等。如果用户需要，则可单击该企业的名称或“详细信息”即可链接到该企业网站的主页面中，从而可以了解该企业的详细信息资料。

文本链接广告还可以通过电子邮件的形式定期传送给顾客，也可以在新闻组或电子公告板上发布等。总之，文本广告都是以文字为主要工具来宣传企业的产品，达到广而告知目的。

3. 按钮广告

按钮广告其实是从旗帜广告演变过来的一种广告形式，图形尺寸比旗帜要小。按钮广告也称为图标广告，这种广告形式在互联网主页中非常普遍，它可出现在主页的任何位置。这种图标可能是一个企业的标志，也可能是一个一般形象图标，它可以显示公司形象的标志，可以显示品牌展示，也可以显示宣传活动，甚至可以是动画，单击该按钮可链接到广告主的站点上。

按照互联网广告管理署（Internet Advertising Bureau，IAB，这是国际上最为权威的网络广告管理机构，其网址为 http://www.iab.net）的标准，按钮广告的尺寸一般为 120 像素×90 像素、120 像素×60 像素、125 像素×25 像素、88 像素×31 像素。

图 7-5 所示为杭州下沙高校园区教师互聘网中的各个学校网站的按钮广告，如果需要查询某一个学校的招生情况，可以直接单击按钮广告即可进入该学校的网站主页。互聘网的地址是：http://jshp.cjlu.edu.cn/index.php。

图 7-5　按钮广告图

4. 电子邮件广告

电子邮件广告十分方便快捷，发邮件只要稍微设置一下，剩下的发送任务就由群发软件来完成。发送邮件的速度特别快，一般一天可以发 50 多万封，如果计算机设备足够好，用 ADSL 上网，一天可以发 100 万封左右。它不占用计算机资源，用它发送邮件的同时，可以照常上网。无论你是在网吧还是在家上网，发邮件都很容易。电子邮件广告还具有成本低、覆盖面广、效果好等特点。

5. 图片广告

图片广告一般用在某企业的产品图片广告，图片广告的最大特点是直观、形象、清晰，有一种身临其境之感。例如，图 7-6 所示为图片广告，单击该图片后即可进入相关的内容，了解更为详细的商品信息。

图 7-6　图片广告

6. 对联式广告

对联式广告是目前非常流行的一种广告形式，这种广告位于浏览页面中特别设置的广告版位，以夹带方式呈现，冲击力强。在浏览页面完整呈现的同时，在页面两侧空白位置呈现对联形式广告，分隔广告版位，广告页面得以充分伸展，同时不干涉使用者浏览，注目焦点集中。由此可以吸引网友点阅，并有效传播广告相关信息。目前，IT门户网站都具有这种对联式广告，图7-7所示为网站主页中的对联广告。

图7-7 对联式广告

7. 弹出式广告

弹出式广告是指网民在浏览网页时，非网民请求强制插入的一个广告页面或弹出式广告窗口。它们有点类似电视广告，都是打断正常节目的播放，强迫观看。弹出式广告有各种尺寸，有全屏的也有小窗口的；有的是在当前网页显示，有的是显示到网页后面，直到网民关闭当前网页才能发现背后隐藏着的广告页；有的是一打开网页时一起跳出来，有的是在浏览网页过程中跳出来的，有的是在关闭网页的时候才跳出来。而且互动的程度也不同，从静态的到全部动态的都有。浏览者可以通过关闭窗口不看广告（电视广告是无法做到的），但是它们的出现没有任何征兆，它们肯定会被浏览者看到。

8. 网视广告

网视广告也是目前比较流行的一种广告形式。可以直接将广告客户提供的电视广告转成网络格式，实现在线播放。网视广告克服了网络广告本身的诸多缺陷，一直困扰着作为如今主流的Flash广告在画面局限性的难题也因此得以解决。相比电视广告，网视广告又更具备其深入性，只需要一个点击动作，便能了解到产品的全方位咨讯，更重要的是，网视广告丝毫不会耽误你现在正在做的事。

目前，国内较普遍的SINA-ICAST系列、SOHU-SuperCast和ALLYES-NetTV三种新兴网视广告软件，它们都有着优秀的画质和对CPU资源的低占用性，并且都具有一定的智能化功能。特别值得一提的是SINA-ICAST系列，该软件在CPU资源、网络带宽上的要求降到了最低点，但却丝毫不影响其画面质量和流畅度。而其智能化程度也相当高，当网络繁忙时它会自动降低或暂停下载速度，不再像Flash广告那样抢占CPU和带宽资源了。图7-8所示为网视广告界面。

图 7-8　网视广告

9. 浮动式广告

浮动式广告也是目前非常流行的一种新型创意表现形式的广告，相比传统移动图标的点击率要高一些。这种广告形式的图标在页面来回漂动，具有干扰度低、吸引力强的特点。它的画面可大可小，会在整个屏幕里有规律地移动，同时会闪烁出一些好看的颜色，比较能够吸引人。

这样的广告形式会主要应用于厂商对于频道或者一些活动的赞助时。保证厂商得到更大的推广机会，始终在页面上漂浮，具有较强的新颖的吸引力。浮动式广告比旗帜广告更具有动感。缺点是强迫人们去观看，对于某些不太理想的浮动式广告，一直动态地占据屏幕窗口，令人生厌。

10. 主页型广告

广告发布者将所要发布的信息制作成主页，放在网络服务商的站点或企业自己建立的站点上。主页型广告可详细地介绍广告发布者的各种信息。现在许多企业都拥有自己的主页。

11. 电子杂志广告

电子杂志广告和我们通常所指的电子邮件广告有着本质的区别，电子邮件广告是指商家通过在各处搜集来的 E-mail 地址向别人发送大量自己公司、产品的信息。如果别人不情愿接受，则很容易遭到人们的普遍反感和抵触，这种邮件被称作垃圾邮件。这种形式的广告弄巧成拙，反而会严重影响企业的形象和宣传效果。

电子杂志则不同，它是由国内著名的 ICP 提供，有着内容和信誉的充分保障，由专业人员精心编辑制作的。具有很强的时效性、可读性和交互性，而且还不受地域和时间的限制，无论在任何地方，电子杂志都可以带给用户最新最全的信息。由于电子杂志是由网民根据兴趣与需要主动订阅的，所以此类广告更能准确有效地面向潜在客户。

电子杂志广告有以下几个特点。

（1）主动性强。所有的使用者都可以根据自己的喜好和兴趣选择订阅一些免费信息。

（2）统计性好。每一个用户在第一次使用免费 E-mail 时，必须要详细地填写一张用户档案（Member Profile）。这就使得提供免费 E-mail 的服务商能详细地知道使用者的具体情况，并向企业提供相关用户的具体情况的统计资料。

（3）针对性强。随着免费 E-mail 会员的进一步增多，广告主还可以根据使用者的特性（如地域、年龄、性别、家庭收入、职业、受教育水平、兴趣爱好或婚姻状况等），有针对性地发布自己的广告。

12. 公告栏广告

公告栏发展非常迅速，随着 BBS 在网上实现，现在可以直接通过浏览器访问 BBS，因此大大简化了操作。

在讨论组中发布盈利性质的广告是粗野和无礼的，在讨论组中发布信息要短小精悍，主题要鲜明且与讨论组的主题相符，要相互尊重，互通有无等。公告栏广告信息发布的方式主要有以下 3 种。

（1）在某个组中单独挑起一个话题。

（2）选中一个话题，巧妙地插入。

（3）最简单的方式是选择某个组的适当位置，单纯地粘贴广告。

13. 新闻组广告

新闻组就是一个基于网络的计算机组合，这些计算机可以交换一个或多个可识别标签标识的文章（或称之为消息），一般称作 Usenet 或 Newsgroup。新闻组已经成为互联网上一个重要的组成部分，每天都吸引着全球众多的访问者。其中包含的各种不同类别的主题已经涵盖了人类社会所能涉及的所有内容。

14. 赞助式广告

赞助式广告有内容赞助、节目赞助等形式。广告主可对自己感兴趣的网站内容或网站节目进行赞助。赞助式广告一般放置时间较长且无须和其他广告轮流滚动，故有利于扩大其知名度。

15. 插页式广告

广告主选择合适的网站或栏目，在该网站或栏目出现之前插入幅面略小的新窗口显示广告。这种广告带有强迫性，一般不受用户的欢迎。

16. 关键字广告

关键字广告形式在美国十分流行。广告主可买下著名搜索引擎的流行关键字，在用户输入该关键字进行检索的同时，他们就会给吸引到广告主的网站。例如，在 Yahoo 搜索引擎上输入“烹饪”这一关键字，也许就会出现“到 Amazon 去买一本关于烹饪的书”这样的字句。

17. 屏保广告

能在计算机空闲时以全屏的方式播放动画，并且能配上优美的音乐，可以说屏保是计算机上最好的广告载体。许多知名品牌都制作了自己的屏保程序放在网上供用户下载，并且用户也会使用 E-mail 来传递屏保程序。好的屏保可以得到相当广的流传，企业可以用很小的投入换来极佳的宣传效果。

18. Rich Media

Rich Media 一般指使用浏览器插件或其他脚本语言、Java 语言等编写的具有复杂视觉效果和交互功能的网络广告。这些效果的使用是否有效一方面取决于站点的服务器端设置，另一方面取决于访问者的浏览器是否配备相应的可以浏览此广告内容的程序，同时还得取决网络速度与浏览者的电脑本身运行速度，因为媒体广告包含的数据远比一般的文字或图片广告要多。当然，Rich Media 也能表现更多、更精彩的广告内容。

另外，还有一些新型网络广告，如视频广告、路演广告、巨幅连播广告、翻页广告、祝贺广告等。不管是哪一种广告形式，都将会产生一定的广告效益。网民一般都是通过此类的广告得知许多事情，特别是有些网民由于对此类广告感兴趣，而进入了许多本不会介入的网站，由此而得到了许多意想不到的效果。

7.1.4　网络广告与传统广告

1．传统广告的特点

传统广告理论是建立在工业时代大众化消费、大规模、大批量、标准化生产的基础之上的，是典型的工业时代的产物。传统的广告媒体，包括电视、广播、报纸、杂志四大大众媒体，都只能单向交流，强制性地在一定区域内发布广告信息，受众只能被动地接受，并具有以下几个特点。

（1）覆盖域。它是在制定媒体战略，具体选择媒体时的一个重要指标。电视媒体的传播范围是相当广泛的，从世界范围看，电视传播所到之处，也就是广告所到之处。电视媒体传播范围的广泛性的同时也就衍生出传播对象构成的复杂性。不论性别、年龄、职业、民族还是修养等，只要看电视都会成为电视媒体的传播对象，但有些受众不可能成为广告主的顾客。因此，电视媒体的传播范围虽然广泛，但是电视广告对象针对性不强，诉求对象不准确。

广播媒体的覆盖面大，传播对象广泛。由于广播是用声音和语言做媒介，而不是用文字作为载体传播信息的，适合不同文化程度的广大受众，任何有听力的人都可以接受广告信息。因而广播广告的传播对象广泛，几乎是全民性的。而且还有相当数量的文盲无阅读能力，但可以借助广播获得信息。这是任何其他媒体都无法与之相比的。

报纸的传播范围比较明确，既有国际性的，又有全国性的和地区性的，既有综合性的又有专业性的。不同的报纸有不同的发行区域，即不同种类的报纸的覆盖范围各有不同。这种明显的区域划分，给广告主选择媒体提供了方便，因而可以提高广告效果，并避免广告费用的浪费。

（2）到达率。它是衡量一种媒体的广告效果的重要指标之一。电视、广播、报纸的媒体覆盖域都很广泛，而且是人们日常生活中获得各类信息的主要途径，广告主在这些媒体上投放广告，其到达率是比较高的。

但是由于广告过多过滥和广告媒体中广告的随意插播，导致受众对其产生厌烦和抵制心理，造成广告信息到达受众的比率严重下降。传统媒体的到达率已大幅降低。

（3）并读性。它是指同一媒体被更多的人阅读或收看（听）。电视、广播、报纸都是并读性较高的媒体。

一场奥运会比赛的现场直播可吸引全球数十亿的电视观众，其广告信息并读性是相当高的。但随着卫星转播、有线电视的发展以及电视频道的增多，同时互联网作为网络媒体的发展以及网络数字电视广播的发展，使得更多的人离开电视屏幕而走向电脑屏幕，这在一定程度上减少了电视观众，降低了电视的并读性。

报纸的并读性也非常高。据估计，报纸的实际读者至少是其发行量的一倍以上。各社会组织订阅的报纸，该组织的全体成员要看。还有不买报，不订报而可以阅读报纸的人。例如，在公共阅报的地方，一份报纸可有许多读者。但由于报纸上的广告不可能占据报纸的重要版面，如果在专门的广告版面发布广告信息，由于广告拥挤，某些广告更难被注意到，因而降低了广告的确实到达率，影响广告效果。

广播媒体在其问世初期并读性较强，后来随着电视、录音录像、卡拉 OK 等新型娱乐产品的发展，广播收听人数急剧下降。20世纪90年代，广播节目开始丰富并趋于多样化，收音机趋于小型化，广播媒体由多人收听而转变为更多的个人收听，实际并读性下降。

（4）注意率。它是广告被注意的程度。电视广告由于视听形象丰富，传真度高，颜色鲜艳，能给消费者留下深刻印象，并易于记忆，注意率最高。但不同的电视台，同一电视台不同时段的注意率又有差异，在具体选择媒体时还应结合企业产品的特点和消费对象进行具体的分析和选择。

广播媒体的最大优势是范围广泛。有些节目有一定的特定听众，广告主如果选择在自己的广告对象喜欢的节目前后做广告，效果较好，注意率也较高。但广播媒体具有边工作边行动边收听的特点，广告受众的听觉往往是被动的，因而造成广告信息的总体注意率不高。

报纸媒体覆盖域广，但注意率较低。由于报纸版面众多，内容庞杂，读者阅读时倾向于新闻报道及感兴趣的栏目，如果没有预定目标，或者广告本身表现形式不佳，读者往往会忽略，所以报纸广告的注意率极低。

（5）权威性。它对广告效果有很大影响，即“光环效应”。对媒体的选择过程中应注意人们对媒体的认可度。不同的媒体因其级别、受众群体、性质、传播内容等的不同而具有不同的权威性；从媒体本身看，也会因空间和时间的不同而使其权威性有所差异。

例如，电视媒体，中央电视台与地方电视台的广告相比，前者比后者具有更明显的权威性。广播、报纸同样如此。权威性同时也是相对的，受专业领域、地区等各种因素的影响。在某一特定领域有权威的报纸，对于该专业之外的读者群就无权威可言，很可能是一堆废纸。

（6）感染力。广播是听众“感觉补充型”的传播，听众是否受到广告信息的感染在很大程度上取决于收听者当时的注意力。同时仅靠广播词以及有声响商品自身发出的声音是远远不够的。有的受众更愿意看到真实的商品形态，以便于更具体感性地了解商品，这一点广播无法做到。报纸以文字和画面传播广告信息，即使是彩色版，其传真效果和形象表现力也远不如电视、广播，其感染力是最差的。

（7）实时性。电视和广播是最适合做时效性强的广告的媒体，报纸次之。电视由于设备等因素制约，时效性不如广播。但在电台发布广告会受到节目安排及时间限制。

（8）持久性。从某种意义上讲，三大传统媒体的持久性都不强。电视和广播媒体具有易逝性特点。广告信息转瞬即逝，不易保存。因而广告需要重复播出，资金投入巨大。报纸相对而言较好，可以保存，但因报纸是每日更新，但也很少有人长期保留。

2. 网络广告的特点

传统广告理论是建立在工业时代大众化消费、大规模、大批量、标准化生产的基础之上的，是典型的工业时代的产物。传统的广告媒体，包括电视、广播、报纸、杂志四大大众媒体，都只能单向交流，强制性地在一定区域内发布广告信息，受众只能被动地接受。例如，同一电视广告在同一时间送传到千家万户，不管你喜欢不喜欢，广告内容对所有消费者都没有任何差别。网络广告追求的是“一对一”式的高度细分的个性化消费服务，追求的是与顾客的直接对话和定制化。网络广告与传统广告媒介相比，由于更多的技术成分，使它具有许多鲜明的特点。

（1）广泛性。传统广告的广告价格昂贵且空间十分有限。广告主必须花费很高的费用购买一则几秒、几十秒的电视或广播广告时段，或是报纸、杂志的广告版面，而且由于有了时段和版面的竞争使得黄金节目前后的广告时段或是知名的报纸、杂志广告版面广告费用十分昂贵。即使这样，有限的空间所传播的信息也少的可怜，绝大多数广告仅局限于一个地区，而不能为更多的人所知。网络广告的广告空间十分广阔，成本也很低廉，广告主只需花费较少的资金就可以做成一则广告，并且可以通过 Internet 传播到网络所覆盖的 150 多个国家和地区的目标受众，突破了传统广告只能局限于一个地区、一个时间段的限制。网络广告可以随时发布在任何网站上，时间的概念对广告主没有更大的意义，受众可以在任何时间随意浏览广告。

（2）互动性。传统广告是一种平面的信息传播，由广告主将广告信息“Push”（推）向目标受众，不管受众喜欢不喜欢，愿意不愿意，都只能是处于被动地接受信息的地位。网络广告是一种交互式的与受众进行一对一沟通的“活”广告。消费者成为交流的主动者，受众可以对感兴趣的广告通过 Internet 深入了解更多的信息，并且可以通过正在浏览的页面直接向公司发出 E-mail 进行更详细的查询或直接下订单。因此，网络广告通过“Pull”（拉）的方式吸引受众注意，避免了传统广告中注意力集中的无效性和被动性，从而提高了目标顾客的选择性。

（3）可控性。运用传统媒体发布广告，广告的评价与控制比较困难，因为无法准确地知道有多少人接收到所发布的广告信息，更不可能统计出有多少人受广告的影响而做出购买决策。而发布的网络广告能很容易地及时统计每条广告被多少用户看过，以及这些用户浏览这些广告的时间分布、地理分布和反映情况等，广告主和广告商可以实时评估广告效果，进而审查他们的广告策略的合理性，并及时调整市场营销策略。

（4）直观性和丰富性。传统广告由于受到媒体的时间和版面的限制，其内容只能删繁而就简，突出重点，它们多用画面、音乐等在受众的脑海中创建某种印象，从而引发某种联想、情绪促使受众采取行动，面对产品本身的信息提供放在次要位置，而网络广告可以采用动态影像、全真图像、声音、文字、动画三维空间、虚拟现实等为一体，为消费者提供更为详细的信息，让受众满足搜集信息的需要，同时又提供了视觉、听觉的享受。

（5）实时性与持久性的统一。网络媒体具有随时更改信息的功能，广告主可以根据需要随时进行广告信息的改动，广告主可以 24 小时调整产品价格、商品信息，可以即时将最新的产品信息传播给消费者，并且网络媒体也可以长久保存广告信息。广告主建立起有关产品的网站，可以一直保留，随时等待消费者查询，从而实现了实时性与持久性的统一。

3. 网络广告与传统广告的区别

随着经济的快速发展，广告也获得了快速发展。发达国家的广告费一般都要占国民生产总值 2%左右，广告对经济的发展有着非常重要的作用。随着网络媒体的出现，近年来，网络广告也以其独特的形式吸引了人们的注意。

（1）广告对象。电视、广播、报纸等传统媒体，其某一时段节目或某一栏目可能是针对特定消费者的，但就整个媒体而言，其对象几乎是全民性的，包括了各个年龄，各个文化水平，各个收入标准和各个生活层次的消费者。

而网络由于其对消费者物质设备的要求，其对消费者文化水平的要求，其对消费者经济收入的要求，天然性地对广大消费者做了第一层次的市场细分，从全体消费者中分离出了“网民”这一具有某些共同特质的消费者群。一般地，网络用户大多是经济发达地区的具有较高文化水准和职业层次的中高等收入阶层中的中青年，他们是整个市场里耐用消费品、不动产、旅游产品、精神消费品等的主要顾客群。

（2）广告发布。传统广告发布主要是通过广告代理制实现的，即由广告主委托广告公司实施广告计划，广告媒介通过广告公司来承揽广告业务。广告公司同时作为广告客户的代理人和广告媒体的代理人提供双向的服务。而在网络上发布广告对广告主来说有更大的自主权，既可以自行发布又可以通过广告代理商发布。

（3）经济性。广告宣传的目的是为了促销产品，而促销产品的最终目的是为了获取企业利益。由于企业广告的价格不断增长，对许多企业已构成负担。网络媒体的收费远低于传统媒体，网络广告由于有自动化的软件工具进行创作和管理，能以低廉费用按照需要及时地变更广告内容。与传统广告单位面积（时间）的广告价格相比，网络广告在价格上极具竞争力。据美国《现代企业》杂志对旗下企业社员的统计，网络广告能有效地节约广告费用达 40%～70%。若能直接利用网络广告进行产品的销售，则可以节省更多的销售成本。

（4）视听效果。传统的媒体杂志、报纸仅提供静态的图文信息，广播也只提供声音信息。而网络广告由于先进的科技，具有在文字、声音、画面、音乐、动画、三维空间、虚拟视觉等方面的一切功能，实现了完美的统一。网络广告在传播信息时，可以在视觉、听觉，甚至触觉方面给消费者以全面的震撼。根据美国广告公司的一项调查，利用网上多维立体广告的宣传效果，无论是在男性成衣、电信器材，还是在妇女用品的品牌上，其知名度都提高了很多，远远超过电视或平面广告的效果。

（5）心理因素。网络媒体和网络广告与传统媒体和传统广告相比，其最大优势不在技术上，而在心理上。对网民的研究表明，消费者所以点击广告，心理因素是主要动因。网络广告是一种以消费者为导向、个性化的广告形式，消费者拥有比在传统媒体面前更大的自由。他们可根据自己的个性特点，根据自己的喜好，选择是否接收，接收哪些广告信息。一旦消费者做出选择点击广告条，其心理上已经首先认同，在随后的广告双向交流中，广告信息可以毫无阻碍地进入到消费者的心理中，实现对消费者的 100%的劝导。

（6）灵活性。在传统媒体上做的广告发布很难更改，即使可改动往往也需付出很大的经济代价，这是因为传统广告从策划、制作到发布需要经过很多环节配合，广告一旦发布后信息内容就很难改变而且费用昂贵，因而难以实现广告信息的及时更改。而网络媒体具有随时更改信息的功能，广告主可以根据需要随时进行广告信息的改动，广告主可以 24 小时调整产品价格、商品信息，可以即时将最新的产品信息传播给消费者。在网络上做广告能按照需要及时变更广告内容，当然包括改正广告的错误。这就使经营决策的变化可以及时地实施和推广，并且网络媒体也可以长久保存广告信息。广告主建立起有关产品的网站，可以一直保留，随时等待消费者查询，从而实现实时性与持久性的统一。

（7）准确性。尽管传统的广告铺天盖地，由于这类广告没有进行定向和分类，其收效甚微。网络广告的准确性包括两个方面。一方面是广告主投放广告的目标市场的准确性。网络实际是由一个一个的团体组成的，这些组织成员往往具有共同爱好和兴趣，无形中形成了市场细分后的目标顾客群。广告主可以将特定的商品广告投放到有相应消费者的站点上去，目标市场明确，从而做到有的放矢。而信息受众也会因广告信息与自己专业相关而更加关注此类信息。另一方面体现在广告受众的准确性上。上网是需要付费的，消费者浏览站点的时候，只会选择真正感兴趣的广告信息，所以网络广告信息到达受众的准确性高。从营销学的角度来看，这是一种一对一的理想营销方式，它使可能成为买主的用户与有价值的信息之间实现了匹配。

（8）竞争环境。传统广告竞争环境的优势主要表现在政府的统一组织和协调、法律制度、消费者的观念、人才、隐私权、基础设施、标准化和监管等方面。网络广告虽有许多优势，但它并非十全十美，目前的网络环境条件、控制技术、标准规范等的不成熟、不完善，也给网络广告的发展带来了一些限制。由于对网络广告认识不够，加上目前网络广告在定价收费、效果测评、规范监管等方面尚未形成统一标准，这些未知因素阻碍了广告主对网络广告进行大量投入。目前我国企业、消费者上网的比例都还不够高，相对于全国 14 亿人口来说，互联网的受众范围还比较小，因此在相当长一段时期内，互联网广告还只能是作为传统媒体广告的补充，网络还不是主流媒体，网络广告利用和开发的程度都比较低，受众对其接受水平一般。

（9）效果评定。测定和评估广告效果可从以下几方面考虑。

① 注意率：包括广告的接触者数量、接触者范围，以及在一定时期内接触广告的次数即接触频率，实际是对广告交流效果的评定。

② 到达率：包括 3 个层次，即知名度、理解率和确信率。指通过广告活动，企业的名称品牌等在消费者中知道了多少，又有多少消费者理解了广告所传达的各种信息，又有多少消费者信服了这些广告信息继而采取一定的行动和心理态度的转变。

③ 行动率：包括 3 个方面，一是消费者对企业的正向心态即对企业的赞许态度的增加与否，二是市场销售额的变化，三是从市场占有率的变化等来确定广告在促成购买行动上的作用。

传统媒体广告效果的测评一般是通过邀请部分消费者和专家座谈评价，或调查视听率发行量，或统计销售业绩分析销售效果。在实施过程中，由于时间性不强（往往需要上月的时间），主观性影响（调查者和被调查者主观感受的差异及相互影响），技术失误造成的误差，人力物力所限样本小等原因，广告效果评定结果往往和真实情况相差很远。

而网络广告效果测评由于技术上的优势，有效克服了传统媒体的不足，表现在以下几方面。

① 更及时。网络的交互性使得消费者可以在浏览访问广告时直接在线提意见反馈信息，广告主可以立即了解到广告信息的传播效果和消费者的看法。

② 更客观。网络广告效果测评不需要人员参与访问，避免了调查者个人主观意向对被调查者产生的影响，因而得到的反馈结果更符合消费者本身的感受，信息更可靠更客观。

③ 更广泛。网络广告效果测评成本低，耗费人力物力少，能够在网上大面积展开，参与调查的样本数量大，测评结果的正确性与准确性大大提高。

（10）媒体收费。电视、广播、报纸等传统媒体广告的计费方式是建立在收视收听率或发行量阅读率的基础之上的，以 CPM（Cost Per One Thousand Impressions，千人印象成本）为单位计算的。广告费用= CPM×媒体接触人数（收视率或发行量）/1 000。受传统媒体计费方式的影响，大部分网络媒体服务商沿用了这种模式，以广告图形在用户终端计算机上被显示 1 000 次为基准计费。

但是，网络企业更倾向于计费标准的多元化、多层次，有时按发布时长定价，有时采用按点击率定价，有时按简单回应定价，有时则按实际回应定价。表 7-2 所示为某网络广告公司的报价单。

表 7-2　某公司网络广告报价单

规格尺寸	位置	网站首页（元/周）	热点栏目首页（元/周）	其他栏目首页（元/周）	制作维护费（元/个）
全尺寸 760×120	首屏	480	160	80	200
	其他	240	80	48	

续表

规格尺寸	位置	网站首页（元/周）	热点栏目首页（元/周）	其他栏目首页（元/周）	制作维护费（元/个）
标准尺寸 468×60	首屏	320	80	48	100
	首屏	160（2/天）	32		
	其他	160	32	24	
小尺寸 233×30	首屏	130	32	24	80
	其他	40	24	12	
按钮式 120×60	首屏	130	32	24	60
	其他	40	16	12	
小 Button 84×28	首屏	96	24	16	50
	其他	32	12	8	
文字链接（不超过 10 字）	首屏	32	12	8	
	其他	16	5	4	
悬浮 LOGO 100×100		240	80	48	50
移动 LOGO 100×100		400	120	64	50
弹出窗口 300×300		560	210	80	100
文字新闻 1 500 字		80	50	40	

要注意的是：广告形式可按照客户的需要进行制作，具体价格可以另议，对规格（像素）超过 400×400 的收费 200 元；对规格（像素）小于 400×400 的收费 100 元；文字链接可免收制作费。如果客户在首页和内页做同样形式的广告，可按广告总费用的 80%以套餐形式给予优惠。

4. 传统广告与网络广告沟通模式比较

以下对传统广告和网络广告沟通模式分别加以分析。

（1）传统广告沟通模式。传统广告主要传播形式是由发送者即企业经过许多中间环节“推向”接受者，即最终消费者。沟通模式的特点是大面积播送，不是直接将信息送到细分的目标市场；信息传送和反馈是隔离的，单向流通，非交互的，有时差的；强势信息灌输，试图用某种印象劝诱目标受众成为购买者。传统广告沟通模式如图 7-9 所示，它是一种大众沟通模式。

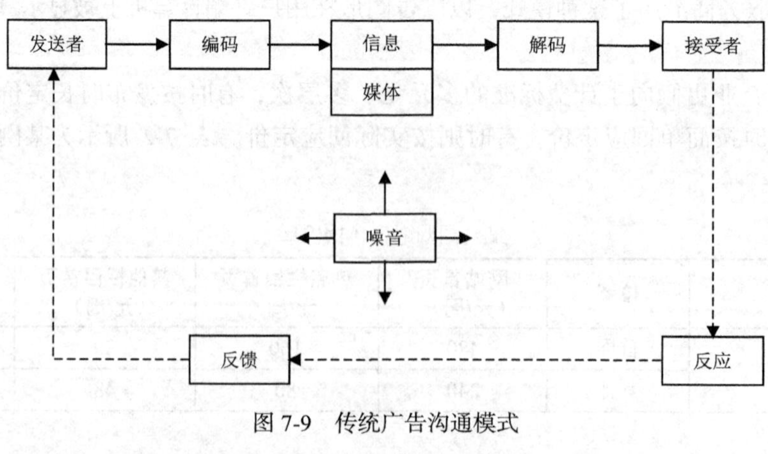

图 7-9　传统广告沟通模式

传统广告沟通模式强调了有效沟通的关键因素，即发送者必须知道要传播给何种受众，并要获得何种反应；他们必须根据受众的信息进行编码，要考虑受众的有效媒体；建立反馈渠道，以便了解接受者对信息的反应。企业要想使自己的信息给接受者留下深刻印象，它必须要排除环境中“噪音”的干扰，最重要的一种噪音是每天包围着人们的数以百计的其他商业信息，要想使自己的信息比别人的信息对接收者更有吸引力，那么该信息对受众而言一定要是有用的。我们可以归纳出传统广告沟通模式的特点。

① 大面积播送，没有将信息直接传送到目标受众。

② 信息的传送与反馈是相互隔离的，非交互的，有时差的。

③ 单向强势信息灌输。

④ 利用“推”的策略。

（2）网络广告沟通模式。网络广告促成消费者采取行动的机制主要是靠逻辑、理性的说服力。沟通模式的特点是受众成为主动的信息寻求者，而企业成为被动的寻找目标的信息源。一旦受众确定了某个企业成为他的信息源，他马上就会与企业进行即时互动，这时企业就应活跃起来，想方设法使受众成为购买者。这种由受众出发向发送者索要特定信息的沟通形式是一种“拉”和互动相结合的模式。所以网络广告不能像传统广告那样大面积播送，它只是等待目标受众的光临，然后再互动。网络广告的沟通模式更为紧凑，沟通效率也会因此而提高。网络广告沟通模式如图 7-10 所示。

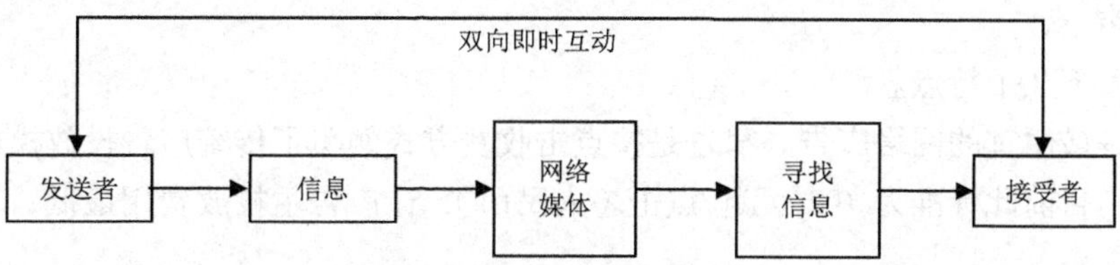

图 7-10　网络广告沟通模式

网络广告与传统广告区别的根本原因是来源于网络的特点即交互性和大而廉价的信息空间。在网络广告沟通过程中，网络的交互特性提高了信息接受者的主动性，使受众成为信息沟通的主动者。消费者在网络上主动寻找适合自己需要的信息，一旦确定了信息流，就可以主动发出 E-mail 或通过其他途径与之联系。当然，网上信息量非常庞大，广告主若采取“守株待兔”的策略，只被动地等待顾客“拉”，可以想象结果会是怎样。因此，广告主必须发挥主观能动性，根据目标受众的反馈主动地将信息“推”给目标受众。而这种“推”，不同于传统广告沟通的“推”，它不采用强势信息强势灌输的方法，而是以软营销理论为指导，遵循网络礼仪的软性的“推”，即通过提高网站的知名度、保持网页的独特个性、设计需有创意的动态标志，以此来激发受众的热情，吸引他们主动联系。网络广告正是通过“推”与“拉”的有机结合，实现了信息发送者与接受者的即时双向交流。随着互动的逐渐深层次地展开，企业和顾客之间的双向沟通越深入，互相的依赖性就越强，其他企业进入这个细分市场的壁垒就越高，最终会形成企业和顾客之间“一对一”的营销关系。

信息空间大、廉价的特性使网络广告的行动机制发生了变化。传统广告常常不涉及产品本身的性能、结构、功能等，这并不是说广告主不知道运用这些实实在在的东西来理性地说服受众做出购买决策，而是因为传统广告媒体的信息空间太小，价格非常昂贵。但网络却给广告主提供了几乎无限而且非常廉价的信息空间。广告主不会再像制作传统广告那样担心空间和时间，只要受众愿意接受而且需要这些信息，广告主就可以向受众提供足够的事实性和参考信息让受众通过分析产品的结构、性能、优缺点进行理性的决策，因此，网络广告应该是信息型的具有逻辑说服力的广告。

7.2 网络广告新思维

7.2.1 窄告的概念

1. 窄告定义

窄告就是“窄而告之”、“专而告之”。窄告是一种新型的网络广告模式，是指客户投放的窄告直接投放到与之内容相关联的网络媒体上的文章周围，同时窄告还会根据浏览者的偏好、使用习性、地理位置、访问历史等信息，有针对性地将窄告投放到真正感兴趣的浏览者的面前。窄告不仅适合于各行各业推广宣传品牌、产品等，也适合各种规格的网络广告发布商。

窄告是一场网络广告的革命，它使得网络广告能够直接“命中”目标的客户群体，从而极大地提高网络广告的有效性，网络媒体的盈利能力也成倍地提高，而中小企业也第一次有机会用很小的投入，全面利用互联网资源，将自己的商业推广信息送达到目标用户的面前。

2. 窄告特点

窄告具有以下几个特点。

（1）窄告是最便宜的网络广告。窄告是按点击收费方式颠覆了传统广告投放模式，确立了按点击付费标准，目前此标准为 0.2 元起/点击（人民币），让广告主投放费用最低，节省更多宝贵资金。

（2）窄告是可以控制的网络广告。“窄告”赋予投放主完全控制权利，可以随时控制窄告的宣传口号、兴趣点、投放区域、费用预算等，及时修改、及时生效，预算更加合理可控，“窄告”更加鲜活，按需变化，可保持对目标客户的新鲜感、冲击力与吸引力。

（3）窄告是可以激发客户兴趣的网络广告。窄告可以通过“兴趣点”将商业宣传与网页内容巧妙结合。例如，某著名的牛奶厂商，可以通过“窄告”将宣传打到所有与“牛奶”、“乳制品”、“食品”、“补钙”、“保健品”等相关的网页上。由于商业宣传的“兴趣点”和网页内容的“兴趣点”重合，窄告以 0.2 元起/点击的低成本，高质量地吸引大量关注于这些主题的目标客户，并通过“兴趣点”更好地激励目标客户的主动参与。

（4）窄告是传播范围很广的网络广告。“窄告”通过严格的信度分级甄选媒体，保证了媒体的权威性，保护了广告投放主的利益。新浪网、TOM、中华网、中国新闻网、赛迪网、中青在线、天极 Chinabyte、计世网等多家顶尖商业与官方媒体保证了“窄告”的权威性，并且，窄告联盟的商业/官方媒体数量仍在不断增加。“一揽子投放”的方式，大大降低了窄告投放主的投放成本与执行时间，5 分钟宣传到全世界相关的客户。

3. 窄告能为企业带来什么

窄告以其特有的优势与服务，给投放商的宣传带来了更多的回报，例如，节约了更多的资源，宣传推广范围与力度得到强有力的提升，最重要的是为窄告投放者带来了更多有效的客户，从而也带来了更高的宣传回报。

（1）通过浏览，可以点击在全世界数以千家网站上广告主所投放的广告，让广告短时间覆盖全世界最大的范围，为广告主在各地区激发、产生直接和潜在客户，达到扩大品牌知名度及提高产品销售的目的。

（2）大幅度增加广告主及其广告产品在互联网的曝光率，极大化增加公司的品牌效应，让公司的名气在同行中迅速窜升。

（3）通过窄告平台实时、全面、精确的广告效果统计信息，广告主可以更灵活的改变产品的营销策略，达到最好的营销效果。

4. 谁需要窄告服务

窄告适用于各行各业各种类型的公司、厂家、企业、事业、机关，只要您想在互联网上做相关宣传均可投放窄告。例如，宣传自身产品、品牌形象、宣传促销活动、招聘等。

5. 窄告的工作流程

窄告的工作流程如图 7-11 所示。

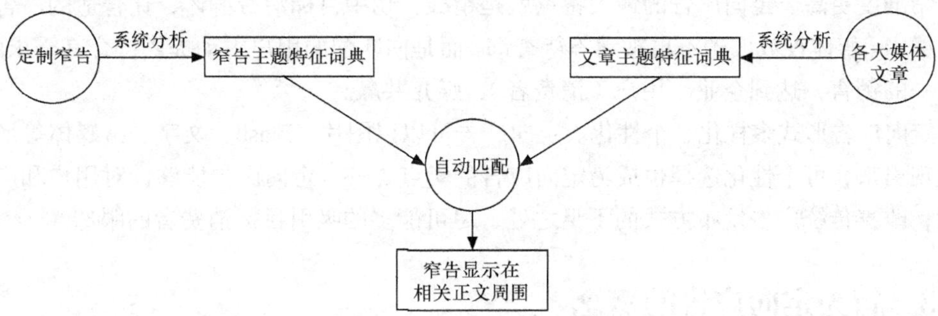

图 7-11　窄告的工作流程

从图 7-11 中可知，系统分别对各用户定制窄告内容、各大媒体文章进行语义分析，形成相关主题特征词典，二者自动匹配，即生成窄告显示页，用户所投放的窄告即可显示在相关正文周围。

7.2.2　定向广告的概念

1. 定向广告的概念

所谓定向广告，实际上是指对受众群体的筛选，即广告的显示是根据访问者来决定的，先进的广告管理系统，能够提供多种多样的定向方式。定向传播可以按访问者的行业、地理区域、职务等选择不同的广告出现，根据一天或一周中不同的时间出现不同性质厂商的广告，根据用户所使用的操作系统或浏览器版本选择不同广告格式等。定向广告可以精确定为广告受众，提高广告效果。也就是说，让合适的广告，在合适的时间，给合适的人群看到。

2. 多维定向广告的概念

所谓多维定向广告，是指建立在网络追踪技术之上，完全以用户（消费者）为中心，根据企业的需求和产品的特点利用网络广告配送技术，按照时间、地域、关键词、专题、特定人群等维度进行广告投放，充分体现广告的定向性和互动性，实现网站（网页）内容服务和用户需求的高度匹配，投放规模和广告效果并重，能有效提升广告对目标用户的覆盖和认知效果。它是以复杂缜密的技术手段支持的。

多维定向广告作为网络营销的一种新形式打破了以往以网站推广为出发点的网络营销方法，它完全是从企业和消费者出发，将企业和消费者的需求紧密相连，从而大大提高了广告传播的精准性。真正做到有的放矢投放广告，让合适的广告，显示在合适的人群中。

3. 定向广告的特点

定向广告具有以下几个特点。

（1）定向广告是网络精准营销的突出表现形式，其特点是只针对适合的人群在合适的时间、地域进行投入。

（2）投入小，产出多。定向广告目前的收费方式主要是按点击收费，企业开通广告账户后可以自由设置广告预算，还可以根据产品销售的周期变化设置广告投放时间等，这就有效控制了广告成本，尽最大的可能让每分钱花的都有价值。

（3）可以通过后台控制自己广告投放的地域、广告曝光次数、点击次数等，使得企业的每分钱都花的透明。

（4）精准度更高。定向广告的最大特点就是精准，切中目标消费群体，让合适的广告展示在合适的人群中。媒体投放广告不再被动等待查询，而是向匹配的用户主动提供符合其需求的广告，实现一对一的销售，达到企业、用户（消费者）、媒介共赢。

（5）定向广告形式多样化、个性化。定向广告可以以图片、Flash、文字、富媒体等形式灵活多样的表现出来，可个性化选择也成为定向广告的卖点之一。定向广告能够针对用户和广告主的需求出发，改善传统广告发布方式的不足之处，尽可能多的吸引目标消费者的眼球。

7.2.3 行为定向广告的概念

1. 概述

在网络营销中，行为定向是最近 3 年发展起来并逐步被使用的广告技术，在国内还是一个非常时髦的词语，但实际上它并不神秘。

在传统营销领域，对用户行为的跟踪由来已久，网络只是其延伸，做的更加精细而已；我们在做网络营销的时候，也都已经或多或少的使用到了这个概念，比如，从本质上来说，付费搜索营销（SEM）就是比较精准的行为定向：根据用户的搜索关键词来推断用户的需要，然后选择合适的广告进行投放。也就是网络广告追求精准和效果，以群体为目标，以消费者行为属性为主的广告。

2. 行为定向广告的概念

行为定向广告是指找出潜在目标客群的共同行为特征，通过相关网站将广告投放给具有共同行为特征的受众群体。

（1）消费者行为体现了消费者的需求。例如，有人购买了一套高档品牌家具，那么，这个行为表现出来的需求是多方面的，既表现出个人收入的需求，同时也反映了他对品牌的需求，对稳定性的需求。行为就是广告，在这个过程中间，我们要理解需求，满足需求才是正确的。

（2）对消费者的洞察和结合产生了与人群匹配的广告。众所周知，最开始的互联网广告都是在固定位置上出现的一成不变的广告。而后出现了以 Google 为代表的“人群体广告”，即根据个人爱好决定广告内容是汽车还是音乐。例如，在电子商务领域，我们服务了包括当当在内的一些品牌的电子商务，在过程中，我们会针对不同人群，投放不同促销商品的信息。从而不但提高了点击率，且能够完成之后的销售转化。

（3）行为定向是一个庞大的工程，既有互联网技术，也有庞大的商业逻辑，像最新的神经元、统计数据分析等介绍了行为定向的真正含义。首先，有些人说行为定向是把网站按照人群分类，然后在这些网站上面投放广告。其实，这不是真正的行为定向广告，而是垂直网络广告。其次，有些人说行为定向是 30 个技术工程师在做数据挖掘的一种游戏，这个显然是错误的。

3. 行为定向广告的特点

行为定向广告具有以下几个特点。

（1）购买"受众"，而非购买"特定广告版位"。即使受众不在特定频道网页浏览，依旧可以辨识并投放指定的广告。

（2）有效降低广告预算的浪费。精准地比较出目标潜在客群后再投放广告，摆脱传统广告散弹打鸟的缺点；灵活自订广告投放的对象条件、与广告投放规则；超越昂贵又有限的热门广告版位的限制，是更有成本效率的投放方式。

（3）提高顾客转换率。可有效并匿名产生可能购买者名单；能带来最佳的顾客转换效果。

（4）增进目标客群对广告的好感度。可有效并匿名产生可能购买者名单；能带来最佳的顾客转换效果。

4. 行为定向广告的工作流程

行为定向广告的工作流程如下。

（1）在各大网络媒体，如电子邮件、门户网站、附属网站、搜索引擎、社交网络等，收集用户的访问、观看、点击、搜索、订阅、评论、购买等各种信息资料。

（2）对收集到的各种资料进行动态分析、用户兴趣爱好分析。

（3）定制 cookie 信息。

（4）根据动态分析的结果进行行为定向广告的策划和制作。

（5）最后，精准广告的投放。整个过程如图 7-12 所示。

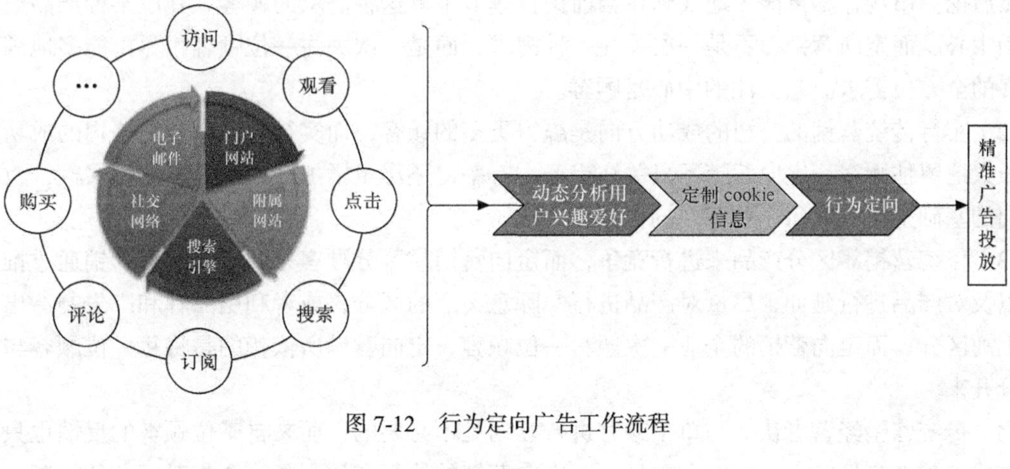

图 7-12　行为定向广告工作流程

7.2.4　广告新思维应用（定向营销）

1. 定向营销概念

所谓"定向营销"就是锁定某一个层次的消费群体，或者锁定某一个职业与行业的群体，对群体的消费理念消费行为，消费习惯以及对品牌的要求，如包装色调、功能效果、特点与个性等方面的要求，根据消费者的消费心理为目标顾客量身订做活动方案，成功的系数就会提高。

2. 传统营销方式

传统的营销方式，基本上是地毯式的轰炸，很难满足消费者的个性化需求，不仅使营销成本居高不下，更让消费者感到反感。在竞争激烈的市场中，企业原有竞争优势很容易被其他更具创新性的对手所取代。特别是在面对金融危机时，更需要企业不断的建立、整合、更新和重构他们的资源和能力基础，以应对不断变化的环境，获取持续的竞争优势。在当今越来越强调个性化的时代，企业如何动态地适应环境变化，改变营销策略，是抓住目标客户，占领市场，开拓业务的关键所在。

3. 定向营销方式

定向营销的提出，正是解决目前这一营销困境。定向营销就是识别目标客户，学习他们的价值观，分析他们所需和使用的物品，以此来确定目标市场.定向营销就是要求企业细分市场，提供客户适当的产品和信息，并针对这一类客户，投入相应的营销时间、资源和注意力。

定向营销就是改变原有地毯式营销的方式，把适当的产品信息，在适当的时间，以适当的方式，传递给适当客户。定向营销也实现了从产品管理向顾客管理转变，从重视产品市场占有率向重视顾客市场占有率的转变，真正体现了“以客户为中心”的理念。

由此可见，定向营销的实质就是企业根据客户个性化需求，把特定的商业信息传递给特定的客户，达到特定效果的一种营销方式，从而为企业节省大量的推广成本，提高营销的精确性和有效性，实现企业营销效果的最大化。

4. 传统营销和定向营销的区别

（1）传统的营销，是从产品的角度经营，一次关注一种产品或服务，满足一种基本的顾客需求，然后挖掘市场，尽可能多地找到在当前销售季节中有这种需求的顾客。其以某种产品或服务为营销中心。而定向营销，不是一次关注一种需求，而是一次关注一位顾客，尽可能多地满足这位顾客的全方位需求。它关注的中心是顾客。

（2）实行传统营销的公司的成功方向是赢得更多的顾客，而实行定向营销的公司的成功方向是更长久地留住顾客。定向营销不只关注市场占有率，还尽量增加每一位客户的购买额，也就是在定向的基础上提升对每一位客户的占有程度。

（3）传统营销靠区分产品来进行竞争，而定向营销靠区分顾客来竞争。传统营销通过推出新产品以及对产品进行延伸，尽量对产品进行实际意义上的区分，或者利用品牌和广告制造出一种观念上的区分；而定向营销的企业一次照料一位顾客，定向营销所依赖的是将每一位顾客与其他人区分开来。

（4）传统营销经营者认为与单个顾客进行互动是不必要的，而来自某位顾客的反馈也只有当顾客能代表整个市场时，才可能有用处。而定向营销的执行和控制是一个相对复杂的机制，它不仅意味着每个面对顾客的营销人员要时刻保持态度热情、反应灵敏，更主要也是最根本的是，它要求能识别、追踪、记录个体消费者的个性化需求并与其保持长期的互动关系，最终能提供个体化的产品或服务。

5. 定向营销实施步骤

在市场竞争日益激烈的今天，越来越多的企业开始实施定向营销，以便更好地满足顾客的需求，定向营销实施的步骤如下所示。

（1）识别顾客。利用各种网络工具对市场进行细分，并找准顾客的详细资料，对受众群体的顾客要有深入细致的调查和了解。

（2）顾客差别化。定向营销较之传统目标市场营销而言，已由注重产品差别化转向注重顾客差别化。从广义上理解顾客差别化主要体现在两个方面：一是不同的顾客代表不同的价值水平；二是不同的顾客有不同的需求。

（3）"企业—顾客"双向沟通。定向营销的关键成功之处就在于它能够和顾客之间建立一种互动的学习型关系，并把这种学习型关系保持下去，以发挥最大的顾客价值。定向企业善于创造机会让顾客告诉企业他需要什么，并且记住这些需求，同时站在顾客的立场来科学地完善这些需求，然后把其反馈给顾客，由此永远保住该顾客的业务。

（4）业务流程重构。定向营销必须重新架构企业的业务流程。①组建定向营销实施小组（市调、公关、策划）；②组建定向营销专家顾问团；③完善和优化产品组合；④市场细分——目标客户的选择；⑤实施定向营销策略。

7.3 网络广告发布

7.3.1 网络广告预算

1. 网络广告的预算作用

网络广告预算是广告主投入到网络媒体广告活动的费用开支计划，它规定计划期内从事广告活动所需经费总额和开支范围。从经济学角度讲，广告预算具有以下作用。

（1）为广告效果的检测提供了经济指标。网络广告最终需要进行效果测评，在检测网络广告时，常用的方法是将广告带来的销售额上升幅度与广告投入进行比较，于是广告投入就充当了广告效果检测的基数，只有明确了一项广告投入情况，广告效果的评价才有意义。

（2）广告预算是广告费用的最优配置。进行广告预算的主要目的在于有计划地、宏观地对广告费用进行分配，使有限的经费能够满足广告计划的每一个环节。通过预算使广告实施过程中的每一个时间安排，每一个站点投放分配都做到互相权衡、合理配置。

（3）广告预算能提高广告的效果。企业进行网络广告的投资其目的是在传统广告之外，争取网上用户和提高企业知名度，以进一步扩大产品的市场占有率，提高企业的利润。因此通过广告预算可以降低投资成本，并对广告投入进行周密细致的安排，使每一个环节都能得到保障，最终能够保证网络广告的投放效果。

2. 影响网络广告预算的因素

影响网络广告预算的因素包括以下几方面。

（1）产品因素。如果一个企业的产品质量好，科技含量高，易于被网络用户接受，那么网络广告的作用更多的是"介绍"。相反，该产品是新产品，并不容易被网络用户目前的消费观念所接受，那么网络广告的作用更多的是"说服"。这两种广告的费用有着天壤之别，企业的预算肯定是大不一样的。

（2）市场因素。市场因素包括消费者、产品推广区域和竞争对手。就消费者而言，如果他们对产品反应冷淡，则广告的投入会更大，并且不同层次的消费者接受广告的成本是不同的，即要说服他们所花的成本是不同的。产品投放的地域不同便会产生不同的“挤入成本”。产品进入难度较大的，广告投入也较大，地域面积大，则广告投入也相应增加。竞争者的水平和实力也会影响企业的广告预算。如果竞争者对手实力强大，产品有相当的影响力，则企业的广告投入会相应上升。

（3）网站的因素。一般来讲专业性的网络广告网站收费较高，效果较好，在其他网站附带做广告的收费较专业网络低，但效果没有专业网站好。另外，网站规模的大小不同对广告费用的要求也有区别，实力雄厚的网站收费较高，这种网站普及率及覆盖范围影响力也较大。

（4）企业的因素。广告预算规模的大小最终受企业实力的影响。实力雄厚的企业是广告投入最有力的后盾。

3. 网络广告预算的制订

网络广告预算在制订时应考虑以下几方面因素。

（1）网站的选择。网络站点的选择对网络广告预算来说是最早要确定的因素。如同传统广告媒体的选择一样，一个好的网站是企业广告成功的基础。衡量一个网站是否适合做广告有以下几个考虑因素：首先是网站的质量与技术力量以及由此决定的网站信誉。信誉优良，技术力量雄厚的网站的收费一向很高，但高付出往往得到高回报，众多企业还是选择这样的网站来投放自己的广告。其次是访问者来源。由于互联网本身没有地理空间的限制，网站的访问者来自全国各地甚至是国外，有些访问者可能来自某个行业，有些访问可能来自某一地域。所以，企业应该清楚地了解访问者的来源，这样才能做到有的放矢。再次是对网站管理水平的考查。一个不称职的网站管理者会擅自更改广告的位置、大小或播放时间，这往往是令客户难以接受的，为了避免这一点，就需先对网站进行考察，签订必要的合同。在投放一段时间后，发现网站的点击数有所下降，企业就需要了解这段时间网站的管理水平是否下降以调整广告预算。

一个优秀的网络广告站点一般具有如下特点。

① 收视率的保证即受众率得到保证；

② 广告信息传递给潜在客户的保证,即站点的访问者是广告产品或服务的现有购买者或潜在购买者；

③ 收费模式比较科学、公平；

④ 广告主可以进行广告监测，广告透明度高；

⑤ 由第三方提供广告监测服务。

（2）广告主题与表现方式的确定。从预算的角度来讲，对广告主题与表现方式从选择到确定是十分关键的。广告站点或广告制作者会根据供应商提供的产品特点和获得的信息制作出可供选择的几则广告。然后要求广告主进行选择。广告预算的作用就是解决如何选择的问题。对广告主来说，冒然做出任何明确的选择都是不好的，国外已有专门一套广告测评系统，可以对不同的广告效果进行检测。虽然国内暂时还没有站点能提供这一系统，但可以将这种广告在不同时间或同一时间分别播出，然后选择点击率高的进行全面播放。

（3）对网站的要求。广告主既然花费了预算，就应该得到等价的回报，网站除了提供应有的基本手段配合广告传播外，还应和广告主定期探讨广告进一步优化的途径，定期将本站的运行情况资料表、网民情况的统计表，以及网民意向调查表等有助于广告主修正广告的资料提供给广告主。总的来说就是要求网站经营者有良好的广告意识和合作精神。

7.3.2　在线广告的定价模式

企业要进行广告预算必先了解网络广告的收费定价模式。一个网络媒体（网站）包括许多页面。企业所要投放的广告的价格涉及页面的位置及浏览人数的多少。这就好比报纸、杂志的“版位”、“发行量”，或者电视、收音机的“时段”、“收视（听）率”的概念。以下是在国际上较为普遍的收费定价模式。

1. CPM

CPM（Cost Per Thousand Impressions，每千人成本）指在广告投放过程中，听到或者看到某广告的每一人平均分担到多少广告成本。网络广告的 CPM 取决于“印象”尺度，通常理解为一个人的眼睛在一段固定的时间内注视一个广告的次数。例如，一个广告横幅（Banner）的单价是 10 元/CPM，意味着每 1 000 人次看到这个 Banner 就收 10 元，如果一个广告主花 300 元买了 30 个 CPM，则他所投放的广告可以被显示 30×1 000=30 000 次。

按国际惯例，CPM 的 Impression 标准是 Page views（页面访问次数）而不是 user sessions（网站上一个用户的活动过程）。假如有 1 000 人次（user session）访问你的网站，而 page views 是 1 500，就说明这个网页被一些人访问了两次以上，这也起到了广告的效果，因此要按 page views 收费。一直以来媒体提供商比较偏爱 CPM 这种计费方式，但最近广告对 CPM 的指责越来越多，CPM 价格也显下滑趋势，其原因有以下几点。

（1）普遍的观点认为网络广告的目的在于吸引目标消费者点击，但仅仅让消费者目击通常尺寸为 468 像素×60 像素或 125 像素×125 像素的旗帜广告，沟通空间狭小，收效甚微。在全行业的旗帜广告点击平均不到 1%的情况下，CPM 计价模式是不合理的。

（2）CPM 计法应该说是较为科学的，既保证了广告客户的利益，也可促使网站尽快地建设自己，宣传自己，以吸引更多访问流量。问题是，这样的流量统计非常容易作弊，由于 CPM 是按 Page Views 计费的，作弊很简单，只要让页面不停自动 Reload 就可以记录了。

但 CPM 最明显的好处就是科学地把主页广告与非主页广告区分开。如果以页面来计算，显然更多的广告会争夺主页广告权，而冷落非主页广告。以访问次数为计算标准则解决了这一矛盾，现阶段交易收费的模式受到一些技术限制，尤其是软件支撑方的限制，所以 CPM 在目前还是较为常用的收费模式。

2. CPC

CPC（Cost Per Thousand Click-Through）是以广告图形被点击并链接到相关网站或详细内容页面 1 000 次为基准的网络广告收费模式。例如，一个 Banner 广告的单价为 10 元/CPC，那么广告主如果花 300 元买了 30 个 CPC，就意味着他所投放的广告可以被点击 30×1 000=30 000 次。对于这样的收费模式，网站经营者与广告有不同的看法：网站经营者认为虽然浏览者没有点击广告，但很有可能已看到了广告，对于这些看到广告却没有点击的流量来说，网站认为这是它的财富的流失，广告主则认为 CPC 能更好地反映受众是否真正对广告内容感兴趣，他们往往更倾向于选择 CPC 这种计费方式。虽然 CPC 的费用比 CPM 的费用高得多，但广告主认为其广告效果是网络广告中最好的。

3. CPA

CPA（Cost Per Action，每行动成本）计价方式指按广告投放实际效果，即按回应的有效问卷或定单来计费，而不限广告投放量。CPA 的计价方式对于网站而言有一定的风险，但若广告投放成功，其收益也比 CPM 的计价方式要大得多。广告主为避免广告费用风险，只有当网络用户点击旗帜广告，链接广告主网页后才按点击次数付给广告站点费用。

4. CPP

广告主为规避广告费用风险，只有在网络用户点击旗帜广告并进行在线交易后，才按销售笔数付给广告站点费用。无论是 CPA 还是 CPP（Cost Per Purchase，每购买成本），广告主都要求发生目标消费者的“点击”，甚至进一步形成购买才付费，而 CPM 则只要求发生“目击”，就产生广告付费。

5. 包月方式

包月方式按照“一个月多少钱”这种固定收费模式来收费。它的优点在于操作简单，对网站技术水平要求较低，不需要对浏览量、点击率进行统计，因此，许多小网站大多采用包月方式。它的缺点是非常明显的，首先，广告投入费用与实际效果脱钩，也就是说对客户和网站都不公平，总有一方会受损。其次，它难以调动网站加大广告宣传的力度，因为收费是按时间段为标准的，网站不必花钱去加强广告的效果。最后，它不利于广告主对广告效果进行测评，因为它无法得到相关的数据。

6. 其他计价方式

对于一些特殊的网络广告，网站与广告主进行协商后会有以下两个个别议价。

（1）CPL（Cost Per Leads）：以搜集潜在客户名单多少收费。

（2）CPS（Cost Per Sales）：以实际销售产品数量来核算广告刊登金额。

7.3.3 网络广告发布

在经过一系列的前期准备工作后，广告主就要进行广告的发布，以此实施自己的营销战略和广告战略。企业在投放网络广告时要根据自身的人力、物力、财力等条件合理地选择网络广告的组合方式。目前，网络广告发布方式有以下几种。

1. 建立自己的网站

先看一个例子：1999 年 2 月宝洁公司为新产品 PERTPLUS 建立了专门的网站 www.pertplus.com 在网上进行促销。在短短两个月中，有 335 000 人访问此站，有 83 000 人索取试用装，有 59 000 人愿意接受相关邮件，54 000 人愿意参加调查，广告印象率为 4.5 亿人，平均访问率 0.84%。这是一个典型的公司制作网站的例子。

现在对于大多数有条件的企业来说，建立自己的网站是一种必然的趋势。这不但是一种企业形象的树立，也是宣传产品的良好工具。实际上，其他的网络广告形式，无论是黄页、网上报纸、新闻组，都是提供了一种快速链接至公司站点的形式，所以说，在 Internet 上做广告，建立公司的网站是最根本的，它将成为公司的无形资产。

企业建立自己的网站一般有 3 种方式。

（1）自建网站方式。企业利用自己的 Web 服务器，申请独立域名来建站。这种方式投入大，需要有专业技术人员进行日常维护和更新画面工作。

（2）采用虚拟主机方式。企业租用提供虚拟主机的网络公司的硬盘空间，将要发布的信息做成网页放入该硬盘中。此后网上的其他用户只需在浏览的地址栏中键入该企业的独立网址即可看到相应的信息。这种方式最经济实用。

（3）服务器托管方式。企业将自己的 Web 服务器放到 Internet 服务提供商的机房内，由 ISP 或 ICP 提供机房环境和专人负责维护。此种方式需要定期缴纳费用。

2. 专类销售网

再来看一个例子：某日，百事可乐和雅虎宣布了一项在线促销计划。根据协议，雅虎将新开一专门网站以介绍、促销百事产品。所有百事可乐瓶盖上带有代码，消费者可以通过网络兑奖并获得优惠。这是一种专类产品直接在 Internet 上进行销售的方式。

现在有越来越多的这样的网络出现。在一些专门销售汽车的网站上，客户只要在一张表中填上自己所需汽车的类型、价位、制造者、型号等信息，然后轻轻按一下 Search（搜索）按钮，计算机屏幕上就可以马上出现满足客户所需要的汽车的各种细节。在网上的陈列室里，客户还可以选择自己中意的汽车型号，屏幕上就会显示出该款汽车的图片，接下来，客户可以选择所想要的附件，从车身颜色到内部装潢都可以。每选择一次，屏幕上的图片就会做出相应的改变。当客户把整辆车拼装完成后，网页上就会显示最终的价格，并可以让客户选择最近的供货商，便于顾客交易。

3. 免费的 Internet 服务

在 Internet 上有许多免费的服务，有许多网站提供免费的电子邮件服务。由于 Internet 上广告内容繁多，即使公司建有自己的 Web 页面，但是需要用户主动通过大量的搜索查询工作，才能看到广告的内容。而这些免费的 Internet 服务就不同，它能帮助公司将广告主动送至有需求的用户手中。

这种免费的 Internet 服务有如下优点。

（1）主动性强。所有的使用者都可以按照自己的喜好和兴趣选择订阅一些免费信息。一旦你选择订阅了有关的信息，就可以定期地收到所订阅的信息。当然，其中包含着广告的内容。

（2）统计性好。每一个用户在第一次使用免费电子邮件时，都必须要详细地填写一张用户档案（Member Profile）。这就使得提供免费 E-mail 的服务商能详细地知道使用者的具体情况，若有公司利用免费 E-mail 做广告，免费 E-mail 服务商就会每月给公司一份调查报告，报告包括在这个月中有多少用户看了广告，又有多少用户想进一步了解广告的内容（即按了广告的图标），提供对公司产品或服务感兴趣的用户的具体情况的统计资料。

（3）针对性强。随着免费 E-mail 会员的进一步增多，广告主还可以根据使用者的特性（地域、年龄、性别、家庭收入、职业、受教育水平、兴趣爱好和婚姻状况等），有针对性地发布自己的广告。

4. 黄页形式

在 Internet 上有一些专门的用以查询检索服务的网络服务商的站点，如 Yahoo!，Excite 等。这些站点如同电话黄页一样，它按类别划分，便于用户进行站点的查询。比如在 Excite 上，在 search 一栏中填入关键字 bookshop，Excite 页面的中上部就会出现某书店的广告图标。

在这些页面上做广告的优点如下。

（1）针对性好。在查询的过程中都是以关键字区分的，所以广告的针对性较好。

（2）引人注目。它处于页面的明显处，较易为正在查询相关问题的用户所注意，容易成为用户浏览的首选。

5. 使用网幅广告交换网络

网幅广告交换服务网络指一些专门从事全球范围内网幅广告自由交换的服务网络。这些网络是以加盟者之间的互惠互利、互相免费为原则，开展广泛的网幅广告交流活动，受到众厂商的青睐。Web Union 和 Link Exchange 是两个著名的网幅广告交换服务网络。

6. 用别人的站点做广告

用别人的站点做广告，其具体方法为，在访问人数较多、信誉良好、知名度较高的网站上设置企业的横幅或按钮、文本文字链接等广告形式。目前，这种方式被众多商家广泛采用。

7. 新闻组

新闻组（Newsgroup）也是一种常见的 Internet 服务，人人都可以订阅它，成为新闻组的一员。成员可以在其上阅读大量的公告，也可以发表自己的公告，或者回复他人的公告。新闻组是一种很好的讨论与分享信息的方式。对于一个公司来说，选择在与本公司产品相关的新闻组上发表自己的公告将是一种行之有效的传播自己信息的渠道。

参加某一新闻组的人们有着共同兴趣，或关心特定主题，利用新闻组可有效地推广公司的网站。但新闻组也由一些约定俗成的规则来维持其秩序，了解和掌握这些规则是非常必要的。

（1）粘贴的文章要言简意赅，提出自己独到的见解，不要发表与主题不符的文章。

（2）不要在文章中给你的产品或服务做广告，这样很容易引起反感，你可以在文章末尾说明一下你的网站提供某产品或服务有价值的信息或解决方案。

（3）成为大家熟知的参与者，经常回答一些问题，树立公司良好形象。

（4）不要忘记在每篇文章中包含你的署名。

（5）如果有足够的兴趣，你也可以创建自己的新闻组。

8. 使用 BBS

前面谈到企业在 BBS 上可以进行网络广告调查，同时企业也可以通过 Telnet 或 Web 方式在电子公告栏发布广告信息。

9. 网上报纸或杂志

在 Internet 日益发展的今天，一些世界著名的报纸和杂志，如美国的《华尔街日报》、《商业周刊》，国内的《人民日报》、《文汇报》和《中国日报》等纷纷将触角伸向了 Internet，在 Internet 上建立自己的 Web 主页。而更有一些新兴的报纸与杂志，干脆脱离了传统的“纸”的媒体，完完全全地成为了一种“网上报纸或杂志”，反响非常好，每天访问的人数不断上升。对于注重广告宣传的公司，在这些网上杂志或报纸上做广告也是一个较好的传播渠道。

7.3.4 网络广告效果评估

1. 网络广告效果评估与传统广告效果评估的区别

在广告投放一段时间后，广告主需要对其进行效果评估，以达到掌握情况和总结提高的目的，同时它也是衡量广告活动成功与否的唯一标尺。广告效果是指广告作品通过广告媒体传播之后所产生的作用和影响。网络广告也是如此。由于互联网的特性，使得传统广告效果评估和网络广告效果评估有着较为显著的差异，其具体表现如下。

（1）传统广告信息、监测、评估等都会经过一段访问时间才会知道。例如，电视或报纸的收视、收看率要到第二天或第三天才能统计出来，反馈表要一星期左右才能收齐，也就是说它具有时间的滞后性；而由于网络广告的交互性，使得在广告发布后的很短时间内就能看到广告效果，广告主能很快做出战略调整，体现了网络广告评估的即时性。

（2）我们知道传统媒体都是对某一时段节目或栏目的收视率、收听率进行监测调查。但实际上，广告收视与节目收视之间存在着较大的差异。当精彩的电视节目中间休息或结束时，不少观众都会转台或做别的事，而不是继续看广告。另外，传统媒体都是通过抽样问卷或家庭电话采访等方式得出一个粗略的统计数字，这样由于人为的因素而造成评估数据失实的情况也普遍存在。但数字网络就能利用一些优秀的软件测评工具对网络广告进行监测，从而得到较为精确的数据，为广告主提供准确的网络广告评估结论。

2. 网络广告评估方式

广告主在发布广告之后必须建立进行广告效果评估的指标，这些指标包括：广告播出后，受众通过该广告是否能了解或充分了解企业的产品，其中各个层次的比例是多少；能否直接带来产品销售量的增长；广告的投入成本和获得收益的比例（即投入产出比）是否在企业目前的经营状况可承受范围和盈利范围之内。基于以上指标网站和其他评估机构可采取以下几种评估方式。

（1）通过软件进行随时监测。

国外众多著名的网站多是通过一些专门的软件对广告进行分析，提供给客户（广告主）详细的网络广告评估报表。例如，目前权威的网络广告监测公司 Double Click 和 Netgraphy 就广告监测内容主要包括以下部分：

① Banner 广告在某网站出现的 impressions 数目，可以按小时、天、星期、月及季度计量；

② Banner 广告点击率；

③ Online 在线广告监测，广告主可获得单独用户名及密码，24 小时上网监控广告效果。

就目前技术而言，网站按访问浏览器类别不同和来访者 IP 地址不同，埋设 cookies，以区别于同一地址不同上网用户和同一用户不同信息，以此来为广告主提供来访者不同类型的统计报表。这样就使得广告主的每一分广告都花在确定的目标对象群身上。

（2）对比分析法。

网络广告的评估除了可以准确跟踪统计的技术指标外，利用比较传统的对比分析法仍然具有现实意义。当然，不同的网络广告形式对比的内容和方法也不一样。

对于电子邮件广告来说，除了产生直接反应之外，利用 E-mail 还可以有其他方面的作用。例如，E-mail 关系营销有助于我们与客户保持联系，并影响其对我们的产品或服务的印象。客户没有点击电子邮件并不意味着不会增加将来购买的可能性或者增加品牌忠诚度，从定性的角度考虑，较好的评价方法是关注 E-mail 营销带给人们的思考和感觉。这种评价方式也就是采用对比研究的方法：将那些收到 E-mail 的顾客的态度和没有收到 E-mail 的客户做对比，这是评价 E-mail 营销对客户产生影响的典型的经验判断法。利用这种方法也可以比较不同类型 E-mail 对客户所产生的效果。

对于标准横幅广告或者按钮广告，除了增加直接点击以外，调查表明，广告的效果通常表现在品牌形象方面，当然，品牌形象的提升很难随时获得可以量化的指标，不过同样可以利用传统的对比分析法，对网络广告投放前后的品牌形象进行调查对比。

（3）加权计算法。

加权计算法就是对投放网络广告后的一定时间内，对网络广告产生效果的不同层面赋予权重，以判别不同广告所产生效果之间的差异。这种方法实际上是对不同广告形式、不同投放媒体，或者不同投放周期等情况下的广告效果比较，而不仅仅反映某次广告投放所产生的效果。

显然，加权计算法要建立在对广告效果有基本监测统计手段的基础之上。

下面以一个例子来说明。

第1种情况，假定在A网站投放的BANNER广告在一个月内获得的效果为：产品销售100件（次），点击数量5 000次；

第2种情况，假定在B网站投放的BANNER广告在一个月内获得的效果为：产品销售120件（次），点击数量3 000次。

如何判断这两次广告投放效果的区别呢？我们可以为产品销售和获得的点击分别赋予权重，根据一般的统计数字，每100次点击可形成两次实际购买，那么可以将实际购买的权重设为1.00，每次点击的权重为0.02，由此可以计算上述两种情况下，广告主可以获得的总价值。

第1种情况，总价值为：$100\times1.00 + 5\,000\times0.02 = 200$；

第2种情况，总价值为：$120\times1.00 + 3\,000\times0.02 = 180$。

可以看出，虽然第2种情况获得的直接销售比第1种情况要多，但从长远来看，第1种情况更有价值。这个例子说明，网络广告的效果除了反映在直接购买之外，对品牌形象或者用户的认知同样重要。

权重的设定，对加权计算法最后结果影响较大。例如，假定每次点击的权重增加到0.05，则结果就不一样。如何决定权重，需要在大量统计资料分析的前提下，对用户浏览数量与实际购买之间的比例有一个相对准确的统计结果。

（4）点击率与转化率。

点击率是网络广告最基本的评价指标，也是反映网络广告最直接、最有说服力的量化指标。但是，现在全球网络广告的绝对数量在不断地增加反而使广告的点击率在不断下降，点击率已经不能充分反映网络广告的真正效果。

于是，对点击以外的效果评价问题显得重要起来，与点击率相关的另一个指标——转化率，用来反映那些观看而没有点击广告所产生的效果。

"转化率"最早由美国的网络广告调查公司AdKnowledge提出，AdKnowledge将"转化"定义为受网络广告影响而形成的购买、注册或者信息需求。

AdKnowledge的调查表明，尽管用户没有点击广告，但是，全部转化率中的32%是在观看广告之后形成的。但是，目前转化率该如何监测，在实际操作中还有一定的难度。

尽管网络广告随着互联网的延伸而在逐年快速发展，但客观地说目前还缺乏网络广告的评估标准。在国内，至今没有一家公认的第三方机构可提供量化的评估标准和方法，这已成为网络广告发展的瓶颈。这一问题已引起多方的注意，相信不久网络广告的评估标准会得到确立。

7.3.5 网络广告的发展趋势

1. 网络广告的现状

随着Internet的出现和发展，给广告业带来了巨大的挑战和机遇。覆盖全球的广告信息网络的完善和广泛应用，将使人们的生活消费观念发生根本性的变化。随着计算机技术的发展，当实现"三网合一"（电信网、有线电视网和互联网）后，网络用户将呈加速增长，这将给网络广告带来更大的拓展空间。

当然，网络广告并不是十全十美的广告传播媒介，它也有局限性和缺点。例如，广告信息纷繁复杂，网络传输速度慢，目前国内上网查询费用较高；有些广告制作简单，不能形成像电视广告那样的视觉冲击力，产生深刻的印象；各种广告信息鱼龙混杂，造成广告可信度差；网络广告管理呈现无序状态；网络广告价格较为混乱，有的网站收费很高，有的网站收费很低，有些网站甚至不收费等。

2. 网络广告发展前景

互联网以其跨时空、跨地域、图文并茂的双向传播信息的超凡魅力，为我们创造了无限商机。从市场营销角度来看，互联网使广告和商业交易充分地结合在一起，其发展速度迅猛，前景诱人。

我国把1999年定为政府上网年，这表明我国政府非常重视网络资源的利用。随着计算机水平的日新月异，网络传输速度加快，上网费用降低，电子货币、网上采购安全性等技术性问题解决后，将有更多的个人和公司成为网络用户。互联网种种优势使其成为了一种具有巨大商业潜力的传播媒介，为网络广告的发展带来了巨大的契机。

3. 网络广告的发展趋势

网络广告的发展趋势包括以下几方面。

（1）网络广告管理应从现在的无序状态趋于有序的状态，广告的管理更加趋于规范化、完善化。这由以下两方面的因素来推动。

① 国家对网络广告管理的重视。例如，国家工商局刚刚颁布了一些试行规范和要求，从中也可以看得出政府对网络广告经营的重视。

② 从网站本身，也需要把网络广告管理规范化和完善化。在创业的阶段，网络的人员素质、管理经验都存在一些薄弱的环节，而现在网络公司开始长大了。

（2）网络广告价格的问题。这方面很乱，有些网站甚至不收钱，经过这几年竞争，价格基本上也趋于透明化了。这是因为网站数量增加的很快，有些网站为创造知名度或为增加一些市场份额，把价钱都纷纷地往下降，竞争非常激烈；另外，客户已渐渐成熟了，所以在价格上必须要透明化。

（3）网络广告的形式向多样化和复杂化发展。多媒体形式的广告拓展网络销售新空间、动画效果、可纵深点击等令网上广告显现独到魅力，各公司更是不断创新，令网上广告形式丰富多彩。据介绍，在“广州视窗”、“163电子邮局”，目前有的广告形式包括BANNER旗帜广告、网上新闻广告、软性文章广告、论坛广告和电子邮件广告等形式。

令传统媒体感到吃惊的是网上广告充分发挥了Internet“自由”的特点来设计广告形式，如论坛广告、利用“热点论坛 BBS”、“自由讲 Freetalk”等，专为某类产品或某个产品而设。网民对它有什么想法、意见全在论坛上自由发表，广告商也可即时对意见做出反馈。电子邮件广告则细分客户、定期自动派送。

（4）网络广告的发展已开始令一些企业改革营销方式，引入“网络营销”概念。例如，白天鹅宾馆现在不仅将广告做在了网上，而且可通过互联网实行网上订房。广州市新开张的“时代广场”也将时代广场的情况全面展现在网民面前。

（5）客户也开始多样化了。从刚开始的IT的企业，比如联想、诺基亚、Intel这种客户，发展到今天如房地产、汽车、药品等客户，还有最让人感到振奋的是消费品行业也开始介入网络广告了。例如，百事可乐已经跟搜狐做了一个联合的活动，他们也愿意在网上投入一些广告费用；还有P&G，也开始在网上做投入，来推广形象和产品。另外，客户行业的类型也有很大的变化，原来很多客户都是跨国企业，基本上是一些国外知名的大公司，现在很多国内企业，包括民营的、国营的，甚至私营的，也愿意投入网络广告，怎么用少量的钱来达到比较大的效果，这对网络广告事业是一个挑战。

7.4 戴尔电脑公司的营销策略案例

1. 历史背景

戴尔计算机公司于1984年由企业家迈克尔·戴尔创立，他是目前计算机业内任期最长的首席执行官。他的理念非常简单：按照客户要求制造计算机，并向客户直接发货，使戴尔公司能够更有效和明确地了解客户需求，继而迅速地做出回应。

这种革命性的举措已经使戴尔公司成为全球领先的计算机系统直销商，跻身业内主要制造商之列。目前，戴尔是全球名列第一、增长最快的计算机公司，全球有超过40 000名雇员。在美国，戴尔是商业用户、政府部门、教育机构和消费者市场名列第一的主要个人计算机供应商及最大的服务器供应商。

戴尔公司设计、开发、生产、营销、维修和支持一系列从笔记本电脑到工作站的个人计算机系统。每一个系统都是根据客户的个别要求量身订制的。

戴尔公司透过首创的革命性“直线订购模式”，与大型跨国企业、政府部门、教育机构、中小型企业以及个人消费者建立直接联系。戴尔公司是首个向客户提供免费直拨电话技术支持，以及第二个工作日到场服务的计算机供应商。这些服务形式现在已成为全行业的标准。

戴尔公司与技术开发和缔造者建立的一对一直接关系，为顾客带来了更多好处。直线订购模式使戴尔公司能够提供最佳价值的技术方案：系统配置强大而丰富，性能表现绝对是物超所值。同时，也使戴尔公司能以更富竞争力的价格推出最新的相关技术。

从每天与众多客户的直接洽询中，戴尔公司掌握了客户需要的第一手资料。戴尔公司提供广泛的增值服务，包括安装支持和系统管理，并在技术转换方面为客户提供指导服务。通过戴尔集成项目，戴尔公司设计并订制产品及服务，销售包括外围硬件和计算机软件等在内的广泛产品系列。

戴尔公司在全球34个国家设有销售办事处，其产品和服务超过170个国家和地区。戴尔公司总部位于得克萨斯州的 Round Rock，距奥斯汀不远。戴尔公司还在以下地方设立地区总部：中国香港，负责亚太区；日本川崎，负责日本市场业务；英国布莱克内尔（Bracknell），负责欧洲、中东和非洲的业务。戴尔公司在以下6处地点设有生产全线计算机系统的设施：得克萨斯州的奥斯汀、田纳西州的Nashville、巴西的Eldordo do Sul（美洲）、爱尔兰的利姆里克（Limerick）（欧洲、中东和非洲）、马来西亚槟城（亚太地区及日本）和中国厦门（中国市场）。

2. “戴尔模式”的具体内容

戴尔的模式一般称为直销（在美国称为“直接商业模式”）。直销就是建立一条与直接客户的联系通道，由客户直接向戴尔发出订单；客户可以在订单中详细列出所需的配置，然后由戴尔“按单生产”。戴尔所宣称的“直销模式”实质上就是简化分销渠道、消灭中间商。这个模式的含义就是抛开传统商业销售链的中间商和零售商环节，节省了成本，降低了产品价格。这种模式没有现成的理论，归纳起来有以下主要特点。

（1）按单生产。按单生产就是指戴尔根据客户通过网站和电话下的订单来组装产品，这使顾客有充分的自由来选择自己喜欢的产品配置。公司则根据订单订购配件，无须囤积大量配件，占用资金和库存。

（2）直接与客户建立联系。直接与客户建立联系是指戴尔通过直销与客户建立直接联系，不仅可以节省产品通过中间环节销售所浪费的时间和成本，还可以更直接、更好地了解客户的需求，并培养一个稳定的客户群体。

（3）高效流程降低成本。高效流程降低成本是指戴尔通过建立一个超高效的供应链和生产流程管理，大大降低了生产成本。

（4）产品技术标准化。产品技术标准化是指戴尔所经营的技术产品多是标准化的成熟产品，因此该公司总是能让顾客分享到有关行业进行大量技术投资和研发而取得的最新成果。

3. 低成本+高效率+好服务

低成本一直是戴尔的生存法则，也是“戴尔模式”的核心，低成本必须通过高效率来完成，而高效率又是靠好服务来实现的。戴尔的生产和销售流程，以其精确管理、流水般顺畅和超高效率而著称，有效地将成本控制在最低水平。

力求精简是戴尔提高效率的主要做法。公司把电话销售流程分解成简单的 8 个步骤，其自动生产线全天候运转，配件从生产线的一端送进来，不到两小时就变成成品从另一端出去，然后直接运往客户服务中心。戴尔在简化流程方面拥有 550 项专利。分析家们普遍认为，这些专利也正是其他公司无法真正复制貌似简单的“戴尔模式”的最主要原因。

此外，注重树立产品品牌和提高服务质量是戴尔的另一个法宝。戴尔不仅拥有一个严格的质量保证体系，而且还建立了一个强大的售后服务网络。戴尔的工作人员不仅通过网站和电话为客户提供全面的技术咨询和维修指导服务，而且在售出产品后会主动向客户打电话，征求意见。

4. 不停地细分市场

戴尔认为“分得越细，我们就越能准确地预测客户日后的需求和需求的时机。取得这种信息后，戴尔便可与供应商协调，把信息转换为应有的存货”。由于省去了中间商环节，戴尔可以直接面对客户，这有利于双方增进了解（客户既得到了自己想要的电脑，戴尔对客户的需求也有了深入的了解），并有利于日后提供更好的售后服务。

细分的做法解决了戴尔公司自创立以来的困扰：如何在业务逐渐扩大的同时还能维持稳定并持续获得增长。《哈佛商业评论》的研究显示，1994 年时，戴尔的顾客仅有两类：大型顾客和包括一些商业组织和消费者在内的小型顾客，当年公司的资产为 35 亿美元；到 1996 年，就从大型顾客市场中细分出大型公司、中型公司、政府与教育机构三块市场，同年公司资产升至 78 亿美元；而到了 1997 年，戴尔又进一步把大型公司细分为全球性企业客户和大型公司两块市场，政府与教育机构市场则分为联邦政府、州政府和地方政府、教育机构三块不同的市场，小型顾客则进一步分解为小型公司和一般消费者两块业务，当年公司资产攀升到了 120 亿美元。

5. 以信息代替存货

对传统的中间商分销模式而言，要实现“零库存”是很难的。通过将库存转移到分销渠道中来实现所谓的“零库存”可能是不切实际的，也就是说，绝对的零库存是不存在的。戴尔认为，库存问题的实质有两个方面：一是库存管理能力，二是与供应商的协作关系。在第二点上，戴尔说得非常精彩：“以信息代替存货”，即要求供应商提供准确、充分、迅速的信息，从而努力降低库存。据调研显示，戴尔在全球的平均库存天数可以降到 7 天之内，COMPAQ 的存货天数为 26 天，一般 PC 厂商的库存时间为两个月（联想是 30 天左右）。这使戴尔可以比其他竞争对手以快得多的速度将最新的技术提供给用户。“以信息代替存货”是戴尔模式的核心。同样做一件事，生产方式不同，利润空间也不同，这就是商业模式的魅力。

6. 提供最新的技术和最便捷的服务

戴尔坚持为顾客提供最新技术的计算机。每当英特尔公司（Intel）或微软公司（Microsoft）推出新的产品或软件和硬件，戴尔随即可以集成为一种新的系统产品来卖给顾客。这样，由于顾客与戴尔之间有着一种直接的互动关系，他们就可以来找戴尔按订单制造出最新技术的定制计算机。此外，戴尔也将直线销售模式引入了服务领域。如果顾客的机器出了问题，他只需拨一个全国统一的免费电话，戴尔的工作人员就可以直接在电话上为他解决问题；如果是硬件问题，戴尔可以直接到顾客那里去为他维修，而且这种服务是全国性的；对于笔记本电脑，戴尔还提供国际保证，如果顾客去新加坡或香港开会，只要拨打当地的免费服务电话，当地就会派工程师来解决问题。

戴尔之所以致力于为客户提供最新的技术和产品，是因为客户通常可以从中得到两大好处：第一，最佳的性能价格比（性价比），以同等价格可以买到更快速度的机器，或者速度快得多的产品只需要多花一点点钱；第二，最新技术总是有更高的可靠性、稳定性和更多的性能。所以，对客户来说，投资回报率要比购买其他品牌的产品高得多。在服务方面，戴尔为客户提供全国范围内的保修服务。通过直线销售模式，戴尔不仅能准确地了解客户的信息，而且能很好地跟踪客户服务。

7. 与客户结盟

贴近客户是信息时代企业竞争的利器。如何才能留住客户，并与客户建立最为有效的关系呢？在这一点上，戴尔的做法也同样值得借鉴。很多公司只从单一角度与客户建立关系，而戴尔与客户建立直接关系使其可以兼顾成本效益及顾客的反映，运用所有可能的方式与他们结盟。事实证明，这样的关系已成为戴尔公司最大的竞争优势。

（1）最好的顾客。在戴尔公司看来，最好的顾客不见得是最大的顾客，也不见得是购买力最强、需要协助或服务最少的顾客。“所谓最好的顾客，是能给我们最大启发的顾客；是教导我们如何超越现有产品和服务，提供更大附加价值的顾客；是能提出挑战，让我们想出办法后也可以让他人受益的顾客。”戴尔说。戴尔称这种状况为“机壳外”增加价值，“我们的最佳顾客扮演着前导指示的角色，告诉我们市场的走向，提供各种点子，让我们精益求精；他们提高标准的门槛，鼓励我们不断提升，从一家销售零散服务的公司，转变成一家提供整体服务的公司”。

（2）亲临现场。花费时间亲自探访顾客实际营运的地点所得到的概念，会远远超过邀请他们上门所获得的信息。戴尔始终信守这一原则，因此，戴尔可以体会到顾客每天在营运上所碰到的问题和挑战，也能在服务于顾客的同时顺便了解产品对顾客能造成什么影响。

（3）回应顾客建议。制造和产品发展的策略，应该基于顾客意见并进行调整。这个概念对戴尔公司而言似乎是再清楚不过了：他们几乎是立即回应这些建议，并融入他们的策略当中。

（4）顾客的顾问。电脑业不断在科技上推陈出新，许多新技术都会不断进入戴尔的产品当中。但对顾客而言，如果不小心选择，科技的份量很容易就会超过他们所能承受的程度和预期，甚至根本无法符合顾客的需求。在这一点上，戴尔力图做顾客的顾问，总是试着帮助顾客做正确的决策，让科技可以真正为顾客创造更大的价值。

戴尔也试图把顾客用于产品的投资视为自己的责任，戴尔会检视整个价值链，然后自问：戴尔公司如何帮助顾客管理科技的复杂性，从而为他们降低成本？戴尔公司要如何影响整个产业，以降低这项科技的成本？

戴尔还经常与顾客一同讨论未来的科技走向，这有着显而易见的价值：戴尔不仅能借用顾客来实践新创意，也可以在着手设计新的系统之前，测试市场对产品特性的需求。戴尔往往能及早明白顾客的需求，并针对科技的变化提前进行规划，而不只是被动地接招。

戴尔的主要科技人员经常以撰写报告、介绍新科技的方式来向顾客介绍电脑业的发展趋势。其员工会帮助顾客了解 Pentium 4 微处理器为什么超越前一代产品，帮助他们了解最新的微软作业系统中哪些功能有助于把个人电脑管理得更好等。戴尔还要求最顶尖的软件和硬件工程师必须定期或不定期地与顾客举行研讨会，讨论未来 5 年里的科技发展趋势。显然，戴尔不希望仅仅成为电脑供应商，还想成为顾客在制订科技策略时的顾问。为了做受重视的顾问，思考就不能局限于现有产品，还要寻找加强整体顾客体验的方法。如此一来，公司与顾客的关系一定会更加巩固，并能建立起信任、诚实的伙伴关系。

实训　网络广告发布与策划

【实训目的】

随着互联网的高速发展，网络广告作为网站收入的主要来源而备受关注，并且被作为一个新广告媒体的代表而广受赞誉。中国网络广告业发展迅速，广告模式也不断创新。为了适应这一新形势的要求，通过本次的实训，使学生学会利用网络进行广告，学会广告的策划与发布，并学会自己创作网络广告。

【实训要求】

1. 了解网络广告的各种形式。
2. 掌握简单广告的策划与发布过程。
3. 学会 3 种广告的制作过程。

【实训内容】

1. 浏览网上各种类型不同的广告，并体会其不同的特点。
2. 策划 3 个网络广告。
3. 动手制作 3 个网络广告图片。
4. 通过 3 种网络广告发布途径发布出击。

【实训步骤】

1. 准备工作

进入相关的电子商务网站，考察相关的产品，查看网络广告的类型，下载相关的资料并保存到自己的子目录中。

2. 策划网络广告

通过资料的整理和分析，确立基本观点，选择网络广告的内容，确定两三个网络产品，定位网络广告的受众群体。

3. 动手制作 3 个网络广告图片（可以用画图软件、Photoshop 或其他的画图软件）。
4. 写上广告词，配上颜色，定义字体、字形、字号。
5. 综合修饰定稿。

6. 通过 3 种途径将网络广告发布出去。

7. 网络广告效果综合评估。

8. 写出评估报告。

【实训提醒】

在制作网络广告图片时，对于熟悉 Photoshop 软件的学生，可以发挥其软件的优势做出美妙绝伦的好广告；对于初学的学生，可以使用画图软件，该软件简单、易学、易用，也可以画出比较逼真的广告；对于熟悉 Flash 软件的学生，可以使用动画技术，让广告具有动感。

【实训思考】

1. 如何选择网络广告产品？

2. 怎样进行网络广告的策划？

3. 如何书写广告词？

4. 如何体现产品的特色？

【实训报告】

1. 实验过程

目的要求：

实验内容：

实验步骤：

网络广告策划过程：

制作网络广告的步骤：

2. 实验结果

结果分析：

可以使用表格方式，可以使用图形方式，也可以使用文字方式。

3. 总结

通过实训，总结自己掌握的程度，分析出错原因，提出改进措施。

习题

一、填空题

1. 广告是一种________，自互联网发展以来，广告又多了一种载体，这个载体叫________。网络广告的________几乎是不受限制的，而且价格也________，我国的网络广告发展起步于________年。

2. 网络广告的定义有广义和狭义两类，广义地说，一切通过________的各种________形式，传播________信息的过程与________都是网络广告。狭义地说，网络广告是指________利用一些________密集或有________的网站摆放________信息，并设置________到某目的网页的过程。

3. 网络广告的优势是________、________、________、具有成本低、速度快、更改灵活、________、________、________等。

4. 网络广告是________的广告媒介，它是随着________的发展而逐步兴起的，它具有传统媒介广告的______，又具有传统媒介所无法________。其特点是________、________、________、________、________、定向和分类性等。

5. 常用的网络广告类型有________、________、________、电子邮件广告、________、________、________、________、浮动式广告、________、________、________、________、________、插件式广告、________、________等。

6. 传统广告主要传播形式是由________经过许多________环节“推向”________，沟通模式的特点是________播送，信息________和________是隔离的，________流通，非________的，有________的。网络广告与传统广告区别的根本原因是________的特点及________性和________的信息空间。

7. 网络广告调查的特点是________、________、________。网络广告调查的内容是________、________。网络广告调查的方法是________、________、________。

8. 网络广告策划中的 AIDA 中的 A 表示________、I 表示________、D 表示________、A 表示________。网络广告创意及策略选择是影响________的关键一环。不仅要确定________的信息，而且还要确定________，要根据网络广告的________和选择________，进行全面的________分析和________设计，确定网页的________主题、________主题、________及表现方法等。

9. 网络营销在网上发布广告的渠道和形式众多，通常有________、________、专类销售网、________、________、________、________、________、通过赞助网上的各种活动进行、________等。

10. 选择网络服务供应商 ISP 时需要考虑________、________、________、出口带宽、________、________等。选择网络广告公司时应注意的是________、简洁的广告信息、________、________、________、________等。选择网络广告中介时应掌握的是________、________等。

二、思考题

1. 请写出网络广告的定义（广义和狭义）。
2. 请写出网络广告的 3 个优势并举例说明。
3. 请写出旗帜广告的特点和功能。
4. 请写出对联式广告的特点和使用方式。
5. 请写出网视广告的特点和功能。
6. 请写出电子杂志广告的特点和功能。
7. 请写出传统广告的特点。
8. 请写出传统广告与网络广告的区别。
9. 请写出传统广告沟通模式。
10. 请写出网络广告沟通模式。
11. 请写出网络广告调查的特点。
12. 请写出网络广告调查的内容。
13. 请写出“AIDA”法的内容。
14. 如果你在做网络广告，你是如何确定广告受众群体的？
15. 如何选择网络广告中介？

第8章 企业网站规划与推广

在网络环境下，企业网站已经成为展示营销策略、产品特点、经营理念的主渠道和主窗口。同时，企业网站建设已经成为基础的网络营销服务内容之一。离开了企业网站，许多网络营销策略将无用武之地，企业的网络营销整体的效果也将大打折扣。因此，企业网站既是企业在互联网上的代表，也是企业进行网络营销的重要工具。

学习目标

- 了解企业网站的功能与主要内容
- 了解企业网站的基本内容和创建网站的指导原则
- 掌握企业网站建设的规划和创建步骤
- 掌握企业网站的管理和推广

8.1 企业网站规划初步

8.1.1 网站规划原则

网站是企业向用户和网民提供信息（包括产品和服务）的一个虚拟市场，一个阵地，一种方式，是企业开展电子商务的基础设施和信息平台。当企业建立自己的网站时，网站的规划将贯穿着网站建设的整个过程，是网站建设中最重要的环节。在网站规划中应注意以下几个原则。

1．目标明确，主题鲜明原则

企业网站的建设是一项操作性很强的工作，必须围绕企业营销的目标来展开。首先应确定建立网站的主题和目的，确定网站设计的最终目标及总体指导方针。明确建设网站的目标，这是网站规划中的核心问题，需要非常明确和非常具体，建立网站的目的也就是一个网站的目标定位问题，目标明确以后，网站的功能和内容也就基本确定。

建立网站可以有多种目的。例如，从事产品生产的生产型网站、从事商品流通的流通型网站、从事信息服务的服务型网站，以及作为与客户交流的工具等，不同类型的网站其表达方式和实现手段是不一样的。

规划网站时必须首先明确设计网站的目标。企业建立网站所要达到的效果，一般可能有以下两个目的，第一，企业利用网站树立形象、宣传产品及推广服务，进行简单的电子商务业务活动；第二，企业欲建立完整的电子商务系统，并通过网络开展电子商务业务活动。其次，根据目标进行网站的构思创意，即主题设计切忌目标太多、主题太杂，即使是有多个主题，也必须选择中心主题，进行精心设计，并以此来吸引浏览者，否则，将会影响网站效果。另外，要点必须鲜明，要以言简意赅的语言和画面体现网站的整体风格及特色。

将企业网站建设成一个对客户富有吸引力的网站，其信息内容的确定是成功的关键，与网站的主题相关的信息内容越丰富，登录上网的浏览者就越多。如果要达到第一种目标，要在布局、色彩、字体及浏览方式等整体效果考虑，激发用户的兴趣。如果要达到第二种目标，要根据企业的特点设置与之相匹配的信息内容及目标用户，根据网络具有的及时、新鲜等特性突出主题，丰富与主题相关的信息内容，使网站对客户具有吸引力。

2. 目的性和用户需求原则

电子商务网站的设计是展现企业形象、介绍产品和服务、体现企业发展战略的重要途径，因此，必须掌握目标市场的情况，受众群体是否喜欢新技术，需求范围，受教育的程度是否较高，是否经常上网等，从而做出切实可行的设计计划。要根据消费者的需求、市场的状况、企业自身的情况等进行综合分析，牢记以“消费者（customer）”为中心，而不是以“美术”为中心进行设计规划。

电子商务网站建设的目的性应该是经过成熟考虑的，其主要包含以下几点。

（1）目的性定义明确。目的性定义应该是明确的，而不是笼统地说要做一个平台、要搞电子商务，应该清楚主要希望谁来浏览，具体要做到哪些内容，提供怎样的服务，达到什么效果等。

（2）从实际出发。电子商务网站的规划应该从实际出发，在当前的资源环境下能够实现的，而不能脱离了自身的人力、物力、Internet 基础以及整个外部环境等因素盲目制订目标，尤其是对外部环境的考虑通常容易被忽略，结果只能成为美好的一相情愿。

（3）主次分明循序渐进。如果电子商务网站建设的目标比较庞大，就应该充分考虑各部分的轻重关系和实现的难易度，想要一步登天的做法通常会导致投入过大且缺少头绪，不如分清主次循序渐进。

3. 结构合理，内容清晰原则

合理的网站栏目结构，无非是能正确表达网站的基本内容及其内容之间的层次关系，站在用户的角度考虑，使用户在网站浏览时可以方便地获取信息，不至于迷失，做到这一点并不难，关键在于对网站结构重要性有充分的认识。

网站结构包括目录结构与链接结构，是网站规划与设计的关键，主要体现网站的板块、分类等。共性较多的内容尽量划分到同一版块，没有共性的内容要严格分开，不同版块的内容尽量不要交叉重复。

目录结构指建立网站时创建的目录，链接结构指页面之间相互链接的拓扑结构，其质量对浏览者影响不大，但对于站点本身的维护、内容的扩充及移植影响较大，因此要注意以下几点。

（1）目录合理

在规划目录结构时，不要将所有文件都放置在根目录下，那样将分不清需要编辑、更新的文件及需要删除、关联的文件，从而造成文件管理混乱，影响工作效率。应该按企业性质划分结构，依据结构设定主栏目内容，建立相关子目录，如果需要链接的内容较多并经常更新，可以建立独立的子目录，而对于一些相关性强，不需要经常更新的栏目（如网站简介、企业介绍等），为了维护管理可合并统一目录。除此之外，通常在每个主目录下创建独立的 Images 目录，由于每个站点的根目录下都有默认 Images 目录，如果将所有图片都存放在此目录里很不方便，如果删除栏目，图片的管理相当麻烦，因此，要为每个主栏目创建独立的 Images 目录可方便管理。

注意：目录的层次不要太多，一般不要超过 3 层；不要使用中文目录，以免对网址的正确显示造成困难；不要使用太长的目录，尽量使用意义明确的目录，以便记忆和管理。

（2）链接明确

链接结构建立在目录结构基础之上，每个页面是一个固定点，存在于立体空间中，两个固定点间的连线就是链接。其中，一个点可以和一个点连接，也可以和多个点连接，具体包括树状链接结构及星状链接结构两种基本方式。树状链接结构（一对一）按照层次结构组织，首页链接指向一级页面，一级页面链接指向二级页面，浏览时逐层进入逐层退出，条理比较清晰，用户可清晰辨别所处的路径，但从一个栏目的子页面到另一个栏目的子页面，必须再回到首页进行，因此，浏览效率低。星状链接结构类似网络服务器的链接，每个页面相互之间建立链接，这种结构浏览比较方便，用户可以随时到达需要的页面。但是由于链接太多，容易使浏览者搞不清路径。因此，在实际网站设计中，一般将这两种结构结合起来使用，采用首页和一级页面之间用星状链接结构，一级和二级页面之间用树状链接结构，使浏览者既可方便快速达到自己需要的页面，又可以清晰地辨别所在的路径。

（3）内容清晰

不同类别的企业网站，在内容方面的差别很大，由于企业建站目的不同，内容也不相同，网站内容规划没有固定的格式要求，要根据企业需要来制订。例如，一般信息发布型企业网站内容应包括：公司简介、产品介绍、服务内容、价格信息、联系方式、网上定单等基本内容；而完整的电子商务类型网站要提供从会员注册、产品搜索、产品和服务信息、定购下单、定单确认、支付手段及付款、物流配送、相关帮助等。为方便与客户交流，企业网站最好设有与客户进行在线交流的栏目，如 BBS、社区论坛、留言板等。

4. 企业专业特性介绍的原则

（1）对外介绍专业信息

对外介绍企业自身，最主要的目的是向外界介绍企业的业务范围、性质和实力，从而创造更多的商机。在介绍专业信息时应注意以下几点。

① 应该完整无误的表述了企业的业务范围（产品、服务）及主次关系。

② 应该齐备的介绍企业的地址、性质和反馈信息。

③ 应该提供企业的年度报表，这将有助于浏览者了解企业的经营状况、方针和实力。

④ 如果是上市企业，应该提供企业的股票市值或者到专门财经网站的链接，将有助于浏览者了解企业的实力。

（2）对内提供信息服务

对内提供信息服务时，应该注意以下几点。

① 信息的全面性。对所在行业的相关知识、信息的涵盖范围应该全面，尽管内容本身不必做得百分百全面。

② 信息的专业性。所提供的信息应该是专业的、科学的并有说服力的。

③ 信息的时效性。所提供的信息必须至少是没有失效的，这保证了信息是有用的。

④ 信息的独创性。具有原创性、独创性的内容更能引起得到重视和认可，有助于提升浏览者对企业本身的印象。

5. 网站版式设计原则

网页设计作为一种视觉语言，要讲究编排和布局，虽然主页的设计不等同于平面设计但它们有许多相近之处，应充分加以利用和借鉴。

版式设计通过文字图形的空间组合，表达出和谐与美。一个优秀的网页设计者也应该知道哪一段文字或图像该落于何处，才能使整个网页生辉。多页面站点页面的编排设计要求把页面之间的有机联系反映出来，特别要处理好页面之间和页面内的秩序与内容的关系。为了达到最佳的视觉表现效果，应讲究整体布局的合理性，使浏览者有一个流畅的视觉体验。

色彩是艺术表现的要素之一。在网页设计中，根据和谐、均衡和重点突出的原则，将不同的色彩进行组合，搭配来构成美丽的页面。根据色彩对人们心理的影响，合理地加以运用。按照色彩的记忆性原则，一般暖色较冷色的记忆性强；色彩还具有联想与象征的物质，如红色象征血、太阳；蓝色象征大海、天空和水面等。

网页的颜色应用并没有数量的限制，但不能毫无节制地运用多种颜色，一般情况下，先根据总体风格的要求定出一至二种主色调，有 CIS（企业形象识别系统）的更应该按照其中的 VI 进行色彩运用。在色彩的运用过程中，还应注意的一个问题是：由于国家和种族. 宗教和信仰的不同，以及生活的地理位置，文化修养的差异等，不同的人群对色彩的喜恶程度有着很大的差异。例如，儿童喜欢对比强烈，个性鲜明的纯颜色；生活在草原上的人喜欢红色；生活在闹市中的人喜欢淡雅的颜色；生活在“沙漠”中的人喜欢绿色。在设计中要考虑主要读者群的背景和构成。

6. 实用性功能服务应切合实际需要原则

网站提供的功能服务应该是切合浏览者实际需求的且符合企业特点的。例如，网上银行提供免费电子邮件和个人主页空间就既不符合浏览者对网上银行网站的需求也不是银行的优势，这样的功能服务提供不但会削弱浏览者对网站的整体印象，还浪费了企业的资源投入，有弊无利。

因此，网站提供的功能服务必须保证质量，并且还应注意以下几点。

（1）每个服务必须有定义清晰的流程，每个步骤需要什么条件、产生什么结果、由谁来操作、如何实现等都应该是清晰无误的。

（2）实现功能服务的程序必须是正确的、健壮的（防错的）、能够及时响应的、能够应付预想的同时请求服务数峰值的。

（3）需要人工操作的功能服务应该设有常备人员和相应责权制度。

（4）用户操作的每一个步骤（无论正确与否）完成后应该被提示当前处于什么状态。

（5）服务成功递交以后的响应时间通常不应超过整个服务周期的 10%。

（6）当功能较多的时候应该清楚的定义相互之间的轻重关系，并在界面上和服务响应上加以体现。

8.1.2　网站规划内容

对于不同类型的网站，根据不同的需要和侧重点，网站的功能和内容会有一定差别，但网站规划的基本步骤是类似的。一个网站的成功与否与建站前的网站规划有着极为重要的关系。在建立网站前应明确建设网站的目的，确定网站的功能，确定网站规模、投入费用，进行必要的市场分析等。只有详细的规划，才能避免在网站建设中出现的很多问题，使网站建设能顺利进行。

网站规划是指在网站建设前对市场进行分析、确定网站的目的和功能，并根据需要对网站建设中的技术、内容、费用、测试、维护等做出规划。网站规划对网站建设起到计划和指导的作用，对网站的内容和维护起到定位作用。网站规划书应该尽可能涵盖网站规划中的各个方面，网站规划书的写作要科学、认真、实事求是。一般来说，一份完整的网站规划书应包括以下几方面的内容。

1. 建设网站前的市场分析

建设网站前需要对以下几方面的内容进行分析。

（1）相关行业的市场是怎样的，市场有什么样的特点，是否能够在互联网上开展公司业务。

（2）市场主要竞争者分析，竞争对手的上网情况及其网站规划、功能和作用。

（3）公司自身条件分析，公司概况、市场优势，可以利用网站提升哪些竞争力，建设网站的能力（费用、技术、人力等）。

2. 建设网站目的

建立网站是为了宣传产品，进行电子商务，还是建立行业性网站，是企业的需要还是市场开拓的延伸，这是网站规划中的核心问题，需要非常明确和具体。建立网站的目的也就是一个网站的目标定位问题，网站的功能和内容，以及各种网站推广策略都是为了实现网站的预期目的。建立网站可以有多种目的，例如，从事直接网上销售、作为产品信息发布工具、信息中介服务、教育和培训等，不同类型的网站其表达方式和实现手段是不一样的。

3. 域名和网站名称

一个好的域名对网站建设的成功具有重要意义，网站名称同域名一样具有重要意义，域名和网站名称应该在网站规划阶段就作为重要内容来考虑。有些网站发布一段时间之后才发现域名或者网站名称不太合适，需要重新更改，不仅非常麻烦，而且前期的推广工作几乎没有任何价值，同时对自己网站形象也造成一定的伤害。

4. 网站主要功能

在确定了网站目标和名称之后，要设计网站的功能了，网站功能是战术性的，是为了实现网站的目标。网站的功能是为用户提供服务的基本表现形式。一般来说，一个网站有几个主要的功能模块，这些模块体现了一个网站的核心价值。

5. 网站技术解决方案

可以根据网站的功能确定网站技术解决的方案，一般有以下几种。

（1）采用自建服务器，还是租用虚拟主机。

（2）选择操作系统，用UNIX，Linux还是Windows2000/NT。分析投入成本、功能开发、稳定性、安全性等。

（3）采用系统性的解决方案，如IBM，HP等公司提供的企业上网方案、电子商务解决方案，还是自己开发。

（4）网站安全性措施，如防病毒方案。

（5）相关的程序开发，如网页程序ASP、JSP、CGI、数据库程序等。

6. 网站内容规划

不同类别的网站，在内容方面的差别很大，因此，网站内容规划没有固定的格式，需根据不同的网站类型来制订。

（1）一般企业网站应包括：公司简介、产品介绍、服务内容、价格信息、联系方式、网上定单等基本内容。

（2）电子商务类网站要提供会员注册、详细的商品服务信息、信息搜索查询、定单确认、付款、个人信息保密措施、相关帮助等。

（3）如果网站栏目比较多，则考虑采用网站编程专人负责相关内容。注意：网站内容是网站吸引浏览者最重要的因素，无内容或不实用的信息不会吸引匆匆浏览的访客。因此，可事先对人们希望阅读的信息进行调查，并在网站发布后调查人们对网站内容的满意度，以便及时调整网站内容。

7. 网站测试和发布

在网站设计完成之后，应该进行一系列的测试，当一切测试正常之后，才能正式发布。网站主要测试内容包括以下几个方面。

（1）网站服务器稳定性、安全性。

（2）各种插件、数据库、图像、链接等是否工作正常。

（3）在不同接入速率情况下的网页下载速度。

（4）网页对不同浏览器的兼容性。

（5）网页在不同显示器和不同显示模式下的表现等。

8. 网站推广

网站推广活动一般发生在网站正式发布之后，当然也不排除一些网站在筹备期间就开始宣传的可能。网站推广是网络营销的主要内容，可以说，大部分的网络营销活动都是为了网站推广的需要，如发布新闻、搜索引擎登记、交换链接、网络广告等。

因此，在网站规划阶段就应该对将来的推广活动有明确的认识和计划，而不是等网站建成之后才考虑采取什么样的推广手段。由此也可以看出，网站规划并不仅仅是为了网站建设的需要，而是整个网络营销活动的需要。

9. 网站维护

网站发布之后，还要定期进行维护，主要包括以下几个方面。

（1）服务器及相关软硬件的维护，对可能出现的问题进行评估，制定响应时间。

（2）网站内容的更新、调整等，将网站维护制度化、规范化。

10. 网站财务预算

除了上述各种技术解决方案，以及内容、功能、推广、测试等内容应该在网站规划书中详细说明之外，网站建设和推广的财务预算也是重要内容，网站建设和推广在很大程度上受到财务预算的制约，所有的规划都只能在财务许可的范围之内。财务预算应按照网站的开发周期，包含网站所有的费用明细清单。

8.1.3 网站规划资源

企业网站建设作为一种工程进行规划，任何一种工程都需要有一定的资源，企业网站工程也不例外，必须对建站所需的人力、物力、财力等进行分析和规划，以保证建设目标的顺利实现。企业网站建设的各个部分都是相当专业，所以人员的配置也将是决定网站优质与否的关键。下面介绍人力配置、费用预算、进度规划 3 个方面内容。

1. 人力配置

一个完整的企业网站建设所需要的人力配置包括以下几个内容。

（1）系统策划师：也就是网站策划人员，主要任务是对网络市场和竞争对手进行详细的比较和分析，确定网站的目标、策略及总体规划，并要有网站建设目标书、策划书等材料。

（2）项目经理：主要任务是负责企业网站建设项目的规划、项目进程管理、人员分配和组织、资源规划、进度控制、质量审核等。

（3）网站规划师：主要任务是负责网站总体设计、搭建系统构架、安装服务器系统及相关的软件、按照策划书要求形成文档等。

（4）程序设计师：主要任务是负责程序的编写、调试、运行、维护等工作，并根据企业的需要不断地研究和开发新的软件、系统操作手册等。

（5）美术编辑师：主要任务是按照网站总体设计书的要求做出漂亮、实用的网页页面。并要将页面设计出具有企业特色的，色彩适合的网页等。

（6）录入员：也就是信息编辑处理人员，主要任务是输入、编辑和处理大量的用户信息，商品交易信息等。

2. 费用预算

一般电子商务的总体费用包括以下几个方面。

（1）线路接入费用

不同的 ISP，不同的接入方式和速率下的费率也不相同，速率越高，月租费也越昂贵。IP 地址一般和线路一起申请，也需要交纳一定的费用，具体费率可以向当地的 ISP 服务商咨询。表 8-1 所示为 CERNET 教育用户 Internet 接入分担通信费用一览表。

表 8-1　　CERNET 教育用户 Internet 通信费用一览表

2Mbit/s（含 2Mbit/s）以下接入带宽 国内带宽包月+国际流量计费		2Mbit/s 以上接入带宽 国内实测带宽包月+国际流量计费	
接入速率	包月（元/月）	实测带宽	包月（元/月）
≤64Kbit/s	2 000	≤10Mbit/s	9 000
64Kbit/s；速率≤128bit/s	2 500	10Mbit/s；带宽≤34Mbit/s	15 000
128Kbit/s；速率≤256bit/s	3 000	34Mbit/s；带宽≤100Mbit/s	30 000
256Kbit/s；速率≤512bit/s	4 000	100Mbit/s；带宽≤200Mbit/s	58 000
512Kbit/s；速率≤1Mbit/s	6 000	200Mbit/s；带宽≤300Mbit/s	85 000
1Mbit/s；速率≤2Mbit/s	6 500	300Mbit/s；带宽≤400Mbit/s	110 000

（2）域名费用

域名是企业进入 Internet 时给人们留下的第一印象，同时也反应了网站的文化层次、服务对象定位等。所以一般域名的选用和确定对企业电子商务网站来说是一件非常重要的事情。域名注册有英文域名和中文域名，注册域名后，每年需要交纳一定的费用以维护该域名的使用权，不同层次的域名收费也不同，表 8-2 所示为 2010 年 6 月份的域名价格表。

表 8-2　　域名价格一览表

域名名称	价格（元/年）	备注
国际域名 .COM/.NET/.ORG	80	com 域名是目前国际最广泛流行的通用域名格式，全球的用户超过 1 000 万个。所有国际化公司都会注册.com 域名；当然也可以选择.net/.org 以.com 为结尾的国际域名

续表

域名名称	价格（元/年）	备注
中国国家顶级域.CN，COM.CN，NET.CN，ORG.CN	80	.CN 域名也是国际顶级域名，是由我国管理的国际顶级域名。它也属于地理顶级域名（ccTLD），地理顶级域名一般由各个国家或地区负责管理。当前 cn 域名在全球具有最大的市场
中文通用域名 中文.中国/中文.CN/中文.公司/中文.网络	320	.中国/.公司/.网络/中文.cn 中文域名符合中文语言文化习惯，解决了中文域名互通问题
中文国际域名中文.COM/中文.NET	198	资源丰富，前景无限
英文域名 .ASIA	200	.ASIA 域名作为亚洲的网络门牌，具有独特鲜明的标识性，使用具有独特鲜明的标识性的 ASIA 域名将使企业和个人能够锁定全球最大的互联网社区，.ASIA 域名将成为促进全亚洲甚至全球网上活动和商贸通信的重要平台
手机域名 .MOBI	160	.MOBI 域名是全球唯一专为手机及移动终端设备打造的域名，是为 ICANN 批准的全新国际顶级域名，其致力于将互联网信息传送到手机等移动设备上。它由爱立信、GSM 协会、Google、微软、诺基亚、三星电子、Syniverse 科技、T-Mobile 等全球顶级知名手机厂商和相关行业协会共同投资
新国际域名 .CC	350	.CC 作为全球通用域名，原是位于澳大利亚西北部印度洋中 Cocos 和 Keeling 岛的官方授权域名。由于“CC”可以理解为英文 Commercial Company（商业公司）的缩写，含义明确、简单易记
新国际域名 .INFO	160	作为信息时代最明确标志，.INFO 的发展空间毋庸多说，它将成为网络信息服务的首选域名。.INFO 为通用顶级域名，代表一般的信息服务使用。它最大的特点是全球通用，易于使用，具有很强的识别性，可以替代.COM 的通用顶级域名，非常适用于提供信息服务的企业
新国际域名 .NAME	80	.NAME 作为个人域名的标志，允许个人注册，尤其适合学生体会网络的开始
新国际域名 .TV	500	随着网络宽带接入的成长，全新的.TV 域名的目标市场是非常明显并且非常巨大的。TV 域名将作为宽频时代的主流域名，其站点将应用在视听、音乐视频、电影、电视会议。信息传送的未来是通过网络，并且相信许多提供宽频新服务的站点将选择一个合适的 TV 域名
新国际域名 .BIZ	160	.BIZ 为英文“business”的缩写，代表着商业领域，在.com 资源日渐枯竭的情况下，.BIZ 必将代替.com 成为企业注册域名的首选。摆脱平凡的.com，无须与.com 比较也可发现，.BIZ 使你的企业脱颖而出
gov.cn 域名	298	.gov.cn 为政府专用 cn 域名，因国家有特殊要求，需提交政府组织机构代码证才能注册

（3）服务器硬件设备费用

如果是租赁专线自办网站，还需要路由器、调制解调器、防火墙等接入设备及配套软件，采用主机托管或虚拟主机则可免去这一部分的接入费用。

（4）主机托管费用

所谓主机托管（Server Co-Location）指的是用户提供自己的硬件服务器，并可选择自行提供软件系统或者享受专业的服务器托管服务，包括稳定的网络带宽，恒温、防尘、防火、防潮、防静电。用户拥有对服务器完全的控制权限，可自主决定运行的系统和从事的业务。

如果进行主机托管或租用虚拟主机，那么可能要支付托管费用或主机空间租用费。表 8-3 所示为某 ISP 的主机托管价格一览表。

表 8-3　主机托管费用一览表

名称	服务范围	费用
5GB 双线主机 （电信网通双线机房高速互联互通，适合目标客户覆盖全国范围）	操作系统:Windows 2003 Server 网页空间 5GB，IIS 限制 600 个 支持 Access，送 100MB 数据库 送 100MB 企业邮局 支持 ASP，PHP，ASP.NET 支持 FSO/ASPJEPG/ASPUPLOAD/JMAIL	30 元/月
双线路虚拟主机 （电信网通双线机房高速互连互通，适合目标客户覆盖全国范围）	单 IP 单服务器双线路方案，解决了其他双线方案的数据同步、维护麻烦等问题，不论是南方电信、还是北方网通用户，均能快速访问到客户网站，彻底解决电信、网通之间的互访瓶颈。分六款不同类型的空间 GB 防火墙，数据智能备份、恢复访问统计、日志下载、流量分析	150 元/月至 1 500 元/月
基本型虚拟主机 （适合中小型企业以及个人用户快速低成本地创建网上家园的首选）	分 6 款不同类型的空间 支持 PHP、CGI、ASP 等，赠送企业邮局 支持 Access、MsSql、Mysql 数据库 Windows/Linux 系统，电信、网通任选 GB 防火墙，数据智能备份、恢复 访问统计、日志下载、流量分析	60 元/月至 400 元/月
精品型虚拟主机 （更好的性能、更高的可用性，打造专业高效标准完美网站）	分 6 款不同类型的空间 支持 PHP、CGI、ASP、.net、JSP 赠送企业邮局，支持 Access、MsSql 等 Windows/Linux 系统，电信、网通任选 GB 防火墙，数据智能备份、恢复 访问统计、日志下载、流量分析	500 元/月至 3 000 元/月
论坛型虚拟主机 （支持企业及个人用户开设的各式论坛，稳定、快速）	分作 6 款不同类型的空间 支持 PHP、CGI、ASP 等网页脚本 支持动网、雷傲、VBB 等各类论坛 Windows/Linux 系统，电信、网通任选 GB 防火墙，数据智能备份、恢复 访问统计、日志下载、流量分析	150 元/月至 5 000 元/月
ShopEX 网店虚拟主机 （支持企业及个人用户开设网上商店，稳定、快速）	通过本系统可以建立各种类型的网上商店和网上商城，如网上书店、网上花店、网上点卡店、网上保健品店、网上数码产品店、网上成人用品店等。ShopEx 内置几十种网上支付网关、内置数十套精美模板	500 元/月至 1 200 元/月

（5）系统软件费用

包括操作系统、Web 服务器软件、数据库软件等的费用，这些费用视市场供货情况和所在地域略有不同。

（6）开发费用

软件硬件平台搭建好之后，必须考虑具体的 Web 页面设计、编程和数据库开发以及后期的平台维护费用。网站的开发维护可以委托给专业的网站制作商，费用可以一起算清。

（7）网站的市场和经营费用

包括为各种形式的宣传活动所支出的费用，为内容的授权转载而付出的费用以及其他网站经营过程中所付出的额外费用等。

8.1.4　网站建设工作流程

1. 网站建设流程图

网站建设流程如图 8-1 所示。

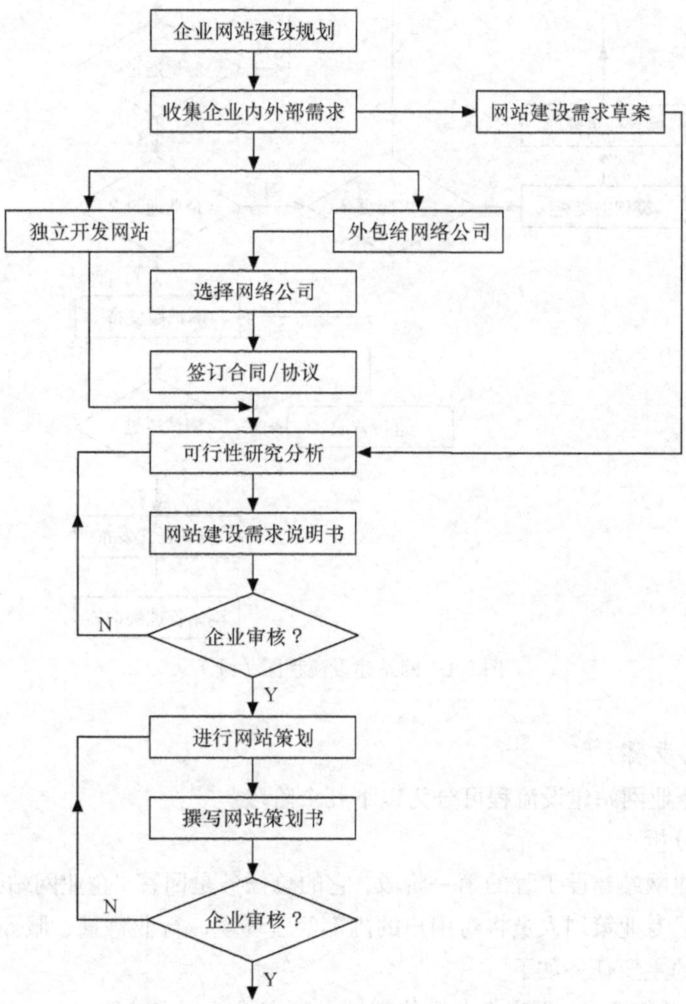

图 8-1　网站建设流程图

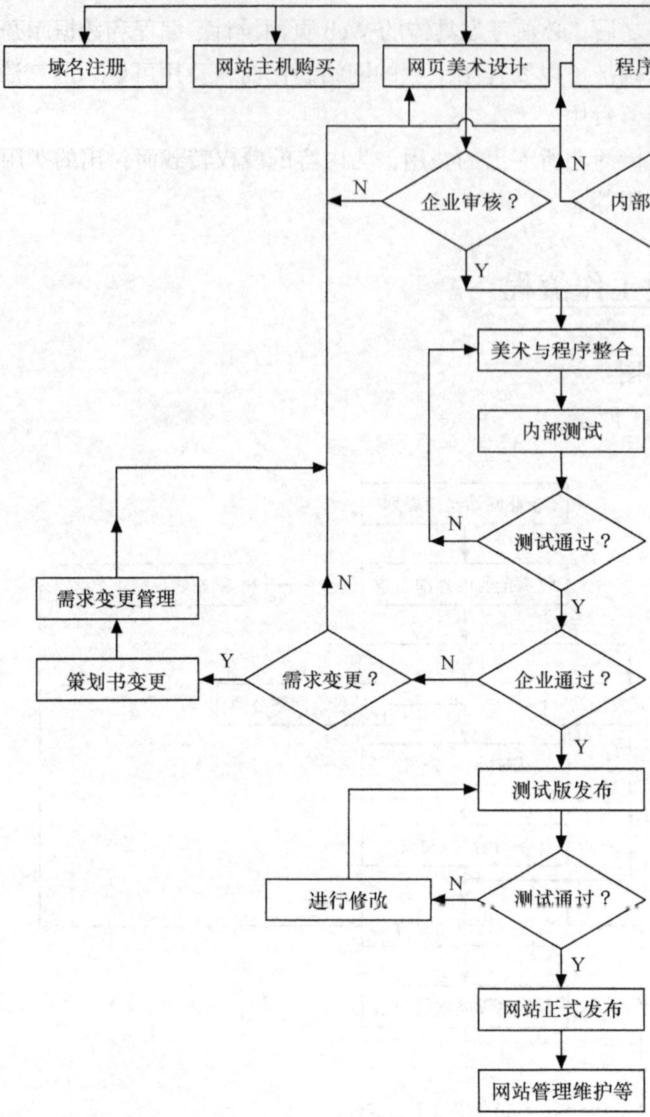

图 8-1　网站建设流程图（续）

2. 网站建设步骤

从图 8-1 可知企业网站建设流程可分为以下几个阶段。

（1）调查研究分析

这一阶段是企业网站建设工程的第一阶段，它的总任务是回答“企业网站必须做什么”，当用户提出建站需求后，专业策划人员将对用户的内部经营环境、行业背景、服务对象等进行全面调查分析。这一阶段的主要任务如下。

① 企业网络的功能要求。划出企业网络系统必须完成的所有功能，这一点应在网络设计人员和网络用户之间达成统一意见。

② 企业网络的性能要求。如联机系统的响应时间、处理的商业事务是要求到实时响应还是可以分时实现、系统需要的存储容量及后援存储容量。整个网络所要求的健壮性、容错程度、网络安全性要求等。

③ 企业网络运行环境的要求。这类需求主要表现为网络运行所处的环境要求，如使用的网络操作系统是什么，采用哪种网站建设语言，是否与企业原有的网络兼容等。

④ 企业网络将来可能提出的需求。例如，企业增加一个部门，这个部门局域网络要求加入到企业网络中，或者企业网络系统要求进行软件或硬件的升级换代等。这些用户需求虽然不属于企业网络系统当前开发阶段的任务，但是属于用户对网络系统生命周期的要求。要保证企业网络可扩充和可维护性，在设计网络系统时应兼顾这些需求。

（2）收集企业内外部需求阶段

这一阶段是根据调查所得到的结果，向用户提出网站建设初步方案。这一阶段的主要任务如下。

① 弄清为什么要建立网站，是为了宣传产品，进行电子商务，还是建立行业性网站？是企业的需要还是市场开拓的延伸？

② 整合公司资源，确定网站功能。根据公司的需要和计划，确定网站的功能，如产品宣传型、网上营销型、客户服务型、电子商务型等。

③ 根据网站功能，确定网站应达到的目的作用。

④ 企业内部网（Intranet）的建设情况和网站的可扩展性。

（3）确定网站开发形式

这一阶段是根据企业内部情况所得出的结果，是否有可能企业本身独立开发，还是外包给网络公司或者与外单位联合开发。这一阶段的主要任务如下。

① 弄清内部资源情况。

② 如果外包给网络公司开发，需要选择某个网络公司。

③ 根据合同法和本企业的要求签订合同或协议。

（4）撰写网站策划书

这一阶段是根据企业网站建设草案进行可行性研究分析、写出网站建设需求说明书，在此基础上撰写网站策划书。这一阶段的主要任务如下。

① 进行可行性研究分析并得出结论。其结论只有 3 种情况：第一是可行并立即开发；第二是不可行立即停止开发；第三是解决问题或修改方案后再开发。

② 写出网站建设需求说明书。说明书包括网站建设的组织建设需求、硬件需求、软件需求、人员需求、资金需求等。

③ 将此意见报告给企业，让企业进行审核。

④ 进行网站策划，并撰写网站策划书，再次交企业审核，如果没有通过则继续修改，如果通过则可进入下一个阶段。

（5）物理实施

这一阶段是根据网站策划书中的要求进行物理配置。这一阶段的主要任务是：注册域名、选择服务器、建立电子商务网站的软硬件平台，确定网站的信息和结构以及进行网站的页面设计，使网站具有基本的发布信息的功能。

（6）网站总体设计阶段

这一阶段是网站设计专业人员根据网站模型和材料对网站进行总体设计。这一阶段的主要任务是：企业网上形象设计、网站结构和布局、关键字位置和重复率、网页目录、采用哪些媒体设计制作技术、信息链接、更新方法等。

（7）具体制作阶段

这一阶段根据总设计和内容资金积累的结果，技术和专业人员将在最短的时间里完成网站（页）的制作。这一阶段的主要任务是：网页的布局、风格、着色、信息内容等。

（8）系统全面调试阶段

这一阶段是将制作好的网站进行性能方面的全面测试，对网站内容进行校对和调整，以确保将来运行时的安全性、可靠性和准确性。

（9）上网试运行阶段

这一阶段是将调试好的网页推向市场，让市场来检验。这一阶段的主要任务是：对网站上的所有功能进行测试，将其性能调整到最佳状态。

（10）网站维护培训阶段

这一阶段是帮助或培训用户网站的管理人员，操作人员，让他们了解和学会怎样在 Internet 上宣传推广和维护自己的网站方法和技巧。

3. 制订时间表

设定好进度以后，就可制订出一份详细的时间表，然后按部就班地进行工作，一个网站就可以顺利地建立起来了。

一般情况下，时间表应该包括以下几个项目。

（1）网站建设各项工作内容及其时间安排。

（2）月度和年度工作安排时间规划。

（3）网络各工作人员工作内容及其时间安排。

（4）工作人员讨论交流会时间安排。

（5）培训人员学习时间安排。

8.1.5 网站开发方式选择

企业网站开发的方式，常见的有自主开发、委托开发、合作开发和购买现成网站4种方式。这4种开发方式的选择，要根据使用单位的技术力量、资金情况、外部环境等各种因素进行综合考虑。不论哪一种开发方式都需要使用单位的领导和业务人员参加，并在网站建设的整个开发过程中，培养、锻炼、壮大使用单位的系统开发、设计和维护队伍。

（1）自主开发

自主开发又称为最终用户开发，适合于较强的信息技术队伍的企业，企业完全以自己的力量进行开发。

自主开发的优点是开发费用少，实现开发后的系统能够适应本单位的需求且满意度较高，系统维护方便。缺点是由于不是专业开发队伍，容易受计算机业务工作的限制，系统优化不够，开发水平较低，且由于开发人员是临时从所属各单位抽调出来进行网站建设的开发工作，这些人员在其原部门还有其他工作，所以精力有限，容易造成系统开发时间长，系统整体人格化弱，开发人员调动后，系统维护工作没有保证的情况。

随着专门的第四代软件工具的项目管理生成器的发展，越来越多的企业进行自行开发是有可能的，虽然这些工具与常规的编程语言相比其运行速度较慢，但由于目前硬件成本越来越低，完全可以弥补软件运行速度的不足，使该方法在技术上和经济上成为可能。

（2）委托开发

委托开发适合于企业网站的开发队伍力量相对较弱，但资金较为充足的单位。企业将开发的项目完全委托给一个开发单位，系统建成后再交付企业使用。委托开发的优点是省时、省事，系统的技术水平较高。缺点是费用高、系统维护需要开发单位的长期支持。此种方式需要使用单位的业务骨干参与系统的论证工作，开发过程中，需要开发单位和使用单位双方及时沟通，进行协调和检查。

（3）合作开发

合作开发适合于企业有一定的信息技术人员，但可能对网站建设规律不太了解，或者是整体优化能力较弱，希望通过网站的建设完善和提高自己的技术队伍，便于后期的系统维护工作的企业。双方共同开发成果，实际上是一种半委托性质的开发工作。

合作开发的优点是相对于委托开发方式比较节约资金，可以培养、增强使用单位的技术力量，便于系统维护工作，系统的技术水平较高。缺点是双方在合作中沟通易出现问题，需要双方及时达成共识，进行协调和检查。

（4）购买网站与二次开发

目前，网站建设的开发正在向专业化方向发展，一些专门从事网站建设的公司已经开发出一批使用方便、功能强大的现成网站。为了避免重复劳动，提高系统开发的经济效益，也可以购买现成的适合于本单位业务的现成网站。

购买现成网站的优点是节省时间的费用、系统技术水平高。缺点是通用网站专用性较差，跟本单位的实际工作需要可能有一定的差距，有时可能需要做二次开发工作。因此，在选择通用网站时，不可只看开发商的宣传，要经过多方详尽的考查后再作决定。

（5）各种开发方式的比较

以上介绍的 4 种开发方式有各自的长处和短处，需要根据使用单位的实际情况进行选择，也可综合运用各种开发方式，如表 8-4 示。

表 8-4　　4 种开发方式的比较一览表

方式特点比较	独立开发	委托开发	合作开发	购买现成网站
分析和设计能力要求	较高	一般	逐渐培养	较低
编程能力的要求	较高	不需要	需要	较低
系统维护的难易程度	容易	较困难	较容易	较困难
开发费用	少	多	较少	较少
说明	开发时间较长，系统适合本单位，培养了自己的开发人员	省事，开发费用高	开发出的系统便于维护	最省事，但不一定完全适合本单位

8.2 企业域名及域名注册

8.2.1 域名概念

1. 什么是域名

Internet 域名就相当于我们现实生活中的门牌号码一样，可以在纷繁芜杂的网络世界里准确无误地把我们指引到我们要访问的站点。Internet 域名是 Internet 网络上的一个服务器或一个网络系统的名字，在全世界没有重复的域名。

（1）从技术上讲，域名只是一个 Internet 中用于解决地址对应问题的一种方法。可以说只是一个技术名词。但是，由于 Internet 已经成为了全世界人的 Internet，域名也自然地成为了一个社会科学名词。

（2）从社会科学的角度看，域名已成为了 Internet 文化的组成部分。

（3）从商界看，域名已被誉为"企业的网上商标"。没有一家企业不重视自己产品的标识--商标，而域名的重要性和其价值，也已经被全世界的企业所认识。1998年3月一个月内，世界上注册了179 331个通用顶级域名（据精品网络有关资料），平均每天注册5 977个域名，每分钟注册25个。这个记录正在以每月7%的速度增长。中国国内域名注册的数量，从1996年年底之前累计的300多个，至1998年11月猛增到16 644个，每月增长速度为10%，到2008年底顶级域名注册数达到了1.77亿个。

2. 为什么要注册域名

Internet 这个信息时代的宠儿，已经走出了襁褓，为越来越多的人所认识，电子商务、网上销售、网络广告已成为商界关注的热点。"上网"已成为不少人的口头禅。但是，要想在网上建立服务器发布信息，则必须首先注册自己的域名，只有有了自己的域名才能让别人访问到自己，也就是只有自己买了房子，才会有客人来你家作客。所以，域名注册是在互联网上建立任何服务的基础。同时，由于域名的唯一性，尽早注册又是十分必要的。

3. 域名的重要性

由于域名和商标都在各自的范畴内具有唯一性，并且，随着 Internet 的发展，从企业树立形象的角度看，域名又从某种意义上讲，和商标有着潜移默化的联系。所以，它与商标有一定的共同特点。许多企业在选择域名时，往往希望用和自己企业商标一致的域名。但是，域名和商标相比又具有更强的唯一性。举个例子，同样持有 Panda 注册商标的某电子集团公司和某日化厂之间出现过域名注册中的冲突，按照《中国互联网络域名注册暂行管理办法》规定，两家公司都有权以 panda 为域名注册，但是 panda.xxx.cn 只有一个，那么，在域名申请都符合《中国互联网络域名注册暂行管理办法》规定的情况下，精品网络按照"先来先注册"的原则处理申请。某日化厂先申请了 panda.xxx.cn，而某电子集团公司在某日化厂已注册成功，并且网站已经开通后，才提交 panda.xxx.cn 域名的申请，其结果是某电子集团公司已经无法以 panda.xxx.cn 作为自己的域名了。

从上面这个例子不难看出，某电子集团公司虽然仍旧可以卖 panda 牌电器，但永远也无法让用户看到属于该公司的 www.panda.xxx.cn 网站，这无疑是一个遗憾。

8.2.2 域名结构

域名由两个或两个以上的词构成，中间由点号分隔开，其结构如图8-2所示。

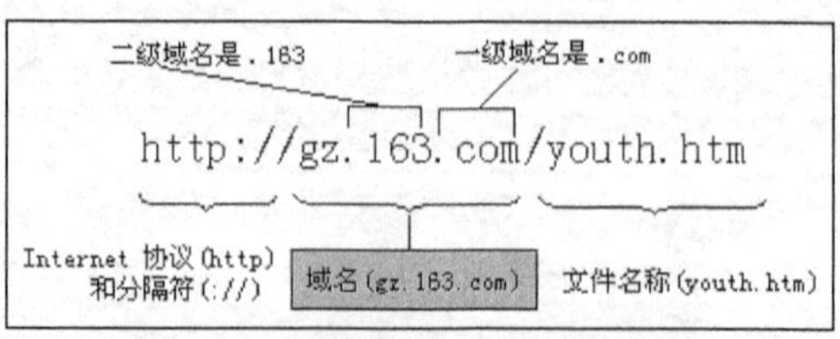

图8-2 URL的中间部分是域名

域名是在URL网络地址的中间部分，一个域名是用来指向一台机器或者由一个特定的Internet服务器所管理的一组机器。域名中需要注意的是最后一个句点和之后的一组字母，如.com 或.net等，称为一级域名，在此之前的一组字母称为二级域名。以图 8-2 为例，说明如下。

（1）一级域名是.com。

（2）二级域名是.163。

（3）域名是 gz.163.com。

图 8-3 中 www.baidu.com 也是一个域名，它是百度搜索引擎的域名，只要在 Internet 上的 URL 网络地址输入百度的域名，出现如图 8-3 所示的窗口格式，就可以搜索自己需要的资料了。

图 8-3　百度的域名

1. 一级域名

一级域名也称为“国际顶级域名”，它的最后一个后缀是一些诸如.com、.net、.gov、.edu 的“国际通用域”，这些不同的后缀分别代表了不同的机构性质。例如，.com 表示的是商业机构，.net 表示的是网络服务机构，.gov 表示的是政府机构，.edu 表示的是教育机构。表 8-5 所示为一级域名的含义及注册数目统计一览表。

表 8-5　一级域名的含义及统计一览表

一级域名	含义	注册数目	比例
.com	商业机构	23 074 472	87%
.edu	大专院校（仅指四年制的学院和大学）	60 083	<1%
.org	非营利的组织机构	1 615 254	6%
.net	Internet 机构	1 784 073	7%
.gov	政府机构（非军事）	94 250	<1%
其他	例如，mil、int 等	34 436	<1%

2. 二级域名

一级域名的下一级，就是通常所说的二级域名。域名注册人在以.com 结尾的一级域名中，提供一个二级域名。例如，图 8-2 中的二级域名为.163，图 8-3 中的二级域名为.baidu。

3. 国内域名

国内域名的后缀通常要包括“国际通用域”和“国家或地区域”两部分，而且要以“国家或地区域”作为最后一个后缀。以 ISO31660 为规范，各个国家或地区都有自己固定的国家或地区域，如 cn 代表中国、us 代表美国、uk 代表英国等。表 8-6 所示为国家或地区域名一览表。

表 8-6　　国家或地区域名一览表

域名	国家或地区	域名	国家或地区
AR	阿根廷	IT	意大利
AU	澳大利亚	JP	日本
AT	奥地利	KR	韩国
BE	比利时	MO	中国澳门
BR	巴西	MY	马来西亚
CA	加拿大	MX	墨西哥
CL	智利	NL	荷兰
CN	中国	NZ	新西兰
CU	古巴	NO	挪威
DK	丹麦	PT	葡萄牙
EG	埃及	RU	俄罗斯
FI	波兰	SG	新加坡
FR	法国	EA	南非
DE	德国	ES	西班牙
GL	希腊	ES	瑞典
HK	中国香港	CH	瑞士
ID	印度尼西亚	TW	中国台湾
IE	爱尔兰	TH	泰国
IL	以色列	UK	英国
IN	印度	US	美国

4. 域名命名规则

域名命名的规则如下。

（1）域名中只能包含以下字符。

① 26 个英文字母。

② 0～9 共 10 个数字。

③ “-”（英文中的连词号）。

（2）在域名中，不区分英文字母的大小写。

5. 域名中字符的组合规则

对于一个域名的长度是有一定限制的，CN 下域名命名的规则如下。

（1）遵照域名命名的全部共同规则。

（2）只能注册三级域名，三级域名用字母（A～0Z，a～z，大小写等价）、数字（0～9）和连接符（-）组成，各级域名之间用实点（.）连接，三级域名长度不得超过 20 个字符。

（3）不得使用或限制使用以下名称。

① 注册含有“CHINA”、“CHINESE”、“CN”、“NATIONAL”等名称，必须经国家有关部门（指部级以上单位）正式批准。

② 公众知晓的其他国家或者地区名称、外国地名、国际组织名称不得使用。

③ 含有县级以上（含县级）行政区划名称的全称或者缩写，必须经相关县级以上（含县级）人民政府正式批准。

④ 行业名称或者商品的通用名称不得使用。

⑤ 他人已在中国注册过的企业名称或者商标名称不得使用。

⑥ 对国家、社会或者公共利益有损害的名称不得使用。

⑦ 经国家有关部门（指部级以上单位）正式批准和相关县级以上（含县级）人民政府正式批准是指，相关机构要出据书面文件表示同意××××单位注册×××域名。例如，要申请 beijing.com.cn 域名，则要提供北京市人民政府的批文。

6. 注册一个什么样的域名好

既然域名被视为企业的网上商标，那么，注册一个好的域名就是至关重要的了。一个好的域名往往与单位的以下信息一致。

（1）单位名称的中英文缩写。

（2）企业的产品注册商标。

（3）与企业广告语一致的中英文内容，但注意不能超过 20 个字符。

（4）比较有趣的名字，如 hello，howareyou，yes，168，163 等。

7. 域名注册完成后，要注意些什么

域名注册完成后，就可以使用该域名建立网上的宣传站点，但要注意，每年需要为域名付年费，付款方式与注册时的付款方式一致。另外，域名一经注册不能买卖。需要修改域名注册信息时（域名本身不得修改），要提交盖有单位公章（个人符身份证复印件）的域名申请表给时代网络，域名登记申请表上要注明修改项。

8. 如何利用域名?

域名注册完后，利用域名建立自己的 Internet 服务系统，往往也是用户所关心的，那么，如何设计企业在网上的形象呢?

（1）建立一个属于企业的电子邮件系统，让本企业的每位员工都能够用自己公司的域名地址收发邮件。

（2）建立一个本企业的主页。

（3）在企业的广告上打上主页地址。

8.2.3 我国域名体系结构

1. 机构性域名

在许多国家的二级域名注册中，也遵守机构性域名和地理性域名注册办法。中国互联网络的二级域名也分为机构性域名和地理性域名两大类。机构性域名表示各单位的机构，共 6 个，如表 8-7 所示。

表 8-7　我国的机构性域名一览表

二级域名	表示机构
AC	科研院及科技管理部门
GOV	国家政府部门

续表

二级域名	表示机构
ORG	各社会团体及民间非营利性组织
NET	互联网络、接入网络的信息和运行中心
COM	工、商、金融等企业
EDU	教育单位

2. 地理性域名

我国的地理性域名使用 4 个直辖市和各省、自治区的名称缩写表示，共 34 个，如表 8-8 所示。

表 8-8　　我国的地理性域名一览表

二级域名	地理区域	二级域名	地理区域
BJ	北京市	SH	上海市
TJ	天津市	CQ	重庆市
HE	河北市	SX	山西市
NM	内蒙古自治区	LN	辽宁市
JL	吉林省	HL	黑龙江
JS	江苏省	ZJ	浙江省
AH	安徽省	FJ	福建省
JX	江西省	SD	山东省
HA	河南省	HB	湖南省
HN	湖南省	GD	广东省
GX	广西壮族自治区	HI	海南省
SC	四川省	GZ	贵州省
YN	云南省	XZ	西藏自治区
SN	陕西省	GS	甘肃省
QN	青海省	NS	宁夏回族自治区
XJ	新疆维吾尔自治区	TW	台湾
HK	香港	MO	澳门

3. 企业选择及注册域名的策略

（1）企业域名的选择与企业相关信息一致

我们知道域名可以被视为企业的网上商标，那么，注册一个好的域名就至关重要了。一个好的域名选择要简练、易记、标识性强。选择一个切题易记的域名是网站成功的重要因素，域名就是网络商标，是用户访问网站的通道。一个简短易记、反映站点性质的响亮域名往往会给用户留下深刻的印象。例如，中国注册的域名为 www.china.com，中央电视台的域名为 www.cctv.com.cn。

（2）企业域名的选择采用数字化域名

数字化的域名相对中国绝大多数人来说好记忆，有蕴含，简单明了，不容易搞错，所以，网易网络公司一下子就在 Internet 上注册了 163、263、126、127、188、990 等多个域名，这些域名很快被广大的网民所接受，并深入人心。

（3）企业域名的选择与企业的性质一致

企业域名可分为国内域名和国际域名，企业域名的选择往往与企业的以下性质有关。

① 开展业务的地域范围。

② 主要目标市场的地域。

③ 企业未来的发展和目标。

如果企业开展业务的地域范围、主要用户群、目标市场都在国内，并且在未来 10 年内设有拓展国际市场计划，可以只申请国内域名，不要片面地追求档次，造成经济资源的浪费。如果企业在上述几个方面都同国外有关，就应该同时注册国际域名和国内域名，这样可以保证国内、国外的用户都可以方便地在网上获得企业的信息。

（4）企业域名的注册要注意域名抢注与域名冲突的问题

由于域名和商标都在各自的范畴内具有唯一性，并且随着 Internet 的发展，从企业树立形象的角度来看，域名和商标有着潜移默化的联系，所以，它与商标有一定的共同特点。许多企业在选择域名时，往往希望用自己企业商标一致的域名。但是，域名和商标相比又具有更强的唯一性。因此，在注册域名时应宜早不宜迟，若域名抢注现象已经发生，可通过以下途径解决。

① 换个名字，或是在申请的域名上加一个下画线、一个幸运数字，也可以加一些字母，或者选择其他可用的域名。

② 通过法律手段解决。根据《中国互联网络域名注册暂行管理办法（国务院信息化工作领导小组办公室）》的规定，禁止转让或买卖域名，能够在一定程度上防止域名被恶意抢注的情况发生。当域名出现法律纠纷后，拥有商标名的公司有较大的机会赢得将商标名用做域名。但是，最好的办法还是及早抢注，以免域名被抢注。

（5）企业、公司、组织的性质或信息内容的性质

对于商业企业来说，.com 域名无疑是最好的选择。对于一个网络资源企业来说，.net 域名无疑是最好的选择。不管 Netscape 还是 IE，如果只输入一个词 myname，其将默认为 myname.com。

8.2.4　企业域名注册

企业选择好自己的域名后，就可以上网进行注册了，国内域名注册的权威机构是 CNNIC，即中国互联网络信息中心，国际域名注册的权威机构是美国的 NSI（Network Solutions）公司。下面介绍国内域名的注册方法。图 8-4 所示为中国互联网络信息中心主页，网址为 http://www.cnnic.cn/。

1. CN 域名注册服务体系

根据《中国互联网络域名管理办法》的规定，CNNIC 在 2002 年 12 月 16 日全面变革域名管理服务模式：CNNIC 作为 CN 域名注册管理机构，不再直接面对最终用户提供 CN 域名注册相关服务，域名注册服务将转由 CNNIC 认证的域名注册服务机构提供。

注册商管理体系结构如图 8-5 所示。

由图 8-5 可知：

（1）中国互联网络信息中心（CNNIC）是 CN 域名注册管理机构，负责运行和管理相应的 CN 域名系统，维护中央数据库。其主要的职责包括：

① 运行、维护和管理 CN 域名服务器和相关资料，保证 CN 域名系统有效运行；

图 8-4　中国互联网络信息中心主页

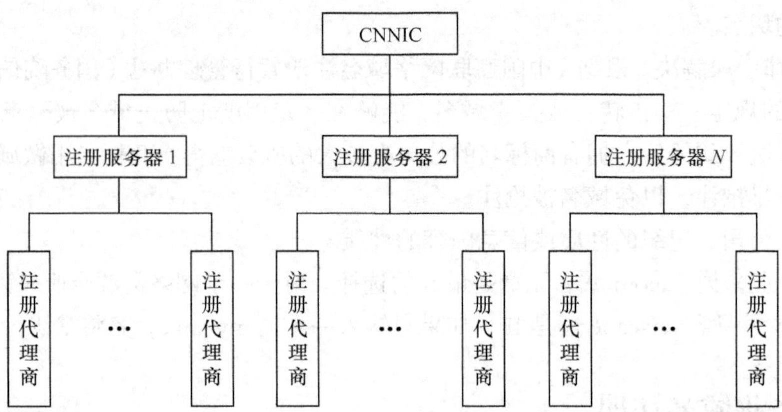

图 8-5　注册商管理体系结构图

② 授权 CN 域名注册服务机构提供 CN 域名注册服务。

（2）注册服务机构应当按照公平原则和先申请先注册原则受理 CN 域名的注册申请，并根据国家有关法律、法规及本办法完成 CN 域名的注册。

（3）注册代理机构应当负责在注册服务机构授权范围内接受域名注册申请。

2. 企业域名的几种形式

如果要登记的是企业网站，则可以登记为以下几种形式。

（1）企业全称（地域 + 单位名称 + 行业）：例如，“新光网络软件（杭州）有限公司”。

（2）企业简称（单位名称 + 行业）：例如，“新光网络软件”、“北京国风因特软件”。

（3）企业产品（品牌 + 产品类别）： 例如，“永久自行车”、“红双喜牌电饭锅”。

（4）企业电话（区号 + 电话号码）：例如，“01065812445”、“057188678907”。

3. 域名注册流程

域名注册流程如图 8-6 所示。

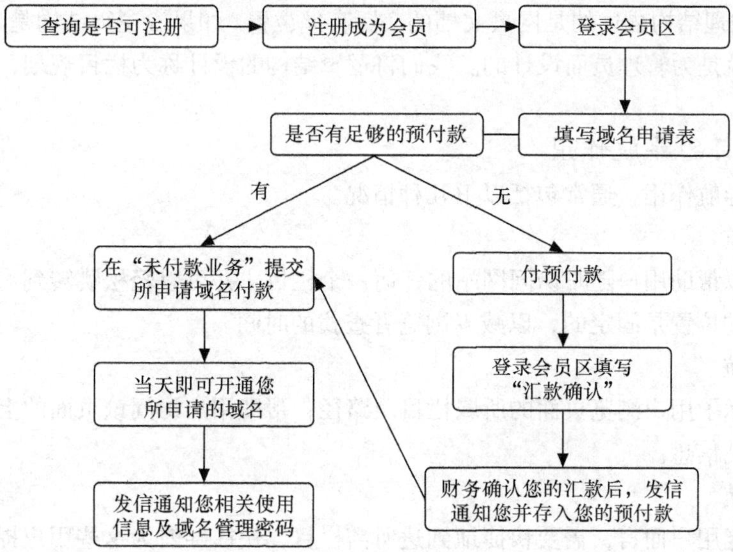

图 8-6 域名注册流程

从图 8-6 中可知，首先需要注册成为会员，然后再登录会员区，填写域名申请表，查看是否有足够的预付款，如果有，则可以在“未付款业务”提交所申请域名付款，当天即可开通所申请的域名。如果没有足够的预付款，则请交付预付款，登录会员区填写“汇款确认”，财务确认汇款后，发信通知您并存入您的预付款，然后再进入提交申请域名付款，当天即可开通。

4. 注册网站

国内域名注册有两种办法，一是企业自己向中国互联网络信息中心授权的注册服务机构去申请；二是由 ISP 帮助企业去注册域名。第 1 种方法费用低，而且便于企业控制注册过程，但在注册过程中要回答一些技术问题。第 2 种方法费用高，但企业很省事。

在 Internet 上有许多 ISP 供应商，并可提供许多资料，用户可以根据 ISP 提供的向导直接进行域名注册的操作。

目前提供企业域名注册的网站如下。

（1）中国万网，其网址为 http://www.net.cn/。

（2）新网中国著名域名注册，其网址为 http://www.xinnet.com/。

（3）网站建设智网，其网址为 http://www.witweb.com.cn/。

（4）华夏名网，其网址为 http://www.sudu.cn/。

（5）新网互联网，其网址为 http://www.dns.com.cn/。

（6）千龙企业网，其网址为 http://www.netyn.cn/。

8.3 网站栏目规划

8.3.1 网站栏目规划概述

1. 栏目规划概念

网站结构大体可分为两种结构类型，即逻辑结构和物理结构。逻辑结构描述的是网页文档间的链接关系，而物理结构描述的是网页文档的实际存储位置。如果说逻辑结构是为用户而设计的，那么，物理结构就是为管理员而设计的。我们将逻辑结构的设计称为栏目规划，将物理结构的设计称为目录规划。

2. 网站栏目的导航作用

网站栏目的导航作用，通常包括以下几种情况。

（1）全局导航

全局导航可以帮助用户随时访问网站的任何一个栏目，并可以轻松跳转到另一个栏目。通常来说，全局导航的位置是固定的，以减少浏览者查找的时间。

（2）路径导航

路径导航显示了用户浏览页面的所属栏目及路径，帮助用户访问该页面的上下级栏目，从而更完整地了解网站信息。

（3）快捷导航

对于网站的老用户而言，需要快捷地到达所需栏目，快捷导航为这些用户提供直观的栏目链接，减少用户的点击次数和时间，提升浏览效率。

（4）相关导航

为了增加用户的停留时间，网站策划者需要充分考虑浏览者的需求，为页面设置相关导航，让浏览者可以方便地访问所关注的相关页面，从而增进对企业的了解，提升合作机率。

总之，成功的栏目规划，还是基于对用户需求的理解。对于用户和需求理解得越准确、越深入，网站的栏目也就越具吸引力，能够留住越多的潜在客户。

3. 网站栏目规划原则

由于不同网站其定位和职能差异很大，因此需要根据网站的具体功能进行栏目设置，具体问题具体分析，通常情况下需要遵循一些通行的准则，同时也要力求突出本部门、行业、企业的特点。例如，行政主管部门栏目设置要全面，整体上可以采用自上而下的信息组织方式，要有同分支机构和下属单位站点的完整链接。而专业部门则应突出行业特色，设置一些本行业相关的栏目。具体的原则有以下几个。

（1）栏目的目录设计力求简洁、结构层次清晰，有利于网站的管理和运行的优化。

（2）重点突出。要仔细考虑内容的轻重缓急，合理安排，突出重点。

（3）方便访问者。一般情况下一个访问者能够在3～5次点击后就可以查询到自己所关注的信息。

（4）主要内容栏目要分得细致。将主题按一定的方法分类并将它们作为网站的主要栏目。主题栏目个数在总栏目中占绝对优势，这样的网站专业主题突出，容易给人留下深刻印象，并且过目不忘。当然，组织的核心竞争力内容是作为主要栏目出现的。

（5）“开门见山”地列出主要内容。网页的阅读方式与图书不同，网页的内容一般分为几个层次，上下呈线性分布结构，所以处于线性末端的内容需要用鼠标点击几次才会找得到，如果它与另一条线型末端的内容之间没有链接的话，浏览者只有沿原路退回去才能浏览到它，也就是通常所说的“藏得太深”。由于这个原因，网站的主要内容一定要放在首页或一、二级栏目中，如果因版式问题不得不放在较深的位置上，一定设法将它在首页安排超级连接，同时在其他网页放置多个超级链接。

（6）首页设置超级链接和搜索引擎。网站的栏目分层设置，可以使网站的内容安排得有条理，结构关系清楚，但也会把重要内容放得太深；用超级链接可以打破单一的线型结构，可以方便地从一个栏目切换到另一个栏目，使网站内容呈网型结构，但是这样也会带来另一个问题：由于网站结构太复杂，浏览者极易“迷失方向”。

解决问题的办法是在保持网站栏目结构的前提下，把最重要的内容连接到首页。如果网站的主页内容庞大，层次较多，最好设置搜索引擎，并且设置“本站指南”栏目，可以帮助访问者快速找到他们想要的内容。

（7）设定双向交流的栏目。所谓交流栏目，是指论坛、留言本、邮件列表等，可以让浏览者有机会发表他们的意见，参与网站的活动。提供双向交流栏目比简单的留一个 E-mail 的站点更具有亲和力，显得更为正规、可信。对于网站来说，客户留下他们的信息，能够及时反映市场动向，帮助网站改进经营和服务，这是一笔不可多得的财富。

（8）设置信息下载和咨询服务栏目。一个企业网站点必定有大量的商品或服务的信息资料，有些客户不愿一页一页地浏览存盘而是希望能一次性下载，以便详细研究。如果设置一个资料下载栏目，会极大方便客户使用信息的需求，得到客户的好评，同时也为扩大自己的市场份额创造了条件。

8.3.2　逻辑组织模型

1. 线型逻辑组织模型

线型逻辑组织模型如图 8-7 所示。

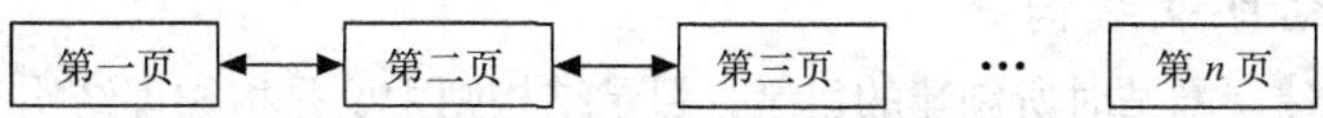

图 8-7　线型逻辑组织模型

线型逻辑组织模型的特点是直观、简单，它又是人们最为熟悉的一种组织形式，因为传统的信息媒介大都采用这种形式，如教材书就是按线型顺序一页一页地合在一起的；帮助向导，就是按用户的要求一步一步地深入下去，直到完成所需的任务为止。

这种模型形式的好处在于透明度大，因为设计者确切知道用户下一步要去什么地方访问，去哪个网页访问。在网页上，线型形式通常用在产品展示、用户注册、购物向导、建立订单等方面。例如，用户注册，一般都需要经过阅读注册说明、接受条款、填写个人信息、检查填写情况、注册成功等几个步骤。又例如，购物向导，一般都需要经过查看商品样品、商品价格、放入购物车、电子交易等几个步骤。

2. 层次型逻辑组织模型

层次型逻辑组织模型如图 8-8 所示。

层次型逻辑组织模型也称为树型组织模型，在 Web 站点上，应用最多的还是层次型的组织结构，几乎所有的站点在整体栏目规划的时候都采用层次型结构，该结构与 DOS 中的目录树结构相似，其传输介质可有多条分支，但不形成闭合回路。

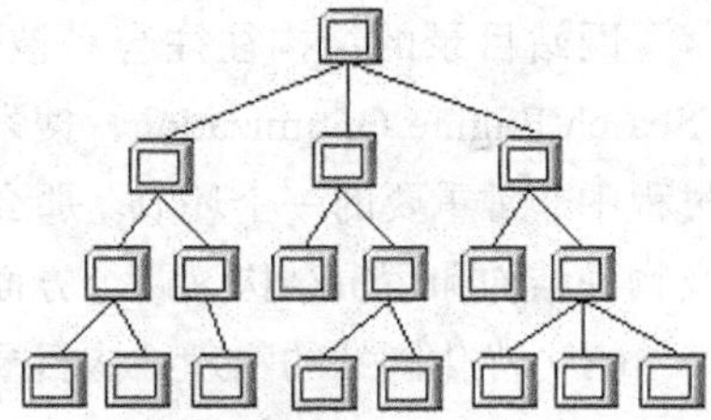

图 8-8　层次型逻辑组织模型

在层次型逻辑组织模型中，用户要通过树从上到下逐级地进行访问，才可能最终访问到底层的网页。该结构的最大好处在于使得站点内容划分得十分清晰，用户在访问某一个网页时，很容易就知道自己处于站点的哪个栏目的哪个子页面中。但是这种组织结构会将很多信息隐藏起来，使得用户不仅不容易发现这些信息，而且在访问较低层的页面时变得有些困难。

3. 网络型逻辑组织模型

网络型逻辑组织模型是指多个网页之间都有相互链接的一种结构，如图 8-9 所示。

从图 8-9 中可知，在任何一个网页中都可以一次性地到达另外一个网页，所有的网页上都保留其他网页的链接。这种模型结构的最大好处在于方便、快捷。但是这种组织结构会带来一个庞大链接的问题。某个页面的改动将会有可能同时需要对所有的页面进行修改，所以，网络型逻辑组织模型在网站规划中比较少见，一般只是应用在主要的几个网页中，最典型的就是网页中各栏目的首页。

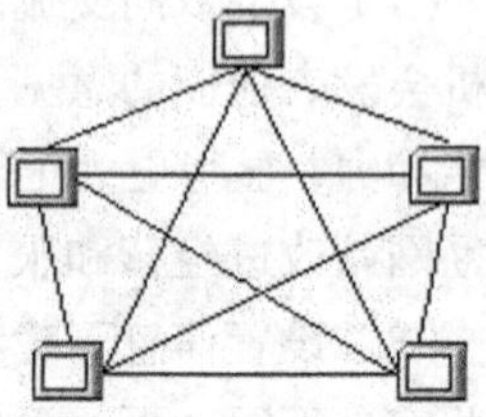

图 8-9　网络型逻辑组织模型

4. 混合型逻辑组织模型

混合型逻辑组织模型指的是，将以上几种模型混合在一起构成了一个新的网站模型，这样的模型可以吸取各单个模型的所有长处，避免其短处。实际上，几乎所有大的网站都采用混合型结构来进行组织的。

8.3.3　网站物理结构规划

1. 什么是网站目录结构

网站的目录是指建立网站时所创建的目录，目录结构则主要是指物理结构和逻辑结构这两种。

（1）物理结构：主要指的是网站目录及所包含文件所存储的真实位置所表现出来的结构。对于小型网站来说，所有网页都存在网站根目录下的扁平式结构，这种单一的目录的扁平结构对搜索引擎而言是最为理想的，因为只要一次访问即可遍历。但是如果太多文件都放在根目录下的话，维护起来就显得相当麻烦；而对规模大一些的网站，往往需要二三层甚至更多层级子目录才能保证文件内容页的正常存储，这种多层级目录也叫做树型结构，即根目录下再细分成多个频道或目录，然后在每一个目录下面再存储属于这个目录的终极内容网页，这样的好处是维护容易，但是搜索引擎的抓取将会显得困难些。

（2）逻辑结构。主要是指由网页内部链接所形成的逻辑结构或者叫链接的结构。这在现在的一部分 CMS（Content Management System，“内容管理系统”）建站系统中已经可以实现文件虽然存在不同的物理结构目录之中，但是访问的链接的目录层级只需要一层即可转向访问。

2. 如何优化网站目录结构

网站目录的结构往往容易被普通网站所忽略，其实网站目录结构的好坏，对站点的 SEO（Search Engine Optimization，搜索引擎优化）有着重要的影响。网站内部结构优化也是整个优化过程中非常重要的一个环节。那么，作为 SEO，怎么去优化网站的结构呢？优化网站结构主要涉及物理结构和逻辑结构这两个方面。

（1）优化网站的物理结构目录

一般说来，不提倡将所有文件都存放在根目录下，而鼓励按栏目内容建立子目录，并且尽量使用意义明确的目录名称，如 image，css，js，post，bbs 等名称，需要注意是，不要使用中文名称，尤其是针对英文的 SEO 优化更不应该使用中文目录，目录名称也不宜太过冗长，URL 应该越短越好。例如，没有必要将 seo 这个目录改成 sousuoyinqingyouhua，因为搜索引擎看得懂 seo 这个词。目录和文件命名可以适当使用关键词，如果是关键词组，需要用分隔符分开的话，也可以用连字符“-”进行分隔。

（2）网站的目录层级数不要太多

网站的目录层级一般建议不要超过 3 层，这是在 SEO 的过程对网站的物理结构目录最大的一个优化。除了优化 SEO 外，还有很多其他的好处，如较少层级的目录容易传播、用户体验、交换链接等。

（3）使用链接功能

不管内容页所处的目录层级有多深，只要该页有一个或者大量来自其他网站的外部链接，它同样会被搜索引擎收录；如果在首页上增加一个该页的链接，就相当于二次点击即可访问到该页，因此链接是被搜索引擎收录的关键。

对一个站点中包含的子目录，只要链向该层子目录的链接提供有搜索引擎能够跟进的导航配置和 URL 结构，那么所有的搜索引擎都会对子目录提供遍历。做好导航结构，将会有效控制多层目录结构对 SEO 造成的不利影响。

（4）优化网站的逻辑结构目录

对网站的逻辑结构的优化也应同样重视。一般来讲，首页的 PR 值（PR 值全称为 PageRank，是 Google 搜索排名算法中的一个组成部分）最高，二级目录次之，最终内容页面再次之，因此为使这些页面更有效地展示出来，就要尽量减少 PR 流失，所以目录结构不要太深，三级已经足够，并且所有的链接应该能够做到相互回环，目录的逻辑结构也尽量做到符合“面包屑导航”效用。使得搜索引擎只要抓取了一个页面，就可以顺着这个页面抓取更多乃至整个站点的所有页面。

另外要注意，如果网站调整，网页目录结构改变，网页被移到一个新地址等改变网页目录结构的时候，都应该充分考虑到 SEO，尽可能采用 301 重定向（301 重定向即状态码中的一种，表示本网页永久性转移到另一个地址）到新的页面，以免网站出现死链、断链、错链等问题。

3. 网站目录结构规划应注意事项

网站目录结构规划时应注意以下几个方面。

（1）合理安排文件的目录

合理安排文件的目录，不要将所有的文件都放在根目录下，这样做将会造成下面两种情况。

① 文件管理混乱，常常会因此而搞不清哪些文件需要编辑和更新，哪些无用的文件可以删除，哪些是相关联的文件，影响工作效率。

② 上传速度慢，服务器一般都会为根目录建立一个文件索引，当将所有文件都放在根目录下，那么即使只上传更新一个文件，服务器也需要将所有文件再检索一遍，建立新的索引文件。很明显，文件量越大，等待的时间也将越长。所以，应尽可能减少根目录下的文件数。

合理地安排文件目录是减少以上影响的最好方法。

（2）按栏目内容建立子目录

子目录的建立，首先按主菜单栏目建立。例如，企业站点可以按公司简介，产品介绍，价格，在线订单，反馈联系等建立相应目录。计算机教育类站点可以根据技术类别分别建立相应的目录，如 Flash、html、JavaScript、VBScript 等。对一些相关性，不需要经常更新的栏目可以合并在一起并放在一个统一的目录下。为了便于维护管理，所有需要下载的内容，最好也放在一个目录下，这样可以方便浏览者。

例如，fun 表示享受上网乐趣的目录，chat 是网络聊天指南；oicq_intro 是指 oicq 的介绍，因为我们还有 oicq 技巧和 oicq 聊天室等 oicq 相关栏目，如图 8-10 所示。

对于那些次要的栏目，类似 what's new，友情链接内容较多，需要经常更新的可以建立独立的子目录。而一些相关性强，不需要经常更新的栏目，如关于本站，关于站长，站点经历等可以合并放在一个统一目录下。所有应用程序一般都存放在特定目录中，所有需要下载的内容也最好放在一个目录下，这样便于维护和管理。

（3）在每个一级目录或二级目录下都建立独立的 Images 目录

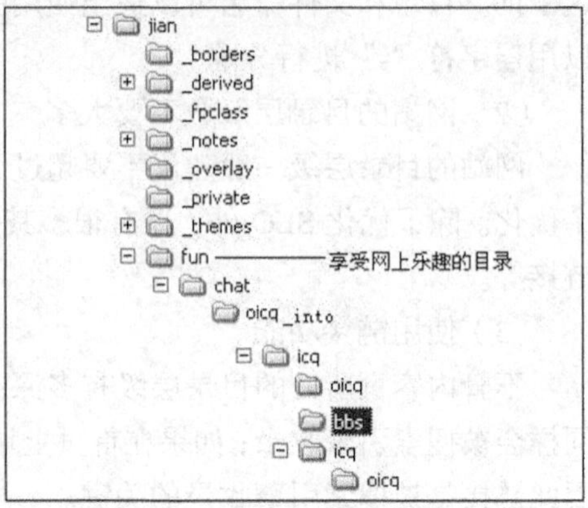

图 8-10　按栏目内容建立目录

每一个站点都有一个 Images 目录，如果将所有图片都存放在这个目录里，对于网站管理很不方便，尤其是需要将某个主栏目打包供网民下载，或者将某个栏目删除时，图片的管理相当麻烦。在大型网站中，图片数以万计，为一级二级栏目建立一个独立的 Images 目录是最为方便管理的，而根目录下的 Images 目录只用来存放首页和一些临时性栏目的图片。

8.3.4　网站逻辑结构规划

网站的逻辑结构也称网站的链接结构，主要是指页面之间相互连接的拓扑结构。它建立在物理结构基础之上，但可以跨越目录。例如，每一个页面都是一个固定点，链接则是在两个固定点之间的连线，一个点可以和一个点连接，也可以和多个点连接，更重要的是，这些点并不是分布在同一个平面上，而是存在于一个立体的空间中。我们研究网站链接结构的目的在于，用最少的链接，使得浏览最有效率。建立网站链接结构的基本方式有以下两种。

（1）树状链接结构

树状链接结构类似于 DOS 的目录结构，首页链接指向一级页面，一级页面链接指向二级页面。这样的链接结构浏览时，逐级进入，逐级退出。优点是条理清晰，访问者明确知道自己在什么位置，不会“迷”路。缺点是浏览效率低，从一个栏目下的子页面到另一个栏目下的子页面，必须返回首页后再进入。内容较少的站点可以采用这种链接结构。

（2）星状链接结构

星状链接结构类似于网络服务器的链接，每个页面相互之间都建立有链接。这种链接结构的优点是浏览方便，随时可以到达自己喜欢的页面。这种链接结构有以下几个缺点：一是必须专门在网页上留出一块地方安置链接枢纽，占用宝贵的网页面积；二是链接太多，容易使浏览者迷失方向，搞不清自己在什么位置，看了多少内容；三是这种链接要求每次翻页都会将页面全屏刷新，在显示速度上会稍微慢一点。

以上两种基本链接结构都只是理想方式，它们很少有单一存在，在实际的网站设计中，总是将这两种结构混合起来使用。我们希望浏览者既可以方便快速地到达自己需要的页面，又清晰地知道自己的位置。所以，最好的办法是：首页和一级、二级页面之间用星状链接结构，二级和三级、四级页面之后用树状链接结构。图 8-11 所示为一个网站的目录链接结构。

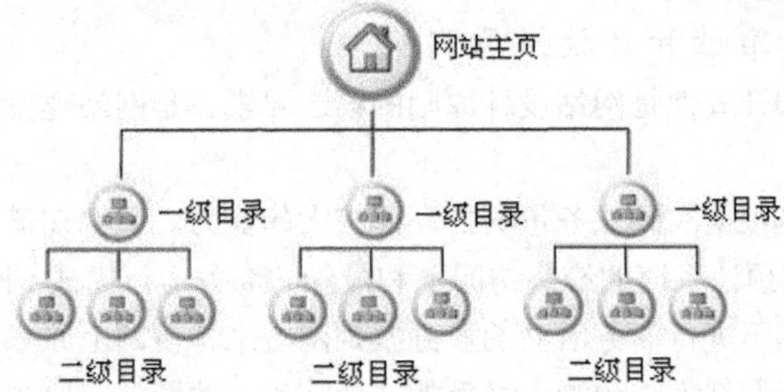

图 8-11　目录链接结构

从图 8-11 中可知，首页与一级目录、二级目录之间是星状链接，可以互相点击，直接到达。而二级子目录页和它的子页面之间、第 2 个二级子目录与它的子页面之间、第 3 个二级子目录与它的子页面之间是树状连接。

随着电子商务的推广，网站的竞争越来越激烈，对链接结构设计的要求已经不仅仅局限于可以方便快速地浏览，更加注重个性化和相关性。例如，一个爱婴主题网站里，在 8 个月婴儿的营养问题页面上，需要加入 8 个月婴儿的健康问题链接，智力培养链接，或者是有关奶粉宣传的链接，一本图书、一个玩具的链接。因为父母不可能到每个栏目下去寻找关于 8 个月婴儿的信息，他们可能在找到需要的问题后就离开网站了。如何尽可能留住访问者，是网站设计者必须考虑的问题。

8.4　网站总体设计

8.4.1　网站总体设计原则

为了实现网站商务功能最大化的目标，给受众群体提供方便、实用的信息服务，在设计该平台时，必须遵守以下几个原则。

1．先进性、可靠性和安全性原则

先进性、可靠性和安全性是网站设计原则的第一要素，是网站建设是否成功的首要因素。只有满足第一要素的前提下才有可能往其他方向发展。

（1）先进性指的是以最先进的观点和设计思路，为用户设计出先进性的网站系统。设计方案将立足先进技术，使项目具备国内乃至国际领先的水平。服务器和网络方面以优化通信流量，提高系统的管理性和安全性为重点。

先进性又体现在网站信息内容上的新、精、专，要有特色，如公司营销特色、产品特色、售后服务特色等，必须站在消费者的观点上考虑问题。

（2）可靠性指的是该平台正常运作后，由于面对的是广泛的全球 Internet 用户，因此系统应能够提供 365 天，全天候的 24 小时不间断运作能力，为用户提供高度可靠的稳定运行保障。

（3）安全性指的是网站在 Internet 上执行任何程序或提供的任何服务都是安全的，有保障的。我们知道 Internet 是一个标准开放的、交互式的网络，在网上进行各种商务活动，随时可能将面对黑客的攻击，病毒的侵袭等，因此，确保网上信息流通的系统安全十分重要。安全不仅仅是一个技术的问题，还涉及系统的管理、法律法规的保障等。因此，必须做到保障系统数据和信息安全，为业务及商务提供安全环境。

2. 可扩展性、标准性和开放性原则

可扩展性、标准性和开放性是网站设计原则的第二要素，是网站建设开发工作好坏和规范化的关键。

（1）可扩展性指的是根据实际业务量的扩大而扩大的能力。我们知道 Internet 具有巨大的商务潜能，没有人可以确切预计系统的最终访问量和最佳的商务运行模式。例如，2003 年的“非典”事件，使得许多本来在网下进行商务活动的业务搬到网上来，使网上原来的业务量猛增到几倍甚至几十倍之多，这种情况谁都无法预测。又例如，浙江省人才网站，原先设计的访问量一天在十万人次，但最近在一次的人才招聘会上，一天访问量的人数竟超过了二十万。因此，系统设计的原则之一是可扩展性。随着企业网上平台业务量的扩展和平台访问量的增长，系统应该能够具有很强的扩展能力，以适应新业务的发展。

（2）标准性和开放性指的是所有应用程序及接口具有统一的标准，使程序和系统具备优异的可移植性。企业网上平台的设计应当严格遵守国际标准，在还没有形成标准的新领域内也积极倡导标准的形成，为促进地区国际贸易打下坚实的基础。

3. 服务性、便捷性和交互性原则

服务性、便捷性和交互性是网站设计原则的第三要素，是网站吸引新用户留住老用户的必要条件。

（1）服务性是指网站为用户提供各种各样的服务，这是时刻体现着以用户为中心的服务思想，以为用户提供最好的服务为网站的设计思路。以人为本，实现个性化服务是当代电子商务网络营销的最基本的要求。

（2）便捷性是指网站中各种各样的功能和服务是最为方便快捷的。网站所提供的各种功能和服务尽可能地适应不同年龄、不同性别、不同知识层次的受众群体的需求。

（3）交互性是指网站中的各种各样的功能完全是以友好的对话的形式出现的，极大的改善企业的办事效率和形象。

4. 美观性、实用性和宣传性原则

美观性、实用性和宣传性是网站设计原则的第四要素，是网站留住新老顾客，吸引受众群体眼球的重要因素。

（1）美观性是指良好的视觉效果，美观大方的色彩搭配，赏心悦目的风格使人感觉进入网站就好像进入自己的幸福港湾、美好的家园一样轻松自如。这与网站强大的功能同等重要，它可以突出企业文化特色和定位。

（2）实用性是指网站所提供的各项信息、服务等内容要做到实用，真正能够使网站为用户带来方便。

（3）宣传性是指网站提供各种宣传企业的功能，使之成为企业自身宣传的重要载体。

8.4.2 网站的 CI 设计

1. 网站的主题和名称设计

网站的主题也就是网站的题材，网站设计开始首先遇到的问题。网站题材千奇百怪，琳琅满目，只要想的到，就可以把它制作出来。这么多题材，如何选择呢？下面介绍主题设计所遵循的原则。

（1）主题要小而精

主要是指定位要小，内容要精。如果要想制作一个包罗万象的站点，把所有你认为精彩的东西都放在上面，那么往往会事与愿违，给人的感觉是没有主题，没有特色，样样有，却样样都很肤浅，因为不可能有那么多的精力去维护它。

网站的最大特点就是新和快，目前最热门的个人主页都是天天更新甚至几小时更新一次。最新的调查结果也显示，网络上的“主题站”比“万全站”更受人们喜爱，就好比专卖店和百货商店，如果我需要买某一方面的东西，肯定会选择专买店，而不是选择百货公司。

（2）题材最好是你自己擅长或者喜爱的内容

主要是指题材能与自己的专长相结合，这样在制作时，才不会觉得无聊或者力不从心。如你擅长编程，可以建立一个编程爱好者网站；对足球感兴趣，则建立一个足球网站，可以报道最新的战况，球星动态等。

（3）题材不要太滥或者目标太高

主要是指适合实际，即要务实。“太滥”是指到处可见，人人都有的题材，如软件下载、免费信息等题材太多太滥。“目标太高”是指在这一题材上已经有非常优秀、知名度很高的站点，你要超过它是很困难的。

（4）名称要正

主要是指所用网站名称合法、合理、合情、不能用反动的、色情的、迷信的，及危害社会安全的名词语句。

（5）名称要易记

主要是指容易记忆的名称，最好用中文名称，不要使用英文或者中英文混合型名称。另外，网站名称的字数应该控制在 6 个字（最好 4 个字）以内，4 个字的也可以用成语。字数少还有一个好处是，适合于其他站点的链接排版。

（6）名称要有特色

主要是指名称平实可以被接受，如果能体现一定的内涵，给浏览者更多的视觉冲击和空间想象力，则为上品。例如，音乐前卫，网页陶吧，e 书时空等。在体现出网站主题的同时，能点出特色之处。

2. 什么是 CI 设计

所谓 CI（Corporate Identity），是借用的广告术语，意思是通过视觉来统一企业的形象，它是企业形象的形成，是提高企业形象的一种经营手段。而所谓的企业形象，是指企业的关系者对企业的整体感觉、印象和认识，优秀的 CI 设计，使企业更加容易树立市场形象、展示企业文化、抢占商业先机。

现实生活中的 CI 设计随处可见，如可口可乐公司，全球统一的标志、色彩和产品包装，给我们的印象极为深刻。更多的例子如 SONY、三菱、麦当劳、肯德基、IBM、Intel、联邦快递等。

3. 设计网站的标志（Logo）

在网站形象设计中，网站的标志及名称都是很重要的，网站的标志就像企业的商标一样，是站点的特色和内涵的集中表现，看见网站的标志就能使访问者联想起网站。

（1）标志可以是中文、英文字母，可以是符号、图案等。例如，新浪网用字母 sina 加眼睛作为标志，网易使用中文作为标志。

（2）网站有代表性的人物、动物、花草，可以用它们作为设计的蓝本，加以卡通化和艺术化。例如，迪斯尼的米老鼠、唐老鸭。搜狐的卡通狐狸，鲨威体坛的篮球鲨鱼等。

（3）网站有专业性的，可以以本专业有代表的物品作为标志。例如，国际职业足球俱乐部的足球标志，奔驰汽车的方向盘标志。

（4）最常用和最简单的方式是用自己网站的英文名称作标志。采用不同的字体、字母变形、字母的组合可以很容易制作好自己的标志。例如，微软公司的英文名称，Intel 公司的英文名称。

4. 设计网站的色彩

网站给人的第一印象来自视觉冲击，不同的色彩搭配产生不同的效果，并可能影响到访问者的情绪。颜色搭配是体现风格的关键。

所谓“标准色彩”是指能体现网站形象和延伸内涵的色彩，要用于网站的标志、标题、主菜单和主色块，给人以整体统一的感觉。至于其他色彩也可以使用，但应当只是作为点缀和衬托，绝不能喧宾夺主。例如，IBM 网站的主色调是深蓝色的，肯得基网站的主色调是红色条型的，网易网站的主色调是淡蓝色的，Windows 视窗标志上的红蓝黄绿色块，都使我们觉得很贴切，很和谐。

一般来说，一个网站的标准色彩不超过 3 种，太多则让人眼花缭乱。适合于网页标准色的颜色有蓝色，黄/橙色，黑/灰/白色三大系列色。一般以白色和黑色的背景网页最好做，颜色搭配最方便；亮色与暗色配合，最容易突出画面，如黑与白，红与黑，黄与紫；而近似的颜色的搭配，能给人一种柔和的感觉，如墨蓝与淡蓝，深绿与浅绿。

（1）色彩的色环

所谓色环就是将色彩按红→黄→绿→蓝→红依次过渡渐变，就可以得到一个色环。色环有暖色系、寒色系和中性系，如图 8-12 所示。

红　橙　橙黄　黄　黄绿　绿　青绿　蓝绿　蓝　蓝紫　紫　紫红　红

暖色系　中性系　寒色系　中性系

图 8-12　色环示意图

（2）色彩的心理感觉

不同的颜色会给浏览者以不同的心理感受，下面介绍几种典型的色彩与心理感觉例子。

① 红色是一种激奋的色彩，具有刺激效果，能使人产生冲动、愤怒、热情、活力的感觉。

② 绿色是介于冷暖两种色彩的中间，显得和睦、宁静、健康、安全的感觉。它和金黄、淡白搭配，可以产生优雅、舒适的气氛。

③ 橙色也是一种激奋的色彩，具有轻快、欢欣、热烈、温馨、时尚的效果。

④ 黄色具有快乐、希望、智慧和轻快的个性，它的明度最高。

⑤ 蓝色具有凉爽、清新、专业的色彩。它和白色混合，能体现柔顺、淡雅、浪漫的气氛，就像天空的色彩一样。

⑥ 白色是一种具有洁白的颜色，给人一种明快、纯真、清洁的感受。

⑦ 黑色给人一种深沉、神秘、寂静、悲哀、压抑的感受。

⑧ 灰色给人一种中庸、平凡、温和、谦让、中立、高雅的感觉。

（3）网页的底色

网页的底色是整个网站风格的重要指针。例如，以黑色作为背景颜色的网页，若是拿来用做活泼的儿童网站，就不适合了。因为小孩子是天真无邪的、活泼的、有朝气的，与黑色的沉稳、黯淡，很难联想在一起。当然，每个人的审美观不同，可能也会对颜色的代表性看法不同，但应该符合大部分人的观点。

（4）使用单色彩

所谓单色彩是指先选定一种色彩，然后调整透明度或者饱和度，也就是说，将某一种单色彩变淡或变深后产生一种新的色彩，用于网页。这样的页面看起来色彩统一，有层次感。

（5）使用两种色彩

所谓两种色彩是指先选定一种色彩，然后再选择该色彩的对比色。例如，蓝色是黄色的对比色。这样的色彩可以使整个页面色彩丰富但不花俏。

（6）使用一个色系

所谓色系是指一个感觉的色彩，如淡蓝、淡黄、淡绿；或者土黄、土灰、土蓝。

（7）使用黑色一种彩色

所谓黑色是指与其他颜色相配的一种色彩。例如，大红的字体配黑色的边框感觉很“跳”，黑色的背景配上白色字体感觉很“亮”。

5. 设计网站的字体

所谓标准字体是指用于标志、标题、主菜单的特有字体。一般网页默认的字体是宋体，为了体现站点的“与众不同”和特有风格，可以根据需要选择一些特别字体。例如，为了体现专业可以使用粗仿宋体，体现设计精美可以用广告体，体现亲切随意可以用手写体，体现企业文化内涵可以用美术字等。企业可以根据自己网站所表达的内涵，选择更贴切的字体。目前常见的中文字体有二三十种，常见的英文字体有近百种。此外，网络上还有许多专用英文、中文艺术字体下载，要寻找一款满意的字体并不困难。

需要说明的是，在网站的标准字体中，只有安装在操作系统中的字体才能被显示出来，而在操作系统中的常用中文字体只有很少的几种，因此，如果你的网站中使用的是非默认字体，那么，为了让所有的用户都能看到，用图片的形式是一种最好的选择。

6. 设计网站的标语

所谓网站的宣传标语指的是网站的精神、网站的目标，可以用一句话甚至一个词来高度概括，类似实际生活中的广告金句。例如，雅虎中文网站的“雅虎中国”，阿里巴巴网站的“中国商人自己的网站”等。

7. 企业 CI 设计的基本要素

企业在 CI 设计时需要掌握以下几个基本要素。

（1）企业标志的要素，通常指的是：①企业的标志；②企业所生产经营的商品的商标；③文字和图形类型的标志。

（2）企业名称标准字要素，通常指的是：①企业或公司的正式名称，以中文及英文两种文字定名；②以全名表示，或者省略“股份有限公司”、“有限公司”等；③根据使用场合来决定全称或略称的命名方式。

（3）品牌标准字要素，通常指的是：①代表本公司产品的品牌；②以中文和英文的两种文字设计。

（4）企业的标准色要素，通常指的是：①用来象征公司的指定色彩；②通常采用1～3种色彩为主；③为了区分企业集团与母公司的不同，或公司各企业部门、各品牌、产品的分类，采用多种颜色的色彩体系；④利用企业标准色或补色频繁出现在广告、包装等各种宣传物上。

（5）企业标语要素，通常指的是：①对外宣传公司的特长、业务、思想等要点的短句；②经常和公司名称标准字、企业品牌标准字等组合运用。

（6）专用字体要素，通常指的是：①公司主要使用的文字（中文、英文）、数字等专用字体；②选定设计的专用字体，规定作为主要品牌、商品群、公司名称及对内容的宣传、广告所用的文字。

8. 网页的美化设计

网页的美化设计包括以下几个方面。

（1）使用CSS优化网页外观

使用CSS来获得对整个站点所有Web页面的外观控制。设置页边空白，页面填充，边界颜色和背景。对任意网页元素设置字体大小及改变字体外观。创建动态活动链接。创建CSS风格的完全兼容的网页。

CSS的主要好处就在于，你不用去修改网页文件，只要修改这个页面链接的CSS文件，就可以实现不同的显示效果，包括底色、背景图片、文字大小、颜色、边框等。网站的版面、布局要求，不能用较大容量的图片文件，图片与文章的搭配要平衡，过多使用大图片，大大增加了传输流量，影响了网站浏览者阅读的速度，要优化网页就尽可能使用CSS实现，灵活地使用CSS，可以使页面精致、漂亮而又不会占用过多的系统资源。

（2）用表格美化页面布局

表格布局已经成为一个标准，大多数站点都是用表格来布局的。表格布局的优势在于它能对不同对象加以处理，而又不用担心不同对象之间的影响。而且表格在定位图片和文本上比起用CSS更加方便。表格布局唯一的缺点是，当使用了过多表格时，页面的下载速度受到影响。要查看的站点表格布局，可以将站点的首页保存为HTML文件，然后利用网页编辑工具打开它（要所见即所得的软件），就会看到这个页面是如何利用表格的。

8.4.3 网站的布局设计

建立一个网站好比写一篇文章，首先要拟定好提纲，文章才能主题明确、层次清晰，如果网站结构不清晰，目录庞杂，内容东一块西一块，结果不但浏览者看得糊涂，自己扩充和维护网站也相当困难。因此，网站的布局设计变得越来越重要。当网站布局和网站内容成功结合时，这种网站才有生命力。

1. 网站布局的基本概念

设计网站的第一步就是设计首页，它就是网站的主页。我们将网页看做一张报纸，一本杂志来进行排版布局。所谓布局，就是以最适合浏览的方式将图片和文字排放在页面的不同位置上。

（1）页面尺寸。页面尺寸和显示器的大小及分辨率有关系，网页的局限性就在于无法突破显示器的范围，而且浏览器也将占去不少空间。一般分辨率在1 024 768像素的情况下，页面的显示尺寸为1 007 600个像素；在800像素×600像素的情况下，页面的显示尺寸为780 428个像素；

而在 640 像素×480 像素的情况下，页面的显示尺寸为 620 311 个像素。所以，分辨率越高，页面的尺寸就越大。

（2）整体造型。所谓整体造型就是创造出来的物体形象。这里是指页面的整体形象，这种形象应该是一个整体，图形与文本的结合应该是层叠有序。虽然显示器和浏览器都是矩形，但对于页面的造型，可以充分运用自然界中的其他形状以及它们的组合，如矩形、圆形、三角形、菱形等。

对于不同的形状，它们所代表的意义是不同的。例如，矩形代表正式、规则；圆形则代表柔和、团结、温暖、安全等；三角形代表力量、权威、牢固、侵略等；菱形代表平衡、协调、公平。虽然不同形状代表着不同的意义，但目前的网页制作多数是结合多种图形加以设计，其中某一种图形的构图比例可能占得多一些。

（3）页头。页头又可称之为页眉，它的作用是定义页面的主题。例如，站点的名称多数都显示在页头里。这样，访问者能很快知道这个站点是什么内容。页头是整个页面设计的关键，它将牵涉下面的更多设计和整个页面的协调性。页头通常放置站点名称的图片、公司标志、旗帜广告等。

（4）文本。文本在页面中出现都是以行或者块（段落）的形式，它们的摆放位置决定着整个页面布局的可视性。过去因为页面制作技术的局限，文本放置位置的灵活性非常小，而随着 DHTML 的兴起，文本已经可以按照自己的要求放置到页面的任何位置了。

（5）图片。图片和文本是网页的两大构成元素，缺一不可。如何处理好图片和文本的位置成了整个页面布局的关键。

（6）多媒体。除了文本和图片，还有声音、动画、视频等其他媒体。虽然它们不是经常被用到，但随着宽带网的兴起，它们在网页布局上也将变得更重要。

2. 网站布局设计步骤

网站布局设计步骤按草案、初步布局和定稿 3 个步骤进行。

（1）草案。新建的页面就像一张白纸，没有任何表格、框架和约定俗成的东西，可以尽可能多地发挥想象力，将你想到的“景象”画上去。这属于创造阶段，不讲究细腻工整，不必考虑细节功能，只以粗陋的线条勾画出创意的轮廓即可。尽你的可能多画几张，最后选定一个满意的作为继续创作的脚本。

（2）初步布局。在草案的基础上，将确定需要放置的功能模块安排到页面上。通常首页设计的内容主要包含网站标志、主菜单、新闻、搜索、友情链接、广告条、邮件列表、计数器、版权信息等。在初步布局时，必须遵循突出重点、平衡协调的原则，将网站标志、主菜单等最重要的模块放在最显眼、最突出的位置，然后再考虑次要模块的排放。

（3）定稿。定稿是指在初步布局的基础上，具体化、精细化的过程。

3. 网站布局设计原则

在布局过程中，需遵循以下几个设计原则。

（1）重复性原则。指的是在整个网站中重复实现某些页面设计的风格。重复的成分可能是某种字体、标题 Logo、导航菜单、页面的空白边设置、贯穿页面的特定厚度的线条等。颜色作为重复成分也很有用，为所有标题设置某种颜色，或者在标题背后使用精细的背景等。

（2）对比性原则。指的是用对比来吸引读者的注意力，通过对比来抓住读者的注意力。例如，可以让标题在黑色背景上反白，并且用大的粗体字（比如黑体），这与下面的普通字体（比如宋体）

形成对比。另一种方法是在某段文本的背后使用一种背景色。

（3）正常平衡原则。指的是"匀称"，即左右、上下对照形式平衡，主要强调秩序，能达到安定、诚实、信赖的效果。

（4）异常平衡原则。指的是非对照形式，但也要平衡和韵律，当然都是不均整的，此种布局能达到强调性、不安性、高注目性的效果。

（5）避免滚动性原则。指的是只要可能尽量少用或不用滚动方式，用户在浏览新页面时，常常大致扫一眼页面的内容区域，而不理会导航菜单条。如果页面看起来和用户的需要无关，那么两三秒钟用户会点击"后退"按钮。

（6）凝视原则。指的是利用页面中的人物视线，使浏览者仿照跟随的心理，以达到注视页面的效果，一般多用明星凝视状。

（7）用图表解说原则。指的是对不能用语言说服或用语言无法表达的情感，使用图表可以直观地表现出来，特别有效，也可以传达给浏览者更多的心理因素。

（8）用户第一原则。指的是一切围绕着客户，心里时刻想着站点的用户。哪种人会访问这个站点？他们为什么要来访问？他们的主要知识背景是什么？页面的设计和布局需要反映这些群体的不同需求。

8.5 企业网站的管理和推广

8.5.1 成功网站的基本要素

根据 CNNIC 评选优秀网站的标准，一个成功的网站必须具有以下 8 项基本要素。

1. 使用方便

企业网站吸引用户访问的基本目的主要有几个方面：扩大网站知名度和吸引力；将潜在客户转化为实际客户；将现有客户发展为忠诚客户等。虽然网站设计没有统一的标准，但是为用户提供方便的使用是一个成功网站必备的条件，包括方便的导航系统、必要的帮助信息、常见问题解答、尽量简单的用户注册程序等。

然而，实际上许多网站缺乏针对性和方便的导航系统，难以找到链接到相关网页的路径，也没有提供有助于找到所需信息的帮助，要么把所有的导航信息都放置在杂乱的按钮和文本链接上，要么将许多用户关心的信息埋藏在多层目录之中，让访问者在那里不知所措或凭借运气去寻找有关内容。

造成这种状况可能有许多原因。例如，一般来说，网站设计者都是熟悉的计算机用户，他们错误地认为浏览者会和他们一样熟练。设计人员总是错误地以为用户会从网站主页进入其他页面，只在主页设置了导航说明，但忽略了一个现实，即只有大约 50%的浏览者是由网站主页进入其他网页的。于是访问者在其他页面由于没有导航说明而无法了解网站的概况及所处的位置，尤其对于新手来说，往往不知道该如何进入其他页面。

2. 保持系统正常运行

系统正常运行包含两方面的含义，一方面是网站服务器的正常工作，另一方面是网站内容及功能的正常运行。

网站的正常运行是保证用户能够正常访问以及获得用户信任的基础条件，似乎没有必要进行过多的讨论，但实际上不少网站并不能做到这一点。有些网站似乎并没有考虑服务器的承受能力，在发出大量的新开张或新功能、新服务的新闻之后，许多用户根本无法正常浏览该网站。另一种情形是，在网站功能还没有建设完成之前就迫不及待地公开发布，用户看到的只是“网页内容建设中”的告示。这不仅伤害了用户的积极性，更重要的是严重损害了网站的形象，而且可能永远失去了遭受这种经历的潜在客户。

例如，在一个购物网站，当用户辛辛苦苦地找到了自己所需要的商品，并一一放入购物车，到最后提交订单的时候，得到的是“发生内部错误”或者“服务器正忙，请您稍候再来”之类的反馈信息时，用户对这样的网站能产生信心吗?

3. 页面下载速度快

人们浏览一个网站是为了获取某些需要的信息，页面下载速度是衡量一个网站成功与否的第一要素。在网络速度相当缓慢的条件下，更应该为节省访问者的时间来考虑。据研究发现，页面下载速度是网站留住访问者的关键因素，如果 20s～30s 还打不开一个网页，一般人就会失去耐心。如果不能让每个页面都保持较快的下载速度，至少应该确保主页速度尽可能快。

在目前的情况下，保持页面下载速度的主要方法是让网页简单，仅将最重要的信息安排在首页，尽量避免使用大量的图片，更应避免自动下载音乐或其他多媒体文件，因为目前的网络技术条件下要下载图片或其他音频、视频文件，远比下载文字费时，用户等不及图片整幅出现，就已不耐烦地转到别的网页去了。

虽然大量使用文字降低了网页的视觉效果，显得有些呆板，不过根据加拿大最近一项“网民网上看什么”的调查显示，互联网用户 92%的上网时间用来看文字资讯。可见网上内容仍应该以文字为主。

4. 无错误链接

网页上的错误链接是人们对网站抱怨的主要因素之一。比如时常可以看到“该网页已被删除或不能显示”、“File not found”等由于无效链接而产生的反馈信息，这种情况往往让用户觉得很失望，同时也严重影响了用户对网站的信心。

造成这种现象可能的原因有多种，如网络负载过重，对方的服务器关闭，被链接网址内容已经撤销等情况都可能导致链接不上，但是这种情况如果发生在自己网站内部的网页，则需要认真对待了。即使是由于被链接网站的原因产生失效的链接，也应该尽量避免，因为用户并不区分这种情况是什么原因造成的。

减少错误链接需要网站管理员高度的责任心，首先在将每个链接放到网上之前，应该对其有效性进行验证；其次由于 Web 站点经常会发生变化，在将每个链接放到 Web 站点上之后，还必须定期对其进行检查，以确定它们目前是否有效。要想完全避免这样的情况可能会有一些困难，但如果每一个 Web 站点都很注意这一点，整个情况可能就会大为改观。

5. 联系信息方便多样

虽然互联网时代为人们提供了更为便利的沟通手段，如电子邮件、留言板、即时信息等，但是对于许多新客户来说，仅在网站上留下这些联系方式还不够，有时候客户更倾向于电话、传真等通信方式，邮政地址和公司各分支机构的地址等信息也能为用户带来更大的方便。

如果网站同时可以提供 800 免费服务电话或呼叫中心等联系方式，不仅可以体现公司的实力，而且更能充分体现出良好的客户服务。

6. 不同浏览器的兼容性

不少网站都有这样的提示："建议采用 800×600 像素，IE4.0 以上浏览器浏览本网站"，有些网站甚至采用游动字幕的形式，或在标题栏（Title）嵌入以提醒访问者的高度注意。

看起来好像是为了用户的最佳显示效果着想，但是试想一下，如果用户采用的是不符合某网站要求的最佳显示模式的配置，那么当用户进入这样的网站之后，会为了浏览这个网站而重新设置显示模式，或者重新安装一个满足要求的浏览器吗？

很显然，这些网站的设计者不是从用户的需求出发，而是为了自己的方便考虑，这是与互联网时代"用户掌管方向"的精神相背离的。

以上讨论的仅是一些通用性的基本因素，除此之外，对于不同类型的网站，还应该有其特定的评价标准。例如，信息顾问型网站要考虑信息的及时性和可靠性，销售型网站要考虑按时交货和退货政策，客户服务型网站要考虑意见的及时反馈问题等，这些都需要根据不同情况加以综合分析评价。

7. 保护个人信息

为了提供个性化服务或者收集潜在用户信息，许多网站都要求用户首先注册为会员，网站收集用户资料有何目的？如何利用用户的个人信息？是否将用户资料出售给其他机构？是否会利用个人信息向用户发送大量的广告邮件？用户是否对此拥有选择的权利？填写的个人信息是否安全？是否能获得必要的回报？这些都是用户十分关心的问题。如果网站对此没有明确的说明和承诺，显然缺乏必要的商业道德，至少可以被认为对用户不够尊重。

8. 符合网络伦理

网络伦理是互联网上一种特有的商业道德，即尊重用户的个人信息，不擅自向用户发送商业信息，只有经过用户的许可才可以通过电子邮件等手段向用户发送相关信息，也就是所谓的"许可网络营销"。符合网络伦理的网站营销活动只是最基本的商业道德而已，理应为所有企业所遵从。而实际上，大量发送广告邮件的网站不在少数，有些甚至还是有一定知名度的网站。

以上讨论的仅是一些通用性的基本因素，除此之外，对于不同类型的网站，还应该有其特定的评价标准。例如，购物网站的按时交货和退货政策，新闻网站的及时性和新闻来源的可靠性，搜索引擎网站搜索结果的数量和匹配性，免费邮件网站的功能和空间容量等，需要根据不同情况加以综合分析评价。

8.5.2 企业网站的管理与维护

一个优秀的企业网站，不仅仅是一次性制作完美就可以了，由于企业的情况在不断地变化，网站的内容也需要随之调整，给人常新的感觉才能更加吸引访问者。所以在企业网站正式投入运营后，必须加强对网站运行的管理和维护，这样才能保证企业网上业务处理的正常安全运行；保证整个网站内容的完整性和一致性，为企业网站的运行提供良好的服务。

1. 企业网站的管理

网站管理就是指通过某种方式对网站进行管理，使网站能正常、高效地运行，使网站中的各种资源得到充分有效地利用。当网站出现故障时能及时报告和处理，并协调、保持网站的高效运行等。企业网站管理的主要内容如下。

（1）网站日常设备的管理和信息的发布。

（2）用户信息的搜集和及时的反馈。

（3）网站页面形式和内容的更新，并且与企业各有关部门及时沟通。

（4）企业网站设备、技术的不断更新换代。

（5）企业网站需要进行不断的推广和优化工作。

（6）企业的网站经营需要不断的评估和测试。

（7）检查网站的运作情况和通信情况。

2. 企业网站的日常维护

企业网站的日常维护需要专业技术人员及其资金的投入。企业网站的维护和管理包括多层次、多类型的工作，既有日常的维护管理，也有定期或不定期的更新；既有信息技术层面的网页外观设计的优化，也有营销和管理层面的创意。网站的维护一般包括以下几个方面。

（1）页面动态更新。信息技术发展迅猛，全球一体化，市场表现的特征是快、变、广。企业的网站作为企业的门户也要相应地随之不断地调整内容。及时删除已经过时的旧内容和旧页面，及时使用新技术添加新内容。

网页一般根据以下几个方面进行维护：一是获得用户反馈信息；二是更替留言存放文件的内容；三是在网页正常运行期间也要经常使用浏览器查看测试页面，查缺补漏，精益求精。

（2）定时查看日志文件。日志文件是纯文本格式的访问记录，里面包含访问者的 IP 地址、所在地区、访问时间、访问页面等信息记载。网页更新最有用的依据是系统的日志记录。通过对 Web 服务器的日志文件进行分析和统计，能够有效掌握系统运行情况以及网站内容的受访问情况，加强对整个网站及其内容的维护与管理。定期查看日志文件就可知道哪些地方容易出错，哪些地方访问率最高，哪些地方有异常情况。

（3）网站人员与服务管理。每一个站点都有 Webmaster，它代表某一个角色而不是具体的人。对那些可以查询有关站点的技术或编辑有关站点内容的 Web 用户来说，Webmaster 作为一个匿名通信点，设置了 Webmaster 邮箱。Webmaster 也常常作为引用服务器管理员的缩写项目。根据企业的规模、功能和性质的不同，网站人员的配置也不相同。一般来说网站都要配置 Web 服务器管理人员和编辑。

（4）反馈信息管理。与顾客保持密切的联系是衡量网站服务质量的重要标志之一。提供反馈机制可以扩大站点的影响。对于用户的建议和问题，甚至是严厉的批评，都要及时听取和答复。站点是企业的门户，如果没有善待用户就会严重损坏企业的形象和信誉。

对反馈信息管理一般使用以下 4 种方法：一是当用户邮件太多时，建立常用问题回答表（FAQ）自动答复，这样用户可以自己找答案而不必给站点发邮件；二是建立固定格式邮件答复系统，大多数情况只需简单地选择其中的一种即可以快速地回答用户；三是使用在线表单。使用在线表单进行统计时将一些对企业较有力的反馈信息做成必答项，并放在调查表醒目的位置，以便取得关键性信息；四是使用工具软件搜集用户的信息，对搜集到的信息分别归类，创建面向个人情况的应答。

8.5.3 企业网站的推广

企业网站的推广是指利用网络营销手段扩大站点的知名度，吸引广大用户的访问，达到宣传和推广企业及企业产品的效果。常用的网站推广的方法有以下几种。

1. 搜索引擎注册

用户在互联网上查找信息最常用的方法就是通过搜索引擎搜索，在著名的搜索引擎上注册，可以为目标用户提供方便的找到和进入网站的途径。因此，设法使企业的网址列在搜索器相关条目的醒目之处，主页被访问的机会就越多。

2. 互换链接

互换链接又称互惠链接、友情链接等，是与其他网站建立互换链接，缩短网页之间的距离，提高站点被访问的概率。它是具有一定互补优势的网站之间的简单合作形式，即分别在自己的网站上放置对方网站的 Logo 或网站名称，并设置对方网站的超级链接，使得用户可以从合作网站中发现自己的网站，达到互相推广的目的。互换链接的作用主要表现在以下几个方面：获得访问量、增加用户浏览时的影响，在搜索引擎排名中增加优势、通过合作网站的推荐增加访问者的可信度等。当然，在网站互换链接的时候，也应该注意如下几个方面的问题。

（1）回访友情链接伙伴的网站

同搜索引擎注册一样，交换链接一旦完成，也具有一定的相对稳定性，不过，还是需要做不定期检查，也就是回访友情链接伙伴的网站，看对方的网站是否正常运行，自己的网站是否被取消或出现错误链接，或者因为对方网页改版、URL 指向转移等原因，是否会将自己的网址链接错误。因为交换链接通常出现在网站的首页上，错误的或者无效的链接对自己网站的质量有较大的负面影响。

如果发现对方遗漏链接或其他情况，应该及时与对方联系。如果某些网站因为关闭等原因无法打开，在一段时间内仍然不能恢复，应考虑暂时取消那些失效的链接。不过，可以备份相关资料，也许对方的问题解决后会和你联系，要求恢复友情链接。

同样的道理，为了合作伙伴的利益着想，当自己的网站有什么重大改变，或者认为不再合适作为交换链接时，也应该及时通知对方。

（2）不要链接无关的网站

也许你会收到一些不相干的网站要求交换链接的信件，不要以为链接的网站数量越多越好，无关的链接对自己的网站没有什么正面效果。相反，大量无关的或者低水平网站的链接，将降低那些高质量网站对你的信任。同时，访问者也会将你的网站视为素质低下或者不够专业，严重影响网站的声誉。

（3）无效的链接

谁也不希望自己的网站存在很多无效的链接，但是，实际上很多网站都不同程度地存在这种问题。即使网站内部链接都没有问题，也很难保证链接到外部的也同样没有问题，因为链接网站也许经过改版、关闭等原因，原来的路径已经不再有效，而对于访问者来说，所有的问题都是网站的问题，他们并不去分析对方的网站是否已经关闭或者发生了其他问题。因此，每隔一定周期对网站链接进行系统性的检查是很必要的。

此外，新网站每天都在不断诞生，交换链接的任务也就没有终了的时候。当然，在很多情况下，都是新网站主动提出合作的请求。这就需要对这些网站进行严格的考察，从中选择适合自己的网站，将合作伙伴的队伍不断壮大和丰富，对绝大多数网站来说，都是一笔巨大的财富。

3. 发布网络广告

网络广告作为一种全新的广告形式，之所以受到各个国家及地区企业的重视和喜欢，是因为它与当今电视、广播、报纸、杂志等媒体的广告相比，具有交互性、实时性、无时间地域限制、传播范围大、受众数量可准确统计、针对性强、受众群体特征明显、形式多样、迅捷性、可重复性、易检索性等特点。因此，网络广告已经成为企业在网上树立企业形象、建设产品品牌以及推广企业网站的有效方式。

根据 iResearch 的调研数据显示，2006 年中国网络广告市场规模为 46.6 亿元，比 2005 年增长 48.9%。根据 iResearch 的研究预测，2007 年中国网络广告市场规模将达到 62 亿元，比 2006 年增长 33%；2008 年网络广告市场受北京奥运会因素影响，网络广告市场规模有望达到 98 亿元，获得 57%的增长率，图 8-13 所示为 2001 年—2010 年中国网络广告市场规模。

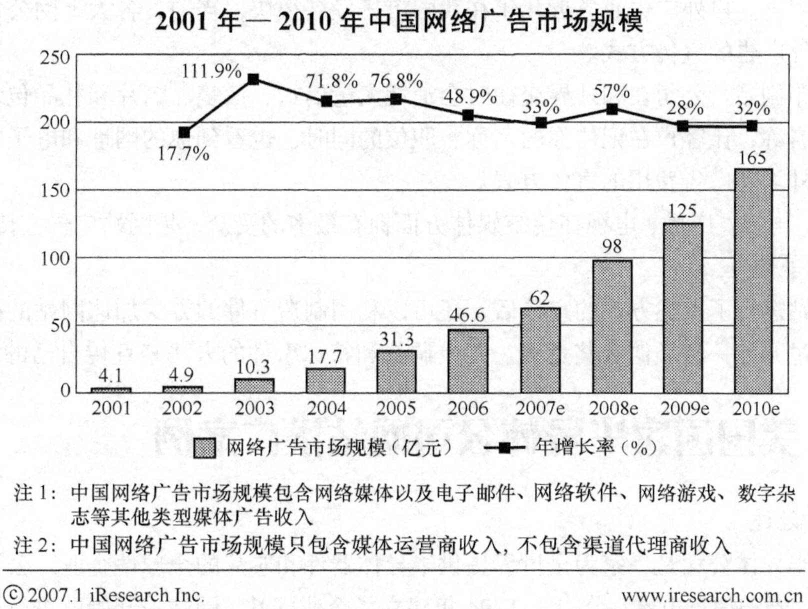

图 8-13 2001 年—2010 年中国网络广告市场规模

4. 利用讨论组 BBS 宣传

互联网给企业提供了企业与用户、用户与用户之间沟通的各种方式。讨论组 BBS 就是其中最常见的一种形式。讨论组是指参与讨论的人们之间通过 E-mail 进行在线交流。管理者有权力保留和删除任何内容，参与者可以用不同的身份参与讨论，使得人们对其话题感兴趣以致受到影响。当企业网站拥有了一定的客户群或潜在客户群，就可以在他们之间建立一个讨论组。企业可以在自己的网站上建立有吸引力的讨论组 BBS，吸引广大用户参与相关的活动；同时，企业还可以以个人身份登录和参与其他网站相关主题的讨论组 BBS，通过参与其中的讨论达到宣传、推广自己网站的目的。

5. 发送 E-mail

E-mail 是最常用的网络服务之一。通过使用 E-mail 向用户发送产品或服务等有价值的促销信息，企业可以达到宣传自己站点的目的。

需要提起注意的是，在利用 E-mail 宣传站点的时候，网站应该从用户的角度出发，避免因发送 E-mail 而引起用户对站点的反感。以下是一些应注意的细节。

（1）不要向用户发送未经许可的 E-mail。

（2）发送的 E-mail 应有明确的主题。

（3）表明 E-mail 发件人的姓名和地址。

（4）尽量在 E-mail 的正文部分表现内容，减少使用附件的形式。

（5）发送 E-mail 的内容应有的放矢、内容简洁、制作严谨。

6. 使用传统的促销媒介

传统媒体主要包括电视、广播、报纸、杂志、印刷品、户外广告等，使用传统的宣传媒介来吸引用户访问站点也是常见的网站推广方法，运用得当也会带来很好的效果。

（1）报纸、杂志。报纸、杂志是目前使用传统方式宣传网站的最主要途径之一，如《计算机世界》、《互联网络周刊》等一些全国著名的 IT 报刊，是企业做网站和宣传网址的首选媒体。

（2）户外广告。户外广告业务近几年在我国市场发展很快，当前，各大上网公司都不愿放弃这种传统的户外广告的宣传方式。

（3）公司印刷品。公司在和外界交往时会消耗大量信封、信笺、名片和礼品包装，如在其上印上公司网址名称，让客户在记住你的名称、职位的同时，也看到你的网址和电子邮件地址，这是一种无须另外增加广告费用的宣传方式。

（4）广播、电视。广播、电视在传统媒体方面拥有最多的受众，是网站广告宣传的最好选择。

7. 制造事件宣传

当企业网站进行了上述方式的宣传后，还可以利用制造事件的方式加速网站的推广。所谓制造事件就是通过开办一些类似有奖竞赛、网上调查和特殊事件的方法来宣传自己的站点。

8.6 美国国家半导体公司网站推广案例

1. 公司概述

美国国家半导体公司是一家为全世界提供半导体器件和芯片的全球性企业。公司主要产品为无线话筒、显示器和信息电器。公司于 1994 年建立了企业网站，网站一开始就进行了周密的市场调查，结果发现那些在购买链最底层的客户——那些为设计产品选择组件，并对这些组件进行技术评估的工程师，才是影响购买的最关键因素，而不是通常认为的订购元器件的采购官员。网站准确的市场定位获得了极大的成功，在半导体企业网站运行不到两年的时间，就吸引了全世界约 1/3 的用半导体器件设计产品的设计工程师，超过 50 万的设计工程师上网，获取他们感兴趣的芯片的最新消息。

在企业网站运行的前两年内，每个月上网访问的人数有 50 万。这些客户中有 40%将网站网址作为“书签”。该网站获得了巨大的成功，提升了在全球市场的占有率。美国国家半导体公司网站中文版主页如图 8-14 所示。

2. 网站的建站目的

美国国家半导体公司建站的目的是建立一个世界性的网站，这个网站可以极大地便利企业客户查询信息，进行订购和直接购买。以下是该企业建立网站的具体目标。

（1）快速处理客户的查询需求，使客户可以得到最新的产品信息。

（2）进行网上预订和购买。

（3）建立一个快速反应系统，及时了解客户的需求，改进服务和产品。

（4）满足最终用户、销售商、零售商的不同需求。

（5）缩短产品评估周期，及时更改设计方案。

（6）缓解电话中心的压力，降低公司运营成本。

图 8-14　美国国家半导体公司网站中文版主页

（7）扩大市场份额，开拓全球市场。

美国国家半导体公司希望通过建立企业网站的形式达到上述目的，成为全球市场占有率最高的半导体元器件供应商。

3. 网站功能

网站可以提供以下几方面功能。

（1）方便的查询功能。

① 参数查询引擎。在一个表格里填上工程师关心的参数，然后得出查询结果。这种参数查询在一两秒钟内就能在该企业大约 22 000 种产品的数据库中查出符合查询标准的器件。

② 文本查询。让客户输入关键词或短语，如“与数字变流器类似”，然后返回一系列符合要求的网站上的文档——数据表、价格信息或软件仿真。

③ 图表查询。国家半导体公司将所有产品输入一个产品数据库，客户可根据需要在产品数据库中查询。

④ 目录查询。客户也可以选择公司的在线目录进行查询，挑选自己感兴趣的分类项目，查看所有符合查询标准的芯片。

这 4 种查询工具的运用有效地减少了客户的选择范围，节省了客户的时间，方便客户快速查到自己想要的产品信息。

（2）快速的信息获取功能。网站为每一件产品都设立了文件夹。在产品文件夹中，客户可以找到与此产品相关的所有信息。网站通过建立产品文件夹的方式，减少了客户点击无用页面的次数，节约了客户的搜索时间。

（3）完善的信件跟踪功能。

① 自动精确传送电子邮件。网站建立了能自动传送客户电子邮件的控制系统，当客户发出电子邮件后，邮件就被送到数据库中，根据邮件的主题信息自动送给企业内合适的部门进行处理。邮件保证在 48 小时内给出答复。

② 自动跟踪系统。客户的每一封电子邮件进入企业后，所有的处理信息都被自动跟踪并记录下来。如果收到邮件的公司人员不能处理邮件内的事务或不能给客户满意的答复，这封邮件就会自动传送到能对它进行有效答复的职员那里。

电子邮件自动传送和跟踪系统保证了客户的电子邮件会被快速和准确地得到答复，提高了网站的效率，减少了客户的抱怨，使“以客户为中心”的营销理念得到切实的贯彻。

（4）有效的实时交割功能。国家半导体公司针对购买代理人、买主和元件工程师的不同需要，在 1998 年 5 月专门建立了“购买资源”网站。这个网站与 DigiKey、Farnell、Newark 和 Pioneer（一些国家半导体企业的目录支持者和发行人）企业网站有交互式链接，为客户提供实时订购和购买服务。

通过增加实时交割功能，网站解决了不同需求方的交易需要，拓展了企业的市场交易面。

（5）及时的信息反馈功能

网站制作了一套管理软件，分析每日网上每件产品的查询次数，下载的数据表数量，以及要求的样品数量。同时，与企业的实际产品销售建立关联，给企业提供一个什么产品流行，什么产品不流行的“预警系统”，并从客户电子邮件中得到竞争者的产品和促销信息，并迅速传送到合适的产品管理者和营销经理手中。

通过及时分析客户的网上信息，形成对客户信息迅速的收集与反馈，使网站获得客户对企业产品的评价和竞争对手的信息，为企业改进服务和有效地运用各种营销手段提供了有力的信息支持。

（6）齐全的个性服务功能

网站为公司的大客户设立了个性化网站，并把个性化网站与实时订购状态系统连接。客户可以利用这些网站来审查诸如企业合同价格、领先时间的公众信息与所有权信息，也可得到最新的初步产品说明书这样有价值的信息，浏览与业务相关的白皮书和申请备忘录，以及共享客户工程产品发展状况。

通过建立个性化网站，满足了大客户的不同需要。客户可以通过网站得到自己需要的信息，减少客户的查询时间，增加客户的满意感和忠诚度。

4. 前景展望

美国国家半导体公司通过设立公司极大地方便了客户，同时降低了公司的运营成本。通过最近两年半公司对设计工程师所做的 5 项独立调查结果显示，在设计工程师上网查询产品信息和产品技术的网站之中，美国国家半导体公司的网站排名第一。每月都有多达 50 万的工程师上网访问该网站，有 40%的客户将该网站的网址作为“书签”，这从另一个侧面说明了公司网站的重要性。

美国国家半导体公司网站的成功之处还表现在：公司的大客户把该网站纳入客户自己的企业内部互联网（Intranet），用这种方法，他们的设计工程师可以得到所有最新的信息。甚至在 1996 年，美国国家半导体公司的最大客户之一 Tektronix 邀请了他的所有支持者到总部，给他们演示了该公司的网站，建议他们把该网站作为自己建立网站的基准。

美国国家半导体公司在 1995 年建立网站时，访问网站的 95%的客户来自美国或加拿大，两年内，北美的访问者减少到仅占 50%，其他访问者来自别的国家。现在越来越多的其他国家的公司访问该网站，查询和订购产品，进一步扩大了公司的市场范围。实际上，公司已经从以前没有订过货的国家收到查询和订购要求，公司的市场辐射能力在进一步扩大。

实训　企业网站的策划书

【实训目的】

通过本实训，使学生了解企业网站的基本功能，让学生掌握网站建设的基本流程和网站总体策划的方法，培养学生理论联系实际的能力和综合应用所学知识的能力。

【实训要求】

1. 了解企业网站建设的主要内容。
2. 掌握企业网站建设的基本步骤。
3. 掌握企业网站推广方法。

【实训内容】

1. 熟悉电子商务网站的结构功能。
2. 确定企业网站的建设目标。
3. 明确网站的受众群体。
4. 确定网站的内容及功能。
5. 确定网站的风格及导航系统。
6. 进行网站的可视性设计。
7. 做出网站的推广方案。
8. 网站技术方案的选择，如服务器的选择、域名的选择、栏目分类结构、目录结构安排、网站风格的确立、服务器系统平台及程序语言的选择等。

【实训步骤】

1. 建设网站前的市场分析

（1）相关行业的市场是怎样的，市场有什么样的特点，是否能够在互联网上开展公司业务。

（2）市场主要竞争者分析，了解竞争对手上网情况及其网站规划、功能和作用。

（3）公司自身条件分析，如公司概况、市场优势，可以利用网站提升哪些竞争力，建设网站的能力（费用、技术和人力等）。

2. 建设网站目的及功能定位

（1）为什么要建立网站，是为了宣传产品，进行电子商务，还是建立行业性网站？是企业的需要还是市场开拓的延伸？

（2）整合公司资源，确定网站功能。根据公司的需要和计划，确定网站的功能是产品宣传型、网上营销型、客户服务型还是电子商务型等。

（3）根据网站功能，确定网站应达到的目的和作用。

（4）企业内部网（Intranet）的建设情况和网站的可扩展性。

3. 网站技术解决方案

根据网站的功能确定网站技术解决方案。

（1）采用自建服务器，还是租用虚拟主机？

（2）选择操作系统，用 UNIX、Linux 还是 Window 2000/NT。分析投入成本、功能、开发、稳定性、安全性等。

（3）采用系统性的解决方案（如IBM，HP等公司提供的企业上网方案）、电子商务解决方案，还是自己开发？

（4）网站安全性措施，如防病毒方案。

（5）相关程序开发，如网页程序ASP、JSP、CGI、数据库程序等。

4. 网站内容规划

（1）根据网站的目的和功能规划网站内容，一般企业网站应包括公司简介、产品介绍、服务内容、价格信息、联系方式、网上订单等基本内容。

（2）电子商务类网站要提供会员注册、详细的商品服务信息、信息搜索查询、定单确认、付款、个人信息保密措施以及相关帮助等。

（3）如果网站栏目比较多，则考虑采用网站编程专人负责相关内容。

5. 网页设计

（1）网页设计美术设计要求，网页美术设计一般要与企业整体形象一致，要符合CI规范。要注意网页色彩、图片的应用及版面规划，保持网页的整体一致性。

（2）在新技术的采用上要考虑主要目标访问群体的分布地域、年龄阶层、网络速度、阅读习惯等。

（3）制订网页改版计划，如半年到一年时间进行较大规模改版等。

6. 网站维护

（1）服务器及相关软硬件的维护。对可能出现的问题进行评估，制定相应时间。

（2）数据库维护。有效地利用数据库是网站维护的重要内容，因此数据库的维护要受到重视。

（3）内容的更新、调整等。

（4）制定相关网站维护的规定，将网站维护制度化、规范化。

7. 网站测试

网站发布前要进行细致周密的测试，以保证正常浏览和使用。主要测试内容如下。

（1）服务器稳定性、安全性。

（2）程序及数据库测试。

（3）网页兼容性测试，如浏览器、显示器等。

（4）根据需要的其他测试。

8. 网站发布与推广

（1）网站测试后进行发布的公关和广告活动。

（2）搜索引擎登记等。

9. 网站建设日程表

各项规划任务的开始完成时间以及负责人等。

10. 费用明细

各项事宜所需费用清单。

【实训提醒】

以上为网站策划书中应该体现的主要内容，根据不同的需求和建站目的，内容也会增加或减少。在建设网站之初一定要进行细致的规划，才能达到预期建站目的。

【实训思考】

1. 完成了本次实验后，大家是否对服务器的选择有了更深的了解呢？你采用的是自建服务器还是虚拟主机？为什么？

2. 在程序开放中，你选择的网页程序是 ASP、JSP 和 PHP 哪一种？它们各有什么不同？

3. 在网站发布和推广中，除了上面介绍的几种外，你认为还可以采取哪些措施？

【实训报告】

1. 实验过程

目的要求：

实验内容：

实验步骤：

建设网站前的市场分析：

网站策划过程：

2. 实验结果

结果分析：

通过调查，可以使用文字方式，写出网站策划报告。

3. 总结

通过实训，总结自己掌握的程度，分析出错原因，提出改进措施。

习题

一、填空题

1. 网站是企业向用户和网民提供信息的一个________、一个________、一种________，是企业开展电子商务的________和________。当企业建立自己的网站时，网站的________将贯穿着网站建设的整个过程，是网站建设中最重要的环节。

2. 在网站规划中应注意________原则、________原则、________原则。

3. 对于不同类型的网站，根据不同的________和________，网站的功能和内容会有一定差别，但________的基本步骤是类似的。一般网站规划书应包括________、________、________、________、网站技术解决方案、________、________、________、网站维护、________。

4. 一个完整的企业网站建设所需要的人力配置包括以下几个内容：________、项目经理、________、________、________、________。

5. 企业网站开发的方式，常见的有：________、________、合作开发、________等方式。

6. Internet 域名就相当于我们现实生活中的________一样，从技术上讲，域名只是一个 Internet 中用于________的一种方法。从社会科学的角度看，域名已成为了________组成部分。从商界看，域名已被誉为________。

7. 域名是在 URL 网络地址的________部分，一个域名是用来指向一台机器或者由一个特定的________的一组机器。域名中需要注意的是最后一个句点和之后的三个字母________，在此之前的一组字母________。

8. 一个好的域名往往与单位的以下信息一致：________、________、企业的产品注册商标、________等。

9. 网站结构大体可分为两种结构类型，即________和________。网站栏目的导航作用通常包括________导航、________导航、________导航、________导航。

10. 网站逻辑组织模型有________模型、________模型、________模型、________模型等。

11. 网站总体设计规划要遵守以下________原则、________原则、________原则、________原则。

12. 网站主题的设计原则是________、________、________、名称要正、________、________等。

13. 企业在 CI 设计时需要掌握________要素、________要素、________要素、________要素、________要素、________要素等。

二、思考题

1. 简述网站规划中应注意的几个原则。
2. 简述企业专业特性介绍的原则。
3. 简述网站版式设计原则。
4. 简述网站规划的内容。
5. 简述网站规划资源的内容。
6. 简述网站建设的工作流程。
7. 简述网站开发方式的选择，并对其进行比较。
8. 什么是域名？
9. 为什么企业要注册域名？
10. 什么是一级域名、二级域名？
11. 简述域名命名规则。
12. 简述我国域名体系结构。
13. 简述企业域名的几种形式。
14. 简述网站栏目导航的作用。
15. 简述网站物理结构和逻辑结构。
16. 简述网站总体设计原则。
17. 什么是 CI 设计？
18. 简述网站色彩的设计。
19. 简述网站的字体设计。
20. 简述网站的标语设计。
21. 简述网页的美化设计。

第9章 移动营销

随着移动通信网络的成功商业化和手机、PDA、掌上电脑等各类移动终端的普及，人类已经进入了移动商务时代。人们不但可以随时随地用手机打电话、发短信，还可以支付购物、停车等各种费用，手机银行、移动互联网、移动定位、急救等应用更是早已进入人们的生活。同时，随着移动商务和无线因特网技术的不断发展，移动营销作为一种新的营销手段，已经受到许多企业的重视。

学习目标

- 了解移动商务的基本概念和主要的商务模式
- 了解移动营销的基本概念
- 掌握开展移动营销的主要步骤
- 理解无线广告营销的基本内容
- 理解短信营销的基本方法
- 理解和熟练应用短信网址营销

9.1 移动商务概述

移动通信技术的出现无疑是人类沟通手段的一次突破，它基本取消了时间和空间的限制条件，只要你拥有了一个通信终端，无论你现在何时，身处何地，都可以和任何人进行联系。因此，移动通信是人类通信发展史上一个巨大的进步。而移动商务的兴起也并非偶然，移动通信技术的成熟和广泛商业化为移动商务提供了通信技术基础，而功能强大、价格便宜的移动通信终端的普及为移动商务提供了有利的发展条件。

9.1.1 移动商务的定义

移动商务作为新兴事务，不同的学者和专家也给出了若干不同的定义。但一般可以认为移动商务（M-Commerce）是由电子商务（E-Commerce）的概念衍生出来，现在的电子商务以 PC 为主要界面，是“有线的电子商务”；而移动商务是那些依托移动通信网络，使用手机、掌上电脑、笔记本电脑等移动通信终端和设备所进行的各种商业信息交互和各类商务活动。移动电子商务的应用范围包罗万象，如在线交易、企业应用、获取信息和娱乐消费，这些服务将会在企业用户、专业人士和消费者中受到广泛的欢迎。通过移动电子商务，用户可随时随地获取所需的服务、信息和娱乐。

无线技术的使用通过提供移动性（参与）和便携性（技术）的额外方面，扩展了传统电子商务的性质和作用范围。因此，移动商务有时也称为移动电子商务。移动商务可以看做是固定式有线电子商务的许多负面的一种灵活的解决方案。基于无线的网络基础结构以及支持这种结构的便携式移动技术提供了商业系统领域内的灵活性和移动性。迄今为止，无线远程通信网络最商业化的应用已经成为了通过便携式设备（如 PDA 和特殊的移动电话）访问移动 Internet 的能力。但是，移动 Internet 只是移动电子商务世界中许多其他应用中的一种。类似地，移动电话已经被看做是无线世界中的主要设备，图 9.1 所示为移动商务环境的主要组件。

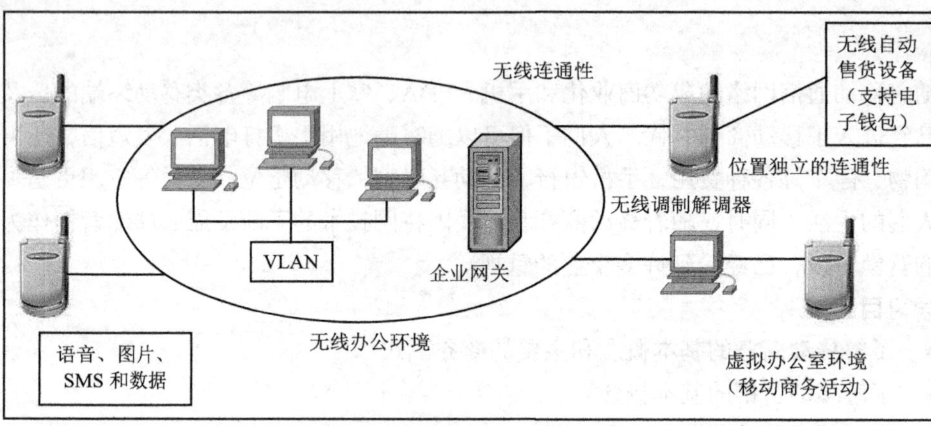

图 9-1　移动商务环境的主要组件

9.1.2　移动商务的实现技术

科学技术的不断发展为移动电子商务的发展提供了坚实的基础，目前，实现移动电子商务的技术主要有以下几种。

1．无线应用协议

无线应用协议（WAP）是开展移动电子商务的核心技术之一。通过 WAP，手机可以随时随地、方便快捷地接入 Internet，真正实现不受时间和地域约束的移动电子商务。WAP 是一种通信协议，它的提出和发展是基于在移动中接入 Internet 的需要。WAP 提供了一套开放、统一的技术平台，用户使用移动设备很容易访问和获取以统一的内容格式表示的 Internet 或企业内部网信息和各种服务。它定义了一套软硬件的接口，可以使人们像使用 PC 一样使用移动电话收发电子邮件以及浏览网页。同时，WAP 提供了一种应用开发和运行环境，能够支持当前最流行的嵌入式操作系统。WAP 可以支持目前使用的绝大多数无线设备，包括移动电话、FLEX 寻呼机、双向无线电通信设备等。在传输网络上，WAP 也可以支持目前的各种移动网络，如 GSM、CDMA、

PHS 等，它也可以支持未来的第三代移动通信系统。目前，许多电信公司已经推出了多种 WAP 产品，包括 WAP 网关、应用开发工具和 WAP 手机，向用户提供网上资讯、机票订购、游戏和购物等服务。

2. 移动 IP 技术

移动 IP 通过在网络层改变 IP，从而实现移动计算机在 Internet 中的无缝漫游。移动 IP 技术使得节点在从一条链路切换到另一条链路上时无须改变它的 IP 地址，也不必中断正在进行的通信。移动 IP 技术在一定程度上能够很好地支持移动电子商务的应用，但是目前它也面临一些问题，如移动主机的安全性和功耗问题等。

3. "蓝牙" 技术

"蓝牙" 技术（Bluetooth）是由爱立信、IBM、诺基亚、Intel 和东芝共同推出的一项短程无线连接标准，旨在取代有线连接，实现数字设备间的无线互连，以确保大多数常见的计算机和通信设备之间可方便地进行通信。"蓝牙" 作为一种低成本、低功率、小范围的无线通信技术，可以使移动电话、个人电脑、个人数字助理（PDA）、便携式电脑、打印机及其他计算机设备在短距离内无须线缆即可进行通信。例如，使用移动电话在自动售货机处进行支付，这是实现无线电子钱包的一项关键技术。

4. 通用分组无线业务

传统的 GSM 网中，用户除通话以外最高只能以 9.6kbit/s 的传输速率进行数据通信，如 Fax，E-mail、FTP 等，这种速率只能用于传送文本和静态图像，但无法满足传送活动视像的需求。通用分组无线业务（GPRS）突破了 GSM 网只能提供电路交换的思维定式，将分组交换模式引入到 GSM 网络中。它通过仅仅增加相应的功能实体和对现有的基站系统进行部分改造来实现分组交换，从而提高资源的利用率。GPRS 能快速建立连接，适用于频繁传送小数据量业务或非频繁传送大数据量业务。

5. 移动定位系统

移动电子商务的主要应用领域之一就是基于位置的业务。例如，它能够向旅游者和外出办公的公司员工提供当地新闻、天气及旅馆等信息。这项技术将会为本地旅游业、零售业、娱乐业和餐饮业的发展带来巨大商机。

9.1.3 移动商务的主要商务模式

移动商务是借助于移动技术、通过移动网络向用户提供内容和服务，并从中获得利润的商务活动。而商务活动中不同的参与者、服务内容和利润来源的组合就形成了不同的商务模式。移动商务的主要商务模式包括通信模式、广告模式、信息服务模式、销售模式、移动工作支持模式等。

1. 通信模式

移动通信是移动终端用户的基本要求，也是移动商务中最早出现、最普遍的服务。无线网络运营商为用户提供移动通信服务，用户交纳使用费，就形成了无线网络运营商通过语言或短信服务获取利润的商务模式。

这种商务模式主要参与者就是无线网络运营商和用户，如图 9-2 所示，它的主要服务是语言和短信服务，主要的利润来源就是用户交纳的使用费。

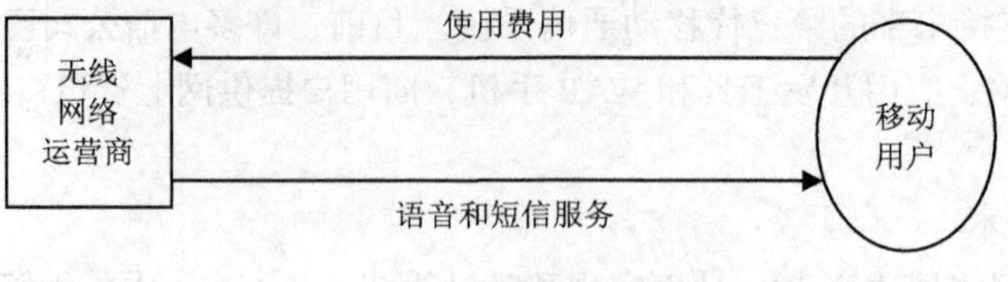

图 9-2　通信模式

2. 广告模式

广告是电子商务的重要利润来源，至今仍然是内容提供商赚取高额利润的有效途径。但是由于移动设备的屏幕小，与有线网相比就需要目的性更强的广告。图 9-3 所示为广告模式的运作模式。从图中可以看出，这种商务模式涉及广告客户、内容提供商、无线网络运营商和客户。当然，在广告模式运营过程中还涉及一些中间商，如无线广告代理商、内容集成商、移动门户网站、无线网络接入商等。

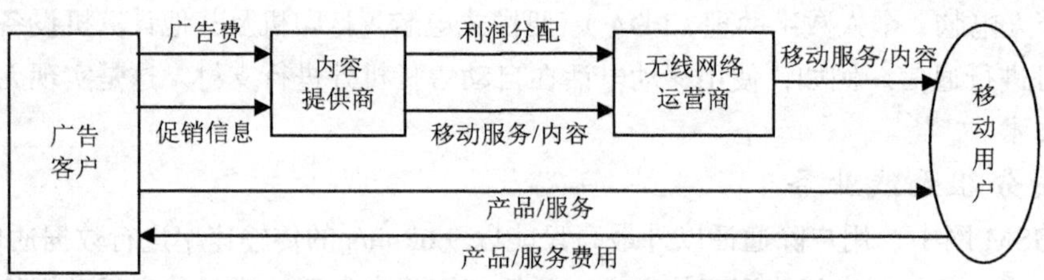

图 9-3　广告模式

在这种模式中，虽然表面上看广告客户支付给内容提供商一定的费用，内容提供商在与无线网络运营商之间进行利润分配，但实际上，移动用户才是利润的来源。移动用户通过购买产品和服务将利润过渡给广告客户，而广告客户只是将其获得利润的一部分以广告费的形式付给内容服务提供商。内容提供商通过将推销信息添加到发给移动用户的内容和服务中，获得广告费。而无线网络运营商通过为内容提供商提供无线传输服务而获得通信费或利润分成。

3. 信息服务模式

移动商务中的信息服务模式主要包括各种实时信息服务（如新闻、天气、股票信息等）、各种基于位置的信息服务（如移动用户附近酒店信息、娱乐场所信息、加油站位置信息等），以及各种紧急信息服务。

在这种商务模式中，主要的参与者是内容和应用服务提供商、无线网络运营商和用户；主要的服务是信息服务；主要的利润来源是用户交纳的服务预订费。如图 9-4 所示，内容服务提供商通过无线网络运营商向移动用户提供各种信息服务；用户通过交纳一定的预订费获得这些服务；无线网络运营商通过传输信息而获得通信费。另外，根据与内容服务提供商签订协议的情况，无线网络运营商还会以佣金的形式获得内容服务提供商的利润分成。

4. 销售模式

自 Internet 诞生以来，就将其视为销售渠道之一，通过建立网上商店等形式可以降低销售成本。同样，无线网也具有同样的功能，也已经开始成为产品和服务的另一种销售渠道。而且无线网络技术和终端设备的特性决定了这种销售模式具有不同于有线网销售方式的特性。如图 9-5 所示，在这种商务模式中，主要的参与者有内容和应用服务提供商（产品/服务提供商）、门户/接入服务提供商、无线网络运营商、支持性服务提供商（第三方服务）和移动用户。

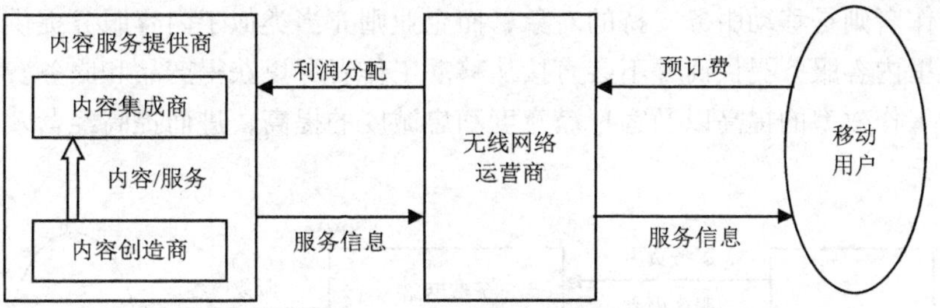

图 9-4　信息服务模式

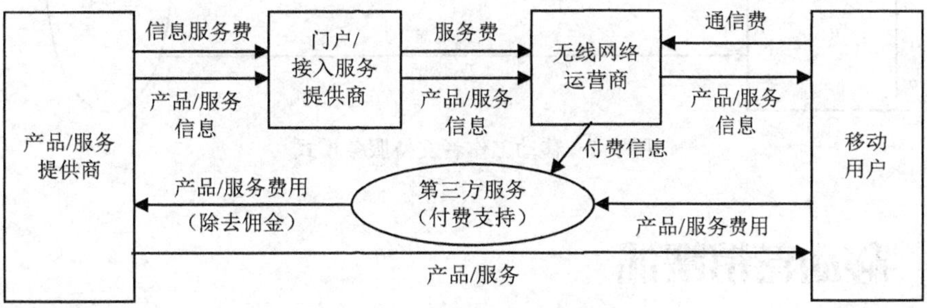

图 9-5　移动销售模式

从图 9-5 中可以看出，产品和服务提供商要向门户/接入服务提供商交纳信息服务费，这种费用可以根据信息流量或时间长度交纳，根据访问次数缴费，或按月/年付费等。而门户/接入服务提供商与无线网络运营商之间的付费方式则大多根据带宽的大小，按月/年付费，当然也有根据提供信息的数量（如按照提供多少千字节的信息付费）。有时用户还要向无线网络运营商提供通信费（产品/服务信息不是免费提供的情况）。第三方获得佣金的方式则可以是根据交易次数收取（如每次收取一定额度的交易费），也可以是根据交易金额收取（收取交易金额的一定比例）。

移动客户是利润的主要来源；产品和服务提供商通过向移动客户销售产品获得利润；门户/接入服务提供商通过向产品/服务提供商提供无线网络接入获得信息服务费；无线网络运营商通过向门户/接入服务提供商提供信息服务获得服务费，有时还会获得移动用户支付的通信费；而第三方（如信用卡公司、银行、无线网络运营商等）则是通过向产品/服务提供商提供服务支持（付费支持）而获得佣金。

5. 移动工作支持模式

移动商务可以作为企业降低成本、提高顾客满意度的手段，典型的应用包括移动支付、移动交易、移动订票等。无线网络的出现不仅能够帮助公司削减分支机构、呼叫中心、售票亭和柜台的人员数量，还有很多其他方面的作用。例如，减少传统商务模式的中间层，缩短供销链，增进了企业与客户之间的亲密感等。一个比较常见的例子就是：航空公司不需要旅行社介入，而是通过移动网络直接把票卖给顾客。

企业运营过程的移动支持主要包括：移动资产管理、移动供应链管理、移动销售支持系统（售货员可以通过该系统访问企业后台数据库以检查产品的可用性，进而与顾客达成更合适的发货日期）等，这个过程能够大大提高企业的生产力。

在企业移动支持中，最重要的一项就是对移动工作者提供支持服务系统。这个系统的建立能够大大提高移动工作者的工作效率。如图 9-6 所示，在这种模式中包括企业（内容提供商）、无线网络运营商和移动工作者。无线网络运营商通过向企业的移动工作者提供移动支持服务获得服务费用；移动工作者则是移动服务支持的对象；而企业则充当类似于内容服务提供商的角色。但不同的是，这里内容服务提供商并不会直接从移动工作者那里获得产品和服务费用，而是借助于移动工作者工作效率的提高以及客户满意度和忠诚度的提高，进而提高经营效率的方式获得回报的。

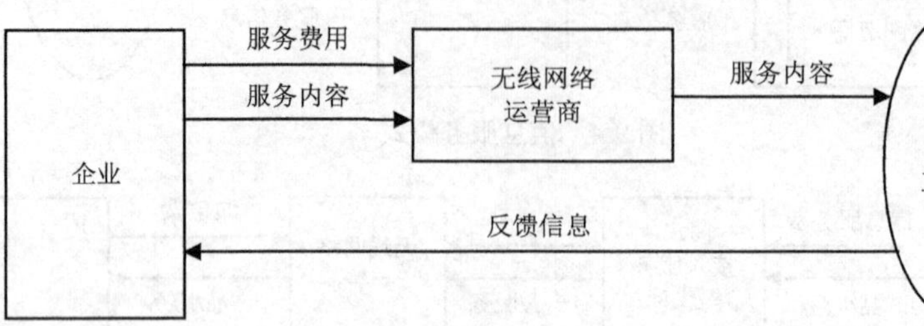

图 9-6　移动工作者支持服务模式

9.2 移动营销概述

9.2.1　移动营销的定义

目前，移动营销还是一个新的营销渠道。现在全球已有 14 亿的手机用户，远远超过固定电话用户，手机已经成为主要的通信工具。而根据信息产业部最新统计数据显示，截至 2006 年 6 月，中国移动电话用户数已经达到 4.3 亿，其中中国移动 GSM 用户数达到 2.74 亿，占整个移动电话市场的比例为 64%。随着 3G 技术的不断应用，克服了现有移动网络上网速度慢的问题，将给移动商务带来新的发展机遇，也为移动营销的发展提供了更好的保障。

美国移动营销协会（American Mobile Marketing Association，MMA）对“移动营销”的定义是：利用无线通信媒介作为传播内容进行沟通的主要渠道所进行的跨媒介营销。移动营销的目的主要是增大品牌知名度、收集客户资料数据库、增大客户参加活动或者拜访店面的机会、改进客户信任度和增加企业收入。

移动营销也称无线营销，是一种新型的关系营销，主要是在强大的数据库支持下，利用手机通过无线广告把高度的个性化即时信息精确有效地传递给消费者个人，达到“一对一”的互动营销的目的。

9.2.2　开展移动营销的步骤

从理论上说，移动营销可以利用庞大的数据库资源对目标人群进行分众处理，向他们定向、即时地传递个性化信息，并达到与分众目标进行互动的目的。目前，数据库营销已经成为很多大型企业的重要的营销手段，数字挖掘技术、数字搜索技术和数字分类技术越来越被大型企业的营销部门视为重要的营销工具，而移动营销的前提一定是数据库营销。

移动营销是紧紧地围绕着数据库展开的，这就要求首先要明确移动营销的目的和分众对象，创建有明确市场目标的数据库，通过对数据库的分析来制定和调整策略，并高效地执行。在这一过程中还可随时新增数据库，使移动营销活动可以持续地展开，从而带动销售。移动营销活动可分为 3 个阶段，依次是移动营销活动数据库的采集、移动营销的数据挖掘和移动营销俱乐部的建立。

1. 移动营销的数据库采集

移动营销的数据库采集，主要是通过吸引用户参加活动来采集目标消费者信息，如通过广告、海报、传单、促销、短信抽奖等活动来引起消费者的注意。数据库是通过收集对企业发出的优惠券等促销手段做出积极反应的客户和销售记录而建立起来的。创建数据模型必须使用收集到的原始数据，并将其转换成数据模型所支持的格式初始化和预处理。

2. 移动营销的数据挖掘

数据挖掘（Data Mining）是一种新的商业信息处理技术，其主要特点是对商业数据库中的大量业务数据进行抽取、转换、分析和其他模型化处理，从中提取辅助商业决策的关键性数据。数据挖掘技术在企业市场营销中得到了比较普遍的应用，它以市场营销学的市场细分原理为基础，其基本假定是“消费者过去的行为是其今后消费倾向的最好说明”。

移动营销的数据挖掘主要是通过“一对一”的用户调查进行数据挖掘，如利用打折券或其他优惠活动吸引用户。比如客户细分就是根据其特征将相似的客户归组到一起，这是了解客户和针对特定客户组进行市场定向所不可缺少的。客户细分可根据许多不同条件而进行。这些条件可由简单的年龄、性别、地理位置或这些变量的组合来构成。当这些条件变得越来越复杂时，数据挖掘技术就应运而生了。

3. 建立移动营销俱乐部

移动营销俱乐部是一种全新的短信客户管理平台，配合现有的销售、运作模式，是企业实现服务差异化、调整市场运作、产品销售达到最佳效果的捷径之一。建立移动营销俱乐部可以更好地对目标消费群进行管理，提高目标客户的品牌忠诚度，随时掌握目标群体的消费心理，动态实时分析消费者的消费行为，对静态数据进行分析补充。

移动营销俱乐部的建立，可以让企业和用户互动起来。而手机对于消费者来说是唯一的、对应的，手机具有的区域属性，让企业能够了解用户的分布状况，企业可以有效地将品牌深入人心，将企业市场营销资源与提高销售量、提升品牌知名度紧密结合，从而提升企业的核心竞争力。通过移动营销俱乐部，可以了解消费者的消费心理，维系和壮大企业的产品消费群体，实现企业对外平台的统一，向目标客户群发送市场信息、新产品信息等，从而大幅度降低企业的营销成本和服务成本。

9.2.3 移动营销的发展

根据美国移动营销协会最新调查，消费者越来越依赖手机，手机已成为人们日常生活中必不可少的一个组成部分。21 世纪最重要的传播媒介将是手机、移动通信设备，而不是纸质媒介或广告牌。

目前来看，移动营销的一个障碍是：消费者认为移动营销和移动广告包含“推”的因素，它发送到手机——一个非常私人的设备上。然而，同 E-mail 和网络营销不同，移动营销是许可营销（Permission Marketing），消费者能够主动选择他们希望参与的移动营销活动。在移动营销的生态环境中，营销者应该保护消费者的隐私和保证高质量的顾客体验。

另外，教育消费者对于移动营销行业的发展极为关键。通过教育消费者，让他们知晓参加移动营销活动可以获得哪些好处，将使移动营销活动取得最大程度的成功。强调参加移动营销活动将能让消费者了解更多的信息，节省购物开支，获得下载服务以及特别优惠等，这些激励措施对吸引消费者参与不可或缺。

9.3 短信营销

9.3.1 短信营销概述

随着移动通信业务的发展，手机短信业务因其价格便宜、形式新颖、方便快捷，获得了广大手机用户的青睐。目前，短信服务早已融入人们的日常生活，并形成了一种独特的短信经济现象。在“以客户为中心”的经营理念大行其道的今天，很多大型企业都开发了以营销服务为目标的短信互动平台，在缩短客户距离、增强互动沟通的基础上，大大提高了客户的满意度及忠诚度。这种营销模式越来越受到众多企业的欢迎，短信营销时代的脚步正离我们越来越近。短信的即时、互动和随身特性以及低廉的资费决定了它在企业商务应用中的独特地位和不可替代性。越来越多的企业已经开始意识到其广阔的商务应用前景和巨大的商业价值。

9.3.2 短信营销的特点

短信成为一种新的大众媒体，与报刊、广播、电视等传统媒体及网络媒体广告相比较，具有以下特点。

1. 短信覆盖面广，用户群众多

短信广告群发的信息发布对象为中国移动、中国联通以及小灵通用户。与传统媒体的多选择性所造成的低浏览率、不可预计性相比，具有无可比拟的覆盖率高、覆盖面大的优势。

2. 短信发送简单，定位受众准确

短信广告抵达率高达 100%。对于传统媒体广告而言，广告受众有极强的选择性和可回避性，这就使广告客户的资金随着受众客户的回避而付之东流，达不到预期的宣传目的和宣传效果。短信营销广告传播方式具有客户不可回避性。无论何时我们都可以向对方发送短信。

3. 短信发布快速，准确率高

传统的媒体需要制作、排版及编辑，而且只能在固定的时间发布，受到时空的限制。如果使用手机发送短信，一般手机发送 1 条短信需要 1 秒的时间，如果使用短信网关发送短信，发送速度更快。手机用户在全国各地都可以收到，遇有短评快或紧急的宣传活动，手机短信非常适合。

4. 短信发布成本十分低廉

在相同的受众群体下，短信的发布费用要比传统媒体的发布费用低的多。如果用短信网关发送，那费用就更低了。

9.3.3 短信网址营销

1. 短信网址的概述

据短信网址联合信息中心（MobNIC）发布的《2005 年—2006 年中国短信网址市场研究报告》

显示，短信网址正在成为企业全面实现移动营销的主要载体。报告显示，中国的短信业务从 2000 年开始起步，当年全国的手机用户仅发送短信息 10 亿条。而到了 2005 年，这个数量已经迅速增长到 3 046.5 亿条，平均每个用户每天发送两条以上的短信，如表 9-1 所示。短信在中国被广泛接受，为开展短信网址类服务提供了坚实的保障。

表 9-1　　2000 年—2005 年中国手机用户数和短信数统计

	2000 年	2001 年	2002 年	2003 年	2004 年	2005 年
用户数（万）	8 453	14 482	20 617	26 869	33 482	39 343
短信（亿条/年）	10	190	583.3	1 371	2 177	3 046.5
平均发送量（条/人）	0.03	0.36	0.77	1.40	1.78	2.12

报告预计，在 2007 年—2008 年，短信网址将走入快速发展阶段，其注册量将超过 100 万，整体产业规模将超过 15 亿美元。届时，短信网址将真正成为企业移动营销的主流方式，推动企业营销走向一个“多快好省”的新时代。

短信网址是利用 SMS 短信方式或 WAP 寻址方式为移动终端设备快捷访问移动互联网内容和应用而建立的寻址方式，是基于移动互联网内容的 IP 及域名体系之上的应用标准。通过短信网址技术，手机用户、IP 网络短信用户可以通过短消息方式，使用容易理解记忆的自然语言，方便、直接、有效地获取个人、企业、事业和政府部门提供的各种信息和服务。

短信网址不但降低了移动用户访问移动互联网信息平台的门槛，同时也降低了中小企业搭建移动互联网信息平台的门槛。如同传统互联网上的域名技术对互联网的发展和普及所产生的巨大推动作用，短信网址技术也将极大地推动移动互联网的发展，为普及和推广移动信息化打下坚实的基础。

2. 短信网址的注册

短信网址是企业在无线互联网的商标和名片；短信网址具有唯一性，其价值和重要性企业不容忽视。企业注册短信网址后，手机用户可以只需输入企业的短信网址就可以及时获取企业的相关信息，与企业互动，企业也可以更加方便地面向手机用户进行营销和服务。下面以中国无线电子商务网（www.mobec.cn）为例，介绍 EC 短信网址的注册。

（1）短信网址注册策略。同互联网网址注册类似，用一个易于记忆且与本企业商标或品牌相关的词语或短信注册短信网址，将有助于更多手机用户使用短信网址、91600 短信客服、91600 短信信箱等。通常，短信网址注册可以采用以下 5 点注册策略。

① 短信网址名称字数最好不超过 4 个字，字数越少越易于记忆和使用。

② 注册时使用本企业的品牌或商标注册。商标已广为人知，若将其注册为短信网址，就不需要大力宣传，手机用户自然会直接使用。

③ 使用本企业名称的简称注册。企业简称比企业全称更被人所熟悉，而且用户使用企业简称更方便。例如，“中国石油天然气集团公司”可注册短信网址为“中石油”。

④ 使用“地名 + 本企业名称的关键词”注册。这种方式可以使短信网址字数更少，便于记忆。

⑤ 使用“企业名称关键词 + 产品”注册。便于强势推荐企业的产品。例如，联想集团可以将手机产品注册为“联想手机”。

（2）短信网址注册步骤。短信网址注册步骤如下。

① 登录 EC 短信网址的网站（www.91600.com.cn），如图 9-7 所示。然后单击“短信网址”的“网址注册”选项阅读《短信网址命名规则》和《短信网址注册实施细则》。

图 9-7　EC 短信网址的网站首页

② 进入注册页面，填写短信网址名称，如图 9-8 所示，单击“查询可否注册”，查询你想注册的网址是否可用。如果可用，则依次填写网址管理密码和管理员电子邮箱和管理员手机号码等信息。

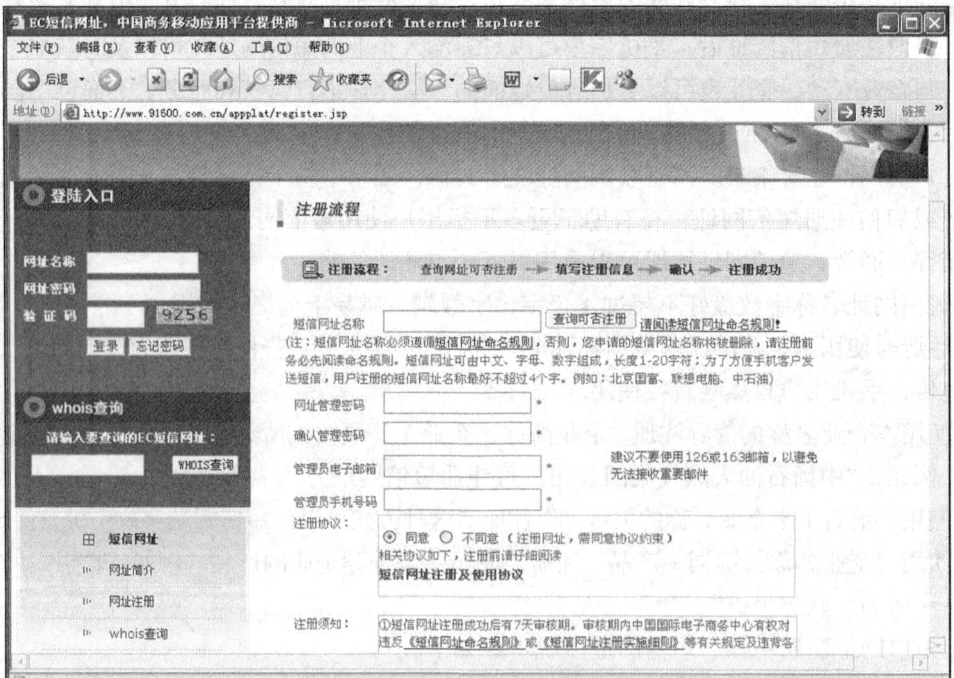

图 9-8　短信网址注册页面

③ 单击“立即申请”后，填写预注册信息，如图 9-9 所示，填写企业的相关信息内容。

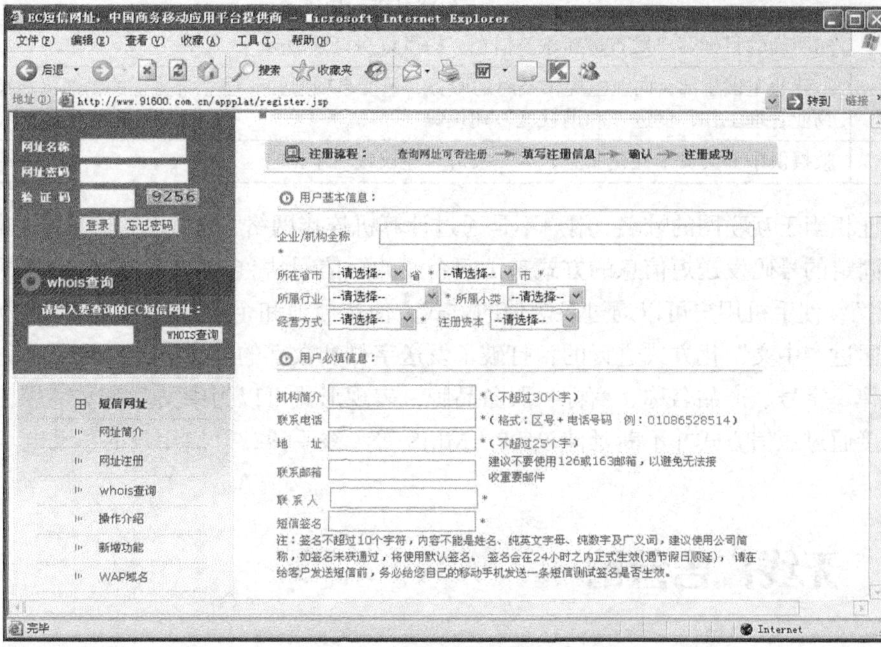

图 9-9　预注册信息填写页面

④ 确认预注册信息无误后提交，这样就完成了预注册信息。此时你还未通过正式审核，有效使用期只有 7 天，还必须在 7 天之内将营业执照、政府公函或身份证复印件及公司或个人的相关介绍传真或邮寄至管理中心，由工作人员进行审核，这样才能通过管理中心审核。否则在 7 天后没收到相关资料，注册的 EC 短信网址将被删除。

⑤ 将相关的证件送交工作人员进行审核，并向代理商缴纳一定费用，这样 EC 短信网址就正式开通了。

3. EC 短信网址行业应用

短信网址的出现引起了业界的广泛关注，短信网址将成为推进企业信息化的一条新途径。短信网址的企业应用将推动移动商务的发展，为未来 3G 的内容和应用奠定坚实的市场基础。目前，EC 短信网址行业应用如表 9-2 所示。

表 9-2　EC 短信网址行业应用

主要行业	行业具体应用内容
生产企业	客户服务，组建产品俱乐部，向目标客户提供新产品信息和个性化增值服务；内部信息交流，提高管理效率；进行产品防伪查询
渠　道	客户服务，及时和下层渠道沟通，满足下层渠道的需求
零　售	促销信息发布、电子优惠券，客户服务
医　院	短信病因咨询、病情诊断热线，短信挂号、病情（危）通知等
餐　饮	提供短信定餐、预定车位、预定餐位，为顾客提供方便的预定服务
物　流	数据采集，保证效率和质量，及时掌控物流过程，接受客户投诉、建议和预订
影视娱乐	组建影迷俱乐部，即时向俱乐部成员发送新片首映、各种娱乐资讯
媒体杂志	组建读者俱乐部或短信订阅，提高媒体与受众的互动，群发征订优惠信息

续表

主要行业	行业具体应用内容
旅游订票	向明确的目标客户发布最新旅游信息，提供订房订票服务
物业管理	组建业主俱乐部，向业主提供及时的服务，重要事项通知，建立与业主的畅通沟通渠道；优化物业管理工作，促进"和谐社区"建设等
汽车救援	救援俱乐部会员个性化服务，客户投诉、建议或需求留言

短信网址相当于互联网的域名，用户不是通过计算机连接网络，然后输入网址来进行访问的，而是通过向固定的号码发送短信息的方式来访问企业的短信网站。它是企业在移动互联网上的"商标"和"名片"，使手机用户可以通过发短信的方式方便快捷地和企业进行信息互动。同时，它的寻址方式是通过"中文"化方式进行的，打破了发送字母和数字的技术屏障。注册名称形式可以为用户的品牌、字号、产品名称、商标、服务品牌，表现形式可以为中文、英文字母、数字及其组合等。直接通过短信方式并不断延伸 WAP、MMS 等无线手段，开启用户的移动电子商务应用服务之门。

9.4 无线广告营销

9.4.1 无线广告概述

与固定互联网相比，无线互联网接入设备由于自身的特点限制，不可能将常规网络营销的方式全盘照搬到无线领域。从目前情况来看，移动营销的方式主要以无线广告为主，无线广告标准协会（Wireless Advertising Association，WAA）于 2001 年 5 月 14 日首次发布的部分无线广告标准也是针对 SMS 和 GSM 网络发送信息的。无线广告是针对于无线媒体而言，但不应与移动营销相混淆，无线广告的内涵要具体一些，无线营销的范围要宽得多，被认为是用新的方式与消费者建立联系。

根据国内市场调研公司 iResearch 的研究发现，2006 年中国无线广告市场规模达到 5 亿元。随着 3G 网络在中国的开展，移动运营商对移动数据业务的重视，智能手机终端的普及以及无线上网用户的迅速增长，2007 年无线广告市场规模预计将达到 7.1 亿元，2008 年无线广告市场规模预计将达到 11 亿元，而 2010 年有望达到 18 亿元。2005 年—2010 年的年平均复合增长率为 50%。图 9-10 所示为 2005 年—2010 年中国无线广告市场规模。

从理论上说，无线广告具有同一般网络广告同样的特点，比如更好的交互作用、可测量和可跟踪特性等，同时无线广告可以提供特定地理区域的直接的、个性化的广告定向发布，比传统网络广告显得更有优势。移动营销提供了许多前所未有的直销和创收方式，移动设备的特性意味着接收到的任何信息都会被用户阅读，这为营销人员提供了获得用户注意力的创新和交互能力，并且提供了客户关系管理和建立顾客忠诚度的新方法。

9.4.2 无线广告的定义

无线广告是无线营销中的重要内容。目前，业内对无线广告的称呼很多且不统一，主要有移动广告、手机广告、无线互联网广告等，但其内涵基本相同。无线广告是指以手机媒体为平台发布的广告。它可以针对分众目标，提供特定地理区域的、直接的、个性化的广告定向发布，其形式可通过手机短信、彩信、声讯、手机流媒体等多种手机增值服务来发布。

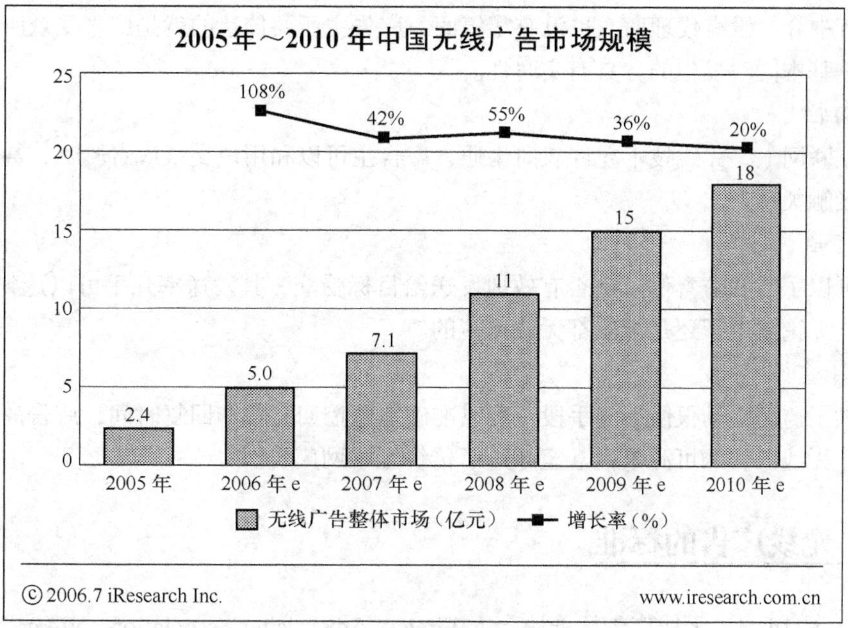

图 9-10　2005 年—2010 年中国无线广告市场规模

无线广告的形式多种多样，从表现形式上来看，目前主要包括短信广告、彩信广告、WAP push 广告以及 WAP 媒体广告等形式。随着未来手机媒体表现形式的多样化，如手机流媒体的普及，未来无线广告或许将出现手机视频广告形式；随着 WAP 内容的丰富化，以及基于 WAP 搜索引擎的流行，与互联网竞价排名类似的手机搜索类广告或许也将成为一种重要的表现形式。

9.4.3　无线广告的特点

无线广告将手机平台和广告有机地结合在一起，突破了传统的电视广告、报纸广告和网络广告等单纯依靠庞大的覆盖范围来达到营销效果的局限性，是“精准营销”在广告领域内的新突破，有效降低了广告主的营销费用，提高了用户对广告的满意度。无线广告主要有以下 6 个特点。

1. 个性化

移动终端是个性化的用品，人们通常通过用特别的铃声、图片或者待机铃声（彩铃）来进行个性化设置，包含了很多个人隐私。同时，电话号码如同身份证号码一样，结合个人的预留信息，为广告商提供了定向营销的可能性。

2. 实时性

实时性取决于发出信息的数量和运营商的网络状况，但基本上是在几秒最多几分钟的时间内完成，基本上感觉不到时间差。广告主可以做到在合适的时间把合适的信息发送给合适的受众群体。

3. 直接性

移动通信提供的通信服务是个人对个人的，如果从业务链角度来讲，广告主能够直接面向广告受众，没有中介，没有代理商，也没有零售商，广告主所要传达的就是广告受众所接受的，而且在时间上是基本同时发生的，具有实时性。

4. 双向性

如同在互联网上，无线技术允许双向沟通，广告主可以和用户交谈或者聆听，甚至可以建议一种直接的接触关系。

5. 可靠性

广告主可以了解和监督信息是否有效地发送给目标受众，其发送率几乎可以达到 100%，这是传统的媒体无论是电子还是纸质都无法比拟的。

6. 可测量性

移动提供了监测活动很便捷的手段，可以准确地监控回复率和回复时间，广告商可以随时调整营销策略。无线广告的可测量性甚至超过了传统互联网广告。

9.4.4 无线广告的标准

2001 年 5 月 14 日，无线广告标准协会（Wireless Advertising Association，WAA）首次发布了部分无线广告标准。WAA 首批发布的标准是针对 SMS 和 GSM 网络发送信息的。全文信息（Full Message）是一种利用 SMS 发送包含全部 160 个字符的广告形式。赞助式广告（Sponsorship）的标准为 34 个字符，对于大多数手机都可以在两行内显示，这种格式专门为赞助内容设计，不占用信息的中心空间。

同时，WAA 也公布了无线广告传输和效果测量的定义，主要包括 3 个方面。

1. 无线广告的核心定义

无线广告的核心定义包括以下几方面内容。

（1）许可水平（Permission Level）：用户/设备许可的水平是指同意从某个运营商、服务商或无线内容网站接收广告信息的程度，在 WAA 关于个人信息保护和垃圾邮件的指导方针中做出定义。

（2）屏幕特性（Screen Characteristics）：可以显示广告的无线设备显示屏的像素数和颜色。包括以下两项主要内容。

① 响应能力（Response Capability）：用户基于设备特性的响应能力（如具有内含 800 号码的 SMS、WAP）。

② 潜在受众（Potential Audience）：可以从两个方面来描述，从拉动广告方面讲，是指任何一个网站内容所影响到的全部独立用户/设备数量；从推动广告方面来讲，是指服务供应商或者营销人员获得许可的可设定地址的设备数量。

2. 无线广告传送指标

无线广告的传送指标包括以下几项。

（1）送达（Reach）：广告主的广告信息传送到的独立用户/设备数量。

（2）频率（Frequency）：每条广告信息发送到每个独立用户/设备的次数。

（3）印象（Impression）：由服务器软件记录的发往用户/设备的广告信息。（总印象数=送达×频率）。

3. 无线广告反应指标

无线广告的反应指标包括以下内容。

（1）单击（Click-Through）：没有发生回叫的用户/设备与广告的交互作用。

（2）信息接收（Message Received）：反馈到运营商或者 SMS 服务器，确认信息成功发送到用户/设备。

（3）回叫（Call Back）（使用专用的 800 号码或者确认号码）：用户/设备呼叫到一个无线广告中预先设定的电话号码以获取更多信息——可以通过一个特定的反应号码或者跟踪码跟踪。

9.5 博客与博客营销

9.5.1 博客概述

1. 博客含义

所谓博客就是网络日志，在网络上建立的一个平台，这个平台通常由个人管理、不定期张贴新的文章的网站。博客上的文章通常根据张贴时间，照年份和日期倒序排列的。许多博客专注在特定的课题上提供评论或新闻，其他则被作为比较个人的日记。

博客是一个网页，结合了文字、图像、其他博客或网站的链接、及其它与主题相关的媒体。大部分的博客内容以文字为主，仍有一些博客专注在艺术、摄影、视频、音乐、播客等各种主题。博客是社会媒体网络的一部分。

2. 博客作用

博客具有以下几个作用。

（1）个人自由表达和出版的作用，博客可以实现资源共享，是个人展示的平台，学习资源库。可以通过博客记录个人成长中的点点滴滴，自由表达个人的思想、观点，同时也让他人通过博客了解，为我们提供了一个绝好的交流、分享的平台。

（2）记载和交流的作用，博客就像日记，可以在博客中记录身边的事，自己的心灵感悟等；博客与日记的明显不同就是博客有一种交流的作用，写在日记中的东西一般说来是比较隐秘的，不一定希望别人看到，但在博客这个平台上，可以发表自己的读书体会，对时事的看法，甚至可以交流有关生活中的小技巧。从这个层面上来说，博客让我们展示自己，同时学习别人。

（3）展示企业形象或企业商务活动信息的作用，利用博客这种网络应用形式开展网络营销，宣传企业的文化、品牌，树立企业形象，发布企业商务活动信息，推销企业的产品。

（4）博客在教学上的作用有以下几个。

① 教学内容的设计。研究性学习的教学组织，关键是教学内容的设计。教学内容设计不好，再好的课件、再好的课堂组织都达不到预期的效果。教学内容如何设计呢？那就需要了解学生已

有的知识结构和能力结构，这就需要用到知识管理的理论与技术，而博客（Blog）就具有这样的理论与技术。

② 教学过程的组织。用博客方式组织研究性学习的教学，更注重教与学的参与和协作，更注重参与者发表不同的观点。博客更看重的是参与的过程而不是结果。对于教师或书本上的观点，学生可以通过博客的方式发表他对于这些问题的理解，博客并不要求意见的统一，但要求意见的针对性和独立性。另外，在课程设置的过程中可以设置多个不同的议题，允许学生自由地选择他们感兴趣的议题。博客可以有效地鼓励学生的参与，不光是阅读和评论老师或其他同学的博客日志，更重要的是可以通过建立自己的博客日志，设置自己的议题，与别人分享自己的思想。

另外，在常规教学过程中，教师可以把博客作为自己发布通知、分配作业或提供学习资源链接的在线辅助教学工具。图9-11所示的是某教师在自己的博客上给学生布置的教学实训作业和资料。

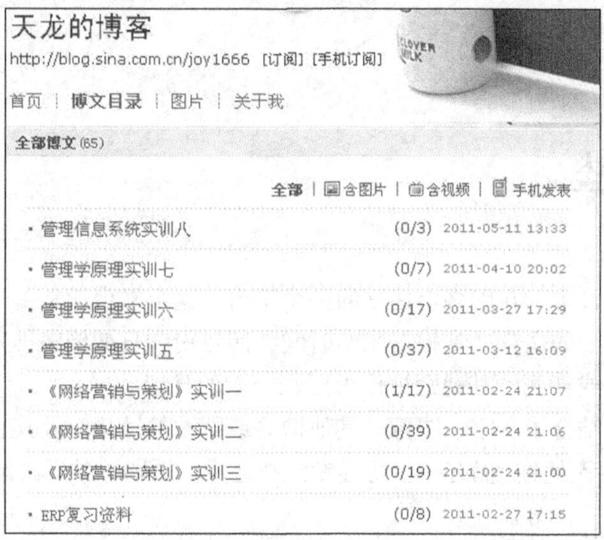

图9-11　天龙博文目录

③ 教学信息的评价。博客的重要特征就是对信息的过滤，使得信息可以转换成有用的知识，但是博客所过滤的知识到底有没有价值，价值在什么地方，阅读者有没有补充的信息，阅读者对于博客的资料和思想有什么样的观点，都可以通过评价的方式加以表述。国内外有关实验表明，通过博客，建立学生电子档案，有效地促进学生学习成长。如在学习过程中，通过博客，记录学生思考、与家长的反馈协作、社会实践活动、研究性学习资源收集、兴趣爱好等活动，可以让教师和家长更容易访问，跟踪学生的学习进度，也可以让学生不断地回顾、反思自己的学习过程。

总之，博客运用于教学，对教师来说，博客的过程主要是整理自己知识体系的过程，也是与学生交流的平台；对于学生来讲，博客的过程主要是学生个人构建自己的知识体系的过程。

9.5.2　博客分类

1．按功能分

博客按功能可以分为以下几种。

（1）基本的博客，即 Blog 中最简单的形式。单个的作者对于特定的话题提供相关的资源，发表简短的评论。这些话题几乎可以涉及人类的所有领域。

（2）微博，即微型博客，目前是全球最受欢迎的博客形式，博客作者不需要撰写很复杂的文章，而只需要抒写 140 字内的心情文字即可（如新浪微博、Follow5、网易微博、腾讯微博、叽歪、twitter、随心微博）。

2. 按个人和企业分

博客按个人和企业分，可以分为以下几种。

（1）个人博客。

① 亲朋之间的博客（家庭博客）。这种类型博客的成员主要由亲属或朋友构成，他们是一种生活圈、一个家庭或一群项目小组的成员。

② 协作式的博客。与小组博客相似，其主要目的是通过共同讨论使得参与者在某些方法或问题上达成一致，通常把协作式的博客定义为允许任何人参与、发表言论、讨论问题的博客日志。

③ 公共社区博客。公共出版在几年以前曾经流行过一段时间，但是因为没有持久有效的商业模型而销声匿迹了。廉价的博客与这种公共出版系统有着同样的目标，但是使用更方便，所花的代价更小，所以也更容易生存。

（2）企业博客。

① 商业、企业、广告型的博客。对于这种类型博客的管理类似于通常网站的 Web 广告管理。商业博客分为 CEO 博客、企业博客、产品博客、“领袖”博客等。以公关和营销传播为核心的博客应用已经被证明将是商业博客应用的主流。

② 企业高管博客。即以企业的身份而非企业高管或者 CEO 个人名义进行博客写作。

③ 企业产品博客。即专门为了某个品牌的产品进行公关宣传或者以为客户服务为目的所推出的“博客”。

④ “领袖”博客。除了企业自身建立博客进行公关传播，一些企业也注意到了博客群体作为意见领袖的特点，尝试通过博客进行品牌渗透和再传播。

⑤ 知识库博客，也称为 K-LOG。基于博客的知识管理将越来越广泛，使得企业可以有效地控制和管理那些原来只是由部分工作人员拥有的、保存在文件档案或者个人计算机中的信息资料。知识库博客提供给了新闻机构、教育单位、商业企业和个人一种重要的内部管理工具。

3. 按存在方式分

博客按存在方式分，可以分为以下几种。

（1）托管博客，无须自己注册域名、租用空间和编制网页，只要去免费注册申请即可拥有自己的 Blog 空间，是最“多快好省”的方式。

（2）自建独立网站的 Blogger，有自己的域名、空间和页面风格，需要一定的条件。例如，自己需要会网页制作，需要懂得网络知识，当然，自己域名的博客更自由，有最大限度的管理权限。

（3）附属 Blogger，将自己的 Blog 作为某一个网站的一部分（如一个栏目、一个频道或者一个地址）。这三类之间可以演变，甚至可以兼得，一人拥有多种博客网站。

9.5.3 微博概述

1．微博含义

所谓微博，即微博客（MicroBlog）的简称，是一个基于用户关系的信息分享、传播以及获取平台，用户可以通过 Web、WAP 以及各种客户端组件个人社区，以 140 字左右的文字更新信息，并实现即时分享。

微博是一种互动及传播性极快的工具，实现的网络媒体效果、传播速度甚至比媒体还要快，是一种可以即时发布消息的类似博客的系统。它最大的特点就是集成化和开放化，可以通过手机、IM 软件（Gtalk、MSN、QQ、Skype）和外部 API 接口等途径向微博客发布消息。对用户的技术要求门槛也很低，而且在语言的编排组织上，没有博客那么高，只需要反映自己的心情，不需要长篇大论，更新起来也方便，和博客比起来，字数也有所限制；微博开通的多种 API 使得大量的用户可以通过手机、网络等方式来即时更新自己的个人信息。

2．微博应用形式

微博应用的主要形式就是手机和微博的结合形式，微博从诞生之日起就与手机应用密不可分，其重大意义就在于建立手机和互联网应用的无缝连接，培养手机用户使用手机上网的习惯，增强手机端同互联网端的互动，从而使手机用户顺利过渡到无线互联网用户。

（1）通过短信和彩信。短彩信形式是同移动运营商合作，用户所花的短彩信费用由运营商支收取，这种形式覆盖的人群比较广泛，只要能发短信就能更新微博，但对用户来说更新成本太大，并且彩信限制 50KB 大小的弊端严重影响了所发图片的清晰度。最关键的是这个方法只能提供更新，而无法看到其他人的更新，这种单向的信息传输方式大大降低了用户参与性和互动性，让手机用户无法真正体验微博功效。

（2）通过 WAP 版网站。各微博网站基本都有自己的 WAP 版，用户可以通过登录 WAP 或通过安装客户端连接到 WAP 版。这种形式只要手机能上网就能连接到微博，可以更新也可以浏览、回复和评论，所需费用就是浏览过程中用的流量费。但目前国内的 GPRS 流量费还相对较高，网速也相对较慢，如果要上传大点的图片，速度非常慢。

（3）通过手机客户端。手机客户端分为两种，一种是微博网站开发的基于 WAP 的快捷方式版，用户通过客户端直接连接到经过美化和优化的 WAP 版微博网站。这种形式用户行为主要靠主动来实现，也就是用户想起更新和浏览微博的时候才打开客户端，其实也就相当于在手机端增加了一个微博网站快捷方式，使用操作上的利弊同 WAP 网站也基本相同。另一种是利用微博网站提供的 API 开发的第三方客户端。这种客户端在国内还比较少，国际上比较有名的是 Twitter 的客户端 Gravity 和 Hesine（和信）。Gravity 是专门为 Twitter 开发的，需要通过主动联网登录的，但操作架构和界面经过合理设计，用户体验非常好，可惜目前只支持 S60 的系统。

9.5.4 博客营销

1．概述

博客营销是通过博客网站或博客论坛接触博客作者和浏览者，利用博客作者个人的知识、兴趣、生活体验等传播商品信息的营销活动，称为博客营销。

由于博客的内容可以公开，且自己可以发表自己的网络日记，也可以阅读别人的网络日记，因此博客可以理解为一种个人思想、观点、知识等在互联网上的共享。由此可见，博客具有知识性、自主性、共享性等基本特征，正是博客这种性质决定了博客营销是一种基于包括思想、体验等表现形式的个人知识资源，它通过网络形式传递信息。

博客营销是利用博客这种网络应用形式开展网络营销的工具。企业利用博客这种网络交互性平台，发布并更新相关概况及信息，并且密切关注及时回复平台上客户对于企业的相关疑问以及咨询，并通过较强的博客平台帮助企业零成本获得搜索引擎的较前排位，以达到宣传目的的营销手段。

2. 博客营销构成条件

博客营销的构成必须满足以下几个条件。

（1）博客名称。博客名称就是博客的主题（TITLE），这也是能否被搜索引擎搜索的重要内容。博客名称可以是企业的名称或者产品的名称，也可以是企业的品牌标识或企业的关键词。

（2）博客模板的选择和制作。大多数网站都有自定义模板的功能，可以充分利用此功能制作精美图片、声音和动画，因为使用的是第三方网站提供模板的空间，所以应尽量使用比较简洁明了的模板，页面的最佳视觉设计要根据读者和主题而定。

可以通过色彩、字体和图片来设定情调，但要保证色调与内容相符。不管主题是什么，最好避免使用深色背景配深色文字，细小或过于夸张的字样，以及其他使博客不易阅读的因素等。

（3）企业档案。企业档案主要是企业说明这部分，在这部分里面应该写清楚企业介绍或产品介绍，并且展示在博客比较显眼的位置，通常的情况下，都有要求博主添加头像，在这个地方可以将企业的标志、品牌图片或者企业 LOGO 上传上去。

（4）文章分类。将博客里面的文章围绕着主题或者其他的规则，分别列出不同的文章分类来，这个文章分类应该更多的体现出企业博客的关键词，也就是企业名称或者产品来。这样更加利于被更多的网站搜索。

（5）文章列表。文章在博客首页的展示，这个是必不可少的，根据博客的宽度和高度，设计版面，自行调试首页调用几篇文章，这个功能很多网站的博客都有，没有的就只能根据第三方网站的规矩办了。

（6）友情链接。这个也比较重要，可以将自己的企业网站，其他的博客地址，都加到这里里面来，按照百度的排名规则，这样的互链可以增加权重，影响企业博客排名，主动链接一些名人名站。

（7）好友列表。好友文章列表，最新评论，将这些归结到博客互动这里来，通过这些友好的博友之间的互动，增进流量，扩大自己博客的知名度。

3. 博客营销应注意的问题

博客营销只是网络的一种营销方式，绝不是什么灵丹妙药，更不能盲目地把它吹上天。作为一种营销方式，博客营销是客观存在的，它不以人的意志而转变。至于运用效果的好坏，往往是与我们的思想观念和操作技巧有着直接的关系。

（1）博客要与网站相结合。博客营销要与企业网站相结合，互为相补。因为博客往往是以软文的形式传播其信息，而侧重点是思想交流，带有情感的成分，并且更新快，灵活性强。而企业网站却注重的是企业简介、产品情况等，是一种较为严肃、固定的感觉。

以上就是企业网站和博客固有的定位，两者独立运营都有许多缺点，但是合而为一，互相弥补，就会显示出企业营销的完整性。

（2）博客要与社区论坛相结合。社区论坛作为一种网络的营销方式，以联盟形式为主，在网上以“百家争鸣”来增加人脉。在网下以社区活动集众家之智，聚大家之力，尤其是使虚拟转化为现实。博客需要人脉，人脉意味着订单机率，博客更需要社区论坛活动，因为博客是从思想交流转化为现实的重要渠道。

（3）博客必须注重其互动性的特征。博客至所以会在短时间内发展得如此迅速，其实质就是在于互动性，这也是博客营销区别于传统营销的所在，也是发现潜在客户的关键，是连接客户或接单的重要方式和环节。互动主要包括阅读博文（尤其是业内的博客）、点评博文、旺旺沟通、建立博客圈、参与论坛商盟、QQ 交流、以及线下的商盟活动等，是一个综合的概念。同时，互动又是一个动态的行为过程，它与自身的努力是成正比的。其中，最关键的因素是客户的参与性。

4. 微博营销

微博营销是最近刚推出的一个网络营销的方式，随着微博的火热，既催生了有关的营销方式，就是微博营销。每一个人都可以在新浪，网易等等注册一个微博，然后利用更新自己的微型博客。每天的更新的内容就可以跟大家交流，或者有大家所感兴趣的话题，这样就可以达到营销的目的，这样的方式就是新兴推出的微博营销。

5. 微博营销与博客营销的区别

微博营销与博客营销的区别可以从以下几个方面得出。

（1）信息源的表现形式差异。博客营销以博客文章（信息源）的价值为基础，并且以个人观点表述为主要模式，每篇博客文章表现为独立的一个网页，因此对内容的数量和质量有一定要求，这也是博客营销的瓶颈之一。微博内容则短小精炼，重点在于表达现在发生了什么有趣（有价值）的事情，而不是系统的、严谨的企业新闻或产品介绍。

（2）信息传播模式的差异。微博注重时效性，三天前发布的信息可能很少会有人再去问津，同时，微博的传播渠道除了相互关注的好友（粉丝）直接浏览之外，还可以通过好友的转发向更多的人群传播，因此是一个快速传播简短信息的方式。博客营销除了用户直接进入网站或者 RSS 订阅浏览之外，往往还可以通过搜索引擎搜索获得持续的浏览，博客对时效性要求不高的特点决定了博客可以获得多个渠道用户的长期关注，因此建立多渠道的传播对博客营销是非常有价值的，而对于未知群体进行没有目的的“微博营销”通常是没有任何意义的。

（3）用户获取信息及行为的差异。用户可以利用计算机、手机等多种终端方便地获取微博信息，发挥了“碎片时间资源集合”的价值，也正因为是信息碎片化以及时间碎片化，使得用户通常不会立即做出某种购买决策或者其他转化行为，因此作为硬性推广手段只能适得其反。

总之，博客营销以信息源的价值为核心，主要体现信息本身的价值；微博营销以信息源的发布者为核心，体现了人的核心地位，但某个具体的人在社会网络中的地位，又取决于他的朋友圈子对他的言论的关注程度，以及朋友圈子的影响力（即群体网络资源）。因此可以这么简单地认为，微博营销与博客营销的区别在于：博客营销可以依靠个人的力量，而微博营销则要依赖个人的社会网络资源。

9.6 立邦物流信息系统短信营销案例

1. 公司概述

1962 年立时集团（Nipsea Group）成立，负责管理东南亚区域立邦漆的所有业务活动。立时（NIPSEA）是东南亚立邦漆 Nippon Paint Southeast Asia 的简称，是新加坡吴德南集团在东南亚开创的跨国性立邦漆制造集团，企业不断推动立邦在东南亚市场的发展。立邦漆在近几年的全球涂料厂家排名统计中显示，立邦漆产量及销售额在亚太地区稳居首位，在全球名列前茅。自 1962 年成立至今，立时机构已经有了迅速的发展，业务横跨新加坡、中国、印度尼西亚、日本、韩国、马来西亚、菲律宾、泰国和越南等国家以及我国香港特别行政区和台湾省。已拥有 25 余家工厂和 6 000 多名职员。

1992 年进入中国的立邦漆，中文网站如图 9-12 所示。立邦漆一直以美化和保护人们的生活为己任，不断创造出品质优越的产品，在全国各地都建立有自己的办事机构，将消费者、油漆工、立邦公司和千千万万的家庭联系在一起。立时集团独特的自治管理体系是保证立邦在东南亚迅猛发展的体系基石。独特的自治管理体系确保了成员机构在充分利用立邦全球技术优势的基础上，灵活地适应各个国家及区域市场的变化，研究开发更适合各国各区域消费者需求的产品，为立邦在激烈的市场竞争中能脱颖而出奠定了稳固的基础。

图 9-12　立邦涂料（中国）有限公司网站首页

2. 立邦物流管理的需求

立邦是知名的涂料品牌，进入中国后业务迅速增长，达到一个月几千张出库单的产量。但在物流管理上出现了信息链的断层。通常情况下，公司只能对重点客户和加急客户的配送进行跟踪，确保货物及时到达，而大量普通的货单则往往无法进行跟踪。于是就出现了由于信息链的中断而导致售后服务中质量控制链的中断，这对正在全面贯彻 ISO 质量体系，提升质量管理水平的立邦公司来说，是一个颇为严峻的问题。

在企业内部，立邦运行着 SAP R3 系统。这是一套著名的企业管理软件，具有强大的数据分析与辅助管理功能。然而立邦面临的问题却是：货品进入物流配送环节后，运输数据处于空白状态，于是 R3 系统也处于无米之炊的状态，再强大的分析功能也无济于事。立邦数以吨计的涂料是通过第三方物流公司专门配运的，批发商、销售商和客户需要及时供货是至关重要的，这是一个结合客户需求对物流网络的动态调配与管理问题。该网虽然不由立邦自己运行，但客户未接到货时却首先投诉立邦，长此以往就会对其服务质量甚至公司形象造成不良影响。

3. 立邦物流管理解决方案

立邦物流管理解决方案包括以下几方面内容。

首先，立邦经过调研，发现短信宝系统是一个基于手机短信技术开发的企业级移动数据处理软件和信息服务平台，它能和 R3 系统集成，可帮助企业与员工、客户、供应商、第三方物流之间随时随地进行商务沟通，迅速收集和处理各类市场、渠道和物流信息，再通过与 R3 系统集成，就能详细地分析处理各类前端数据，让企业在第一时间做出正确决策和响应，能使企业经营决策机制和服务质量迅速提升。

其次，短信系统在技术上几乎没有使用门槛，立邦可以通过它定制自己要传播的指令内容和格式，其界面简便易用，物流公司的司机都能操作，且运行成本较低，导入周期短，是一个能很快解决本企业实际问题的良好方案。

最后是成本问题，立邦认为基于短信的移动商务解决方案一条信息仅花 0.1 元，足以包含到货日期、时间和出库单编号等信息，再便宜不过了。

4. 效果分析

短信宝系统投入不到 10 万，但成效十分显著，且使立邦和第三方物流公司双方受益。例如，假设立邦一个月有 5 000 张出库单，原先物流公司需安排专人把每件货物到达信息反馈给立邦，以一张单 5 分钟计，就是 25 000 分钟，差不多要 400 多个工作时。而现在这些工作分摊到每个司机身上，货到后他们只要 10 秒钟就可以发送相应的信息。对立邦来说，他们原先不能统计货物的及时到达率，现在每天可以方便地得到这些数据，在货物未能及时到达的情况下，也可主动联系客户告知其配送货物的实时状态，从而提升服务水平。而物流公司利用这套系统也能很好地改善自己的服务，可开展较精确的量化管理，提升自己的管理水平，同时密切和服务对象的关系，大幅降低信息沟通的成本。双方都可以简单、方便、及时地通过短信来收集物流信息，进行整理和统计分析，共同提高客户服务的质量和客户满意度，达到供应链上双赢的目标。

5. 发展前景

短信无线通信服务具有及时、方便、投入小、使用成本低的优势，但平台上的服务还大有潜力可挖，比如运输司机可以通过手机短信发送在途信息，如车号、时间、位置及其他信息回企业；企业和客户也能通过短信查询运输车在途情况。进一步可延伸的是客户关系管理和经销商管理，一方面是为消费者与企业之间的客户关怀、产品打假等提供一条信息流的绿色通道；另一方面是利用短信进行日常的订单管理，提高常规业务流程自动化与系统化。

实训　移动梦网的基本使用

【实训目的】

通过移动梦网的基本使用，进一步理解移动商务的内涵；了解移动营销中梦网广告和短信营销的基本特点。掌握移动梦网无线推广平台的基本业务和基本应用。

【实训要求】

1. 了解移动梦网的基本内容。
2. 掌握移动营销的基本特点。
3. 体验短信营销和梦网广告的基本应用。

【实训内容】

1. 进入移动梦网网站。
2. 熟悉移动梦网网站的基本功能。
3. 注册成为新会员。
4. 移动梦网免费广告订阅。
5. 移动梦网短信定制。
6. 移动梦网管理系统操作。

【实训步骤】

1. 进入移动梦网网站，或在地址栏中输入 http://www.monternet.com，登入移动梦网网站。图 9-13 所示为移动梦网网站首页。

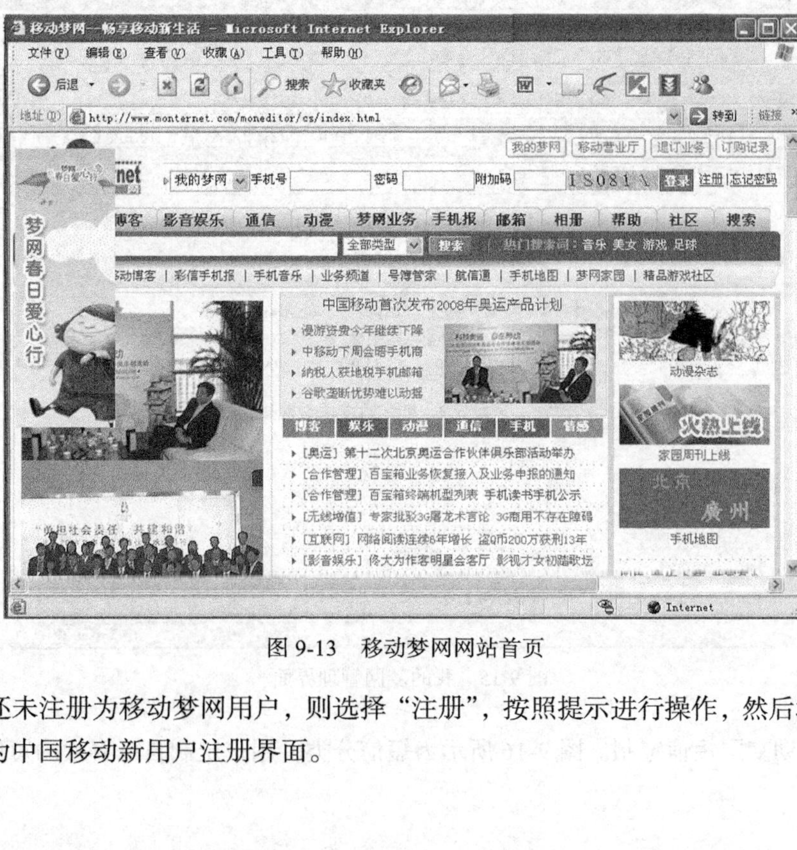

图 9-13　移动梦网网站首页

2. 如果还未注册为移动梦网用户，则选择“注册”，按照提示进行操作，然后填写注册信息。图 9-14 所示为中国移动新用户注册界面。

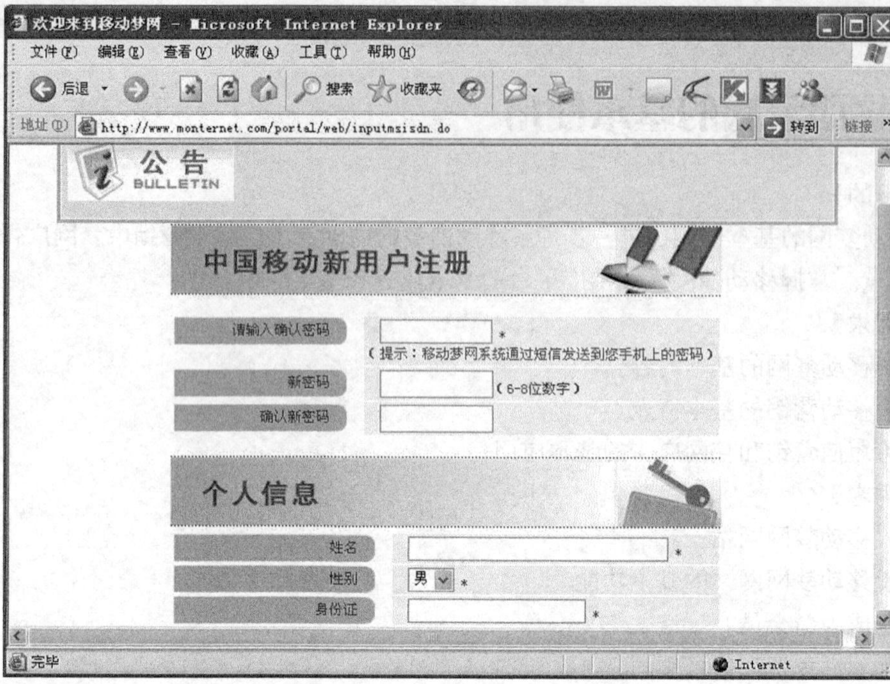

图 9-14　中国移动新用户注册界面

3. 注册成功后，登入“我的梦网”，选择“我要订购”。图 9-15 所示为“我的梦网”管理界面。

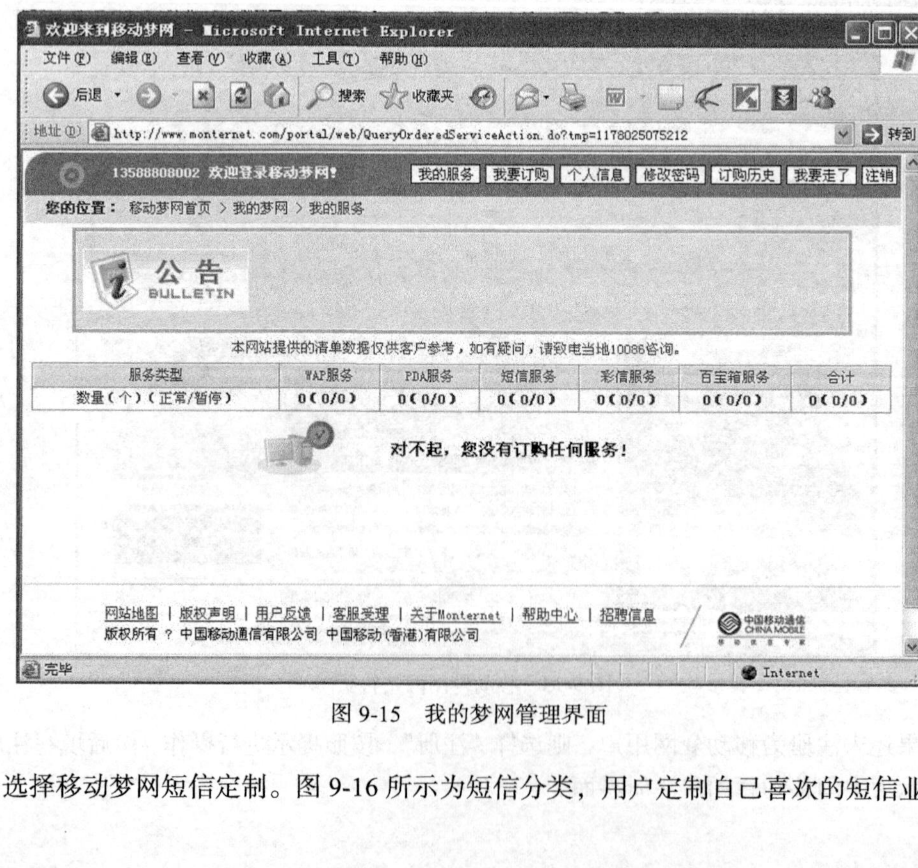

图 9-15　我的梦网管理界面

4. 选择移动梦网短信定制。图 9-16 所示为短信分类，用户定制自己喜欢的短信业务。

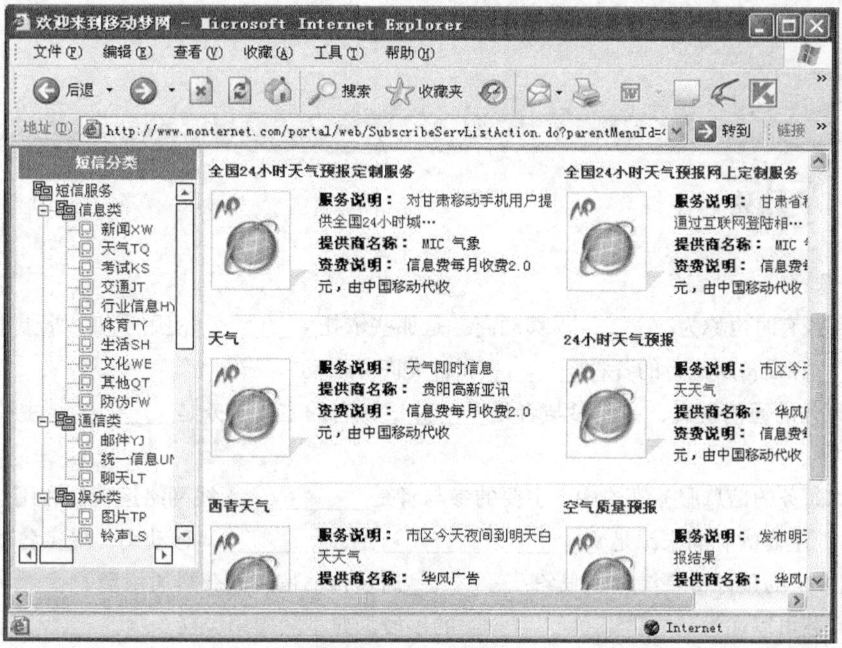

图 9-16　短信分类

5. 同上操作，可以在移动梦网中免费订阅广告。

【实训提醒】

移动梦网中提供了许多服务，如 WAP 服务、PDA 服务、短信服务、彩信服务、百宝箱服务等，在此不一一介绍。

【实训思考】

1. 移动梦网业务提供哪些内容？
2. 移动梦网短信服务有哪些类型？它定制的基本流程是什么？
3. 什么是手机彩信？它有哪些功能？
4. 什么是 WAP？如何使用 WAP 服务？

【实训报告】

1. 实验过程

目的要求：

实验内容：

实验步骤：

注册成为新会员：

移动梦网免费广告订阅：

移动梦网短信定制：

2. 实验结果

结果分析：

使用文字方式描述实验过程，写出实验应注意的事项。

3. 总结

通过实训，总结自己掌握的程度，分析出错原因，提出改进措施。

习题

一、填空题

1. 移动商务有时也称为________。移动商务是那些依托________，使用手机、掌上电脑、笔记本电脑等________和设备所进行的各种________和各类商务活动。

2. 移动商务的通信模式，主要参与者是________，它的主要服务是________，主要的利润来源是________。

3. 在移动商务的信息服务模式中，主要的参与者是________、无线网络运营商和用户；主要的服务是________；主要的利润来源是________。________通过________向移动用户提供各种信息服务；用户通过交纳一定的预订费获得这些服务；________通过传输信息而获得通信费。

4. 移动商务可以作为________、________的手段，典型的应用包括________、移动交易和移动订票等，企业运营过程的移动支持主要包括________、________、________。

5. "数据挖掘"（Data Mining）是一种新的________，其主要特点是对商业数据库中的大量业务数据进行________、________、________和其他模型化处理，从中提取________的关键性数据。移动营销的数据挖掘主要是通过________进行数据挖掘，如利用打折券或其他优惠活动吸引用户。

6. 短信网址是利用________或________为移动终端设备快捷访问移动互联网内容和应用而建立的寻址方式，是基于________的________体系之上的应用标准。通过________，手机用户、IP 网络短信用户可以通过________、使用容易理解记忆的自然语言，方便、直接、有效地获取个人、企业、事业、政府部门提供的各种信息和服务。

7. 无线广告是________中的重要内容。目前，业内对无线广告的称呼很多且不统一，主要有________、________、________等；但其内涵基本相同。无线广告是指以________为平台发布的广告。它可以针对分众目标，提供特定地理区域的、直接的、个性化的广告定向发布，其形式可通过________、________、声讯和手机流媒体等多种手机增值服务来发布。

8. 2001 年 5 月 14 日，WAA 即________首次发布了部分无线广告标准。首批发布的标准是针对________和________发送信息的。________是一种利用 SMS 发送包含全部 160 个字符的广告形式。________为 34 个字符，对于大多数手机都可以在两行内显示，这种格式专门为赞助内容设计，不占用信息的中心空间。

9. 无线广告传送指标，主要包括________，即广告主的广告信息传送到的独立用户/设备数量。________，即每条广告信息发送到每个独立用户/设备的次数。________，即由服务器软件记录的发往用户/设备的广告信息。

10. 无线广告中的屏幕特性是指________。它主要包括________，即用户基于设备特性的响应能力；和________。可以从两个方面来描述，从拉动广告方面讲，是指________；从推动广告方面来讲，是指________。

二、思考题

1. 什么是移动商务？请说出移动商务实现技术有哪些？

2. 移动商务的主要商务模式有哪些？请说出信息服务模式的具体工作过程。
3. 什么是移动营销？请说出开展移动营销的具体步骤。
4. 请说出短信营销的特点。
5. 什么是短信网址？请说出短信网址注册需要注意哪些方面。
6. 什么是无线广告？它具有哪些特点？
7. 无线广告标准协会（WAA）推出的无线广告标准具体包括哪些内容？
8. 结合自己生活的例子，谈谈如何开展无线广告营销。

参考文献

[1] 张书乐．实战网络营销——网络推广经典案例战术解析．北京：电子工业出版社，2010.

[2] 张开涛．网络营销．北京：中华科技大学出版社，2010.

[3] 史达．网络营销．上海：上海交通大学出版社，2010.

[4] 陈孟建．网络营销与策划．北京：电子工业出版社，2002.

[5] 朱祥贤．网络营销．北京：科学出版社，2005.

[6] 袁雨飞等．移动商务．北京：清华大学出版社，2006.

[7] 冯英健．网络营销基础与实践．北京：清华大学出版社，2006.

[8] 闫涛蔚等．电子商务营销．北京：人民邮电出版社，2006.

[9] 赵晓鸿．网络营销技术．北京：中国人民大学出版社，2006.

[10] 王汝林．网络营销战略．北京：清华大学出版社，2002.

[11] 胡理增．网络营销．北京：中国物资出版社，2005.

[12] 卓骏．网络营销．北京：清华大学出版社，2005.

[13] 朱海松．无线营销．广州：广东经济出版社，2006.

[14] 孔伟成．网络营销（第二版）．北京：高等教育出版社，2006.

[15] 王通．搜索引擎营销秘笈．北京：电子工业出版社，2006.

[16] 段建等．网络营销技术基础．北京：机械工业出版社，2006.

[17] 潘维琴．网络营销．北京：机械工业出版社，2006.

[18] 杨坚争等．网络营销教程．北京：中国人民大学出版社，2002.

[19] 李友根．网络营销学．北京：中国财政经济出版社，2001.

[20] 史达等．电子商务与网络经济．大连：东北财经大学出版社，2001.

[21] 南兆旭等．营销通路管理技巧．北京：广东经济出版社，2004.

[22] 王方华．营销管理．北京：机械工业出版社，2002.

[23] 梁修庆等．市场营销管理．北京：科学出版社，2002.